YEARBOOK
イアブック
核軍縮・平和 2018

市民と自治体のために

2017年7月7日、ニューヨークの国連本部で開かれた「交渉会議」において、122か国・地域の賛成多数により「核兵器禁止条約」が採択された瞬間の会議場。この歴史的な採決に日本は不参加。(写真:ICAN)

核兵器禁止条約の採択と日本国憲法施行70周年

核兵器禁止条約が採択され感激の面持ちで拍手する傍聴席のカナダ在住被爆者・サーロー節子さん（赤いコートの女性）ら。2017年7月7日。ニューヨーク国連本部にて。（写真:ICAN）

「施行70年 いいね！日本国憲法―平和といのちと人権を！5.3憲法集会」東京にはおよそ55,000人が参加し、改憲NO！を訴えた。2017年5月3日。有明防災公園。（写真:今井明氏）

発刊にあたって

　イアブック「核軍縮・平和2018—市民と自治体のために」をお届けする。本書は、核軍縮問題に力点を置きながら、日本の平和と安全保障の動向を、市民や自治体の視点から整理し、解説することをめざしている。年鑑として、2017年1月1日から同年12月31日をカバーすることを基本としているが、データシートは、できる限り最新の情報をとりいれた。

　2017年の核軍縮に関わる最大のできごとは、核兵器を禁止する国際的な規範として、17年7月7日、「核兵器禁止条約」が採択されたことである。いっぽうで「力による平和を追求する」とするトランプ政権が1月に米国に誕生し、朝鮮民主主義人民共和国（北朝鮮）の核・ミサイル実験が繰り返され、北東アジアの軍事的緊張が極度に高まった年でもある。そうした中で、平和と核軍縮を前進させるためには、市民・自治体が、時代の流れを意識しつつ、世界の現状や動向を正確に読み取る必要がある。本書は、その一助になればとの思いで製作されている。

　世界、とりわけ私たちが暮らす北東アジアにおける核軍縮の趨勢を理解いただくために、冒頭に朝鮮半島の非核化と日本に関係する2つの特別記事を第1部として掲載した。次に第2部において2017年を特徴づける「トピックス」の解説を掲載し、トピックス等に関係するデータを24の「データシート」として整理した。巻末に資料を掲載したが、資料には、基本的な文書としての基礎資料17点と、2017年に新たに加わった新資料24点がある。新資料についてはその意義を紹介するコーナーとして「新資料の紹介」を第2部の後半に収めた。製作に当たっては、事実情報を正確に伝えることを第一とし、必要な出典を注記し、資料にもその原典URLを収めた。巻末には索引を設けた。

　奥付に列記した人々で構成する「ピースデポ・イアブック刊行委員会」が中心となって企画・執筆し、ピースデポが編集と製作を担った。監修は従来と同様、梅林宏道が行っている。執筆・製作にあたり一部の分野では専門家に、また多くのボランテイアの方々に助けていただいた。関係したすべての方々に厚くお礼申し上げる。

　本書が、最新で、正確な情報の参照文献として信頼され活用されていることに感謝しつつ、多くの市民、自治体の皆さまにより親しまれ、活用していただけることを願っている。忌憚のないご意見、ご批判を是非ともおよせいただきたい。

2018年11月
ピースデポ・イアブック刊行委員長　湯浅一郎

イアブック「核軍縮・平和2018」によせて

　イアブック『核軍縮・平和　2018』の発刊にあたり、日本非核宣言自治体協議会を代表して心よりお喜び申し上げます。

　1984(昭和59)年に結成された本協議会は、平和を希求し、核兵器のない世界を目指した自治体がお互いに連携し輪を広げています。2018(平成30)年9月1日現在、国内の1,788自治体の92％にあたる1,646自治体が非核・平和都市宣言を実施し、このうちの341自治体が本協議会に加入しており、世界恒久平和実現のために努力することを誓っています。

　昨年の核兵器禁止条約の採択や、核兵器廃絶国際キャンペーン(ICAN)のノーベル平和賞受賞、今年の南北首脳会談、米朝首脳会談の実現など、核兵器廃絶に関する出来事がクローズアップされ、これまで以上に平和に対する世間の関心が高まっています。この核兵器廃絶の大きな流れを、実現に向けて推し進めていくことが重要です。

　そのためには、核兵器のない世界を望む市民社会の声が条約採択を後押ししたように、私たち市民社会が一体となり、今以上に粘り強く声をあげていくことが必要になってきます。

　私たちが暮らす北東アジア地域においては、北朝鮮の後戻りすることのない非核化に向けた動向が注目されています。本協議会では核の傘に依存しない安全保障のあり方として、「北東アジア非核兵器地帯」の創設を提案しています。さらには例年と同様に、長崎平和宣言でもその創設を訴えています。

　私たちは地域住民の安全を守ることが自治体の責務であるという視点から、平和な地域社会を築いていくために、研修等を通して核兵器を巡る国際情勢や、平和行政への取り組みについて理解を深めてきました。本書は、最新の世界の現状や動向を読み取るために特別記事、2017年のトピックス、新資料の紹介、及び資料やデータ、用語解説などがわかりやすく整理されており、本協議会では、発刊のたび、会員自治体全てに配布し、職員の方々に貴重な資料として大いに活用していただいております。

　最後に、イアブック『核軍縮・平和　2018』の発刊の刊行委員会の皆さまのご尽力に心から敬意を表しますとともに、特定非営利活動法人「ピースデポ」のますますのご発展を祈念いたします。

2018年11月
日本非核宣言自治体協議会会長
長崎市長　田上富久

イアブック
核軍縮・平和2018
―市民と自治体のために

目次

<目次>

● 発刊にあたって　　　　　　　　刊行委員長　湯浅 一郎
● イアブック「核軍縮・平和2018」発刊によせて
　　　　日本非核宣言自治体協議会会長　田上　富久 長崎市長

第1部　特別記事
1　朝鮮半島の非核化と日本──北東アジア非核兵器地帯への好機　　梅林 宏道　　12
2　北朝鮮に対するドナルド・トランプの直感はほとんど正しい。
　　問題なのは取り巻きだ。　　　　　　　モートン・H・ハルペリン　　47

第2部　2017年のトピックス・新資料紹介
2-1トピックス
T1 悲願の核兵器禁止条約が成立　　　　　　　　　　　　　54
　　★データシート1：核兵器禁止条約への投票行動と署名・批准状況　　58
　　★データシート2：【図説】CTBT の署名・批准状況　　60
　　★データシート3：【図説】世界の非核兵器地帯─広がる非核の傘　　62
　　★データシート4：【図説】地球上の核弾頭全データ　　66
　　★データシート5：米国のZマシン核実験および未臨界核実験　　79

T2 核禁条約後の国連総会決議と日本決議の後退　　　　　　80
　　★データシート6：第72回国連総会決議投票結果　　84

T3 トランプ政権、力による平和を追求　　　　　　　　　　88
　　★データシート7：米国の弾道ミサイル発射実験　　91

T4 学術会議が声明、「軍事研究」反対を継承　　　　　　　　93

T5 オスプレイ、墜落事故でつのる安全性への懸念　　　　　96
　　★データシート8：V-22オスプレイ：機体情報と低空飛行訓練　　98
　　★データシート9：【図説】北東アジア情勢を考えるための周辺地図　　100
　　★データシート10：【図説】横須賀母港米艦船の変遷　　102
　　★データシート11；【図説】日本のミサイル防衛関連施設・部隊　　104
　　★データシート12：【図説】佐世保母港米艦船の変遷　　106
　　★データシート13：原子力艦の寄港状況　　108
　　★データシート14：民間港への米軍艦入港状況　　111
　　★データシート15：米軍機・艦船による事故　　112
　　★データシート16：米軍人による刑法犯検挙状況　　114
　　★データシート17：自衛隊機・艦船の事故　　114
　　★データシート18：基地騒音訴訟一覧　　116
　　★データシート19：思いやり予算の動向　　118

2-2 新資料の紹介

A 核兵器禁止条約の成立	120
B 国連総会日本決議と新アジェンダ決議	121
C 米政権の核兵器および軍事政策	122
D 朝鮮半島情勢	123
E その他	124

第3部　市民と自治体にできること

市民と自治体にできる9つのこと	128
★データシート20：非核宣言自治体の現状	138
★データシート21：日本国内の「平和首長会議」加盟自治体	142
★データシート22：非核宣言自治体の活動と事業	150
★データシート23：北東アジア非核兵器地帯を支持する自治体首長署名	152
★データシート24：北東アジア非核兵器地帯を求める宗教者声明	158

◇用語の説明	162
◇略語集	165

◇資料
1.基礎資料

1-1	核不拡散条約(NPT)全文	170
1-2	国連憲章(抜粋)　前文、第1章、第7章 第39〜42条、第51条	174
1-3	国際司法裁判所(ICJ)勧告的意見(96年7月8日)	177
1-4	95年NPT再検討会議「中東決議」(95年5月11日)	178
1-5	国連軍縮委員会による非核兵器地帯に関する報告書(99年4月30日)	179
1-6	2000年NPT再検討会議最終文書(13+2)項目(00年5月19日)	184
1-7	2010年NPT再検討会議最終文書 「行動勧告」(10年5月28日)	186
1-8	オバマ米大統領・プラハ演説(09年4月5日)	196
1-9	米核態勢見直し(NPR)報告書(10年4月6日)	198
1-10	日本国憲法 前文、第9条(47年5月3日施行)	208
1-11	日米安全保障条約第5条、第6条(60年6月23日発効)	209
1-12	日本の核基本政策(68年1月30日)	209
1-13	日朝平壌宣言(02年9月17日)	210
1-14	朝鮮半島の非核化に関する共同宣言(92年1月20日)	211
1-15	9.19「6か国協議共同声明」(05年9月19日)	211
1-16	モデル北東アジア非核兵器地帯条約(草案5)(08年12月13日)	213
1-17	核兵器・核軍縮年表(1945年〜2017年)	221

2.新資料
A 核兵器禁止条約の成立

2A-1	核兵器禁止条約(TPNW)(全訳)(17年7月7日)	223

目次

2A-2 核兵器禁止条約に関する高見沢国連大使の演説(抜粋訳)(17年3月27日)
231
2A-3 核兵器禁止条約に関する米英仏の共同声明(17年7月7日) 233
2A-4 藤森俊希日本被団協事務局次長の演説(17年3月27日) 234
2A-5 広島・長崎の2017平和宣言 236
2A-6 核禁条約への署名・批准を求める広島市・長崎市議会の意見書 240
2A-7 核軍縮枠組み条約骨子案(ピースデポ)(17年2月) 242

B 国連総会日本決議と新アジェンダ決議
2B-1 第72回国連総会・新アジェンダ連合(NAC)決議 247
2B-2 第72回国連総会・日本決議 252
2B-3 国連総会日本決議へのピースデポの要請書(17年11月22日) 255
2B-4 「賢人会議」の設立 259

C 米政権の核兵器および軍事政策
2C-1 核安全保障に関するバイデン米副大統領の演説(抜粋訳)(17年1月11日)
261
2C-2 トランプ大統領の軍再建覚書(全訳)(17年1月27日) 265
2C-3 国防費増額を求めるトランプ大統領の議会演説(抜粋訳)(17年2月28日)
266
2C-4 米国家安全保障戦略2017(抜粋訳)(17年12月18日) 268

D 朝鮮半島情勢
2D-1 第72回国連総会一般演説・ドナルド・トランプ米大統領(17年9月19日)
271
2D-2 第72回国連総会一般演説・安倍晋三首相(17年9月20日) 272
2D-3 第72回国連総会一般演説・韓国の文在寅大統領 273
2D-4 第72回国連総会一般演説・北朝鮮の李容浩外相 (17年9月23日) 275
2D-5 DPRKへ9回目の安保理決議(17年9月11日) 277
2D-6 DPRKへ10回目の安保理決議(17年12月22日) 281
2D-7 チョ・ヨンサム氏の遺書と哀悼声明(17年9月19日) 283

E その他
2E-1 軍学共同研究に関する日本学術会議の声明(17年3月24日) 286
2E-2 沖縄県「慰霊の日」全戦没者追悼式・2017平和宣言(17年6月23日)
287

◇索引 290

データシート一覧

1 核兵器禁止条約への投票行動と署名・批准状況	58
2 【図説】CTBTの署名・批准状況	60
3 【図説】世界の非核兵器地帯ー広がる非核の傘	62
4 【図説】地球上の核弾頭全データ	66
5 米国のZマシン核実験および未臨界核実験	79
6 第72回国連総会決議投票結果	84
7 米国の弾道ミサイル発射実験	91
8 V-22オスプレイ:機体情報と低空飛行訓練	98
9 【図説】北東アジア情勢を考えるための周辺地図	100
10 【図説】横須賀母港米艦船の変遷	102
11 【図説】日本のミサイル防衛関連施設・部隊	104
12 【図説】佐世保母港米艦船の変遷	106
13 原子力艦の寄港状況	108
14 民間港への米軍艦入港状況	111
15 米軍機・艦船による事故	112
16 米軍人による刑法犯検挙状況	114
17 自衛隊機・艦船の事故	114
18 基地騒音訴訟一覧	116
19 思いやり予算の動向	118
20 非核宣言自治体の現状	138
21 日本国内の「平和首長会議」加盟自治体	142
22 非核宣言自治体の活動と事業	150
23 北東アジア非核兵器地帯を支持する自治体首長署名	152
24 北東アジア非核兵器地帯を求める宗教者声明	158

目次

第1部

1. 朝鮮半島の非核化と日本 　梅林 宏道

2. 北朝鮮に対するドナルド・トランプの直感はほとんど正しい。問題なのは取り巻きだ。
　　　　　　　　　　　　　モートン・H・ハルペリン

特別記事 1

梅林 宏道
前長崎大学核兵器廃絶研究センター(RECNA)センター長、ピースデポ設立者・元代表、核軍縮・不拡散議員連盟・東アジアコーディネーター。『核兵器・核実験モニター』誌主筆、イアブック『核軍縮・平和』監修者。

朝鮮半島の非核化と日本
——北東アジア非核兵器地帯への好機

梅林 宏道
(ピースデポ特別顧問、長崎大学RECNA客員教授)

第1部　文在寅路線と外交的解決への道

　2017年5月に誕生した韓国の文在寅政権は、平昌オリンピックを契機として南北の対話に踏み切った。その方針は朝鮮民主主義人民共和国(北朝鮮)の金正恩委員長の2018年頭演説を契機に生まれたものではない。それに先立つ文大統領の9月の国連総会演説において打ち出されていた。

　文大統領の演説は、「北朝鮮の核問題の根本的な解決

のためには国連憲章に込められた精神が朝鮮半島と北東アジアにおいて具現されるべきだ」と主張し、「多国間主義に基づいた対話を通じて世界平和を実現するという国連精神が、もっとも切実に求められている場所が朝鮮半島である」(新資料2D-3 (273ページ))と強調した。

この文在寅路線は、一見、抽象的な理想主義にみえる。しかし、朝鮮半島の核問題の歴史と現状を踏まえて考えたとき、実は問題の核心を押さえた極めて現実的な方針であると考えられる。

綻びる共存の理念

朝鮮半島をめぐる国際的な危機は、第2次世界大戦後追求されてきた国連憲章の平和と国際正義に基づく人類共存という理念の弱体化を、さまざまなレベルで表面化させている。このような理念が国際社会において定着するためには、条約をはじめとするさまざまな国際法の権威が信頼性をまし普遍化してゆくような国際社会の在り方が求められる。そのような在り方が速度を増しながら崩れているように思われる。

一つの象徴的な出来事が、最近の核兵器禁止条約(新資料2A-1 (223ページ))と終末時計の針とをつなぐエピソードである。

2018年1月25日、米国の『原子科学者会報』は、象徴的な世界終末時計の針を世界の破局を意味する午前0時の2分前に更新すると発表した。昨年よりも針を30秒進めたものである。この針の位置は、1953年、水爆実験に世界が震撼したときと同じ位置であり、1947年に終末時計が時を刻み始めて以来、人類が午前0時にもっとも近づいたことを意味する。当時と危機を計る指標が異なるので、単純な比較はできない。しかし、予測困難な指導者を戴いた北朝鮮と米国が核兵器使用を振りかざして対立していることが、終末へと時計の針が進んだ大きな要因であることは間違いない。終末時計を運営する同会報の「科学・安全保障委員会」の声明は、「昨年における最大のリスクは核兵器問題で起こった。北朝鮮の核兵器計画が2017年に長足の進展を遂げ、北朝鮮自身への、そして他の地域諸国および米国へのリスクを高めた。両サイドによる誇張を極めた言辞や挑発行動は事故や計算違いによる核戦争の可能性を増大させ

<特別記事>
朝鮮半島の非核化
と日本

た」と述べている。

　私は、この決定を知ったとき、背後にある際立った対比に拘泥せざるを得なかった。それは、人類がやっと核兵器を違法化する核兵器禁止条約を勝ち取ったという歴史的な画期が、世界をより安全にする画期になっていないことを、時計がストレートに示したからである。核兵器禁止条約交渉が昨年7月に締結し、昨年9月に署名に開放され、12月に条約成立に貢献したとして国際NGO・ICANがノーベル平和賞を受賞した、その直後というタイミングで、世界は危険の淵に近づいていると宣告されたのである。

　核兵器禁止条約は、まさに人類が直面している核兵器によるリスクを軽減するために制定された。その前文は言う。「事故、計算違い、意図のいずれによる核兵器爆発であっても、核兵器が存在し続けることによってもたらされるリスクを自覚し、そのリスクが全人類の安全を脅かすものであり、すべての国家はいかなる核兵器の使用も阻止すべき責任を負っていることを強調する。」もちろん『原子科学者会報』が、核兵器禁止条約を無視している訳ではない。条約交渉会議の段階から強い関心を寄せてきたし、今回の終末時計の声明においても、「核兵器禁止条約は、核兵器のない世界を求めてきた者たちの勝利であり、今日までの世界の軍縮努力において溜まっていた強い不満の表明である」と言及している。

　にもかかわらず、現に進行している国際政治は、禁止条約に象徴される努力とほとんど切り結ぶことのない舞台において現実を動かし、人類を危険の淵に連れていっている。この状況は、法によって現実をコントロールする力と軍事力によって現実を動かす力が抜き差しならない形で絡み合いあっている世界よりも、いっそう危険な世界に私たちがいることを示している。終末時計はこのような現実を直視しなければならないことを図らずも示した。

　トランプ大統領が、ためらいもなく「力による平和を追求する」と公言する姿は、この世界を象徴しているが、この状況はトランプ大統領によって突然にもたらされたものではない。朝鮮半島をめぐる危機に関連して、法と力の関係が空疎になっている状況を、いましばらく辿ってみたい。

安保理決議の歪み

　国際正義を担保する機関として、国連安全保障理事会の果たす役割は極めて大きい。NPT（核不拡散条約）を脱退して核兵器保有に走った北朝鮮を非核兵器国として復帰させようという国際社会の努力は、現在、もっぱら安保理の働きを通じて行われている。しかし、安保理がこのような働きを続けることができる機関であるという信頼感は、それが公正であり続けることによってのみ維持されるであろう。しかし、北朝鮮問題においてその公正さは揺らいでいる。

　国連加盟国が北朝鮮の核開発に反対するのは、核兵器そのものが否定されるべき大量破壊兵器であり、その点で国際社会が一致しているからである。米国、ロシア、中国などの安保理常任理事国を含めた圧倒的多数の国が、核兵器の全廃を約束している。その約束が尊重されているという前提があって初めて、安保理が北朝鮮の核兵器開発を阻止することの大義が保たれる。実際、北朝鮮に対する制裁決議が始まった2006年においては、このことが明確に意識されていた。すなわち、北朝鮮の最初の地下核実験を非難して出された最初の制裁決議文は、北朝鮮に対して核計画を放棄してNPTとIAEA（国際原子力機関）の保障措置に復帰することを要求すると同時に「NPT加盟国すべてがNPTの下における義務を順守し続ける必要性を強調する」と述べることを忘れなかった。安保理常任理事国でもある米国などの核兵器国にとって、NPT下の重要な義務とは、核兵器を廃絶するという義務である。

　この義務は、2000年NPT再検討会議において最も直接的な表現によって再確認された。すなわち「核兵器国は、保有核兵器の完全廃棄を達成するという明確な約束を行う」と合意した。その約束が達成されようとしていない現実がありながらも、安保理が北朝鮮に核兵器計画の放棄を要求する資格を持ちうるのは、このような条約の基礎があるからである。

　2006年に始まって現在まで安保理制裁決議は10回採択されているが、少なくとも2009年の2度目の制裁決議まではこのような精神を維持しており、北朝鮮に対する要求と同時にNPTの下におけるすべての加盟国の義務が再確認された。しかし、2013年の第3回決議以後、このような構造は失われた。決議の

＜特別記事＞
朝鮮半島の非核化
と日本

論理は核兵器が新しい国へと拡散することへの危険のみを述べ、拡散に対する非難と制裁の論理のみへと単純化された。核拡散は一部の国が特権的に核兵器を保有し続けることと不可分であり、核拡散阻止は核軍縮義務の履行と不可分の関係にあるという国際正義の感覚を、安保理決議が失ったと言える。

因みに、イランの核計画もまた核兵器開発の疑念にさらされ続けたことは周知のとおりである。しかし、5回にわたるイラン制裁決議は、核兵器国にもNPTによる義務があることを最後まで確認し続けた。この違いは、イランが核兵器開発に関する疑惑を否定し続けているのに対して、北朝鮮は公然と核兵器開発を公言しているという両国の主張の違いに起因していると思われる。北朝鮮の論理が保有国と同じ権利を主張するものであるがゆえに、決議推進国(主要には米国と日本)は拡散のみに焦点をずらすことによって本質問題を回避したのであろう。しかし、この在り方は公正に基づくべき安保理決議の権威を弱めている。

安保理が北朝鮮決議において取り始めた「弾道ミサイル技術を用いた発射」を禁止し制裁を課するというアプローチに関しても、安保理の公正を欠く深刻な問題点を含んでいる。紙幅の関係でこの点は指摘するだけに留めたい。

安保理決議の歪みに関連して、ここでは、その報道の在り方に関する問題を追加して述べておきたい。北朝鮮問題に関する世論形成に重要であると考えるからである。

安保理の制裁決議は国連憲章を反映して、平和的解決を追及する手段として行われている。したがって、北朝鮮に対する10回に及ぶ制裁決議すべては、関係国に平和的解決の義務を課している。たとえば最新のものである2017年12月の制裁決議(新資料2D-5 (277ページ)、2D-6 (281ページ))は次のような条項を含んでいる。

「安全保障理事会は、朝鮮半島及び広く北東アジアの平和と安定を維持することの重要さを改めて表明する。そして、状況を平和的、外交的、及び政治的に解決するという誓約を表明するとともに理事国メンバーはもちろんその他の国々によって行われている対話を通しての平和的かつ包括的解決の努力を歓迎する。また、朝鮮半島及びそれを超える地域における緊張緩和のために努力

することの重要さを強調する」(決議2397 (2017年) 第27節)

この条項に照らせば、他国に制裁決議の履行を迫りつつ、北朝鮮との交渉は無意味である、軍事力を含むすべてのオプションがあると言う安倍首相は、自ら安保理決議に違反している。

安保理決議が制裁と同時に課しているこのような平和解決と緊張緩和の義務を、メディアはほとんど伝えていない。

歴史を偽る世論形成

北朝鮮はうそつきの国であり、交渉は無駄であると訴えた昨年9月の安倍首相の国連総会演説は、安保理決議の側面からのみならず、それ自身の内容において、厳しく検証されなければならない。

「我々が思い知ったのは、対話が続いた間、北朝鮮は、核、ミサイルの開発を、諦めるつもりなど、まるで、持ち合わせていなかったということであります。

対話とは、北朝鮮にとって、我々を欺き、時間を稼ぐため、むしろ、最良の手段だった。」(2017年9月20日、安倍首相国連総会一般演説)(新資料2D-2 (272ページ))

このように断言した安倍首相の演説はどのような史実に裏付けられているのであろうか。朝鮮半島と一衣帯水の距離にある直接の当事国、そして民主主義国家である日本国の首相が国民を代表して述べたこの演説は、私をいたたまれない気持ちにさせた。これは、デマゴギーによる煽動ではないか。

安倍首相が証拠として掲げたのは2つの〈史実〉であった。一つは、1994年の米朝枠組み合意、翌年の朝鮮半島エネルギー開発機構(KEDO)の設立から2002年にKEDOが機能停止するに至る過程である。もう一つは、六か国協議が2005年9月19日に朝鮮半島の非核化に合意する共同声明(基礎資料1-15 (211ページ))を発しその実施段階に歩を進めながら、北朝鮮が核実験を繰り返し2009年に6か国協議から脱退するに至った過程である。

まずKEDOプロセスから考えよう。結論から言えば、米朝合意を踏みにじり、このプロセスを崩壊させたのは北朝鮮ではなくて米国である。しかも、この歴史は米国において旧聞に属すると言ってよいほど論争されてきたこと

〈特別記事〉
朝鮮半島の非核化
と日本

であり、米国共和党の保守強硬派が、ウラン濃縮問題を、KEDOを壊すために利用したのがことの本質であると理解されてきた。日本の首相が国連総会で、新情報もなく、北朝鮮を陥れるために持ち出すには恥ずかしいほどの話題であった。偶然のタイミングであろうが、皮肉なことに、安倍首相の国連総会演説の3日後の米「ザ・ネイション」誌に、著名なジャーナリスト、ティム・ショロック が、KEDO崩壊の歴史を検証した長い記事を書いている。以下は、さまざまな文献、資料に基づく私自身の要約である。

　KEDOプロセスとは、KEDOが北朝鮮に2基の軽水炉を提供し、稼働までのつなぎに重油を提供する一方、北朝鮮がそれまでのプルトニウム生産炉であった黒鉛炉や建設中の2基の大型黒鉛炉計画など関連活動をすべて凍結し、NPTに留まるとともにIAEAの監視下に置かれる。また米国は「北朝鮮に対する核兵器の使用、使用の脅しを行わない」と約束する、といった内容の合意であった。

　この過程は、北朝鮮のスパイ潜水艦座礁事件、金昌里（クムチャンリ）地下核施設疑惑事件、北朝鮮によるテポドン発射、議会の抵抗による米国の重油供給の停滞など、紆余曲折を経ながらもほぼ成功を収めつつあった。そのクライマックスは、2000年秋、クリントン政権末期に訪れた。10月、北朝鮮のナンバーツーであった趙明録（チョ・ミョンロク）国防委員会第一副委員長がワシントンを訪問し、クリントン大統領、オルブライト国務長官と会談した。そこで両国関係の改善の原則について「相互に敵意を持たない」とする画期的な共同コミュニケが発せられたのである。

　「（新しい関係に進む）重要な第一歩として、両国は、いずれの側の政府も相手に対して敵対的意図をもたないと述べ、過去の敵意から自由になった新しい関係を築くために今後あらゆる努力を払うと誓約した。‥両国は不信を除き相互信頼を築き、重要な懸念事項を建設的に協議できる雰囲気を維持するよう努力することに合意した。これに関連して、両国の関係は、相互に相手の主権の尊重と内政不干渉の原則に基づいたものであるべきことを再確認した…」

　10日後には、オルブライト国務長官が平壌を返礼訪問した。オルブライトが

回想録に金正日委員長の印象を「自分に必要なものは何かがわかっている聡明な男」「孤立しているが情報通だ。国が悲惨な状況であるにも拘わらず、絶望していないし苦悩も見せず、自信に満ちているように見える」と記した。

　この時期、核問題のみならずKEDOプロセスには含まれていないミサイル問題も集中して協議が続けられた。クリントン大統領の特別補佐官であったウェンディ・シャーマンは退官後まもなくニューヨークタイムズに「ミサイル協議も合意間近であった」ことを記している。

　2000年大統領選挙で民主党が破れブッシュ（子）政権が生まれた時点においても、クリントン政権が達成した米朝関係の到達点は次期政権に引き継がれるはずであった。最初の国務長官になったコリン・パウエルは2001年1月の上院における認証公聴会でその方針を述べた。

　しかし、チェイニー副大統領、ラムズフェルド国防長官以下のいわゆるネオコン勢力は、強硬な北朝鮮敵視政策を主張し、その影響は露骨に表面化していった。まず2001年末に議会に提出された「核態勢の見直し（NPR）」は、北朝鮮とイラクを「慢性的な軍事的懸念」「テロリストを支援したりかくまったりしており、大量破壊兵器及びミサイル計画を活発に進めている」と名指し、核攻撃の対象であることを示唆した。これを知った北朝鮮は外務省声明を発して「米国は8年間順守されてきた両国の合意を踏みにじった」と批判した。

　次に、「お互いに敵視しない」という約束は2002年1月末に行われたブッシュ大統領の年頭教書演説において、さらに公然と破られた。周知のとおり、演説は、北朝鮮、イラク、イランを「悪の枢軸」と呼び、「北朝鮮は国民を飢えさせながらミサイルや大量破壊兵器を開発している政権だ」と評した。ダメ押しするように、2月にはソウルを訪問して「人民を開放しない限り、あの男、金正日についての考えは変わらない」と敵意をむき出しにした。KEDOの履行を通して到達した関係改善の米朝合意は、このようにして米国によって完全に崩壊させられた。

学ぶべき失敗の歴史

　ここまでの経過によって、ウラン濃縮問題を持ち出すまでもなく、米政権

＜特別記事＞
朝鮮半島の非核化
と日本

がイデオロギー的にKEDO過程を壊したことははっきりしている。しかし、その後、ブッシュ政権は米情報機関が入手したウラン濃縮計画に関する情報を利用して、北朝鮮の合意違反を国際的に宣伝、日本、韓国を巻き込みながらKEDOを完全に葬った。

　当時、米国が入手していた北朝鮮のウラン濃縮に関する情報が、どの程度のものであったのかは、未だにはっきりしていない。しかし、何らかのパイロット研究が行われていたと考えられている。当時は、KEDOが提供する軽水炉はまだコンクリート打ちが始まったばかりの段階であり、原子炉の炉心の搬入段階で過去の活動を含めた検証が始まるという長い道のりの序盤に過ぎなかった。北朝鮮が核兵器計画を放棄した後のNPTが許している原子力に関する基礎能力の維持を考えていてもおかしくない。長い歴史のある相互不信を払拭しながら関係改善を前進させるためには、ウラン濃縮疑惑の解明は、米国にとっても北朝鮮にとってもよい外交課題として捉えることもできたであろう。

　しかし、2002年10月、国務次官補ジェイムス・ケリーが、平壌を訪問してウラン濃縮問題を北朝鮮に突き付けたとき、彼にはいかなる外交も許されない縛りが掛けられていた。当時、安全保障問題の大統領補佐官であったコンドリーサ・ライスですら、回想録の中でウラン濃縮問題を外交課題にできなかった事情を否定的に記録している。

　「ジム（ケリー国務次官補）への指示が極めて窮屈なものであったために、彼は何がウラン濃縮計画をテーブルに載せる糸口になるかを十分に探ることができなかった。彼は状況をワシントンに打電した。それはすぐにリークされた。私には、いかなる交渉の道も断ち切ってしまうように強硬派が電報をリークしたのが明らかだった。北朝鮮が怒ってすべてをご破算にしたので、強硬派は成功した。」

　当時の日本の新聞では、北朝鮮が秘密裡のウラン濃縮計画を認めたという大見出しが躍った。しかし、当時の当事者たちの証言のいずれを読んでも、北朝鮮はウラン濃縮計画の存在を明確に認めたのではなかった。米国代表団は北朝鮮の責任者であった姜錫柱（カンソクチュ）第一外務次官との会談の後、

彼の言葉をどう解釈するか鳩首協議の結果、ウラン濃縮計画の存在を認めたのだと解釈したのである。実際、大切なことは、姜錫柱はこの件について「話し合って行こう」と述べていたことである。ここには、北朝鮮外交の特徴について重要な教訓が示唆されている。北朝鮮は、相手国が強くこだわる問題を材料にしながら、自国に有利な交渉結果を引き出す術を知っているタフな交渉者なのである。当時、米国がKEDOプロセスを維持しながらウラン濃縮問題を協議する道を選んでいたならば、北朝鮮は核兵器開発に進むメリットを見出さなかったであろう。

　安倍首相が国連総会演説で「北朝鮮が欺いた」と非難して掲げた2つ目の〈史実〉の誤りは、一つ目の歴史の歪曲と密接に関係している。問題の6か国合意を生み出した六か国協議は、KEDOが実質崩壊してから一年にも満たない時期に開始された。それまでの間に北朝鮮はNPTから脱退していた。北朝鮮にとって見れば、米朝関係の転換を目指したKEDO外交の失敗は決定的な教訓を残すものであっただろう。かてて加えて、この時期、悪の枢軸の一つに名指しされたイラクのフセイン政権が米英の仕掛けた戦争によって倒された現実を目のあたりに見た。

　これらの結果、2005年の「6か国共同声明」には、北朝鮮の強い要求によって一つの新しいキーワードが含まれることになった。朝鮮半島の非核化、米国による安全の保証、米朝間の主権の平等と平和的共存、関係正常化への努力などの原則的な諸項目の合意は、概してKEDOプロセスの枠組み合意と共通するものであると言えるであろう。新しい要素とは、共同声明の第5項目に記された声明の実行方法に関する合意であり、「約束対約束、行動対行動の原則」と呼ばれるものである。

　「5.6か国は、『約束対約束、行動対行動』の原則に従い、前記の意見が一致した事項についてこれらを段階的に実施してゆくために、調整された措置をとることに合意した。」

　すなわち、朝鮮半島の非核化、戦争を仕掛けないという安全の保証、関係正常化などの目標は、たとえ目標として合意されたとしても、相互不信が解消していない現実の中で、一足飛びには実現できないであろう。そこで、合意でき

＜特別記事＞
朝鮮半島の非核化
と日本

る措置を話し合って一つづつ段階的に実施してゆくという方法論をとることに合意したのである。

　実際、たとえば米政府のネオコン勢力は、9・19声明にぶっつける形で北朝鮮の資金を凍結するための金融制裁を実行し北朝鮮を追い詰めようとした。マカオの銀行バンコ・デルタ・アジア事件である。北朝鮮の側も翌年に1回目の地下核実験を強行した。このような、声明の目標に反する両者の行為を傍らに見ながらも、6か国は協議を継続し、2007年2月の初期段階の措置、同10月の第2段階の措置と「約束対約束、行動対行動」の原則による実行を重ねていった。その結果、黒鉛炉を中心とする北朝鮮の核施設の無能力化が行われ、米議会調査局が約8割の無能力化が達成されたと評価したような成果を収めることができた。

　6か国協議は第2段階から第3段階に移る段階において検証問題で行き詰まった。その経過を詳述することは本論の目的からはずれるので省略する。ここでの論点は、6か国協議の失敗を北朝鮮が一方的に欺いたと主張するのは、見当違いだということである。6か国の9・19合意は目標を実行するという合意ではなく、目標とその実現プロセスに合意した点に意義があった。米朝ともに段階的実施を追求していたのであり、その意味では相互不信を克服しつつ検証問題を解決することに両国を含め、6か国は失敗した。

　私は、このプロセスは今後の朝鮮半島問題の解決に、多くの教訓を残していると考える。その歴史の教訓は、安倍首相のような歴史を直視しない、偏向した総括からは引き出すことはできない。

　もっとも重要な教訓は、「約束対約束、行動対行動」の原則の有効さをしっかりと再確認すること、その上で、段階的措置を非核化、安全の保証、関係性正常化などの課題を包括的にカバーしながら設定する必要があるという点であろう。非核化を切り離して先行的に達成するというアプローチは非現実的である。北朝鮮にとって非核化の問題は、自国の体制を維持するのに必要な他の課題と不可分であり、性急に非核化のみに集中して段階的措置を積み上げることは困難である。かといってすべての危機的課題をテーブルに載せる必要もない。必要なのは精査された包括的なアプローチである。過去の6か国協議のプロセスは、この点への考察が十分ではなかった。

外交的解決は可能である

　6か国協議が行き詰まってから今年は10年目の年になる。北朝鮮はすでに6回の地下核実験を行い、大陸間弾道ミサイルや中距離弾道ミサイルの発射実験を繰り返してきた。この現実のなかで、誰しも果たして北朝鮮の非核化は可能なのかと問いたくなるであろう。実際には、この問いはより正確に問われなければならない。核兵器禁止条約の成立によって、全ての国の核兵器が廃絶されなければならない。したがって私たちの問いは、世界の非核化よりも先に北朝鮮が非核化されることは可能なのであろうか。

　私は可能であると考える。なぜならば、核武装が必要であると主張する北朝鮮の根拠が一貫して変わっておらず、かつその根拠を解消することは可能だと考えられるからである。

　2006年に1回目の核実験を行ったとき、北朝鮮は国際社会に対して実験を予告した。そのときに掲げられた理由は「米国からの核戦争の極度の脅威、制裁と圧力の結果、それに対抗する防衛手段として核抑止力を強化するための核実験に踏み切らざるを得ない」というものであった。2013年に3回目の核実験を行った後、北朝鮮は「非核国家地位確立法」という国内法を制定し核兵器政策を整えたが、そのときにも「朝鮮民主主義人民共和国の核兵器は、増大し続ける米国の敵視政策と核の脅威に対抗するために手にせざるを得なかった正当な防衛手段である」(第1条)と記した。

　今日においても、北朝鮮のこの主張は全く変わっていない。昨年の国連総会演説(新資料2D-4 (275ページ))で、北朝鮮の李容浩外務大臣は、「我が国核戦力の唯一の意図と目的は、米国の核の脅威を終わらせ軍事的侵略を阻止するための戦争抑止力である。従って、我々の究極的な目的は、米国と力のバランスを確立することである」(2017年9月23日)と述べた。今年の金正恩委員長の年頭演説も同じ趣旨の別の表現である。

「…わが共和国は遂に強力で信頼性のある戦争抑止力を保有するに至った。いかなる力もこれを覆すことはできない。我が国の核戦力は、いかなる米国の核の脅しも打ち砕き、反撃することができる。

　それは、米国が冒険主義の戦争を始めることを阻止する強力な抑止力である。

<特別記事>
朝鮮半島の非核化
と日本

米国は、もはや私や我が国に対して敢えて戦争を仕掛ける方法はないであろう。」

　このように、北朝鮮の核武装は一貫して米国の敵視政策と体制転覆を目指す軍事的脅威への抑止力と位置付けられてきた。したがって、朝鮮半島の緊張緩和と米朝関係の正常化を達成することによって、北朝鮮が核抑止力の維持に拘泥する理由は無くなるであろう。すでに見てきたように、KEDO過程や6か国協議の歴史を振り返っても、このような考え方が全体として間違っていないことが示されている。求められているのは過去の失敗の教訓を活かした、新しい外交的挑戦である。

　北朝鮮は、2017年をひたすら米国に対する信頼性のある核抑止力の達成に費やした。しかし、抑止力の信頼性の確保にこれで終わりという段階はない。たとえ再突入技術を備えた移動式ICBM戦力をマスターしたとしても、それだけでは桁違いに高度な米戦力の前で、抑止力の生き残り可能性の弱さは歴然としている。北朝鮮の核抑止力の多様化と強化の試みは今後も続くと考えなければならない。これは米国の新しい「核態勢の見直し（NPR）」が示しているのとまったく同じ核抑止力論者の論理の帰結である。したがって必要なのは、個々の核・ミサイルの進展に反応することではなくて、大きな包括的なビジョンに向かう外交の糸口を一日も早く見つけることである。

　2015-16年と、北朝鮮は何度か話し合いの提案を行った。2015年1月には「米韓合同演習を中止すれば、核実験を中止する用意がある」と呼びかけ、翌年1月には「米韓合同演習を中止すれば、核実験を中止し、平和協定を締結する用意がある」と呼びかけた。2016年7月には朝鮮半島非核化のために5項目を要求した（「朝鮮中央通信」2016年7月6日）。①韓国にある核兵器をすべて公表する。②すべての核兵器と核兵器基地を解体し世界的に公に検証する。③今後、朝鮮半島及びその近傍に核兵器攻撃手段を持ち込まないと保証する保証する。④いかなる場合も核攻撃やその脅しをしないと誓約する。⑤核兵器使用権限のある米軍部隊を撤退させることを宣言する。これらはいずれも対話の入り口として検討に値する話題であった。

　平昌冬季オリンピックを契機にもたらされた南北対話の気運は、粘り強く維

持されなければならない。核問題を語らない対話は意味がないという安倍政権に根強い考えは、問題の全体像を見誤ったものであり、適当ではない。核問題は包括的なアジェンダの重要な一つであるが、他の多くの懸案と密接につながっており、その意味ではどのような対話も核問題の入り口になりうる。

　重要なことは、過去の交渉の歴史に学ぶことであり、主権国家の平等の原則、紛争の平和的手段と国際正義の原則による解決といった国連憲章の精神に改めて立ち返ることである。韓国にそのような方針を掲げた政権が誕生していることを、国際社会は高く評価し、歴史の好機として活かすべきである。

第2部　北東アジア新秩序と非核兵器地帯

　文在寅政権が切り拓いた対話の扉は、歴史を動かし始めた。

　首脳レベルで合意された2つの声明が、北東アジアにおける国際秩序に大きな変化を生み出そうとしている。2018年4月27日に文在寅大統領と金正恩国務委員長とが発した「板門店宣言」と、6月12日にドナルド・J・トランプ米大統領と金正恩委員長がシンガポールで署名した「米朝首脳共同声明」がそれである。1948年に朝鮮半島の南北に分断国家が生まれてちょうど70年の年に、ようやく敵対から共存へと転換する大きな国際的な政治空間が生まれた。

　今後の展開についてまだまだ紆余曲折が予想されるとはいえ、この空間は、日本にとっても新しいビジョンをもって北東アジアで新しい国際秩序を建設するまたとない機会である。しかも、この政治空間では、日本が国際的に特別の地位と役割をもっている核兵器問題が情勢の推移を左右する鍵となっている。最近の日本は、北東アジア地域の外交について、北朝鮮の脅威を煽るだけで、植民地支配の清算と関係正常化という懸案の解決につながるような主体的なビジョンを示してこなかった。本稿では、現情勢を整理し、日本が地域の平和と安定のために積極的に関与することのできる外交の道を提言する。

＜特別記事＞
朝鮮半島の非核化
と日本

情勢転換を導いた南北のマッチング

　2017年の朝鮮半島においては、米朝が言葉を極めて相手を脅し軍事的緊張が戦争へと転がり落ちる危機にあった。それが大きく転換した経緯においては、南北の国内政治の推移における、幸いなマッチングがあった。

　韓国においては、いわゆる「ろうそく革命」において文在寅・民主政権が誕生したことが大きな意味をもった。

　2017年5月の大統領選挙に勝利した文大統領は、一貫して南北の緊張緩和と対話を訴えた。金大中大統領のいわゆる太陽政策が打ち出された「ベルリン宣言」（2000年3月）にならって、7月、文大統領はベルリンにおいて包括的な南北外交方針を打ち出す演説を行った。そこでは、①南北離散家族の再会行事の提案、②平昌オリンピックへの北朝鮮の参加要請、③朝鮮戦争停戦記念日（7月27日）を境にした相互の敵対行動の中止、④南北対話再開と首脳会談の提案、という4項目の提案があった。

　9月の国連総会演説においても、文大統領は朝鮮半島の緊張緩和と核問題の平和解決を同様な論調で訴えた。同じ総会では、トランプ米大統領（新資料2D-1（271ページ））が金正恩委員長を「ロケットマン」と呼び、「必要となれば北朝鮮を完全に破壊せざるを得ない」と演説し、安倍首相が「北朝鮮にとって対話とは欺瞞の手段であり時間稼ぎに過ぎない」「必要なのは対話ではなく圧力である」と敵意をむき出しにした。しかし、文大統領の演説（新資料2D-3（273ページ））は違っていた。自身が朝鮮戦争の離散家族の子として生まれた歴史を語り、朝鮮戦争が真に終結する道へと北朝鮮も選択することを求めた。国連安保理の一致した取り組みを謝しつつ、北朝鮮の核問題の平和解決を強く訴え、「朝鮮半島こそ国連憲章の精神を最も必要としている場所である」と述べた。北朝鮮に対しては、「体制の崩壊を望んでいない」「吸収統一や人為的な統一を求めない」と述べつつ、最後に「北朝鮮の平昌・冬季オリンピックへの参加が実現するようにIOCと協力して最後まで努力する」と誓った。

　文在寅の南北対話の呼びかけの中に、「北方経済」ビジョンなど経済構想が繰り返し言及されていることに注目しておきたい。これは、長期的な北東アジアの安定化に向けた文在寅構想がもっている特徴の一つである。

韓国においてこのような南北対話へのメッセージが送られている時期に、それとは独立に北朝鮮においても、情勢転換の鍵となる事態が進んでいた。それは、北朝鮮における核・ミサイル戦力の研究・開発計画の進捗である。

金正恩委員長の2017年の「年頭の辞」は「ICBM発射実験準備の最終段階に入った」と述べ、2017年が「実験準備の最終段階」になるという位置づけをした。その後、9月6日の水爆実験の祝宴における金正恩スピーチを報じた「朝鮮中央通信」（9月10日）は、「国家核戦力を完成する最終段階の研究開発運動を終結することによって党と革命を防衛する…」と「研究開発運動の最終段階」が完成に近いことを示した。その後9月15日の中距離弾道ミサイル火星（ファソン）12号のその年3度目となる発射実験成功を踏まえて、9月23日、李容浩（リ・ヨンホ）外務大臣は国連総会演説で「経済と核戦力の同時開発路線にしたがって、国家核戦力完成の最終段階に入った」と現状認識を前進させた。そして、11月29日、ICBM火星15号の発射成功を確認した金正恩委員長は、「国家核戦力の完成という偉大な歴史的大義をついに実現した」と宣言したのである。これを踏まえて2018年の同委員長の「年頭の辞」は、「昨年、党、国家、人民が勝ち取った特筆すべき成果は、国家核戦力の完成という偉大な歴史的大義を成就したことであった」と総括した。

昨年における北朝鮮のこのようなレトリックの推移は、北朝鮮が2017年を核戦力の完成の区切りの年とする計画を持っていたことを示している。正確には、これは技術的完成というよりは、一定の技術的裏付けを持った政治的完成と理解すべきものであろう。技術的完成という観点からは、さまざまな不十分性を指摘することができる。しかし、後述するような北朝鮮の核保有の目的からすれば、一つの区切りを設定することは可能であり、想定されることである。

いずれにしても、韓国における新しい政権の誕生と、それと独立した北朝鮮における並進路線（核開発と経済発展を並行して追求する政治路線）の区切りがマッチングして、今日目撃している大きな転換の契機となったと考えることができる。

北朝鮮の非核化と経済集中路線

米国は北朝鮮の非核化意思の表明を米朝首脳会談が行われるための前提条件

<特別記事>
朝鮮半島の非核化と日本

としてきた。

　その前提条件は、北朝鮮の政治的判断によって満たされることになった。北朝鮮は、「核戦力の完成」によって米国の侵攻に対する効果的な報復抑止力を確保し、米国の敵視政策の撤回と安全の保証を要求して対等な交渉を行うことができると判断した。そして、「要求が十分な信頼性をもって実現できたあかつきには、完全非核化に踏み切ることができる」と約束することは、北朝鮮にとって何の問題もなかった。

　米朝首脳会談への道は、北朝鮮の非核化意思を示しながらトランプ大統領に会談を呼びかける金正恩委員長のイニシャチブによって始まった。金正恩の考えは、2018年3月5日、韓国の鄭義溶（チョン・ウィヨン）国家安全保障室長ら大統領特使団との会談において表明された。この特使団は、平昌オリンピックの閉会式の機会をとらえて訪韓した北朝鮮特使団への返礼として平壌に送られたものである。金委員長の意思は2段階で公式に伝えられた。まず韓国政府の発表（3月6日）として、「北は、朝鮮半島の非核化に向けた意志を明らかにし、北に対する軍事的脅威が解消され、北の体制の安全が保証されるなら、核を保有する理由がないという点を明確にした」と伝えられた。次いで鄭義溶安保室長はワシントンを訪問し、米朝首脳会談を求める金委員長の要請をトランプ大統領に伝達した。トランプ大統領は即座に要請を受け入れ、5月中に首脳会談を行うと表明した（3月8日）。

　完全非核化を公約して米朝首脳会談の開催へと舵を切った北朝鮮の新路線は、4月20日に開催された朝鮮労働党中央委員会全体会議で国内的に確認された。「朝鮮中央通信」によると、本稿のテーマに深く関わる二つの重要な内容が会議において決定された。

　一つは、核・ミサイル開発の今後に関する方針である。ここにおいては「完全な非核化」という文言は登場せず、筆者の言葉にすると「これ以上の開発はしない」、いわば「現状凍結」の方針が確認された。北朝鮮にとっては、もともと「完全な非核化」それ自身が目的ではなく、それを可能にするための諸条件の実現を伴って初めて達成が可能となる目標である。したがって、この決定はけっして否定的なものではない。現に北朝鮮は、その一週間後に合意された「板門店宣言」に

おいて、「完全な非核化」を目指す努力を国際的に公約している。

　凍結に関して決議された具体的内容は、①4月21日以後、核実験と大陸間弾道弾の発射実験を中止する、②透明性をもって核実験中止を証明するため北部の核実験場を解体する、③国際的な核実験全面禁止の努力に参加する、④北朝鮮に対する核の威嚇や核挑発がない限り、いかなる状況下においても核兵器を使用しないし、核兵器や技術を移転しない、などであった。核実験場の爆破が主要国のジャーナリストを招いて5月24日に実行されたことは周知の通りである。決議によると、北朝鮮はいずれ包括的核実験禁止条約（CTBT）に加盟する意思表示をしたことになる。実現すると国際的に重要な意味をもつが、今後の交渉における効果的なタイミングを狙って実行に移す可能性がある。

　中央委員会のもう一つの重要な決定は、核・ミサイル開発から経済建設へと注力を転換することを明確にしたことである。これは、核開発と経済建設の同時並行で追求してきたいわゆる「並進路線」において、核開発が完成したことを踏まえての新方針となる。決議には「我々は、我が国のすべての人的、物的資源の動員を通して、強力な社会主義経済の建設と人民の生活水準の顕著な改善のために全努力を集中する」「党と国家の諸問題を社会主義経済建設の方向に振り向け、それにすべての努力を注入する」などの表現がある。これは「並進路線」というより、金正日の「先軍政治」に倣えば「先経済政治」ともいうべき方針である。

　北朝鮮の今後の対米関係、対中関係への接近法には、この新しい方針が反映してゆくものと考えられる。事実、4月20日の決議には次の一文がある。「我々は社会主義経済建設にとって有利な国際環境を創り出し、また、朝鮮半島と世界の平和と安定を守るために近隣諸国や国際社会と緊密な接触と活発な対話を促進する。」これは、中国、米国のみならず経済制裁緩和のために役立つ国際的諸関係を改善する方針を示している一文であり、北朝鮮の非核化努力には、このような強い経済的要因が働いていることに注目したい。

米朝首脳共同声明の評価

　5月8日に米朝首脳会談についての基本合意が表明されて以来、実現への道には紆余曲折があった。それを乗り超えて、6月12日、史上初の米朝首脳会談がシ

<特別記事>
朝鮮半島の非核化
と日本

ンガポールのカペラ・ホテルにおいて開催された。

　この首脳会談において、「朝鮮半島の非核化」と「米国による安全の保証」が交渉のキーワードとなったことは、前節に述べた経過からも当然のことであった。日本のメディアでは、「北朝鮮の非核化」が課題であるのに「朝鮮半島の非核化」を主張する北朝鮮は論点をずらすものであり、本気で非核化する意思がないことを示している、という論調が目立った。これは、誤った情報からくる誤解というほかない。北朝鮮が一貫して訴えてきた米国の核の脅威を考えれば、朝鮮半島全体の非核化が議題とならざるをえないことは、日米両政府にとっても自明の前提であろう。2003年から始まった6か国協議においても、すでに共通の目標は「朝鮮半島の非核化」であると合意されていた。

　交渉の結果、首脳会談は成果文書として米朝首脳共同声明を発表した。

　声明は簡潔なものとなったが、今後の交渉の基礎となる重要な合意を含んでいる。全体としてバランスがとれた内容となっており、まずは評価すべき声明と考える。事前にメディアにおいて強調されたCVID（完全で、検証可能で、不可逆的な非核化）が明記されなかったことをもって、共同声明は北朝鮮ペースの文書であると評価するのは妥当ではない。キーワードであった「非核化」も「安全の保証」も共に漠然とした概念であって、「非核化」だけにCVIDの厳密さを求めるのは、バランスを欠いた要求となる。「安全の保証」もまた、方法論に立ち入ると多くの複雑な問題に遭遇する。

　「非核化」には、まず北朝鮮自身による申告や各国インテリジェンスに基づく現状把握が必要である。核弾頭の数やウラン濃縮施設など現状がまったく把握できていない。現状把握ができた後には、現状凍結を確実にするため、施設などの無能力化が必要になる。無能力化ができた後に、兵器や施設の解体に取り掛かることになる。これらのすべての過程にさらに細かい段階が設けられ、各段階が検証を伴いながら実行されて初めて、不可逆的な完全な非核化が実現する。

　一方、「安全の保証」に関しては、これまで北朝鮮は政治、安全保障、経済の3分野にわたって主張してきた。政治的には、米国が北朝鮮を対等な主権国家として承認し、正式な外交関係を結ぶことが求められる。安全保障上は、まず朝鮮戦争の戦争状態の終結宣言、そして平和条約の締結が必要となる。その結果、あるい

は過程において在韓米軍の在り方に関する協議が行われる必要がある。経済の分野では、非正常な関係の下で課せられてきた貿易の制限その他の経済制裁の解除が行われなければならない。これら3分野が段階的にせよ実行されることが「安全の保証」の中身となる。

このように考えるならば、「非核化」と「安全の保証」について、それぞれが内容に踏み込んだ合意を形成するには時間が足りなかったとしても不思議ではない。その状況における合意であると考えるならば、共同声明に記載された次の誓約は、十分にバランスがとれた妥当な表現になっている。

「トランプ大統領は北朝鮮に対する体制 の保証を与えることを約束し、金委員長は、朝鮮半島の完全な非核化への確固とした揺るぎのない決意を再確認した。」

忘れてはならないのは、共同声明がこれらの前提として2つの大目標に合意したことであろう。それは、「米朝関係の正常化」と「朝鮮半島における平和体制の確立」という大目標である。共同宣言の文言は次のようになっている。

——「両国は、平和と繁栄を望む両国民の意思に従い、新たな米朝関係を確立すると約束する。」

——「両国は、朝鮮半島における持続的で安定した平和体制構築のために共に努力する」

非核化問題は、これらの合意を両国が実行するための鍵となる問題として位置づけられる。

朝鮮戦争の終結問題

首脳会談においては、当然のことながら、共同声明には盛られなかった重要な関心事についても話し合われた。本稿に必要な内容について、会談後のトランプ大統領の長時間にわたる記者会見や、翌日の北朝鮮の国営メディア「朝鮮中央通信」の報道記事、およびその後の両政府からの報道に基づいて、両国の見解の一致点と不一致点を整理しておこう。

まず、朝鮮戦争の終結と平和条約締結の問題について、トランプ大統領は記者会見において「いまや戦争はすぐ終わるという希望を持っている」と述べるに留

＜特別記事＞
朝鮮半島の非核化
と日本

まった。また、平和条約の署名者に関する質問に対して「中国と韓国も関与させたい。」と、注目すべき発言をした。一方、朝鮮中央通信は、この問題に関して「金正恩は、朝鮮半島の平和と安定、そして非核化には、…法的、制度的な措置が必要だと述べた」と報じている。法的措置とは平和条約を意味していると考えられる。

　よく知られているように、4月27日の「板門店宣言」において、南北は朝鮮戦争の停戦協定65周年に当たる今年中に戦争の終結宣言、停戦協定の平和条約への転換、恒久平和体制の確立を目指すことに合意した。しかし、米朝首脳会談では、朝鮮戦争終結問題について、具体的な合意は形成されなかったのである。

さらに、会談後初のポンペオ米国務長官の訪朝（7月67日）によるハイレベル会談においても、この問題に進展はなかった。この問題を進展させたい北朝鮮は、「朝鮮中央通信」において、米国の姿勢は遺憾であると不満を述べた。日本では注目されなかったが、北朝鮮はこのとき、板門店宣言よりも現実的な第一段階の提案をした。「同通信」によると、それは「停戦協定署名の65周年記念日（7月27日）に、まず戦争終結宣言を行う」という提案であった。法的拘束力のない政治宣言をまず発し、それを基礎にして平和協定の交渉を始めたいとの趣旨であっただろう。

　念のために付記するならば、戦争終結宣言を行うのは停戦協定署名国（北朝鮮、中国、米国）である必要はない。中国はすでに米国とも韓国とも戦争状態にはなく正常な関係にある。現在実質的に戦争状態にあるのは、北朝鮮と米韓の間であり、したがってこの3者が戦争終結宣言を行うことに意味がある。また、平和条約の締結には中国が参加することに意味があるであろう。トランプ大統領は記者会見でそのことに初めて言及した。

　戦争の終結と平和条約の問題は、在韓米軍の在り方に深く関係する。

共同声明には書かれていないが、その後の報道で、「米朝間に善意の交渉が続く限りは米韓合同軍事演習を行わない」と、米朝とも理解していることは確かであり、その点において両者の間に齟齬はない。韓国政府もこれを確認している。また、トランプ大統領は記者会見で「在韓米軍の削減はしない」と、大統領選挙中の自身の発言を否定しながら断言した。文在寅大統領も、公式発言の中で「平和条

約締結後も在韓米軍が存在し続ける」ことを強調し、「米軍にも削減や撤退の計画はない」という韓国政府としての理解を強調した。北朝鮮は、最近においては削減や撤退問題には触れておらず、当面の間、この問題で高いハードルを設ける意図はないと考えられる。

深刻な方法論の不一致

　非核化問題の今後を見通すときに、共同声明の実施方法に関して米朝両国にどの程度の共通認識が形成されているかが、最も大きな関心事である。

　この点に関して、首脳会談における北朝鮮の主張は明確であったようである。翌日の「朝鮮中央通信」は、「金正恩とトランプは、朝鮮半島の平和と安定と非核化を達成する際に、段階的かつ同時行動の原則を守ることが重要であるとの趣旨における認識を共有した」と記している。この記事から、北朝鮮がかねてからの主張である「段階的かつ同時行動の原則」を主張したことは間違いなく確認できる。しかし、「との趣旨における認識」と書かれている米国側の認識については、はっきりしない。むしろ、米国に言質として同意を促す意図が込められた表現と考えられる。トランプ大統領の記者会見における発言においても、その後の大統領やポンペオ国務長官の発言においても、北朝鮮と同じ趣旨の認識を示唆する内容を見出すことができない。

　現時点においても、共同声明の合意事項の実施方法に関して米朝間に深刻な意見の不一致が存在すると考えてよいであろう。

　この不一致は、経済制裁の解除に関する両国の認識にも影を落としていた。北朝鮮は、「段階的かつ同時行動の原則」によって段階的な経済制裁の解除が行われるとの認識を持っていると思われる。会談翌日の「朝鮮中央通信」は、金委員長の理解として「（トランプは）北朝鮮に対する経済制裁を、対話と交渉を通して相互の関係の改善が進むとともに解除するつもりである」と述べている。しかし、米国のこの点の認識はあいまいである。会談後の記者会見でトランプ大統領は、「核がもはや問題でなくなったら解除する」「今は続ける」「実際には、ある時点になると解除したいと思っている」などと述べた。そのうえ、強力な制裁を要求し続けている日本政府が参加している場面においては、「強力な制裁が最後まで続

＜特別記事＞
朝鮮半島の非核化
と日本

く」との言説を繰り返している。

　今、我々に問われているもっとも大切なことは、方法論におけるこの不一致が、亀裂を深めて破局に至ることを阻止する方策についての考察であろう。

　幸い、首脳会談前に米政権周辺においてリビア方式などが声高に語られた状況から比較すると、現在は米国内においても、より緩やかなプロセスを描く姿勢への変化がみられる。訪朝し、金英哲（キム・ヨンチョル）労働党副委員長と会合した後、ポンペオ国務長官は「まだ多くの問題を解決しなければならない」と時間がかかる認識を隠さなかった。また、行き違いが起こった時に、首脳同士の不和に発展しないよう抑制する姿勢が両国にみられる。ポンペオ・金英哲会談を報じた「朝鮮中央通信」が、米国の姿勢を「ただCVID、申告、検証を要求するのみの、一方的でギャングのような要求を持ってきた」（7月7日）と不穏当な言葉で非難したことに対して、ポンペオは日本での記者会見で「報道と関係なく、金委員長が約束したことを信じる」と抑制的に対応した。また、首脳会談実現前に、崔善姫（チェ・ソンヒ）北朝鮮外務次官がペンス米副大統領を「愚か者」と非難した言動（5月24日）に対して、金正恩は米国に対して礼を尽くした声明を出すことによってそれを打ち消し、首脳会談実現への道を開いたことも、記憶に新しい。

非核化プロセス＝信頼醸成プロセス

　この好ましい傾向を踏まえて、米国をはじめとする関係国は、冷静に頭の切り替えをするべき時であると、本論は強調したい。時間を区切る発想を捨て、朝鮮半島の非核化は時間を要する事業であり時間をかけてこそ成功する、という認識に速やかに立つことが求められる。これは歴史と現実を直視したとき、理性が導く道理のように思われる。二つの大きな理由を掲げたい。

　一つは、北朝鮮の非核化の背後にある一貫した論理である。すでに述べたように、北朝鮮にとっては、「完全な非核化」それ自身が独立した目的ではなく、それを可能にするための条件の実現を伴って初めて達成が可能となる目標である。その条件とはすなわち「安全の保証」であり、「安全の保証」について安心を感じたとき、北朝鮮にとってCVIDが可能になる。この前提となっている事実を受け入れなければ、そもそも二つの首脳会談を経て実現している現実は存在してい

ない。

もう一つの理由は、「米国と北朝鮮」、「韓国と北朝鮮」の関係をはじめ、関係国の間に根深い不信感が存続している歴史的現実である。米朝関係について一つのエピソードを挙げるならば、1994年に合意された「米朝枠組み合意」の米国側の主任外交官であったロバート・ガルーチ国務次官補は、北朝鮮担当官であった姜錫柱（カン・ソクチュ）外務副大臣との困難な交渉を回想して次のように述べている。「姜錫柱は私に米国を信頼していない、と言った。もちろん私も、我々はDPRKを信頼していない、と言った」（『アームズ・コントロール・トゥデイ』、2002年5月）。

　このような状況下においては、北朝鮮に対して立ち入った監視と検証を求めるCVIDによる非核化は、一つ一つ信頼を積み重ねながら進行するプロセスにならざるを得ない。非核化プロセスは同時に信頼醸成プロセスなのである。

　良識ある外交官であれば、この状況を理解できるはずである。事実、シンガポールでの米朝首脳共同声明にも次の一文がある。

　「相互の信頼醸成によって朝鮮半島の非核化を促進できることを認識し、（両首脳は）以下を宣言する。…」。

　信頼なしにCVID要求を繰り返すことは成功への道ではない。

とはいえ、時間をかけることへの不安や警戒感が述べられてきたことも事実である。

　北朝鮮は、欺瞞を常とし核・ミサイル開発のための時間稼ぎをもくろんでいるという安倍首相の論調には与しない。しかし、米国（とりわけトランプ政権の米国）も北朝鮮も、トップの心変わりがあるとすべてが変わるという懸念を抱えた政治システムの下にある。そのことから来る不安定への懸念には根拠がある。加えて、米国においては議会における抵抗が時として不安要因になってきた歴史も否定できない。

まずエンド・ピクチャーを確立せよ

　この点に関連して、長く米政府内でアジア政策に関わり大統領補佐官も務めた国際政治学者モートン・ハルペリン氏の指摘を思い起こしておきたい。筆者

＜特別記事＞
朝鮮半島の非核化
と日本

が長崎大学で北朝鮮の非核化問題について彼を含めた共同研究に取り組んだとき、彼が指摘した重要な主張の一つは、「非核化された北東アジアはいかなる姿であるか」という「エンド・ピクチャー（最終的な姿）」について、法的拘束力をもった合意をまず関係国がしっかりと確立すべきであるという点であった。本論の関心において敷衍すれば、細部の詳細について交渉に入る前に、枠組み的な条約を、関係国がまず結ぶべきだという主張である。この論点は、まさに我々が今直面している問題について重要な意味をもっている。到達すべきエンド・ピクチャーがしっかり法的に合意されていれば、そこに至る段階的プロセスに関する交渉に時間がかかっても、不安がいたずらに増幅することはないであろう。

　板門店宣言と米朝首脳共同声明だけでは、まだそのようなエンド・ピクチャーを描き切れていない、と本論は考える。

両宣言によって実現される朝鮮半島のエンド・ピクチャーはどのようなものであろうか。

　朝鮮戦争が終結し、平和条約が結ばれ、朝鮮半島全体が非核化される。この姿を描くのに、非核兵器地帯という概念を活用するのが便利である。非核兵器地帯は、国際的に歴史があり、すでに国際法（条約）によって規定された5つの地帯が存在しているからである。もちろん、これらの条約はそれぞれの地域の政治状況に合わせた多様な内容をもっている。

　李鐘元（リー・ジョンウォン）氏に教えられたことであるが、「板門店宣言」の英訳について興味深い事実がある。南北共同宣言の原文は当然のことながら朝鮮語（韓国語）で書かれている。韓国政府とDPRK政府がそれぞれ宣言の英訳をしているが、その英訳を日本語にすると、韓国政府訳が「南と北は、完全な非核化を通じて核のない朝鮮半島を実現する」であるのに対して、DPRK訳は「北と南は、完全な非核化を通じて、朝鮮半島を非核地帯に転換する」となっている。朝鮮語原文との関係は、韓国政府訳はほぼ原文に忠実であるが、北朝鮮はこれを意訳していると言う。北朝鮮の意図はよく分からないが、北朝鮮に対する「安全の保証」を伴った「完全な非核化」という状況を表す言葉として非核地帯という言葉を使ったとすれば、それは既存の非核兵器地帯と同じ概念となるから、適切な意訳であると言うことができる。（因みに朝鮮語では「非核兵器地帯」は流布してお

らず、通常「非核地帯」と呼んでいる。)また、既存の非核兵器地帯条約がすべて法的拘束力のある検証制度を伴っていることを考えると、描いているエンド・ピクチャーが「朝鮮半島非核兵器地帯」であるとすれば、それはさらに積極的な意味を持つ。これは、CVIDが実現している地帯を意味するからである。

日本カード—北東アジア非核兵器地帯

しかし、別の角度から考えると「朝鮮半島非核兵器地帯」はエンド・ピクチャーとしては不十分性が目立つ。

第一に、韓国の立場からすると、これまで米国の拡大核抑止力(核の傘)に頼ってきたのは、北朝鮮の核の脅威のためだけではなく、中国やロシアの核に対する不安のためでもあった。したがって、「朝鮮半島非核兵器地帯」にするためには、韓国は、朝鮮半島への核攻撃・威嚇をしないという保証をロシアと中国からも取り付けた5か国条約にする必要があるであろう。これは、これまで6か国で進めてきた形から日本だけが外れた形である。朝鮮半島と日本列島の千年をこえる長い歴史的関係からすると、いかにもいびつな姿である。「板門店宣言」が強調しているように、エンド・ピクチャーに地域の経済的な協力が含まれるとすると、日本を含まないことの歪は大きい。

第二に、北朝鮮が在韓米軍や韓国に寄港・飛来する米軍の艦船・航空機の非核化を求めるとき、在日米軍の艦船・航空機や日本に寄港・飛来する米軍の艦船・航空機の非核化を度外視した議論の枠組みに妥当性があるだろうか?在韓米軍が米国の拡大核抑止力の維持のために必要としていた任務と役割が、形を変えて在日米軍の任務と役割として保持されるとすれば、「朝鮮半島の非核化」による北朝鮮への「安全の保証」の意義が半減する。事実、過去の米韓合同軍事演習チーム・スピリットには在日米軍も投入されるのが常であった。第1部「外交的解決は可能である」の章で紹介したように、2016年7月に北朝鮮が「朝鮮半島の非核化」の条件をについて米国に要求した5項目には「韓国にあるすべての核兵器と核兵器基地を解体し世界的に公に検証する」「朝鮮半島及びその近傍に核兵器攻撃手段を持ち込まないと保証する」などが含まれていたことを考えると、すでに非核3原則を標榜する日本も加わった非核化の枠組みを目指すべきであることは、あ

<特別記事>
朝鮮半島の非核化
と日本

まりにも明白である。

　つまり、「朝鮮半島非核兵器地帯」が安定的に実現するためには、日本の参加が決定的に重要になる。日本の参加によって「朝鮮半島非核兵器地帯」は「北東アジア非核兵器地帯」へと発展する。つまり、南北朝鮮と日本を含めた3か国が非核国となり、米国、中国、ロシアの3核兵器国がこれら非核国に対して「安全の保証」を供与するという「北東アジア非核兵器地帯」の姿ができあがる。これは安定した地域のエンド・ピクチャーとなりうる姿である。（実際には、「北東アジア非核兵器地帯」を中心に据え、朝鮮戦争の終結、経済交流や支援などの大枠の合意を含んだエンド・ピクチャーを「枠組み的な条約」として確立することが可能であるし望ましい。）

　このようなエンド・ピクチャーを早期に確立することによって、米朝首脳共同声明の合意を実行するための詳細にわたる交渉に、憂いなく必要な時間をかけることが可能になるであろう。

これを提案すべき立場にある国は、「北東アジア非核兵器地帯」を構成するために不可欠な日本政府をおいてない。しかも、この「日本（外交）カード」は、歴史的な可能性が開かれている新しい国際秩序形成に向かって、日本がリーダーシップを発揮する契機をつかむための「日本カード」でもある。

被爆国としての日本

　唯一の戦争被ばく国である日本が、核兵器廃絶を訴え続けながら、日本をとりまく国際環境を理由に米国の「核の傘」への依存から脱却できないでいる。その結果、核兵器禁止条約に参加することができない。しかし、日本が、前述のような日本カードもって地域の非核化に乗り出せば、自国の安全保障を確保しつつ、この矛盾に満ちた現状から脱却することができる。この考えは、長崎市や広島市が8月に発する平和宣言で繰り返し訴えられていることでもあるので、ここでは繰り返さない。

　ここでは、最近の国際舞台で日本政府が行ってきた議論から発生している責任という観点から、「北東アジア非核兵器地帯」を日本が提案することの必要性を指摘しておきたい。

日本はここ数年、核軍縮・不拡散に関係する国連などの国際会議において、北朝鮮の脅威を強調する急先鋒に立ってきた。そして、このような現実の脅威に対処することを抜きにした核軍縮・不拡散の議論は空論であり、一歩一歩段階的に進める核軍縮こそ現実的と訴え、安全保障環境の改善と核軍縮を並行して進行させる努力の必要性を訴えてきた。日本政府を代表して高見沢将林(のぶしげ)軍縮大使は言う。

「核軍縮措置が、それぞれの国や地域が直面している現実の安全保障上の懸念に対してどのように効果的に対処することに貢献するか、その点について現実的な視点を持つことが、極めて重要である。」(2017年3月27日、核兵器禁止条約交渉会議への不参加表明の演説。新資料2A-2(230ページ))

「いま、我々の共通の問題は、いかにして核軍縮・不拡散を前進させると同時に安全保障環境を改善するか、である。すべての国家がこの目標に向かって努力を倍加する必要がある。」(2017年10月4日、国連総会第1委員会)

幸いなことに、北東アジアにおいて緊張緩和が実現し、国際環境がさらに好転しうる歴史的な機会が訪れた。日本が日本カードをもって行動すれば、日本自身を含めて韓国、北朝鮮が核兵器への依存を止め、核軍縮・不拡散を前進させることができる極めて具体的な機会が訪れているのである。しかも、核軍縮・不拡散の前進が、北東アジアの国際環境を安定的に好転させることにも直結している。まさに、日本政府が発してきた国際的訴えを日本自身が実行できる機会である。これほど言論の軽重が試されているときはないとも言える。

今こそ、日本政府は「北東アジア非核兵器地帯」構想をもって地域の平和と非核化に積極的に関与するときである。

第3部　脱線を防止する:　市民社会の役割と関与

南北朝鮮の板門店宣言と米朝首脳のシンガポール合意が脱線することなく実現されてゆくためには、情勢の推移を追跡し、米、韓、日の政府の動きを監視し、

＜特別記事＞
朝鮮半島の非核化
と日本

必要な要請を行うそれぞれの国の市民の努力が不可欠である。メディアや研究者の情報をそのような活動にどのように活かすことができるか。とりわけピースデポのような調査、情報型のNGOが果たすべき役割は何か。そのような問いについて最後に検討することにする。

タイトロープを進む米朝交渉

　6月12日の米朝首脳共同声明の実行は、予想通り一筋縄で行かない経過を辿っている。2018年8月23日に予告されたポンペオ国務長官の訪朝は、翌日トランプ大統領によって取り消され、首脳会談後2回目の米朝ハイレベル会合は実現しなかった。

　合意の実行が脱線し、合意自身が破局に向かわないよう努力することが、日本のみならず、韓国、米国の市民社会の重大な関心であり課題となっている。それほどに、4月27日の南北板門店宣言から米朝合意へと続く経過で生み出されている北東アジアの状況は、関係国のすべての市民にとって失いたくない歴史的チャンスであろう。

　綱渡りの綱(タイトロープ)の上を歩むような米朝の交渉が進んでいる中で、今のところ北朝鮮の見解と動きは比較的分かり易い。7月6-7日の米朝ハイレベル会合で表面化した北朝鮮の不満は、首脳会談前にトランプ大統領があれほど熱心であった朝鮮戦争の終結宣言への署名が棚ざらしにされていることに起因していた。そのことは7月7日のDPRK外務省報道官談話で明らかにされた。

　その後8月4日にシンガポールで開かれたアセアン地域フォーラム(ARF)における李容浩外相の演説は、平和宣言には直接触れない形で、米朝交渉の進展について3点の注目すべき主張を行った。「」内は演説の文言をそのまま引用したものである。

　1.米朝共同声明の実施においては「信頼醸成を図ることを優先事項と考え、共同声明にあるすべての事項をバランスが取れた同時的かつ段階的方法で実行するという、新しいアプローチをとるべきである。」

　2.米朝両首脳は、お互いを尊重する立場を理解し合っているにもかかわらず、米政権内には首脳の意図から離れた動きがある。「朝米共同声明が米国内政治の

犠牲になるようなことがあってはならない。」

3.「今年の4月以来、DPRKはすべての国家努力を経済建設に集中するという新戦略路線を打ち出した。」「人民の生活水準の向上は地域全体の平和、安全保障、経済成長にとって好いことであろう。」

1は従来の主張であるが、2において、大統領と異なる方針をとる米政権内の勢力を言挙げして批判したこと、そして3において、自国の経済集中路線を平和への貢献としてアピールしたこと、は新しいことである。

この2で述べられた米政権内の抵抗勢力への批判は、8月9日に出された北朝鮮外務省報道官談話においてより明確に述べられた。「現在問題なのは、朝米共同声明を履行する我々の善意の措置に対して謝辞を述べ、朝米関係を前進させようとしているトランプ大統領の意図に逆行して、米政権内の何人かの高官が我々に対して根拠のない言い掛かりをつけ、国際的経済制裁と圧力を強める企てを必死に行っていることである。」

このように、北朝鮮は朝鮮戦争の終結宣言を優先的課題としつつ、トランプ大統領を守りながら政権内のトランプ抵抗勢力を非難する方針で米朝交渉に臨んでいる。抵抗勢力への非難の焦点の一つは経済制裁強化の動きである。

混迷する米国の北朝鮮外交

一方の米国の交渉方針は明確には見えてこない。

北朝鮮の核弾頭や核施設の申告を求めているが、相互に信頼感がない中でこの直球の要求が有効とは思えない。出てきた申告が正しいかどうかが直ちに問題となり検証問題でつまずくに違いない。悪く解釈すれば、交渉を壊したいがための外交方針と言われても仕方がない。

トランプ大統領は朝鮮戦争終結宣言に問題はないと考えているようであるが、宣言を出すと直ちに問われる在韓米軍や米韓合同軍事演習の今後についての考えが政権内で一致していないと思われる。在韓米軍の問題は伝統的な安全保障論では在日米軍を含む北東アジア全体における米軍のプレゼンスや、さらに、トランプ政権の中国を含むインド太平洋戦略とつながっている。日本を含む同盟国との関係も議論の対象となり、朝鮮半島を超えたビジョンをもったリー

<特別記事>
朝鮮半島の非核化と日本

ダーシップが問われる。これはトランプ政権が極めて不得意なリーダーシップである。

　米国の方針が定まらないとき、韓国の文在寅（ムン・ジェイン）政権がそのあおりを受けて困難に直面することが懸念される。例えば、南北の板門店宣言においては、3者会談（米、韓、朝）あるいは4者会談（米、中、韓、朝）を2018年中に開催して朝鮮戦争の終戦宣言を実現すると合意している。これが実現できないときには、文在寅政権は米国と北朝鮮の板挟みになり、韓国内世論のより深い分裂を招くことになりかねない。

　残念ながら、現在の局面で日本政府の影響力は極めて少ない。日本政府はトランプ大統領との関係を悪くしないこと、拉致問題への悪影響が出そうな言動を慎むこと、との配慮が要因となって、現在のところ昨年のような北朝鮮に敵対的な言動を控えているように見える。しかし、水面下では国連安保理決議を錦の御旗に立てた国際的な経済制裁包囲網を強めることに日本が先頭に立って力を注いでいる可能性がある。一方では、そのような姑息な方法では日本の立ち遅れが際立ってくることに焦り始めている状況も見えてくる。

　そのような不安要因があるなかで、日本、韓国、米国の市民は、米朝首脳共同声明と板門店宣言で掲げられた地域平和と非核化の目標が見失われないよう、それぞれの国の政府に対して絶えず監視の目を光らせ、必要な要請を粘り強く継続することが求められる。

公正な情報の分析の重要さ

　政府の監視と取るべき行動への市民からの要請は、できるだけ偏りのない正しい情報を根拠に行われなければならない。幸い、米朝交渉に関するメディアや研究者の関心は今のところ高く、さまざまな情報に市民は接することができる。社会的関心が高い状況における情報は、差別化を図るためにセンセーショナリズムに走る傾向を生むことに私たちは気付いている。また、メディアが権力や体制に対してシニカルな視点を提供する役割は必要なこととして理解できる一方、社会に蓄積されてきた在りのままの世論に迎合することによって読者の関心を誘う傾向も否定できない。日本を含む西欧メディアにおいては、北朝鮮を特

殊な国と見なし、好奇を誘ったり、悪魔化したり、一方的に悪者にしたりする傾向が強い。このような傾向に打ち勝ちながら、情勢についての正しい動向が市民社会に伝わるためには多くの努力が必要であろう。

　以下に、最近のいくつかの例を掲げながら、情報を正す努力の必要性について考察したい。

例1: 一方的分析への警戒

　8月20日、IAEA（国際原子力機関）が報告書「DPRKにおける保障措置の適用」を発表した。昨年8月25日に出た報告のアップデートであり、特段に新しい分析はないが、良くも悪くも国連機関の報告書という意義はある。メディアはさまざまにこれを報じたが、概して「北朝鮮は完全な非核化の約束に反して核兵器開発を続けている」とIAEAが報告したように、読者に伝わったと考えられる。英『ガーディアン』紙の報道が典型的な例であるが、「IAEAは、北朝鮮はまだ核兵器を開発している」と主見出しを打ち、「国連の監視機関の報告書が非核化についての平壌（ピョンヤン）の姿勢に疑問を呈する」とサブタイトルを付けた。

　実際には、IAEAは、核兵器用プルトニウム生産に使われていた5MW黒鉛炉などの寧辺の核施設の運転が継続しているという、衛星写真などのデータからの分析を通して「核開発計画の継続」を述べたに過ぎない。それが「核兵器の開発」かどうかは分からなくてもIAEAとしては、関連施設の運転の継続だけでも安保理決議違反であるので、IAEA事務局長はIAEA総会に対して報告する義務を負っているのである。

　しかし、この運転継続が『ガーディアン』の見出しのように北朝鮮が2つの首脳会談で約束した「完全な非核化」の約束違反ということはできない。北朝鮮は、米国の脅威が除去され安全の保証が確実になれば、完全な非核化をすると約束しており、その具体化のために米国と交渉している。米朝合意に限れば何の約束違反もしていない。

　また、『ガーディアン』は、米国が北朝鮮の核兵器計画の規模や施設のリストを要求していることについて、ある専門家の言葉を引用している。「どんなリストも不完全だろう。北朝鮮は決して完全なリストを出さないだろう。なぜなら彼ら

<特別記事>
朝鮮半島の非核化と日本

はカードを手元に置いて一定の取り引きのテコを維持したいからだ。」この専門家の指摘は間違っていない。『ガーディアン』に必要なことは、米国も北朝鮮の安全の保証を完全には与えず、取引のカードを残しておくことを考えていることを、具体的に書くことである。それによって、相互不信のなかでも前進するような世論形成を図ることができる。

例2:マチス米国防長官の慎重さと柔軟さ

　8月28日、マチス米国防長官の国防総省内での記者会見の発言が、大きく報じられた。概ね、市民はマチス国防長官が記者会見において「米朝首脳会談において中止された米韓合同演習の再開を示唆した」と受け取った。米朝交渉が行き詰まっている中で米国は揺さぶりをかけており、新たな緊張を生む火種になるというニュアンスがあった。

　マチス長官の発言は自発的な発言ではなく、長い記者会見の中で記者の質問に答えたものである。関係部分の発言録を以下に全訳してみよう。登場するダンフォード大将というのは、同席していた統幕会議議長である。

質問:有難う御座います。北朝鮮問題です。6月13日にトランプ大統領は「北朝鮮からの脅威はもう無くなった」と言いました。国防総省も同じ考えですか?
マチス:トム。あなたは複雑な問題に直接的な回答を求めますね。基本はこうです。前進があった。2人の指導者が席に着いたとき全世界はその前進を見ました。我々はまた、この交渉を終えるのは長い努力を要するだろうということをはっきりと知りました。知ってのように、あの戦争は1950年に始まってまだ終わっていない。いま外交過程の途中です。我々の仕事は外交官を支えることです。
質問:北朝鮮は非核化しようとしていますか?
マチス:どちらかというと…このことはすべてポンペオ長官の肩に載っていることで、この質問に応えるのは国務省に委ねるのが好いと思います。
　しばらく経って別の記者が質問した。
質問:…別の話題…ダンフォード大将、北朝鮮について続けていいですか。北朝鮮が非核化していないという最近のニュースを踏まえると、韓国との軍事演習を再開するときではありませんか?

マチス:…別の話題への答え…朝鮮半島での演習を中断するポリシーについて話させて下さい。

ご存知のように、シンガポール・サミットから生まれた善意の措置としていくつかの最大級の演習を中止する措置をとりました。現時点でさらに演習を中止する計画はありません。

さっき申しました通り、我々は国務長官と非常に緊密に協力しています。彼の努力を強化するように、我々は彼がやって欲しいことをやります。しかし現段階において、さらなる中止に関する議論はありません。

質問:現実問題としてどういう意味ですか?次の演習はいつですか?

マチス:そう…。皆さん。我々が演習を中止したとき、我々はいくつかの最大級の演習を中止したのであって、その他の演習は中止していません。

したがって朝鮮半島ではずっと演習は続いているのです。皆さんがそのことを余り耳にしないのは、それらの演習を、交渉の信義を破るかのように北朝鮮が誤解することがあってはならないからです。

そのように演習は続いています。実際問題として意味することは、現時点で我々の演習計画に変更はないということです。

このやりとりから「マチス長官が米韓軍事演習の再開を示唆した」と強調するのは無理がある。「朝鮮半島では日常的に米韓合同演習が続いているが、大型演習の再開は米朝交渉の行方によって決まる」という柔軟な姿勢が示されたことを強調すべきであろう。

実際、8月29日にはトランプ大統領がツイッターで大型演習再開を否定した。

例3:ブルックス在韓米軍司令官にみる相対化

8月22日、ソウルにおいてビンセント・ブルックス在韓米軍司令官が記者会見した。その内容をAP通信と聯合通信(ヨンハップ)で読んだが(いずれも英語版)、詳しく読む価値のある内容が含まれていた。しかし、記事の見出しはいずれの場合もそのような重要ポイントを示すものではなかった。APは「米司令官、圧力が核外交の鍵と述べる」と見出しを付け、ヨンハップは「在韓米軍司令官、北朝鮮に真剣かつ本気の非核化措置を求める」と見出しを付けた。これらは西側世

<特別記事>
朝鮮半島の非核化
と日本

論に迎合する記事の取り上げ方である。

　2つの記事におけるブルックス司令官の発言で注目すべき内容は、米朝間にある相互不信の問題を、一方的ではなく相対化した視点から語っている点であった。

　彼は相互不信が進行中の平和努力にとって大きな障害になっているとの認識について次のように述べている。

　「不信が現状においてもなお、支配的因子である。さらには誤解がもう一つの因子になる。一方がとった行動が、受け手から見たとき意図したようには理解されない。このような不信と誤解を克服できるならば、すべての関係者が真剣な取り組みをして成功する可能性は比較的高い。したがって、私は慎重な楽観主義に理由があると考えている。」

　このような観点から、ブルックスは朝鮮戦争の終結宣言の問題について次のように述べている。

　「戦争終結宣言が何を意味するのか、極めてはっきりとさせる必要がある。前もってそのことが理解されなければならない。おそらく、それは何を意味しないのかも理解されなければならない。このような重要な要素について詳細が十分には解決できていないので、現時点において合意に至っていない。」

　ブルックス司令官の発言は、北朝鮮にのみ不信の原因を押し付けておらず、相対化している点において注目される。と同時に、私たちに米朝交渉に対する一つの希望を与えてくれる。

　以上の3つの例が示すように、多くのメディアや研究者がもたらす情報を、合意実現のために私たちの手で批判的に再構成し、世論形成に役立てることができると考えられる。市民社会は、このような、正しい世論形成のための努力に力を注ぐべきである。

　　　本論は著者による以下の3つの論文を再構成したものである。
　　1.「朝鮮半島において国連憲章を具現せよ―対話による解決の意義とその可能性」
　　　雑誌『世界』（岩波書店）2018年4月号
　　2.「北東アジア新秩序へ―非核兵器地帯への積極関与を」　雑誌『世界』（岩波書店）
　　　2018年9月号
　　3.「北東アジアの平和と非核化:チャンスを今度こそ活かしたい――市民社会で
　　　の公正な情報の流布が鍵を握る」『核兵器・核実験モニター』552号（ピースデ
　　　ポ）2018年9月15日

特別記事 2

北朝鮮に対するドナルド・トランプの直感はほとんど正しい。問題なのは取り巻きだ。

モートン・H・ハルペリン
（元米大統領特別補佐官）

モートン・H・ハルペリン
オープン・ソサエティ財団上級顧問。ジョンソン政権時代に国防次官補代理（1966-1969年）、ニクソン政権時代に国家安全保障会議メンバー（1969年）、そしてクリントン政権時代には大統領特別補佐官（1998-2001年）などを歴任。2012年頃より北東アジアの平和と安全に関する包括的協定の意義を提起し続ける。

　昨年のトランプ大統領の向こう見ずな脅しと嘲り、さらに今年の6月のシンガポールでの米朝首脳会談直後の「北朝鮮の核の脅威はもうない」という早まった発言があったにもかかわらず、彼は戦争の危険性を減らし朝鮮半島を非核化するのに（大部分は）賢明な措置をとってきた。そのうえ、彼の顧問たち、米国議会の共和党、民主党議員、またワシントンの支配的な外交政策機関からの反発に負けずに彼はそれをやってきた。

　現在の行き詰まりを突破するために、トランプはワシントンに蔓延する懐疑論を無視し続け、北朝鮮が核・ミサイル実験を中断し続けるならば大型の米韓合同軍事演習の中断を継続し、朝鮮戦争を終わらせる政治的宣言を行うと

＜特別記事＞
トランプと北朝鮮

いう、伝えられているような無条件の提示を、例えば次の首脳会談において再確認するべきだ。トランプは、宣言が出され、直ちに北朝鮮が核分裂性物質の生産を中止するなどの非核化のための重要な措置をとるよう金正恩に強く求めるべきである。

　筆者は朝鮮戦争を終わらせる政治宣言に否定的な側面はないとみている。否定的な人々の意見は、アメリカが韓国との同盟を打ち切り、朝鮮半島から米軍を撤退させるといった北朝鮮の要求を飲まなければならなくなるといったことである。北朝鮮がこれら2つの実現を願っているかどうかすらはっきりしないし、北朝鮮がこれらを提起したとしても、アメリカは自由にこれらを拒否できるだろう。同盟と駐韓米軍は北朝鮮だけに向けられたものではなく、とくに中国とロシアだが、他の国々に向けられたものでもある。

　さらに、一定の軍事演習、とりわけ大型の実弾射撃訓練の一時的中止は、北朝鮮の核・弾道ミサイル実験の実施の見返りとして、無理のない譲歩である。これはもちろん、中国とロシアが進めていて、懐疑論者が北朝鮮は決して受け入れないだろうと言われていた"凍結対凍結"の合意である。しかし、北朝鮮がこれを受け入れた以上、それは核・ミサイル実験の中止を継続することとの交換なのだから、我々はこれらの軍事演習なしで準備態勢を維持するための方法を見つければよい。

　オバマ前大統領は、任期を終える間近に、トランプに北朝鮮の核計画は彼が直面する一番大きな脅威であろうと警告した。確かに、トランプが就任した時、北朝鮮は急激な速さで核兵器や核弾道ミサイルの実験をしており、一方米軍と韓国軍は次々とより大規模な米韓合同軍事演習を実施し、北朝鮮政府はこれを戦争の前兆だと見なしていた。北朝鮮は朝鮮半島の非核化が交渉の明白な目的であれば、どんな交渉にも同意したがらないようであった。一方で、米国は北朝鮮が完全で検証可能かつ不可逆的な非核化に同意しない限り、緊張緩和のための手段を議論する気はなかった。

批判にもかかわらず、トランプと金正恩の首脳会談はこれらの基本的な問題を解決し、長期的で真剣な交渉プロセスを一気に始めるのに賢い方法であった。

そして、その通りになった。

両者は"凍結対凍結"の取り決め——すなわち、話し合いが続いている限り核・ミサイル実験はないし、軍事演習はない——を採用した。(しかし、トランプは韓国に事前に相談すべきであったし、北朝鮮の言葉で軍事演習について語るべきではなかった)。

シンガポールでの首脳会談では、両者は互いの交渉における主な目的について承認した。金正恩は朝鮮半島の完全な非核化に向けて取り組むと約束し、トランプは米朝関係を転換し、持続可能な平和体制に向けて取り組む、すなわち本質的には安全の保証を提供する、ことに合意した。彼らは、非核化に向けての歩みと平和への動きが並行して長期にわたって進むべきであるということに、合意したように思われる。

この結果は、両国の外交官がこれらの広範囲に及ぶ目標をどのように実行するかの交渉を始めるための基礎を築いた。しかし、トランプの取り巻きたちは大統領の立場を本質的にひっくり返し、平和への議論よりも先に非核化することを要求した。

北朝鮮政策の(米政権内の)コントロールを回復するために、トランプ大統領は内閣に対して、3セットの問題を話し合う交渉の場に戻るよう命じるべきである。2度目の首脳会談は不適切とは思わないが、合意が前もって大部分できている段階で行うのがよい。

第1に、そして最も重要なことだが、両者がとってきた、またはこれからとる過去と未来の措置について共通の理解を(望ましくは文書の形で)もつことが必要である。どんな約束をしたかについて両者が一致しなかったために、以前の交渉は失敗に終わってきた。例えば、米国の外交官は北朝鮮がどんなミサイルテスト

<特別記事>
トランプと
北朝鮮

の中止に同意したか、とりわけ衛星打ち上げが含まれているかどうかについて、同じ意見をもっている必要がある。なぜなら、過去にこの区別が合意を頓挫させたことがあるからである。外交官たちは米国がどの軍事演習を中止したのかについて北朝鮮に知らせる必要があるし、何が軍事演習再開の結果を招くことになるのかをはっきりと具体的に述べる必要がある。この問題についてのホワイトハウスと米国防衛省のやりとりは、南北両国どころか政権内ですらこの問題について明確になっていないことを示している。

　あと2つの問題はより複雑で、すべての関係国の相当な忍耐と歩み寄りの姿勢を必要とする。しかし、この2つのことを同時に行うことが成功のチャンスを高めることになるだろう。

　議論のセットの1つは両者が非核化と平和を達成するためにとる手段についてである必要がある。協議の初期段階では、同時にとる一方的な措置と政治的共同声明のある種の組み合わせが、最もありそうな前進の道筋であろう。北朝鮮は緊張を緩和し安全保障を高めるための最初の政治的な共同の措置として、戦争終結宣言を強く要求している。さらなる措置は利益代表部、または連絡事務所をワシントンと平壌に開くことや、敵対的意図を持たないとの正式の宣言を両者が行うこと、などであろう。北朝鮮は自身の提案があるであろうし、我々にはそれらを考慮する準備がなければならない。

　核問題に関しては、米国は最初に兵器級核物質の生産中止を要求すべきなのか、核兵器に関わる現存するすべての場所の申告を要求すべきなのか、専門家たちの間で意見の不一致がある。しかし、どちらも重要な一歩となるであろうから、米国は望むなら両方を可能な選択肢として議論のテーブルに載せてよいであろう。どちらの行動も監視される必要があるし、査察の方法について交渉する必要があるだろう。どちらが最初で、適切に検証されたとしても、もう一つの問題が次の議題になるべきであるが、この場合も何らかの検証の基準を伴って行われるべきである。これら2つの措置の交渉と実行の過程はおそらく数年かかる

だろう。しかし北朝鮮の生産能力に検証可能な制限を課すことになる。そして次には、交渉は、現存する核兵器、核分裂性物質と生産設備を破壊する過程へと転じることが求められるだろう。この過程はより困難で、交渉し実行するのに数年かかることだろう。

　多くの懐疑論者が示唆する人が提案しているように、北朝鮮は、実際には、すべての兵器と生産施設を壊すことや、このような取り決めを検証するために必要であろう立ち入った査察を許すつもりはないということに、私たちは気づくかもしれない。しかし、とることのできる唯一の方法は一歩ずつ交渉を進め、どこまで進んだかを見極めることである。生産の凍結が確認され、すべての関係場所に関する申告が検証されたあとに交渉が停止したとしても、非核化に向けた措置が取られる前に協議が失敗に終わり、実験や軍事演習が再開した場合に比べれば、私たちは以前よりはるかに安全な場所にいることになるだろう。

　平和と安全を維持し、朝鮮半島全土における恒久的な非核化を確実にするために設置する常設の機関について、同時並行の交渉を行うことによって、我々は成功のチャンスを高めることができる。私の見解では、このプロセスの進行中において、また恒久的に、各々の国が誓約できる事項を要約するような一つのセットとなる条約——それぞれが異なる組み合わせの国によって交渉し批准される——が必要である。

　朝鮮半島の恒久的な非核化についての協定は、5つのNPT（核不拡散条約）核保有国と、少なくとも朝鮮半島の2か国の賛成を得た非核兵器地帯の構図であるべきである。理想的には、日本も参加し非核保有国であり続けると誓約する可能性がある。朝鮮半島の2か国は核兵器を製造も貯蔵もしないことに賛成するだろうし、他国が朝鮮半島に核兵器を置かないことにも賛成するであろう。5つの核兵器保有国は、核兵器で脅したり使用したりしないことを約束し、そのような脅威にさらされた場合、朝鮮半島の2か国（日本が参加すれば日本も）を防衛するという消極的および積極的な安全の保証を提供するであろう。北朝鮮が核不拡散

＜特別記事＞

トランプと
北朝鮮

条約NPTに再加入する場合、おそらくIAEA（国際原子力機関）が実施する合意された今も行われている査察手続があるだろう。

　平和条約は朝鮮半島2か国と米国、そして中国によって署名され、正式に朝鮮戦争を終わらせることになるだろう。そして、6か国、もしかすれば他の国々も、北東アジアの安全保障機構を作る協定に参加するだろう。

　トランプの交渉戦略の有効性について議論するとき、我々は、何が両者によって実際に約束されたかを注視すべきである。北朝鮮は核と長距離弾道型ミサイルの実験をしないことを約束し、その約束を守っている。北朝鮮は核分裂性物質や核弾頭やミサイルの製造を一方的に、または即座に中止することについては同意していない。北朝鮮はすべての生産施設を閉鎖するとも約束していない。

　真剣な実務レベルの交渉が始まったときには、米国外交官が強く迫るべき正当な要求が無数にある一方で、朝鮮戦争終結の政治的宣言のような、北朝鮮が彼らの立場から彼らの安全を増進させると見なすような見返りの措置がないまま、北朝鮮が追加的な抑制を行うことを我々は期待すべきではない。トランプは、自分の直感——そしてシンガポールでの約束——に従い、このような取引を受け入れるべきなのだ。

　交渉不在の損失はきわめて高く、誰も望まない戦争を導く。トランプを無能で甘いと非難するよりも、議会指導者や外交政策ブレインは、中身のない早めの突破口を探すのをやめ、代わりに、北朝鮮の大量破壊兵器計画の複雑さと広範さに縛られた期待をもって、交渉を支援するべきである。今は静かで骨の折れる外交にチャンスを与えるべき時である。(訳：ピースデポ)

朝鮮半島の非核化に関する米国がとるべき政策について、著名な国際政治学者でありクリントン政権で大統領特別補佐官も務めたハルペリン博士が、ウェブサイト『38ノース』に2018年9月11日付で興味深いエッセイを書いた。『核兵器・核実験モニター』553号（18年10月1日）より転載する。

英文出典：
https://www.38north.org/2018/09/mhalperin091118/

第2部

2017年のトピックス・新資料紹介

1. トピックス
2. 新資料紹介

2-1 トピックス

T1. 悲願の核兵器禁止条約が成立

※第71回国連総会で採択された決議「多国間核軍縮交渉を前進させる」(A/RES/71/258)に基づいて開催された。

※新資料2A-1(223ページ)に全訳。

※データシート1に18年9月27日現在の署名・批准状況。

2017年7月7日、ニューヨーク国連本部で開催されていた「核兵器を禁止し完全廃棄に導く法的拘束力のある文書を交渉する国連会議」(以下「交渉会議」)※において、122か国が賛成して核兵器禁止条約(以下、TPNW)※が採択された。同年9月20日には署名に開放され、禁止条約を主導した有志国6か国(アイルランド、オーストリア、ブラジル、メキシコ、ナイジェリア、南アフリカ)など50か国がその日に署名し、ガイアナ、バチカン、タイの3か国が批准した※。同条約が発効するためには50か国の批准が必要(条約第15条)である。

国連交渉の第1会期(2017年3月27〜31日)

交渉会議(議長:エレイン・ホワイト・コスタリカ大使)は、17年3月27日から31日までの第1会期、及び6月15日から7月7日までの第2会期にわたりニューヨーク国連本部で開かれた。

第1会期の初日、3月27日、会議には115か国を超える政府代表が集った。冒頭、キム・ウォンス国連事務次長(軍縮担当上級代表)らの挨拶、ペーター・マウラー赤十字国際委員会(ICRC)総裁のビデオメッセージ紹介に続き、藤森俊希・日本被団協事務局次長が登壇。1歳4か月当時、広島の爆心から2.3km地点で母親と共に被爆したことを語り、「同じ地獄をどの国の誰にも絶対に再現してはなりません」「条約を成立させ、発効させるためともに力を尽くしましょう」と結んだ

※新資料2A-4(234ページ)。

※。藤森さんの力強いメッセージは、翌日のサーロー節子さん(カナダ在住、広島で被爆)やスー・コールマン・ヘイゼルダ

インさん(豪先住民、英核実験で被曝)の発言と共に、会期を
通じ、多くの参加者によって立ち返るべき原点として言及
された。「ヒバクシャ」という日本語由来の文言が条約前文
に2回入ったことも、これらの反映であろう。

　その後、各国演説が続いた。最後まで参加態度を明確にし
ていなかった日本政府は、高見沢将林・軍縮大使が、核兵器
国・非核兵器国の協力の下での実践的具体的な核軍縮措置
こそが有用との従来の主張を繰り返した。そして、禁止条約
は核兵器削減につながらず、国際社会の分断を強め、北朝鮮
の脅威など現実の安全保障上の問題の解決につながらない
と批判し、核兵器国の交渉参加も望めない中では「日本はこ
の会議に建設的かつ誠実に参加することはできない」とし
た※。この後、日本政府代表団は会場に姿を見せることはな
かった。

　一方、交渉会議開幕と同じ時間帯に国連本部の別の場所
では、ニッキー・ヘイリー米軍縮大使らが同会議への反対を
表明する会見を開いた※。ヘイリー大使は、核兵器のない世
界が望ましいが、「悪者」に核兵器を持たせたまま「善良な」
自分たちだけが持たないのでは自国民を守れないとし、禁
止条約を作ろうとしている国々は「自国民を守ろうとして
いるのだろうか」と問うた。英仏の国連大使も核兵器禁止反
対を表明した。

　3月28日から29日にかけては「一般的意見交換」の議題の
もと、条約の「原則と目的、前文の要素」(主題1)、「中核的禁
止事項:効果的法的措置、法的条項及び規範」(主題2)、「制度
的取り決め」(主題3)の各項目に沿って政府代表と市民社会
が発言した。「一般的意見交換」と銘打ってはいたが、各国と
も基本的には「禁止先行型」条約を前提として議論をしてい
た。

　ホワイト議長は3月31日、第1会期を閉じるにあたって、5
月後半から6月1日までの間に条約素案を提示し、交渉会議
が閉幕する7月7日に条約成案を採択したいと明言した。そ
の背景には、交渉会議参加国に対し核兵器国の一部から、経

※www.reachingcriticalwill.
org/images/documents/
Disarmament-fora/nuclear-weapon-
ban/statements/27March_Japan.
pdf

※会見の動画は、
http://webtv.un.org/media/
mediastakeouts/watch/

済援助などに絡めた形での「切り崩し工作」がなされているとの観測や、交渉を長引かせないことで参加国の「戦線離脱」を防ぐ狙いがあるとの推測があった。

核兵器の非人道性を基礎に法的禁止を求めるここ数年来の動きにはICANなどのNGOが大きな役割を果たしており、関連の国連決議でも繰り返し「市民社会の参加と貢献」に言及された。交渉会議でも政府代表が口々に「市民社会の大きな貢献に感謝する」旨、発言した。日本の市民社会も存在感を放っていた。日本政府が禁止条約に消極的な中、被爆者や広島市、長崎市をはじめとする日本の市民社会が核兵器禁止条約の実現に向けて重要な主体(アクター)としての役割を果たしてきた。

第2会期、TPNWが圧倒的多数で採択される

17年6月15日に再開された第2会期の交渉会議は、21日まで公開審議の場で議長の条約素案を冒頭から順に検討した。市民社会も積極的に参加し、日本からもピースデポを含む計8団体の代表者が発言した。21日午後の部以降、政府間の非公式の折衝会合が大部分となり、数次の条約改訂案の発表を公式会合で行う形で進行した。

17年7月7日、TPNWは、投票総数124か国中、賛成122票で採択され、オランダは反対し、シンガポールは棄権した。投票しなかった国には、交渉不参加の核保有国、それらと軍事同盟を結んでいる国々(NATO加盟国やCSTO※加盟国の一部、豪、日、韓)の一部などが含まれる。CSTO加盟国のカザフスタンは賛成した。また米国との安全保障上の関係が深いフィリピン、マーシャル諸島、パラオは賛成票を投じた※。

※集団安全保障条約機構(アルメニア、ベラルーシ、カザフスタン、キルギスタン、ロシア、タジキスタン、ウズベキスタン)。92年署名、加盟国は17年現在。

※投票行動と参加状況はデータシート1 (58ページ)。

条約は、20条からなり、主な内容は以下である。

・締約国は、核兵器の開発、実験、生産、製造、取得、保有、貯蔵、使用または使用の威嚇をしない。さらに、これらを支援、奨励、誘導しない。(第1条)

・締約国会議は、初回を発効後1年以内、以後は原則隔年

で開催する。臨時会議も開ける。発効から5年後、以後原
則6年毎に再検討会議を開く(第8条)。

・発効要件国数を50とする(第15条)。

・条約は17年9月20日から署名開放される(第13条)。

米、英、仏の国連常駐代表は7月7日、条約を批判する共同
声明※を発した。声明は、「このイニシャチブは、国際安全保
障環境の現実をあからさまに無視している。禁止条約への
加入は、70年以上にわたり欧州と北アジアの平和維持に不
可欠であった核抑止政策と、両立しない。核抑止を必要なら
しめている安全保障上の懸念に対応せずに核兵器の禁止な
るものを行っても、ただ一つも核兵器を廃棄することに
つながらない」とした。さらに、「核兵器に関する我々の国の
法的義務に変更は生じない。例えば、我々は、この条約が慣
習国際法を反映している、あるいはその発展にいかなる形
であれ寄与する、という主張を受け入れることはない」と述
べた。

※ 新資料2A-3(233ページ)に抜
粋訳。

日本の不参加理由も、上記3か国共同声明と軌を一にする
ものであった。TPNWに照らせば、核抑止力とは条約で禁
止された「核使用の威嚇」(第1条d項)によって裏づけられ
るものであり、米国の核抑止力への依存は「支援、奨励、誘導
の禁止」(第1条e項)に該当することは明白である。米国に抑
止力の有効性の維持を求めることは「奨励、誘導」であるの
みならず、米国が拡大核抑止力を行使するに当たって必要
な「支援」(通信、兵站など)について日常から協議や訓練を
行っている可能性も高い。従って日本は、現在の核抑止力依
存政策を維持したままでは、禁止条約に参加することは困
難である。

これでは、「唯一の戦争被爆国」として核兵器廃絶をリー
ドする歴史的責務を果たすことはできない。

| データ シート | # 1. 核兵器禁止条約への投票行動と 署名・批准状況 |

1）各国の投票行動と参加状況（投票日：2017年7月7日）

賛成　122

アイルランド、アゼルバイジャン、アフガニスタン、アラブ首長国連邦、アルジェリア、アルゼンチン、アンゴラ、アンティグア・バーブーダ、イエメン、イラン、イラク、インドネシア、ウガンダ、ウルグアイ、エクアドル、エジプト、エチオピア、エリトリア、エルサルバドル、オーストリア、オマーン、ガイアナ、カザフスタン、カタール、ガーナ、カーボヴェルデ、ガボン、ガンビア、カンボジア、ギニアビサウ、キプロス、キューバ、キリバス、グアテマラ、クウェート、グレナダ、ケニア、コスタリカ、コートジボワール、コロンビア、コンゴ、コンゴ民主共和国、サウジアラビア、サモア、サントメ・プリンシペ、サンマリノ、シエラレオネ、ジブチ、ジャマイカ、ジンバブエ、スイス、スウェーデン、スーダン、スリナム、スリランカ、赤道ギニア、セーシェル、セネガル、セントキッツ・アンド・ネーヴィス、セントビンセント及びグレナディーン諸島、セントルシア、ソロモン諸島、タイ、タンザニア、チャド、チュニジア、チリ、トーゴ、ドミニカ共和国、トリニダード・トバゴ、トンガ、ナイジェリア、ナミビア、ニュージーランド、ネパール、ハイチ、パナマ、バヌアツ、バハマ、パプアニューギニア、パラオ、パラグアイ、パレスチナ、バーレーン、バングラデシュ、東ティモール、フィジー、フィリピン、ブータン、ブラジル、ブルキナファソ、ブルネイ・ダルサラーム、ブルンジ、ベトナム、ベニン、ベネズエラ、ベリーズ、ペルー、法王聖座、ボツワナ、ボリビア、ホンジュラス、マーシャル諸島、マダガスカル、マラウィ、マルタ、マレーシア、南アフリカ、ミャンマー、メキシコ、モザンビーク、モーリシャス、モーリタニア、モルドバ共和国、モロッコ、モンゴル、ヨルダン、ラオス民主共和国、リヒテンシュタイン、リベリア、レソト、レバノン

反対　1　　　　オランダ

棄権　1　　　　シンガポール

欠席　71

欠席国の内訳は以下のとおり。

［交渉会議の公式の参加者リストに掲載］　13か国

アルメニア、アンドラ、カメルーン、ギニア、ザンビア、シリア、スワジランド、ナウル、ニカラグア、バルバドス、マケドニア旧ユーゴスラビア共和国、モナコ、リビア

［交渉会議の公式の参加者リストに掲載はないがICANによる目撃情報あり］　9か国

キルギスタン、コモロ連合、ソマリア、タジキスタン、中央アフリカ、ニジェール、マリ、南スーダン、モルディブ

［交渉会議の公式の参加者リストに掲載はないが会議初日に演説］　1か国

日本

［上記3者以外］　48か国

アイスランド、アメリカ合衆国、アルバニア、イギリス、イスラエル、イタリア、インド、ウクライナ、ウズベキスタン、エストニア、オーストラリア、カナダ、韓国、ギリシャ、クロアチア、ジョージア、スペイン、スロバキア、スロベニア、セルビア、中国、チェコ、朝鮮民主主義人民共和国、ツバル、デンマーク、ドイツ、ドミニカ国、トルクメニスタン、トルコ、ノルウェー、パキスタン、ハンガリー、フィンランド、フランス、ブルガリア、ベラルーシ、ベルギー、ボスニア・ヘルツェゴビナ、ポーランド、ポルトガル、ミクロネシア連邦、モンテネグロ、ラトビア、リトアニア、ルクセンブルク、ルーマニア、ルワンダ、ロシア

2）署名・批准状況

2018年10月29日に出典サイトを閲覧。

国名	署名日	批准日
アルジェリア	2017年9月20日	未
アンゴラ	2018年9月27日	未
アンティグア・バーブーダ	2018年9月26日	未
オーストリア	2017年9月20日	2018年5月8日
バングラディシュ	2017年9月20日	未
ベニン	2018年9月26日	未
ボリビア	2018年4月16日	未
ブラジル	2017年9月20日	未
ブルネイ	2018年9月26日	未
カーボベルデ	2017年9月20日	未
中央アフリカ	2017年9月20日	未
チリ	17円9月20日	未
コロンビア	2018年8月3日	未
コモロ	2017年9月20日	未
コンゴ	2017年9月20日	未
クック諸島		2018年9月4日*
コスタリカ	2017年9月20日	2018年7月5日
コートジボアール	2017年9月20日	未
キューバ	2017年9月20日	2018年1月30日
コンゴ民主共和国	2017年9月20日	未
ドミニカ共和国	2017年9月20日	未
エクアドル	2017年9月20日	未
エルサルバドル	2017年9月20日	未
フィジー	2017年9月20日	未
ガンビア	2017年9月20日	2018年9月26日
ガーナ	2017年9月20日	未
グアテマラ	2017年9月20日	未
ギニアビサウ	2018年9月26日	未
ガイアナ	2017年9月20日	2017年9月20日
バチカン	2017年9月20日	2017年9月20日
ホンジュラス	2017年9月20日	未
インドネシア	2017年9月20日	未
アイルランド	2017年9月20日	未
ジャマイカ	2017年12月8日	未
カザフスタン	2018年3月2日	未
キリバス	2017年9月20日	未
ラオス人民共和国	2017年9月21日	未

国名	署名日	批准日
リビア	2017年9月20日	未
リヒテンシュタイン	2017年9月20日	未
マダガスカル	2017年9月20日	未
マラウィ	2017年9月20日	未
マレーシア	2017年9月20日	未
メキシコ	2017年9月20日	2018年1月16日
ミャンマー	2018年9月26日	未
ナミビア	2017年12月8日	未
ネパール	2017年9月20日	未
ニュージーランド	2017年9月20日	2018年7月31日
ニカラグア	2017年9月20日	2018年7月19日
ナイジェリア	2017年9月20日	未
パラオ	2017年9月20日	2018年5月3日
パナマ	2017年9月20日	未
パラグアイ	2017年9月20日	未
ペルー	2017年9月20日	未
フィリピン	2017年9月20日	未
セントルシア	2018年9月27日	未
セントビンセント及びグレナディーン諸島	2017年12月8日	未
サモア	2017年9月20日	2018年9月26日
サンマリノ	2017年9月20日	2018年9月26日
サントメプリンシペ	2017年9月20日	未
セーシェル	2018年9月26日	未
南アフリカ	2017年9月20日	未
パレスチナ国	2017年9月20日	2018年3月22日
タイ	2017年9月20日	2017年9月20日
トーゴ	2017年9月20日	未
東チモール	2018年9月26日	2018年9月26日
ツバル	2017年9月20日	未
ウルグアイ	2017年9月20日	2018年7月25日
バヌアツ	2017年9月20日	2018年9月26日
ベネズエラ	2017年9月20日	2018年3月27日
ベトナム	2017年9月22日	2018年5月17日

署名国数	批准国数
69	19

*承認（Accession）

出典：国連軍縮局ウェブサイト　http://disarmament.un.org/treaties/t/tpnw

データシート 2.【図説】CTBT（包括的核実験禁止条約）の署名・批准状況

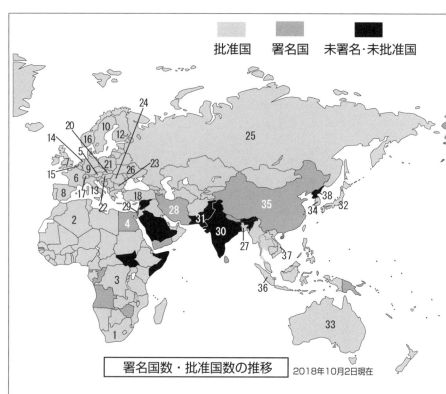

署名国数・批准国数の推移　2018年10月2日現在

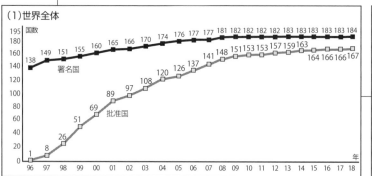

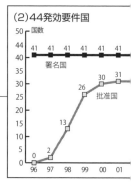

CTBT発効要件国44か国と署名・批准状況
(2018年10月2日現在)

図、表ともにCTBTO(包括的核実験禁止条約機関)のHP (www.ctbto.org/map)をもとに、ピースデポ作成。

地図番号	署名年月日	批准年月日
東南アジア、太平洋及び極東		
32：日本	96.9.24	97.7.8
33：オーストラリア	96.9.24	98.7.9
34：韓国	96.9.24	99.9.24
35：中国	96.9.24	未批准
36：インドネシア	96.9.24	12.2.6
37：ベトナム	96.9.24	06.3.10
38：北朝鮮	未署名	未批准
中東及び南アジア		
27：バングラデシュ	96.10.24	00.3.8
28：イラン	96.9.24	未批准
29：イスラエル	96.9.25	未批准
30：インド	未署名	未批准
31：パキスタン	未署名	未批准
北アメリカ及び西欧		
5：オーストリア	96.9.24	98.3.13
6：フランス	96.9.24	98.4.6
7：イギリス	96.9.24	98.4.6
8：スペイン	96.9.24	98.7.31
9：ドイツ	96.9.24	98.8.20
10：スウェーデン	96.9.24	98.12.2
11：カナダ	96.9.24	98.12.18
12：フィンランド	96.9.24	99.1.15
13：イタリア	96.9.24	99.2.1
14：オランダ	96.9.24	99.3.23
15：ベルギー	96.9.24	99.6.29
16：ノルウェー	96.9.24	99.7.15
17：スイス	96.9.24	99.10.1
18：トルコ	96.9.24	00.2.16
19：米国	96.9.24	未批准
ラテン・アメリカ及びカリブ		
39：ペルー	96.9.25	97.11.12
40：ブラジル	96.9.24	98.7.24
41：アルゼンチン	96.9.24	98.12.4
42：メキシコ	96.9.24	99.10.5
43：チリ	96.9.24	00.7.12
44：コロンビア	96.9.24	08.1.29
東欧		
20：スロバキア	96.9.30	98.3.3
21：ポーランド	96.9.24	99.5.25
22：ハンガリー	96.9.25	99.7.13
23：ブルガリア	96.9.24	99.9.29
24：ルーマニア	96.9.24	99.10.5
25：ロシア	96.9.24	00.6.30
26：ウクライナ	96.9.27	01.2.23
アフリカ地域		
1：南アフリカ	96.9.24	99.3.30
2：アルジェリア	96.10.15	03.7.11
3：コンゴ民主共和国	96.10.4	04.9.28
4：エジプト	96.10.14	未批准

データシート 3.【図説】世界の非核兵器地帯―広がる非核の傘

【1】世界の非核兵器地帯

　非核兵器地帯とは、地域内の国家間で結ばれた条約により、核兵器の開発、製造、取得などが禁止された地域を指す。さらに重要なことは、地帯内の国家に対する核兵器の使用や威嚇もまた禁止されるという点である。非核兵器地帯を広げることは、軍事力による「核の傘」ではなく、軍事力によらない「非核の傘」で私たちの安全と平和を守ろうという努力の一つである。中東、南アジア、北東アジア、北極など各地で、新たな非核兵器地帯を生み出す努力が続けられている。2010年NPT再検討会議では、95年「中東決議」(資料1-4)の履行と中東非核・非大量破壊兵器地帯の設立に関する会議の2012年開催が合意されたが、未だ開催されていない。

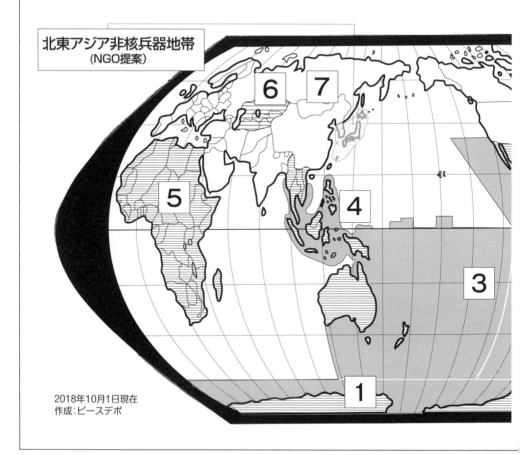

2018年10月1日現在
作成：ピースデポ

現在、世界には5つの非核兵器地帯条約があり、それらはすべて「発効済み」(議定書を除く)である。南極条約で、軍事基地の設置が禁止されている南極を含め、南半球の陸地のほとんどは非核兵器地帯である。南半球の非核兵器地帯は一部北半球にも延びているが、中央アジア非核兵器地帯は、唯一北半球にのみ位置している。

　17年に核兵器禁止条約が成立し、世界的に核軍縮気運が高まっている今こそ、「非核の傘」に向かう、地域発のビジョンと行動がますます重要となっている。中東および北東アジア非核兵器地帯の実現に一歩を踏み出す好機である。

1　南極条約

2　ラテン・アメリカおよびカリブ地域における核兵器禁止条約
　　（トラテロルコ条約）

3　南太平洋非核地帯条約
　　（ラロトンガ条約）

4　東南アジア非核兵器地帯条約
　　（バンコク条約）

5　アフリカ非核兵器地帯条約
　　（ペリンダバ条約）

6　中央アジア非核兵器地帯条約
　　（セミパラチンスク条約）

7　モンゴル非核兵器地帯地位※

※国連等で使われる用語は「非核兵器地位」(nuclear-weapon-free status)であるが、他の非核兵器地帯の持つ国際的要件（とりわけ消極的安全保証）を持つ権利を有しているとの主張を込めてこう呼ぶ。

データシート

3. 世界の非核兵器地帯—広がる非核の傘

【2】非核兵器地帯のデータ
2018年10月1日現在

中央アジア非核兵器地帯条約（セミパラチンスク条約）
- ●締結署名：2006年9月8日
- ●発効：2009年3月21日
- ●地帯の範囲　下記5か国の領土、全ての水域（港湾、湖、河川）、及びこれらの上空。
- ●地帯内に位置する国・地域
　カザフスタン、キルギス、タジキスタン、トルクメニスタン、ウズベキスタン
- ●加盟国　上記「地帯内に位置する国・地域」の5か国。
- ●核保有国の対応
　14年5月6日、5核兵器国すべてが、「核兵器あるいは他の核爆発装置の使用もしくは使用の威嚇を行わないこと」、及び「議定書締約国によるいかなる違反行為にも寄与しないこと」を定めた議定書に署名。17年4月現在、仏、英、ロ、中が批准している。

モンゴル非核兵器地帯地位
- ●1998年12月4日：国連総会決議で一国の非核兵器地位を認知
- ●2000年2月3日：国内法制定
- ●2012年9月17日：5核兵器国、国連本部でモンゴルの非核兵器地位に関する共同宣言に署名。

北東アジア非核兵器地帯（非政府提案）
- ●1990年代半ば以来、様々な非政府提案が登場。有力な案として、韓国・北朝鮮・日本が非核兵器地帯を形成し、米・中・ロが核攻撃をしない消極的安全保証を与える「スリー・プラス・スリー」案がある。
- ●2004年、モデル「北東アジア非核兵器地帯条約」をピースデポが発表。2008年に改訂版。
- ●2008年、民主党核軍縮促進議員連盟が条約案を記者発表。
- ●2011年、モートン・ハルペリン元米大統領顧問が、地帯設立を含む包括的協定案を提案。
- ●2012年、核軍縮・不拡散議員連盟（PNND）日本に発足した北東アジア非核兵器地帯促進ワーキングチームが、条約骨子案を作成。
- ●2014年、長崎・広島両市長が、地帯を支持する自治体首長543名の署名を国連事務総長に直接提出。
- ●2015年、RECNAが、「北東アジア非核化への包括的枠組み協定」を提案。

南極条約
- ●締結署名：1959年12月1日（ワシントン）
- ●発効：1961年6月23日
- ●地帯の範囲　南緯60度以南の地域・ただし公海については他の国際法の権利を侵害しない。
- ●地帯内に位置する国・地域
　なし。南極での領土権は凍結されている（第4条）。
- ●加盟国　5つの核兵器国を含む53か国。

アフリカ非核兵器地帯条約（ペリンダバ条約）
- ●締結署名：1996年4月11日
- ●発効：2009年7月15日
- ●地帯の範囲
　アフリカ大陸、OAU*のメンバーである島しょ国、およびOAUの決議によってアフリカの一部とみなされた島々の領土および領海。（地図は、付属書Ⅰに基づいて作成した。小島は示されていない。）
　【注】インド洋にあるチャゴス諸島に関しては、領有権問題があり、付属書にただし書きが加えられている。その中に米軍基地の島ディエゴ・ガルシアが含まれている。
- ●地帯内に位置する国・地域
　アルジェリア、アンゴラ、ベナン、ボツワナ、ブルキナ・ファソ、ブルンジ、カメルーン、カーボ・ベルデ、中央アフリカ、チャド、コモロ、コンゴ共和国、コンゴ民主共和国（ザイール）、コートジボアール、ジブチ、エジプト、赤道ギニア、エリトリア、エチオピア、ガボン、ガンビア、ガーナ、ギニア、ギニア・ビサウ、ケニア、レソト、リベリア、リビア、マダガスカル、マラウイ、マリ、モーリタニア、モーリシャス、モロッコ（1985年にOAUを脱退）、モザンビーク、ナミビア、ニジェール、ナイジェリア、ルワンダ、サントメ・プリンシペ、サハラ・アラブ民主共和国、セネガル、セイシェル、シエラ・レオーネ、ソマリア、南アフリカ、南スーダン、スーダン、スワジランド、タンザニア、トーゴー、チュニジア、ウガンダ、ザンビア、ジンバブエ（一部国名の変更を除き、条約添付資料にもとづいた。）
- ●加盟国
　51か国が署名、40か国（アルジェリア、アンゴラ、ベナン、ボツワナ、ブルキナファソ、ブルンジ、カメルーン、チャド、コモロ、コンゴ、コートジボワール、赤道ギニア、エチオピア、ガボン、ガンビア、ガーナ、ギニアビサウ、ギニア、ケニア、レソト、リビア、マダガスカル、マラウイ、マリ、モーリタニア、モーリシャス、モザンビーク、ナミビア、ニジェール、ナイジェリア、ルワンダ、セネガル、セーシェル、南アフリカ、スワジランド、トーゴ、チュニジア、タンザニア連合共和国、ザンビア、ジンバブエ）が批准。
- ●核保有国の対応
　議定書1では、条約締約国に対して、および地帯内で、核兵器を使用または使用の威嚇をしないことを定め、議定書2は、地帯内での核実験の禁止を定め、すべての核保有国に参加を求めている。中、仏、英、ロは、署名・批准、米は署名済み。2011年5月2日、米政府は批准承認を上院に提案したが、進展はない。
　※2002年7月、OAUはアフリカ連合（AU）へ移行。

64

東南アジア非核兵器地帯条約（バンコク条約）
- ●締結署名：1995年12月15日
- ●発効：1997年3月27日
- ●地帯の範囲

　東南アジアのすべての国家の領土とその大陸棚、排他的経済水域よりなる区域。（図は200カイリ排他的経済水域を含めて作成した。）
- ●地域内に位置する国・地域

　ブルネイ、カンボジア、インドネシア、ラオス、マレーシア、ミャンマー、フィリピン、シンガポール、タイ、ベトナム

　【注】中国、台湾、ベトナム、フィリピン、マレー

シア、ブルネイが領有権を主張する南沙諸島の多くも地帯内にある）
- ●加盟国

　上記「地帯内に位置する国・地域」の10か国。
- ●核保有国の対応

　5つの核兵器国に対して「条約締約国に対して、および地帯内で核兵器の使用または使用の威嚇をしないこと」を定めた議定書（第2条）への参加を求めている。中国は議定書への参加の意向を示しているが、条約加盟国は5兵器国との包括的合意の交渉の継続を優先させており、包括的合意に至っていない。

南太平洋非核地帯条約（ラロトンガ条約）
- ●締結署名：1985年8月6日
- ●発効：1986年12月11日
- ●地帯の範囲

　条約の付属書1に細かく緯度、経度で規定されている。付属書にはそれにしたがって地図が添付されている。図はその地図を再現した。インド洋に面した非核地帯は、オーストラリアの領海で区切られている。インド洋に浮かぶオーストラリア領の島々も非核地帯に属するが、図には示していない。
- ●地帯内に位置する国・地域

　オーストラリア、フィジー、キリバス、ナウル、ニュージーランド(NZ)、パプア・ニューギニア、ソロモン諸島、トンガ、ツバル、バヌアツ、サモア、クック諸島(NZ自治領)、ニウエ(NZ自治領)

　【注】その他に植民地下の仏領ポリネシア、米領サモア、ニューカレドニア(仏)などがある。条約は太平洋諸島フォーラム(2000年10月、『南太平洋フォーラム』より名称変更)参加国に加盟が開かれている。したがって、地帯外であるが、マーシャル諸島共和国、ミクロネシア連邦にも加盟の資格がある。
- ●加盟国

　上記「地帯内に位置する国・地域」の13か国。
- ●核保有国の対応

　条約締約国に対する核爆発装置の使用または使用の威嚇の禁止、非核地帯内における核爆発装置の実験の禁止を定めた議定書2、3があり、フランスの核実験終了を契機に米英仏が署名し、米国以外のすべての核兵器国は批准寄託している。2011年5月2日、米政府は批准承認を上院に提案したが、未批准。

ラテン・アメリカおよびカリブ地域における核兵器禁止条約※（トラテロルコ条約）
- ●締結署名：1967年2月14日
- ●発効：1969年4月25日
- ●地帯の範囲

　北緯35度西経75度の点から真南へ北緯30度西経75度の点まで、そこから真東へ北緯30度西経50度の点まで、そこから斜航線に沿って北緯5度西経20度の点まで、そこから真南へ南緯60度西経20度の点まで、そこから真西へ南緯60度西経115度の点まで、そこから真北へ緯度零度西経115度の点まで、そこから斜航線に沿って北緯35度西経150度の点まで、そこから真東へ北緯35度西経75度の点までの境界。ただし米国領土・領海は除く。（図は、この領域を示している。）
- ●地帯内に位置する国・地域

　アンティグア・バーブーダ、アルゼンチン、バハマ、バルバドス、ベリーズ、ボリビア、ブラジル、チリ、コロンビア、コスタリカ、キューバ、ドミニカ、ドミニカ共和国、エクアドル、エル・サルバドル、グレナダ、グァテマラ、ガイアナ、ハイチ、ホンジュラス、ジャマイカ、メキシコ、ニカラグア、パナマ、パラグアイ、ペルー、セント・ルシア、セント・クリストファー・ネイビース、セント・ビンセント、スリナム、トリニダッド・トバゴ、ウルグアイ、ベネズエラ

　【注】その他にプエルトリコ（米自治領）やフォークランド諸島（英植民地）など植民地下の島々がある。
- ●加盟国

　上記「地帯内に位置する国・地域」の33か国。
- ●核保有国の対応

　5核兵器国すべてが、条約締約国に対して核兵器を使用しないこと、または使用するとの威嚇を行わないことを定めた付属議定書2に署名、批准寄託している。
※1990年に現在の名称に変更された。

データシート

4.【図説】地球上の核弾頭全データ

【1】図説：世界の核兵器保有国

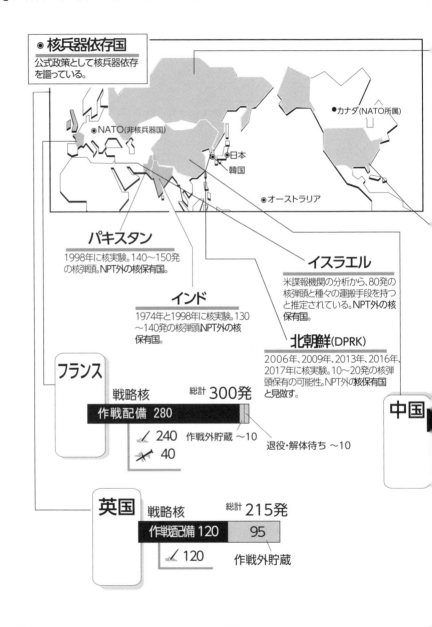

2018年9月

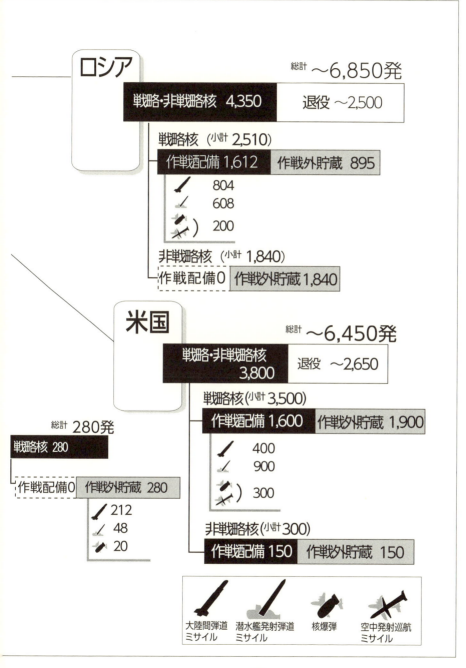

4. 地球上の核弾頭全データ

データシート

世界の核弾頭数

	運搬手段	NPT加盟核兵器国 米	ロ	英	仏	中	小計
戦略核 / 作戦配備	ICBM/IRBM	400	804	0	0	0	1,200
	SLBM	900	608	120	240	0	1,870
	爆撃機搭載核兵器	300	200	0	40	0	540
	小計	1,600	1,612	120	280	0	3,610
戦略核	作戦外貯蔵	1,900	895	95	~10	280	3,180
	小計	3,500	2,510	215	290	280	6,795
非戦略核	作戦配備　空軍航空機	150	0	—	—	—	150
	作戦外貯蔵	150	1,840	—	—	?	1,990
	小計	300	1,840	—	—	?	2,140
	合計	3,800	4,350	215	290	280	8,935
	退役・解体待ち	~2,650	~2,500	0	10	0	5,160
	総計	~6,450	~6,850	215	300	280	14,095
	(うち作戦外貯蔵小計)	(2,050)	(2,735)	(95)	(~10)	(280)	5,170

【2】解説

　核弾頭について公的な情報が出はじめたとはいえ、まだまだ公開性は不十分である。2015年NPT再検討会議では、核兵器国が不十分ながら統一様式で核兵器政策の報告書を提出した。しかし、核兵器の定量的データは含まれていない。米国は10年5月3日、全備蓄核弾頭数の年ごとの変遷を公表し、18年3月21日には、それをアップデートし、17年9月末現在3,822発とした。また、米国は11年3月1日から半年ごとに戦略兵器削減条約(START)交換データにおける運搬手段の内訳と核弾頭総数をすべて公表しているが、ロシアは条約義務で米国に提供している内訳情報を一般公開しないよう米国に求めている。フランスは、08年3月21日に核弾頭の総数を300発以下に減らせる予定と発表したが、15年2月9日、オランド大統領は、300弾頭の現状のほか、空中発射巡航ミサイルの総数(54発)を公表した。英国は、10年5月26日、議会に対して備蓄核弾頭は将来225発を超えないと発表していたが、15年1月20日、議会で作戦配備弾頭を120発に削減したと発表した。

　15年4月27日の米国防総省ファクトシートは、02年核態勢見直し(NPR)と同様、弾頭の保管状態を「活性状態」と「不活性状態」に大別している。前者はそのまま使用できる弾頭であり、後者は時間が経過すると劣化するトリチウムや電池などを除いて貯蔵している弾頭である。この点も含めて、本誌で行ってきた従来の弾頭の分類方法を今回も踏襲する。ただ、米国で明らかになっているこのような分類方法が、その他の国でどこまで通用するかは、必ずしも明らかではない。

①作戦配備の弾頭　部隊に配備・貯蔵されている活性状態の弾頭。(ただし、オー

2018年9月

NPT外の核兵器保有国				
印	パキスタン	イスラエル	北朝鮮	合計
0	0	0	—	1,200
0	0	0	—	1,870
0	0	0	—	540
0	0	0	—	3,610
130〜140	140〜150	90	?	3,550
130〜140	140〜150	80	?	7,165
—	—	—	—	150
—	—	—	—	1,990
—	—	—	—	2,140
130〜140	140〜150	80	?	9,305
0	0	0	—	5,160
130〜140	140〜150	80	10〜20	14,485
(130〜140)	(140〜150)	(80)	(10〜20)	〜5560

出典:長崎大学核兵器廃絶研究センター(RECNA)核弾頭データ追跡チーム(ピースデポの梅林宏道、湯浅一郎も参加)の市民データベースを基本にし、「ニュークリア・ノートブック」(H・クリステンセン(全米科学者連盟(FAS))、S・ノリス(FAS)、『プレティン・オブ・ジ・アトミック・サイエンティスツ』に連載)をはじめ、リーチング・クリティカル・ウィルなどの文献、米ロ新STARTに基づくファクトシート」などを参考に作成。

丸めのため合計にくい違いがある。
※兵器分類上における戦略、非戦略の概念は、米ロ以外の国では必ずしも明確ではない。

バーホール中の原潜の核弾頭は作戦配備に含めない。)

②**兵站予備の弾頭**　ルーチン整備・検査のために確保されている活性状態にあるスペアである。米国の戦略核兵器については一定の情報がある。

③**中央貯蔵の弾頭**　活性、不活性を含め、使用の可能性を想定して貯蔵しているもの。迅速対応戦力もこれに含めた。迅速対応戦力とは、作戦配備から外した核弾頭の中でも情勢の変化によって復活させることを前提として活性状態で貯蔵するものである。中国のように核弾頭を使用部隊に置かずに中央貯蔵する体制では、すべての弾頭がこれに分類される。フランスの空母艦載機用核兵器も同様である。

④**退役弾頭**　運搬手段から外され解体を前提に保管されている核弾頭。

以下の図表の作成においては、②と③を合わせて「作戦外貯蔵」とする。

北朝鮮(DPRK)は6度の核実験を行い、弾頭の小型化やミサイルの射程距離の拡大、再突入テストの成功などを宣伝し、核保有国であると主張している。これらの第三者による検証は困難であるが、核搭載をめざしたミサイル技術の向上は共通の認識になってきている。兵器化に関しては情報がない中、核弾頭数は10〜20発とした。本図説では従来の「核保有主張国」という分類からNPT外保有国の分類に変更した。

NPT非加盟の核兵器保有国であるインド、パキスタン、イスラエル、北朝鮮を含めると、地球上には今なお14,500発近くの核弾頭があり、オーバーキル状態は変わらない。

4. 地球上の核弾頭全データ（続き1）

データシート

【3】国別詳細(1)

米国 （計 ～6,450）

核兵器の名称	爆発力キロトン	核弾頭数
■戦略・非戦略核（合計3,800）[1]		
■戦略核（小計3,500）		
【作戦配備（小計1,600）】		
●ICBM（小計400）		
ミニットマンⅢ		400
Mk-12A型（弾頭：W78）	335	200[2]
Mk-21型（弾頭：W87）	300	200[3]
●SLBM[4]（小計900）		
トライデントⅡ D5		900[5]
Mk-4A型（弾頭：W76-1）	100	615[6]
Mk-5型（弾頭：W88）	455	337
●爆撃機搭載核兵器[7]（小計300）		
核爆弾 B61-7	可変<1～360	
B61-11[8]	5	100[9]
B83-1	可変<1,200	
ALCM（弾頭：W80-1）	5～150	200[10]
【作戦外貯蔵（小計1,900）】[11]		
■非戦略核（小計300）		
【作戦配備空軍航空機（小計150）】		
核爆弾 B61-3、4	0.3～170	150[12]
【作戦外貯蔵（小計150）】		
B61-3、4		150[13]
■退役（小計～2,650）[14]		

1 米国防総省による最新の備蓄核弾頭数4,018発（2016年9月30日現在）に相当する。政府発表以降の退役を考慮すると極めてよく一致していると言える。

2 14年6月、単弾頭化が完了した。

3 単弾頭が200基。

4 オハイオ級戦略原潜12隻に搭載。ミサイル数は、従来288基（12×24）とされてきた。17年初めまでに10隻において発射管を24本から20本へ削減した結果、ミサイル数は248基となった。原潜数は14隻であるが、常時2隻はオーバーホール。

5 弾頭数は総数1,600発からICBM400発、爆撃機搭載300発を差し引いて900発と推定。

6 W76-1は08年10月末から配備が始まった。W76からの置き換えが続いている。

7 ストラトフォートレスB-52H（89機のうちの44機）、スピリットB-2A（20機のうちの16機）、計60機が核任務に就いている。警戒態勢は低い。

8 地中貫通型（97年11月に導入）。貫通は6m。B-2Aのみ搭載。

9 B-2Aのみ。

10 B52-Hのみ。

11 常時オーバーホール中の2隻のオハイオ級原潜のトライデント弾頭48基の192発。数百の核爆弾と巡航ミサイル。

12 迅速対応戦力も含めて150発がNATO軍用としてヨーロッパ5か国の6か所の空軍基地に配備（別表参照）。

13 米国内に貯蔵。ヨーロッパ配備のものを含めると計300発がある。トマホークSLCM W80-0弾頭260発は退役した。

14 他に弾頭の形ではなくて、一次爆発用プルトニウム・ピット約20,000発と二次爆発部分約5,000発を分離して貯蔵しているとされる。

ミサイルの略語

ABM＝対弾道ミサイル／ALCM＝空中発射巡航ミサイル／GLBM＝地上発射弾道ミサイル／GLCM＝地上発射巡航ミサイル／ICBM＝大陸間弾道ミサイル／IRBM＝中距離弾道ミサイル／MIRV＝多弾頭個別誘導再突入体／SAM＝地対空ミサイル／SLBM＝潜水艦発射弾道ミサイル／SLCM＝海洋発射巡航ミサイル／SRAM＝短距離攻撃ミサイル

2018年9月

ロシア (計 ~6,850)

核兵器の名称	爆発力 キロトン	核弾頭数
■戦略・非戦略核 (合計4,350)		
■戦略核 (小計2,510)		
【作戦配備 (小計1,612)】		
●ICBM (小計804)		
SS-18 M6、サタン(RS-20)	500~800	276[1]
SS-19 M3、スチレトウ(RS-18)	400	60[2]
SS-25、シックル(RS-12M、トーポリ)	800	72[3]
SS-27 I 型(RS-12M2、トーポリM)	800	60[4]
SS-27 I 型(RS-12M1、トーポリM)	800	18[5]
SS-27 II 型(RS-24、ヤルス)	100	270[6]
SS-27 II 型(RS-24、ヤルス)[7]	?	48
●SLBM (小計608)[8]		
SS-N-18 M1、スチングレイ(RSM-50)	50	48[9]
SS-N-23M1(RSM-54、シネバ)	100	320[10]
SS-N-32(RSM-56、ブラバ)	100	240[11]
●爆撃機搭載核兵器 (小計200)		
核爆弾		
ALCM (弾頭:AS15A、B)	250	⎫
SRAM (弾頭:AS16)		⎭ 200[12]
【作戦外貯蔵 (小計500)】		
■非戦略核 (小計1,840)		
【作戦配備 (小計0)】[13]		
【作戦外貯蔵 (小計1,840)】		
●ABM/SAM (小計368)		
SH08、ガゼル(53T6)	10	68[14]
SA-10、グランブル(S-300P)	⎫	
SA-12、ジャイアント(S-300V)	⎬ low	300
SA-21、グロウラー(S-400)	⎭	
●空軍航空機 (小計500)		
核爆弾/ALCM AS-4、キッチン /SRAM AS-16	1000	500[15]
●海軍用戦術核 (小計820)		
核爆弾		
ALCM AS-4、キッチン	1000	⎫
SLCM	200~500	⎬ 820
対潜核兵器、SAM、核魚雷、核爆雷		⎭
●地上発射 (小計140)		
SS-21、スカラブ(トチカ)	low	⎫
SS-26、ストーン(イスカンデル)[16]	low	⎭ 140
●沿岸防衛用対艦ミサイル(小計15)		
SSC-1B、セパル(レダト)	500	15
■退役 (小計~2,500)		

1 6MIRV×46基。START II が無効になり保持。しかし削減が 続く。液体燃料。2026年まで保持の見込み。

2 6MIRV×10基。削減する計画。液体燃料。

3 単弾頭。ロシア名トーポリ。道路移動型で固体燃料。RS-24ヤルスへの置き換えが続いている。

4 単弾頭。サイロ型。軌道を変更できる弾頭もある。

5 トーポリMの道路移動型。新しいカモフラージュ。

6 RS-24という新型名で08年11月26日に試射成功。移動型。 推定3MIRV×90基。10年7月19日にポポフキン国防省第1次官が初配備されたと発表した。

7 サイロ型。14年に配備された。4MIRV×12基。

8 搭載原潜は、デルタ III 級3隻、デルタ IV 級6隻、ボレイ型3隻。核ミサイルを搭載しないが、タイフーン級3隻も残っており、発射テストに使われている。

9 デルタ III 級戦略原潜1隻に搭載。1隻×16発射管×3MIRV。

10 デルタ IV 級戦略原潜6隻に搭載。ただし1隻がオーバーホール中のため配備弾頭数は5隻×16発射管×4MIRV。10年8月6日、10月28日、11月29日に発射テスト。10MIRVの能力があるとの情報もある。

11 5MIRVと推定される。3隻×16発射管×5MIRV。08年9月、潜水発射に成功。10年10月7日、10月29日、更に11年6月28日、8月27日、12月23日、発射テストに成功。ブラバは14年に新型のボレイ型原潜に作戦配備された。

12 ベアH6(Tu-95MS6)27機、ベアH16(Tu-95MS16)30機、ブラックジャック(Tu-160)13機の計70機のうち60機に搭載。ベアH6は1機あたりAS15Aまたは核爆弾を6個(計162個)、ベアH16は1機あたりAS15Aまたは核爆弾を16個(計480個)、ブラックジャックはAS15BまたはAS16、または核爆弾を12個(計156個)搭載する。貯蔵されており、航空機に配備されておらず2つの基地に配備と見積もる。また核任務についている戦略爆撃機としてベアH6/H16を55機、ブラックジャック11機、作戦配備のミサイル数として約200とする見積もりがある。

13 ロシア政府は、戦術核はすべて中央貯蔵されているとしている。

14 ゴーゴン・ミサイルはABM任務からはずされた。

15 バックファイヤー(Tu-22)、フェンサー(Su-24)、フルバック(Su-34)に搭載。

16 移動型。射程50～500km。核・非核両用。米国の欧州MDに対抗して、飛び地の領土カリーニングラード州に配備した。

4. 地球上の核弾頭全データ（続き2）

データシート 【3】国別詳細(2)

英国 （計215）[1]

核兵器の名称	爆発力キロトン	核弾頭数
■ 戦略核 （合計215）		
【作戦配備（小計120）】		
●SLBM[2]		
トライデントII　D5	100	120[3]
【作戦外貯蔵（小計95）】		

中国 （計～280）

核兵器の名称	爆発力キロトン	核弾頭数
■ 戦略核 （小計280）		
【作戦配備（小計0）】[1]		
【作戦外貯蔵（小計280）】		
●ICBM/IRBM[2]（小計186～212）[3]		
東風-4（CSS-3）[4]	3,300	10
東風-5A[5]（CSS-4M1）	4～5,000	10
東風-5B[6]（CSS-4M2）	200～300	30
東風-15（CSS-6）[7]	?	?
東風-21[8]（CSS-5）	200～300	80
東風-26[9]	200～300	16(+ a)
東風-31[10]（CSS-10M1）	200～300?	8
東風-31A[11]（CSS-10 M2）	200～300?	32
東風-31AG[12]	?	?
東風-41[13]（CSS-X-20）	?	?(+ a)
●GLCM[14]DH-10（CJ-10）	?	?
●SLBM（小計48）		
巨浪-2[15]（CSS-NX-4）	200～300?	48
●爆撃機搭載核兵器（小計20）		
核爆弾、ALCM		20[16]

1　運搬手段は配備されているが、弾頭は別に貯蔵。
2　東風はドンフォンと読む。東風-5A（射程13,000km）、東風-5B（射程13,000km以下）、東風-31（射程7,200km）、東風-31A（射程11,200km）はICBM（射程5500km以上）。東風-15は短距離、他はIRBM。東風-5Bと開発中の東風-41以外は単弾頭。
3　配備途上にあるDF-26、DF-41弾頭が先行的に製作、貯蔵されている可能性をみて、+26とする。
4　2段式。液体燃料。道路移動式。東風31に置き換えられつつある。

1　2010年5月26日、英政府は、作戦に供する弾頭数は160発以下と発表。15年1月、議会で作戦配備は120発に削減したと報告。これは2010年の発表通りの削減が5年で達成したことを意味する。
2　バンガード級戦略原潜4隻に搭載。常時1隻が海洋パトロールする連続航行抑止（CASD）態勢をとっている。
3　弾頭は、米国のW76に類似だが英国産。パトロール中の原潜は40発の弾頭を持つので、その3隻分（120発）を作戦配備とする。

5　米大陸に届く現有4種類のICBMの1つ。二段式。液体燃料。サイロ式。単弾頭。
6　米大陸に届くICBMの1つ。二段式。液体燃料。サイロ式。最新2の米国防総省の報告書は、多弾頭であると記述。ここでは東風-5Aの15基が多弾頭3の東風-5Bになったとする。
7　1990年に核実験があったが、実用に至ったか不明。
8　二段式、固体燃料。道路移動式。単弾頭。さまざまな変型がある。
9　2015年に初登場した核・非核両用の新型ミサイル。射程4000km。道路移動式。
10　米大陸に届くICBMの1つ。三段式。道路移動式、固体燃料。06年初期配備。単弾頭。
11　米大陸に届くICBMの1つ。三段式。道路移動式、固体燃料。単弾頭だが、ミサイル防衛に備えておとりなどを伴うと考えられる。
12　2017年の人民解放軍90周年パレードに初登場。
13　開発中の道路移動型。97年に米国防総省が報告していたが、その後記述はなかった。14年に記述復活。文献によると、6-10弾頭の多弾頭化が可能であり、2016年4月19日、2弾頭の発射テストが行われた。
14　対地攻撃用。核・非核両用と推定される。ミサイル数は不明。射程1500+kmとの推定あり。
15　巨浪はジュランと読む。新世代原潜ジン（晋）級（094型）に搭載する計画。13年に発射テストに成功。東風-31の変型と考えられるが、単弾頭らしい。最新の米国防総省報告では晋級は4隻が作戦配備、5隻目が建造中。弾頭数は4隻×12発射管＝48発。2016年に最初の抑止パトロールを行うと予想されたが、その後の情報はない。射程7,000km。
16　爆撃機ホン（轟）-6（NATO名：B-6）100～120機のうちの20機が核任務を持つと推定。2018年の米国防総省ファクトシートは、核能力のALCMの開発について記載。

2018年9月

フランス (計300)

核兵器の名称	爆発力 キロトン	核弾頭数
戦略核 (小計290)		
【作戦配備 (小計280)】		
● SLBM[1] (小計240)		
MSBS[2] M51[3] (弾頭:TN75)	100	240[4]
● 爆撃機搭載核兵器 (小計40)		
ASMP-A[5] (弾頭:TNA)	可変〜300	40[6]
● 空母艦載機用核兵器 (小計0)		
ASMP-A (弾頭:TNA)	可変〜300	0[7]
【作戦外貯蔵 (小計〜10)[8]】		
【退役・解体待ちなど (小計〜10)[9]】		

1　4隻の戦略原潜に搭載。10年9月20日、M51装備のル・テリブルが就航し、トリオンファン級原潜4隻体制になった。うち1隻が抑止パトロールに就いている。

インド (計130〜140)

核兵器の名称	爆発力 キロトン	核弾頭数
戦略核 (小計130〜140)		
【作戦配備 (小計0)】		
【作戦外貯蔵 (小計130〜140)】[1]		
● GLBM (小計68〜78)		
プリトビ2[2]	12	〜24
アグニ1[3]	40	〜20
アグニ2[4]	40	〜16(+4)
アグニ3[5]	40	〜8(+6)
アグニ4[6]	40	?
アグニ5[7]	40	?
● 海洋発射弾道ミサイル (小計2〜14)		
ダナシュ[8]	12	2
サガリカ (K-15,B-05)[9]	12	(12)
K-4[10]	?	?
● 航空機搭載爆弾 (小計〜48)		
搭載機:ミラージュ2000H[11] (バジュラ)	?	〜16
搭載機:ジャガー1S/1B[12] (シャムシャー)	?	〜32

1　128〜140を丸めた。核弾頭は配備されずに貯蔵されている。すべて単弾頭。下記以外に巡航ミサイル・ニルバイ (射程1,000km) を開発中。

2　フランス語で「艦対地戦略弾道ミサイル」の頭文字。

3　現在はすべてM51であるが元々はM45であった。ル・テリブルは、10年1月27日、7月10日に発射テスト。13年5月5日、発射テスト失敗。

4　4隻の戦略原潜のうち3隻に配備。3隻×16発射管×(4〜6)MIRV。平均して5発の多弾頭。

5　フランス語で「空対地中距離改良型ミサイル」の頭文字。このミサイルは射程500kmの巡航ミサイル。

6　戦闘爆撃機ミラージュ2000N、ラファールF3各20機にASMP-A搭載。1機あたり1弾頭。弾頭は40と見積もられる。下記空母艦載機用などの作戦外貯蔵を含め、ASMP-Aの総数は55発。これがオランド大統領発表 (15年2月19日) の54発に該当。

7　唯一の空母ドゴール (原子力) には、平時においては核兵器は搭載されていない。空母艦載機ラファール海軍型に搭載のためのASMP-Aは陸上に配置。

8　爆撃機用ASMP-A、及び空母艦載機用ASMP-A約10発と推定。

9　核弾頭の維持サイクルの中で、作戦貯蔵にはない、修理中、解体待ち弾頭などが少数あると推定。

2　射程250km。一段式。液体燃料。道路移動式。最新の発射テストは2018年2月6日。

3　射程700+km。二段式。固体燃料。道路移動式。2007年に運用開始。最新の発射テストは2018年2月6日。

4　射程2000+km。二段式。固体燃料。レール移動式。2018年2月20日の最新の発射テストは失敗に終わった。

5　射程3200+km。二段式。固体燃料。レール移動式。最新の発射テストは2017年4月27日。

6　射程3500+km。二段式。固体燃料。レール移動式。最新の発射テストは2017年1月2日。

7　射程5200+km。三段式。固体燃料。レール移動式。最新の発射テストは2018年1月18日。

8　艦船発射式。射程400km。一段式。液体燃料。プリトビ2の海軍版。2016年に2回の軍による発射テストがある。

9　SLBM。射程700km。二段式。固体燃料。最新の発射テストは2013年1月27日。原潜アリハントに配備予定で、同艦は12発射管を有する。

10　SLBM。射程〜3000km。二段式。最新の発射テストは2016年3月22日。K-4ミサイルを搭載するには原潜アリハントの改造が必要と考えられる。

11　第40航空団 (計49機) のうち1あるいは2飛行中隊が核任務を持つとみられる。

12　5飛行中隊 (計76機) のうち2飛行中隊が核任務を持つとみられる。

4. 地球上の核弾頭全データ （続き3）

データシート

【3】国別詳細(3)

パキスタン （計140〜150）

核兵器の名称	爆発力キロトン[1]	核弾頭数
戦略核 （小計140〜150）		
【作戦配備 （小計0）】		
【作戦外貯蔵 （小計140〜150）】[2]		
●GLBM （小計92〜98）		
アブダリ （ハトフ2）[3]	12	若干数
カズナビ （ハトフ3）[4]	12	〜16
シャヒーン1 （ハトフ4）[5]	12	〜16
シャヒーン1A （ハトフ4）[6]	12	?
ガウリ （ハトフ5）[7]	12	〜24
シャヒーン2 （ハトフ6）[8]	12	〜12(+4)
シャヒーン3[9]	12	?
ナスル （ハトフ9）[10]	12	〜24(+2)
●GLCM （小計12〜16）		
バブール1 （ハトフ7）[11]	12	〜12(+4)
●航空機搭載爆弾 （小計〜36）		
搭載機： F16A/B		〜24
搭載機： ミラージュV		〜12
●ALCM		
ラ・アド （ハトフ8）[12]	12	?

1 98年5月の核実験における地震波からの推定最大値。
2 核弾頭は配備されずに貯蔵されているとみられる。
3 射程180km。一段式。固体燃料。道路移動式。最新の発射テストは2013年2月15日。
4 射程290km。一段式。固体燃料。道路移動式。最新の発射テストは2014年5月8日。
5 射程750km。一段式。固体燃料。道路移動式。最新の発射テストは2013年4月10日。
6 開発中。シャヒーンの射程距離を伸ばしたもの。射程900km。一段式。固体燃料。道路移動式。最新の発射テストは2015年12月15日。単にシャヒーン1と呼ぶこともある。
7 射程1250km。一段式。液体燃料。道路移動式。最新の発射テストは2015年4月15日。
8 射程2000km。二段式。固体燃料。道路移動式。最新の発射テストは2014年11月13日。
9 開発中。射程2750km。最新の発射テストは2015年12月11日。
10 射程60km。固体燃料。道路移動式。最新の発射テストは2017年7月5日。
11 射程350km。道路移動式。最新の発射テストは2012年9月17日。
12 開発中。射程350km。最新の発射テストは2016年1月19日。

イスラエル （計80）

核兵器の名称	爆発力キロトン	核弾頭数
戦略核 （小計80）		
【作戦配備 （小計0）】		
【作戦外貯蔵」（小計80）[1]		
●GLBM （小計50）		
ジェリコ2[2]	?	50
ジェリコ3[3]	?	
●航空機搭載爆弾 （小計30）		
搭載機：F16A/B/C/D/1[4]		30

1 79年9月22日、南アフリカ近海の南インド洋はるか上空で秘密裏に核実験が行われたとの説がある。核弾頭と運搬手段は分離して保管しているとみられる。
2 射程1,500-1,800km。固体燃料。道路移動式とサイロ式の両説がある。
3 開発中。射程4,000-6,500km。固体燃料。2013年7月12日に発射テストをしたとみられる。
4 米国製F16A/B/C/D（ファイティング・ファルコン）205機、同F15E（ストライク・イーグル、イスラエル名ラアム）25機の一部が核任務を持つと推定される。

2018年9月

北朝鮮（DPRK）(計 10 ～ 20)		
核兵器の名称	爆発力 キロトン	核弾頭数
●GLBM [1]	＜ 10 ～ 200 キロトン [2]	10 ～ 20
スカッド [3]		
ノドン [4]		
ムスダン（ファソン（火星)10、KN-07) [5]		
ファソン 12(KN-17) [6]		
ファソン 13(KN-08、KN-14) [7]		
テポドン 2 改良型 [8]		
プククソン (北極星)2 (KN-15) [9]		
ファソン 14 (KN-20) [10]		
ファソン 15 (KN-22) [11]		
●SLBM		
プククソン 1 （KN-11) [12]		

1 軽量化された核弾頭や立証されたミサイル再突入体の存在の確証はない。

2 過去6回の核実験をしている。06年10月9日の核実験の推定値は1キロトン以下。09年5月25日の2回目は数キロトン程度、3回目（13年2月12日)は、2回目の3倍程度。そして4回目(16年1月6日)は3回目と同程度。5回目(16年9月9日)は、10 ～15キロトン程度とみられる。6回目(17年9月3日)は、熱核融合弾頭とみられ、過去最大級の140 ～250キロトンとの見つもりもある。

3 射程300 ～1,000km。液体燃料。一段式。道路移動式。核任務はあり得る。17年3月6日、4発をほぼ同時発射。

4 射程1,200 ～1,500km。液体燃料。一段式、道路移動式。発射台50基以下、ミサイル約200発。核任務はあり得る。

5 射程2,500 ～3,500km。液体燃料、一段式、道路移動式。2016年に多くの発射実験。発射台50基以下。ミサイル数は不明。実戦配備の有無は不明。

6 射程4500km以内。液体燃料。一段式。2017年5月14日に発射実験に成功。同年8月8日、北朝鮮が同ミサイルによるグアム島周辺を目標とした発射を検討していると発表し、問題となった。その後、8月29日、9月15日に日本列島上空の宇宙を飛ぶ発射実験。

7 射程7,500 ～9,500km。液体燃料。三段式あるいは二段式。道路移動式。発射台少なくとも6基。発射実験は行われていない。

8 液体燃料。三段式。一度の例外を除いて人工衛星発射の宇宙発射体（SLV）として使用。ICBMとして利用したとき10,000 ～15,000kmの射程になると推定。SLVはウナ（銀河）、クァンミョンソン（光明星）と呼ばれる。

9 SLBMプククソン 1 の陸上版。固体燃料。二段式。道路移動式。2017年2月12日、4月5日、5月21日に相次いで発射実験。

10 射程7000 ～10,000kmのICBMとされる。液体燃料。二段式。2017年7月4日、7月28日に相次いでロフテッド軌道の発射実験。

11 液体燃料。2段式。17年11月29日に最初の発射テスト。ロフテッド軌道で青森県西方の日本の排他的経済水域に落下。射程13,000km相当。

12 開発中。射程2,000km?　固体燃料。二段式。2016年に入り潜水艦からの発射実験が繰り返され、2016年8月24日には約500km飛翔して発射実験に成功したと見られる。ゴレ（鯨)級（シンポ（新浦)級とも呼ばれる)試験用潜水艦から発射。

4. 地球上の核弾頭全データ（続き4）

データシート

【4】国別詳細（核兵器依存国）（1）

日本

◆「平成26年度以降に係る防衛計画の大綱」（13年12月17日）

「防衛計画の大綱」は、日本の防衛政策の基本となる文書である。その基本方針の章に、次の一文がある。

「核兵器の脅威に対しては、核抑止力を中心とする米国の拡大抑止は不可欠であり、その信頼性の維持・強化のために米国と緊密に協力していくとともに、併せて弾道ミサイル防衛や国民保護を含む我が国自身の取組により適切に対応する。同時に、長期的課題である核兵器のない世界の実現へ向けて、核軍縮・不拡散のための取組に積極的・能動的な役割を果たしていく。」

◆「日米安全保障協議委員会共同発表」（17年8月17日）

17年8月17日の日米協議（ワシントン）において、表記の合意文書を発表した。その「概観」において、次のように確認した。

「閣僚は、米国の核戦力を含むあらゆる種類の能力を通じた、日本の安全に対する同盟のコミットメントを再確認した。」

NATO非核兵器国

◆同盟の戦略概念（10年11月19日）

最新のNATO戦略文書は、10年11月19日、リスボンで開かれたNATOサミットにおいて99年4月以来、11年ぶりに採択されたもので、以後10年間の指針が提示されている（本イアブック11年版・資料3-3（292ページ））。この内容は、2016年7月のワルシャワNATOサミットにおいて確認された。

第18節

その第18節は、米国、英国、フランスの核戦力がNATO全体の抑止力になると次のように述べている。これは99年の第62節とほぼ変化がない。

「同盟国の安全保障に関する最高の保証は同盟の戦略核戦力、とりわけ米国の戦略核戦力によって与えられる。英国及びフランスの独立した戦略核戦力は、それぞれ独自の抑止任務を持つものであるが、同盟全体としての抑止と安全保障にも貢献する。」

第19節

第19節には、同盟国が核抑止力の維持のために参加する必要性、いわゆる核分担の義務が記されている。これは、99年の第63節とほぼ同じである。

「核任務に関する集団的防衛計画の立案、平時における核戦力基地の設置、及び指揮・統制・協議体制への、同盟国の可能な限り広い参加を確保す

2018年9月

欧州配備の米核爆弾

国名	基地	搭載機 (所属国)	核爆弾の数		計
			米国 分担	受入国 分担	
ベルギー	クライネ・ブローゲル	F-16(ベルギー)	0	20	20
ドイツ	ビュヒェル	PA-200(独)*	0	20	20
イタリア	アビアノ**	F-16C/D(米)	20	0	20
	ゲディ・トーレ	PA-200(伊)*	0	20	20
オランダ	フォルケル	F-16(蘭)	0	20	20
トルコ	インジルリク	F-16C/D(米)	50	0	50
合計			70	80	150**

(表注)
*PA-200 は、米独伊共同開発の戦闘爆撃機で、「トルネード」と通称される。
**合計が180 から150 に減った。その理由は明確ではない。アビアノで保安
上の理由で2015 年に貯蔵庫が減ったとの情報があるので、その数を減ら
せた。

る。」

戦略以下の核兵器について

99年「戦略概念」第64節の戦略以下の核兵器についての記述は、2010年の「戦略概念」からはなくなった。しかし、全米科学者連盟(FAS)核情報プロジェクトの調査では、今でも150〜200発の米国の戦術核兵器が5か国(ベルギー、ドイツ、イタリア、オランダ、トルコ)の空軍基地に配備されている。

オーストラリア
◆「国防白書」(2016年2月25日)

最新のオーストラリアの国防白書は、2016年2月25日に出された「国防2016」である。これは3年ぶり7回目の国防白書で、今後20年間にわたるオーストラリアの国防に関する将来計画を示

している。

5.20節

「オーストラリアの安全保障は、ANZUS条約、米国の拡大抑止と米国の先進的な技術及び情報へのアクセスによって支えられている。米国の核兵器と通常戦力のみが、オーストラリアに対する核の脅威の可能性を効果的に抑止することができる。」

カナダ
◆「北米航空宇宙防衛司令部(NORAD)」協定

カナダと米国が1958年5月12日に署名。06年5月12日に改定された。改訂されたNORADの役割は縮小されたが、米国の核抑止力の一部としての役割は続く。カナダはその抑止力の恩恵にあずかる。新協定の前文に次の認識が書か

77

4. 地球上の核弾頭全データ（続き5）2018年8月

データシート

【4】国別詳細（核兵器依存国）(2)

れている。

「軍備削減協定にもかかわらず、今なお保有核兵器は大量であり、北米大陸を攻撃できる戦略弾道ミサイル、巡航ミサイル、あるいは長距離爆撃機によって運搬できることを認識し、…」

韓国

◆アメリカ合衆国と大韓民国の同盟のための共同ビジョン（09年6月16日）

ワシントンで開催された米韓首脳会談における共同ビジョンにおいて、以下のことを再確認している。

「米韓同盟は、21世紀の安全保障環境の変化に適応している。我々は両国の安全保障上の利益を守るべく同盟能力に支えられた強固な防衛態勢を維持し続ける。米国の核の傘を含む拡大抑止に対する継続的な誓約はこのような保証をさらに強化するものである。同盟再編に向けた二国間計画を進めるにあたって、大韓民国は、朝鮮半島ならびに地域内、さらには地域を超えて、永続的で有能な米軍のプレゼンスによる支援のもと、自国の共同防衛における主たる役割を担うこととする。」

◆韓米同盟60周年を記念する共同声明（13年5月7日）

ワシントンでオバマ大統領と朴槿恵大統領が09年の共同ビジョンとほぼ同じ内容の核に関する内容を声明した。

「米国は、通常兵器及び核兵器の両方において、拡大抑止力及び米国のすべての軍事能力を用いることを含めて、韓国を防衛することを引き続いて固く約束する。」

◆第49回米韓安保協議会議共同コミュニケ（17年10月28日）

1968年以来毎年開催される国防長官を長とする「米韓安保協議会議」の共同コミュニケで「核の傘」が確認されてきたが、最新の17年10月28日（ワシントン）のものは、次のように表現している。

「国防長官は、米国の核の傘、通常攻撃、及びミサイル防衛能力を含むあらゆる軍事能力を使用して、韓国に対し拡大抑止を提供する米国のコミットメントを再確認した。」

データシート

5. 米国のZマシン核実験および未臨界核実験

米国は、1997年以来、地下核実験を行うことなく、備蓄核兵器を維持するために、核爆発を伴わない未臨界核実験を実施してきている。更に2010年からは、強力なX線発生装置Zマシンで、核爆発に近い環境下でのプルトニウム挙動を調べる新型のZマシン核実験を始めた。2018年10月20日現在までの両者の実施経過である。

●Zマシン核実験

第1回	10年11月18日	(サンディア国立研究所)
第2回	11年3月31日	(サンディア)
第3回	(11年9月22日)	(サンディア)
第4回	(11年11月16日)	(サンディア)
第5回	(12年5月17日)	(サンディア)
第6回	(12年8月27日)	(サンディア)
第7回	(12年10月3日)	(サンディア)
第8回	(12年11月7日)	(サンディア)
第9回	(13年5月15日)	(サンディア)
第10回	(13年9月12日)	(サンディア)

●未臨界核実験

第1回	97年7月2日	「リバウンド」(ロスアラモス国立研究所)
第2回	97年9月18日	「ホログ」(ローレンス・リバモア国立研究所)
第3回	98年3月25日	「ステージコーチ」(ロスアラモス)
第4回	98年9月26日	「バグパイプ」(リバモア)
第5回	98年12月11日	「シマロン」(ロスアラモス)
第6回	99年2月9日	「クラリネット」(リバモア)
第7回	99年9月30日	「オーボエⅠ」(リバモア)
第8回	99年11月9日	「オーボエⅡ」(リバモア)
第9回	00年2月3日	「オーボエⅢ」(リバモア)
第10回	00年3月22日	「サラブレッド」(ロスアラモス)
第11回	00年4月6日	「オーボエ4」(リバモア)
第12回	00年8月18日	「オーボエ5」(リバモア)
第13回	00年12月14日	「オーボエ6」(リバモア)
第14回	01年9月26日	「オーボエ8」(リバモア) ※
第15回	01年12月13日	「オーボエ7」(リバモア)
第16回	02年2月14日	「ビト」(ロスアラモス、米英共同実験)
第17回	02年6月7日	「オーボエ9」(リバモア)
第18回	02年8月29日	「マリオ」(ロスアラモス)
第19回	02年9月26日	「ロッコ」(ロスアラモス)
第20回	03年9月19日	「ピアノ」(リバモア)
第21回	04年5月25日	「アーマンド」(ロスアラモス)
第22回	06年2月23日	「クラカタウ」(ロスアラモス、米英共同実験)
第23回	06年8月30日	「ユニコーン」(ロスアラモス)
第24回	(10年9月15日)	「バッカス」(ロスアラモス)
第25回	(10年12月1日)	「バローロA」(ロスアラモス)
第26回	(11年2月2日)	「バローロB」(ロスアラモス)
第27回	12年12月5日	「ポルックス」
第28回	17年12月13日	「ベガ」

※オーボエ8とオーボエ7は逆の順序で実施された。末尾の(　)はそれぞれの実験を担当した国立研究所の名前。(　)付きの実施日は、NNSAの発表でなく、メディア、研究機関の取材、照会でわかったもの。

T2.核禁条約後の国連総会決議と
日本決議の後退

後退著しい日本決議

　第72回国連総会は、2017年9月19日に開会した。人道イニシアチブによる核兵器禁止条約(以下、TPNW)が2017年7月7日に成立※し、同年9月20日に署名開放されたなかでの開催であった。そこで提出される核兵器関連の決議案は、TPNW成立後、各国が核なき世界へ向けていかなる方針を打ち出すかを占う意味で注目された。

　日本は、1994年以降、「唯一の戦争被爆国」として、独自の核軍縮決議を毎年、国連総会に提案しており、日本決議※と呼ばれている。17年の日本決議※で最大の問題はTPNWへの言及が全くないことである。TPNWを表だって否定する文言を使ってはいないが、無視する方針をとった。日本政府は、核兵器廃絶へのアプローチが禁止条約のアプローチと異なる、それどころか、TPNWは有害であるとすら主張してきたことから考えると、これは予想されたことであった。

　2017年日本決議で重要なのは、むしろ、日本政府が核不拡散条約(NPT)再検討会議において達成されてきた成果を基礎に、核軍縮努力をするという従来の主張すら後退させる姿勢が随所に見られたことであった。日本政府が本当に核兵器廃絶を願っているのかどうかさえも疑われるような後退が見られたのである。

　その第1は、主文2節で、昨年までの決議文にはあった、「保有核兵器の全面的廃絶を達成するとした核兵器国による明確な約束」という文言が、「核兵器保有国は、(中略) NPTを完全に履行するという明確な約束」に置き換わったことで

※トピックス1 (54ページ)。

※過去のタイトルは、①「究極的核廃絶に向けた核軍縮」(94年)、②「核兵器完全廃棄への道程」(2000²)、③「核兵器完全廃棄に向けた新たな決意」(05年)、④「核兵器完全廃棄へ向けた団結した行動」(10年)。⑤「核兵器完全廃棄へ向けた新たな決意のもとでの団結した行動」(15年)。

※新資料2B-2(252ページ)に抜粋訳。

ある。この「核兵器国による明確な約束」は国際世論を背景に新アジェンダ連合（NAC）※がリードして2000年NPT再検討会議で核兵器国も巻き込んで採択され、それ以後定着したNPT体制における最高の到達点である。これを換骨奪胎した文言に変えることはNPTを基礎にした核軍縮努力への重大な挑戦である。棄権した国のみならず日本決議案に賛成した国もこの点を指摘せざるをえなかった※。

※ブラジル、アイルランド、ニュージーランド、メキシコ、エジプト、南アフリカの6か国。用語の説明（163ページ）。

　第2は、前文19節と主文8節の「核兵器の使用がもたらす人道上の結末に対する深い懸念」という文言において、「核兵器の使用」の前に書かれる「いかなる」という文言を消したことである。2010年NPT最終文書においては「いかなる核兵器の使用」も人道上のゆゆしい結末をもたらすという重要な合意が行われた。「いかなる」を削除するとある一定の核兵器の使用には人道上の結末に懸念がないとの解釈を可能にしてしまう※。

※スウェーデン、スイスは投票理由でこの点に懸念を表明。

　第3に、日本が力を入れてきた包括的核実験禁止条約（CTBT）の発効について、これまでは発効に必要なCTBT第2議定書8か国※全てに対してCTBT加盟を促していた。それが、17年決議においては、第1委員会に提出された段階では、北朝鮮だけを名指しで要求する決議案になっていた。これに対しては直後に多くの批判があり、その後、従来の形へと修正された。この過程は、日本決議が核兵器廃絶への真剣な取り組みからではなく、政治的思惑が先行して作文されているのではないかという疑念すら抱かせる。

※スウェーデンとスイス、ニュージーランドは投票理由でこの点に懸念を表明。

※米国、イスラエル、イラン、エジプト、中国、インド、パキスタン、北朝鮮。

　これらの変化は、核兵器禁止条約の成立という大きな進展を前に、日本政府の核軍縮決議が後退せざるを得なくなったという、悲しい現実を示しているように思われる。日本決議の投票結果は、賛成156、反対4、棄権24であった※。16年の同決議は賛成167、反対4、棄権16で採択されたから、賛成が11減り、棄権が8増えたことになる。目立つのはNACに属する良心国のほとんどが棄権したことである。後退した日本決議に対する批判の現れと言える。

※データシート6（84ページ）。

その他の核軍縮決議

※新資料2B-1(247ページ)に全訳。

※データシート6(84ページ)に投票結果。

　日本決議と対照的なのが、それぞれの歴史的背景と経過を持ち、毎年の国連総会に提出されているNAC決議※、多国間核軍縮交渉決議、マレーシア決議などその他の重要な核軍縮決議である※。

　98年に「核兵器のない世界へ:新アジェンダの必要性」という共同声明を発して出発したNAC諸国は、同年から毎年の国連総会に、核軍縮の誓約履行を加速させることを旨とした決議を提出してきており、NAC決議と呼ばれている。17年の同決議は、前文10節と主文22節でTPNWの採択を歓迎した。また前文13節と主文4節で、2000年と2010年NPT再検討会議最終文書で合意した、NPT6条の誓約の下でなされる「保有核兵器の完全廃棄を達成するとした核兵器国の明確な約束」を想起した。ここには、NPT再検討プロセスの合意点を重視し、基礎にしようとする姿勢が明確に示されている。

　また、「核兵器の使用による人道上の結末」に関わって、日本決議では「いかなる」の文言が消えたのに対し、NAC決議では前文3節、主文2節と23節で「核兵器のいかなる使用も壊滅的な人道上の結末をもたらすことに深い懸念を表明した」ことを想起しており、2010年NPT合意の文言を活かそうとしている。

※ブラジル、アイルランド、メキシコ、南アフリカ、オーストリア、ナイジェリア。

　TPNWリード国6か国※など57か国を共同提案国とする決議「多国間核軍縮交渉を前進させる」は、12年以来、同じ表題で毎年提出されており、TPNWを生み出す原動力となった決議である。17年の同決議は、TPNWの成立を踏まえ、主文4節で「TPNWに署名、批准、受諾あるいは承認していないすべての国ができる限り早期にそうすることを要求する」と述べ、条約の発効促進を訴えている。スウェーデンとスイスはこの決議に賛成票を投じたが、投票理由で、TPNWが、NPT、CTBTといった既存の法的文書との整合性を取り、それらを補完することが重要であるが、TPNWの条文にはそれを保証する部分が見えないと、条約の不十分性を述べて

いる。日本、韓国、オーストラリア、及びドイツなどのNATO加盟国の多くは昨年に引き続き反対した。

　核兵器を禁止する多国間条約を求める国連決議としては、96年以来のNAM（非同盟運動）のうちマレーシア、インドネシアなどを共同提案国とする決議「核兵器の威嚇または使用の合法性に関する国際司法裁判所の勧告的意見のフォローアップ」（いわゆるマレーシア決議）がある。17年の同決議は、前文15節でモデル核兵器禁止条約(NWC)に触れ、前文16節でTPNWの採択を歓迎した。その上で、核心となる主文2節の内容が、昨年の決議が「包括的核兵器禁止条約（NWC）の早期締結に導く多国間交渉の開始によって（ICJ勧告の）義務の履行を要請する」という記述から、17年は「TPNWの下におけるものを含め、厳格で効果的な国際管理の下でのあらゆる側面における核軍縮に導く多国間交渉への取り組みを要請する」という表現に変わった。しかし、とりわけTPNWが成立したこととの関係で、包括的核軍縮をどう進めるかについて決議文は必ずしも明確ではない。NAMが提案する別のハイレベル会議決議では、NWCなどの措置をジュネーブ軍縮会議(CD)で交渉することを求め続けている。

　ここで見たいずれの決議も、TPNWの成立を歓迎し、かつNPTのこれまでの到達点を重視している。これと比べる時、日本決議の動揺と後退ぶりが際立っており、残念ながら2017年の日本決議は歴史的にも恥ずべきものとなっている。この背景に米国の核の傘に頼る日本の安全保障政策が作用していることは間違いない。TPNWの発効を目指して世界が動いている中で、核兵器禁止条約成立後の「橋を架ける役割」を果たすためにも、日本の核政策の転換について真剣な取り組みが求められる。

6. 第72回国連総会決議投票結果 (1)

データシート

第72回国連総会 (2017年) における主要な軍縮及び安全保障関連決議への各国の投票行動を示す。決議の正式名称と特徴は (2) (86～87ページ) にまとめた。

< ○:賛成　×:反対　△:棄権　−:欠席 >

				核兵器国								
A 核兵器	決議番号	賛成-反対-棄権	米国	ロシア	英国	フランス	中国	インド	パキスタン	イスラエル	北朝鮮
1 南半球及び近隣諸国における非核兵器地帯	A/RES/72/45	149-5-29	X	X	X	X	○	○	○	△	○
2 消極的安全保証	A/RES/72/25	125-0-62	△	○	△	△	○	○	○	△	○
3 核軍縮	A/RES/72/38	119-41-20	X	X	X	X	○	○	○	X	○
4 多国間核軍縮交渉を前進させる	A/RES/72/31	125-39-14	X	X	X	X	X	X	X	X	○
5 核軍縮への誓約履行の加速 (NAC決議)	A/RES/72/39	137-31-16	X	X	X	X	X	X	X	X	X
6 新たな決意のもとでの結束した行動 (日本決議)	A/RES/72/50	156-4-24	○	X	○	○	△	△	△	○	X
7 ICJ勧告的意見のフォローアップ (マレーシア決議)	A/RES/72/58	131-31-18	X	X	X	X	○	○	○	X	△
8 核兵器の人道上の結末	A/RES/72/30	141-15-27	△	X	△	△	○	○	○	X	△
9 1995、2000、2010年NPTで合意された核軍縮義務のフォローアップ	A/RES/72/29	118-44-17	X	X	X	X	○	○	○	X	△
10 核兵器のない世界のための倫理的至上命題	A/RES/72/37	130-36-15	X	X	X	X	○	○	○	X	△
11 核兵器使用の禁止に関する条約	A/RES/72/59	123-50-10	X	X	X	X	○	○	○	X	○
12 核兵器の危険性の低減	A/RES/72/41	124-49-11	X	X	X	X	○	○	○	X	○
13 中東における核拡散の危険性	A/RES/72/67	157-5-20	○	○	○	○	○	○	○	X	○
14 包括的核実験禁止条約 (CTBT)	A/RES/72/70	180-1-4	○	○	○	○	○	△	△	○	−
15 核軍縮に関する2013年国連総会ハイレベル会合のフォローアップ	A/RES/72/251	114-30-14	X	X	X	X	○	○	○	X	−
16 兵器用核分裂性物質の生産禁止条約 (FMCT)	A/DEC/72/513	182-1-4	○	○	○	○	○	○	X	△	△
17 アフリカ非核兵器地帯条約	A/RES/72/22	無投票									
18 中東地域における非核兵器地帯の設立」	A/RES/72/24	無投票									
19 核実験に反対する国際デー	A/RES/72/51	無投票									
20 放射性廃棄物投棄の禁止	A/RES/72/52	無投票									
21 東南アジア非核兵器地帯条約 (バンコク条約)	A/DEC/72/515	無投票									
22 核軍縮の検証	A/DEC/72/514	無投票									
B 他の大量破壊兵器											
23 化学兵器の禁止に関する条約の実施/履行	A/RES/72/43	159-7-14	○	X	○	○	X	○	○	○	X
24 新型大量破壊兵器とそうした兵器の新システムの開発と製造の	A/RES/72/23	180-3-0	X	○	○	○	○	○	○	X	○
25 テロリストの大量破壊兵器取得防止措置	A/RES/72/42	無投票									
26 生物及び毒素兵器の禁止及び廃棄に関する条約	A/RES/72/71	無投票									
C 宇宙											
27 宇宙における軍備競争の禁止	A/RES/72/26	182-0-3	△	○	○	○	○	○	○	△	○
28 宇宙兵器先行配備の禁止	A/RES/72/27	131-4-48	X	○	△	△	○	○	○	X	○
29 宇宙における軍備競争の防止のための更なる具体的な手段	A/RES/72/250	108-5-47	X	X	X	X	○	○	○	X	○
30 宇宙行動における透明性と信頼構築措置	A/RES/72/56	無投票									
D 通常兵器											
31 対人地雷禁止及び廃棄に関する条約の履行	A/RES/72/53	167-0-17	△	△	○	○	△	△	△	△	△
32 クラスター弾に関する条約の履行	A/RES/72/54	142-2-36	△	X	○	○	△	△	△	△	△
33 武器貿易条約 (ATT)	A/RES/72/44	155-0-29	△	△	○	○	△	△	△	○	△
34 小軽火器のあらゆる側面における不正取引	A/RES/72/57	無投票									
E 地域軍縮と安全保障											
35 地域及び準地域的通常兵器軍備管理	A/RES/72/35	184-1-2	○	○	○	○	○	X	○	○	○
36 平和地帯としてのインド洋宣言の実施	A/RES/72/21	132-3-46	X	○	X	X	○	△	○	X	○
37 地域軍縮	A/RES/72/34	無投票									
F 他の軍縮手段及び国際安全保障											
38 軍縮及び不拡散における多国間主義の促進	A/RES/72/48	130-4-51	X	○	X	△	○	○	○	X	○
39 不拡散、軍備制限、軍縮の合意と誓約の遵守	A/RES/72/32	173-1-11	○	△	○	○	○	○	○	○	X
40 国際安全保障における情報・通信の発展	A/DEC/72/512	185-0-1	○	○	○	○	○	○	○	○	○

【国家の分類】

- 核兵器保有の9か国：核不拡散条約（NPT）上の5核兵器国及びNPT外の核兵器保有国4か国。
- 米核兵器への依存国：米国の核抑止力に依存する国々。
- 新アジェンダ連合（NAC）：1998年に外相声明「核兵器のない世界へ：新しいアジェンダの必要性」を発し、その後も活動を継続している6か国。
- 不拡散・軍縮イニシャチブ（NPDI）：2010年9月、日豪主導で結成された国家グループ。下の表で、国名が白字の12か国。(注：日本政府は「軍縮・不拡散イニシャチブ」と訳しているが、原文（英）は「不拡散・軍縮イニシャチブ」)

オーストラリア	日本	韓国	ベルギー	ブルガリア	カナダ	ドイツ	ハンガリー	イタリア	オランダ	ノルウェー	ポーランド	ルーマニア	スロバキア	スペイン	トルコ	ブラジル	エジプト	アイルランド	メキシコ	ニュージーランド	南アフリカ	アルジェリア	アルゼンチン	オーストリア	チリ	フィンランド	インドネシア	イラン	マレーシア	モンゴル	ナイジェリア	フィリピン	スウェーデン	スイス	アラブ首長国連邦
米核兵器依存の非保有国																新アジェンダ連合（NAC）																			

データ	# 6. 第72回国連総会決議投票結果(2)
シート	

決議の原文等は、国連の文書検索システムから決議番号で検索。
http://research.un.org/en/docs/ga/quick/regular/72

以下は、(1)で列挙した諸決議の正式名称、提案国及び投票結果の特徴である。(提案国数は第1委員会提出時のもの)

第72回国連総会は、軍縮及び安全保障に関連して54の決議をあげた。そのうち主要な36の決議および4の決定を6分野に分け、ジュネーブ軍縮会議(CD)参加65か国とアラブ首長国連邦の投票結果を総表にした。このデータは各国政府の国際舞台での姿勢をうかがい知る必須の情報である。以下に決議ごとの名称、提案国などを列記する。なお、提案国数は第1委員会提出時のもの。

A:核兵器

1.「**南半球および近隣諸国における非核兵器地帯**」/提案国:エジプトを除くNAC5か国、インドネシアなど25か国。米国、ロシア、英国、フランス反対、米核兵器依存国の多数が棄権。

2.「**非核兵器国に対して核兵器の使用または使用の威嚇をしないことを確約する効果的な国際協定の締結**」/提案国:キューバ、イラク、リビア、パキスタン、シリア、ベネズエラなど15か国。中国、インド、パキスタンを除く核兵器保有国、NATO非核兵器保有国が棄権。

3.「**核軍縮**」/提案国:キューバ、エクアドル、インドネシア、ミャンマー、フィリピンなど23か国。米国、ロシア、英国、フランスとイスラエル、NATO非核兵器保有国反対。インド、パキスタン、日本棄権。

4.「**多国間核軍縮交渉を前進させる**」/提案国:オーストリア、アイルランド、メキシコなど40か国。中国と北朝鮮を除く核兵器保有国、米核兵器依存国は反対。中国、北朝鮮は棄権。

5.「**核兵器のない世界へ―核軍縮に関する誓約の履行を加速する**」(NAC決議)/提案国:NAC6か国など12か国。中国とパキスタンを除く核兵器国、米核兵器依存国の多数が反対。

6.「**核兵器の完全廃棄へ向けた、新たな決意のもとでの団結した行動**」(日本決議)提案国:日本など46か国。前回棄権の英国、フランスが賛成。前回賛成だった核兵器禁止条約(TPNW)に熱心な国で棄権する国が出る。ロシア、中国、北朝鮮が反対。

7.「**核兵器の威嚇または使用の合法性に関する国際司法裁判所(ICJ)の勧告的意見のフォローアップ**」(マレーシア決議)/提案国:キューバ、インドネシア、マレーシアなど11か国。中国、パキスタンは賛成。米国、ロシア、

英国、フランス、イスラエル、米核兵器依存国のほとんどは反対。日本は棄権。

8.「**核兵器の人道上の結末**」/提案国:オーストリア、メキシコなど51か国。インド、日本は賛成。米国、ロシア、英国、フランス、韓国など反対。中国、北朝鮮、オーストラリアなどは棄権。

9.「**1995、2000、2010年核不拡散条約(NPT)再検討会議で合意された核軍縮義務のフォローアップ**」/提案国:イラン。米国、ロシア、英国、フランスなど反対。中国、インド、パキスタン、日本などは棄権。

10.「**核兵器のない世界のための倫理的至上命題**」/提案国:オーストリア、メキシコ、南アフリカなど28か国。米国、ロシア、英国、フランス、NATO非保有国は反対。中国、インド、日本、スウェーデン、スイスなどは棄権。

11.「**核兵器使用の禁止に関する条約**」/提案国:キューバ、インド、ケニアなど9か国。中国は賛成。米国、英国、フランス、NATO非保有国が反対。ロシア、日本は棄権。

12.「**核兵器の危険性の低減**」/提案国:キューバ、インド、インドネシアなど13か国。パキスタン、イランは賛成。米国、英国、フランス、NATO非核兵器保有国などが反対。ロシア、中国、日本は棄権。

13.「**中東における核拡散の危険性**」/提案国:アラブ連盟の国連加盟国21か国を代表したエジプトなど23か国。日本、韓国、ロシア、中国、イランは賛成。米国、イスラエル、カナダなどが反対。英国、フランス、オーストラリア、インドなど棄権。

14.「**包括的核実験禁止条約(CTBT)**」/提案国:メキシコなど64か国。反対は北朝鮮のみ。インド、シリアは棄権。

15.「**核軍縮に関する2013年国連総会ハイレベル会合のフォローアップ**」/提案国:非同盟諸国(NAM)を代表してインドネシア。中国、ノルウェーは賛成。米国、ロシア、英国、フランス、NATO非保有国の一部などが反対。日本、ブルガリアは棄権。

16.「**兵器用核分裂性物質の生産禁止条約(FMCT)**」/提案国:カナダ、ドイツ、オランダ。米国、英国、フランス、インド、日本、韓国、昨年は棄権だったロシアと中国、キューバは賛成。

反対はパキスタンのみ。イスラエル、北朝鮮、イラン、シリアが棄権。

17.「アフリカ非核兵器地帯条約」/提案国:オーストラリア、オーストリア、ナイジェリアなど6か国。無投票。

18.「中東地域における非核兵器地帯の設立」/提案国:エジプト。無投票。

19.「核実験に反対する国際デー」/提案国:オーストリア、ブラジル、カザフスタンなど22か国。無投票。

20.「放射性廃棄物投棄の禁止」/提案国:アフリカ国家グループの国連加盟国を代表したナイジェリア。無投票。

21.「東南アジア非核兵器地帯条約(バンコク条約)」/提案国:東南アジア諸国連合(ASEAN)とバンコク条約締約国の国連加盟国を代表したフィリピン。無投票。

22.「核軍縮の検証」/提案国:ノルウェー、英国など8か国。無投票。

B:他の大量破壊兵器 ▰▰▰▰▰▰▰▰

23.「化学兵器の禁止に関する条約の実施/履行」/提案国:ポーランド。ロシア、中国、イラン、シリア、昨年欠席だった北朝鮮が反対。

24.「新型大量破壊兵器とそうした兵器の新システムの開発と製造の禁止:ジュネーブ軍縮会議(CD)の報告」/提案国:ベラルーシ、インドネシア、ロシアなど17か国。米国、イスラエル、アラブ首長国連邦が反対。

25.「テロリストの大量破壊兵器取得防止措置」/提案国:カナダ、ドイツ、インドなど50か国。無投票。

26.「生物及び毒素兵器の禁止及び廃棄に関する条約」/提案国:ハンガリー。無投票。

C:宇宙 ▰▰▰▰▰▰▰▰

27.「宇宙における軍備競争の禁止」/提案国:中国、エジプト、スリランカなど15か国。反対はゼロ。米国、イスラエルが棄権。

28.「宇宙兵器先行配備の禁止」/提案国:中国、北朝鮮、ロシアなど26か国。インドは賛成。米国、イスラエル、ウクライナは反対。オーストラリア、日本、NATO 非核兵器保有国の多くなどが棄権。

29.「宇宙における軍備競争の防止のための更なる具体的な手段」/提案国:中国、ロシア、南アフリカなど22か国。インドは賛成。米国、英国、フランス、イスラエル、ウクライナは反対。オーストラリア、日本、NATO 非核兵器保有国の多くなどが棄権。

30.「宇宙行動における透明性と信頼構築措置」/提案国:米国、ロシア、中国。無投票。

D:通常兵器 ▰▰▰▰▰▰▰▰

31.「対人地雷禁止及び廃棄に関する条約の履行」/提案国:アフガニスタン、オーストリア、チリ。反対はゼロ。米国、ロシア、北朝鮮、韓国、キューバ、ベトナムなどが棄権。

32.「クラスター弾に関する条約の履行」/提案国:フランス、ドイツ、オランダなど31か国。ロシアとジンバブエのみ反対。米国、中国、韓国などが棄権。

33.「武器貿易条約(ATT)」/提案国:フランス、フィンランド、日本など58か国。イスラエルは賛成。反対はゼロ。ロシア、インド、北朝鮮、イラン、昨年は賛成だった米国などが棄権。

34.「小軽火器のあらゆる側面における不正取引」/提案国:フランス、コロンビア、日本など43か国。無投票。

E:地域軍縮と安全保障 ▰▰▰▰▰▰▰▰

35.「地域及び準地域的軍備管理」/提案国:イタリア、パキスタン、シリアなど8か国。反対はインドのみ。ロシアなどが棄権。

36.「平和地帯としてのインド洋宣言の実施」/提案国:インドネシア。米国、英国、フランスが反対。NATO 非核兵器保有国などが棄権。

37「地域軍縮」/提案国:エジプト、パキスタン、ナイジェリアなど8か国。無投票。

F:他の軍縮手段及び国際安全保障 ▰▰▰▰▰▰▰▰

38「軍縮及び核拡散における多国間主義の促進」/提案国:非同盟諸国(NAM)を代表してインドネシア。ロシア、中国は賛成。米国、英国、イスラエルなどは反対。フランス、日本、韓国、NATO 非核兵器保有国などは棄権。

39.「不拡散、軍備制限、軍縮の合意と誓約の遵守」/提案国:米国、英国、フランスなど55か国。北朝鮮のみ反対。ロシアなど棄権。

40.「国際安全保障における情報・通信の発展」/提案国:中国、ロシアなど33か国。反対はゼロ。ウクライナのみ棄権。

T3.トランプ政権、
力による平和を追求

軍拡を指示する大統領覚書

　2017年1月20日、米共和党のドナルド・トランプ氏が第45代米国大統領に就任した。その就任演説は、「米国第一」が突出した主張に終始し、世界との関係をほとんど語らない、極めて内向きで視野の広がりを欠いたものであった。世界最大の経済大国で、世界の隅々まで軍を展開する唯一の軍事大国である米国が、ひたすら「米国が第一」と言うことの異常さを強く印象付けた。

　トランプ大統領は、17年1月20日から2月9日までの間に大統領覚書を26回発している。その1つが、1月27日に発した「合衆国軍再建に関する大統領覚書」で、国防長官と行政管理予算局(OMB)局長に「軍再建」のためのアクションを指示したものである※。「覚書」はまず、「力による平和を追求するため、合衆国は、合衆国軍の再建を方針としなければならない」(第1章)とし、なすべき行動として以下を挙げた。

> ※新資料2C-2(265ページ)に全訳。

> 1) 訓練、装備の維持管理、インフラストラクチャーなど軍の即応態勢を包括的に評価し、改善に必要な行動を特定する報告書を提出する。とともに、即応性の水準を達成するための行動計画の提出を求める。同行動計画には、「維持管理の不十分性、部品調達の遅滞、訓練場へのアクセス、戦闘司令部の作戦上の要求、消耗品に必要な経費、人員の不足、貯蔵所の維持管理能力」などを含む改善分野を記載したものでなければならない。
>
> 2) 新たな国家安全保障戦略が議会に提出された後、国防

長官は国家防衛戦略(NDS)※を作成しなければならない。

3) 国防長官は、新たな「核態勢見直し」(以下、NPR)※に着手する。それにより、「核抑止力が、近代化され、強固で、柔軟で、回復力があり、即応性が高く」、「21世紀の脅威を抑止し同盟国に安心を与えるよう適切に調整された状態を確保せねばならない」。

4)「 弾道ミサイル防衛見直し」に着手し、「ミサイル防衛を強化し、本土防衛と戦域防衛の優先度のバランスを再調整」する。

※2018年1月19日、公表された。

※2018年2月2日、公表された。基礎資料1-9(198ページ)にオバマ政権のNPR要約の全訳。

歴史的な国防予算10%増と軍拡の世界的拡大

17年2月28日の両院合同議会演説※で、トランプ大統領は、軍再建のために史上最大級の国防費増額予算案を議会に提出すると宣言した。3月16日に議会に提出された「アメリカ第一:再び偉大な国にするために」と題された18会計年(17年10月1日〜)「予算方針」※では、「債務拡大なき国防費の歴史的増額」が重点施策の筆頭に挙げられた。18会計年度の国防総省予算額は6,390億ドル(対17会計年比520億ドル増)で、内訳は基本予算5,740億ドル(同10%増)、海外作戦経費が650億ドル(同4.3%増)である。

国防予算は、オバマ政権が施行した「2011年予算管理法」の下で削減措置を受けてきた。18会計年の予算増は、この「強制削減」を全面的に撤廃することによって「オバマ大統領の下で劣化した軍を再建する」ことが目的であるとした。基本予算の使途としては、対ISIS戦費、部隊の効率・即応性の向上、老朽化した装備・インフラの改善、退役軍
人手当、陸軍、海兵隊、海軍、空軍の人員や装備の増強などが例示された。

その上で、米国は、この軍拡予算を背景に、同盟国への防衛費負担増の圧力を強めている。2月15日、NATO国防相会議に出席したマチス国防長官は、記者団に対して「アメリカに掛け値なしの同盟上の義務履行を求めるならば、共

※新資料2C-3(266ページ)に抜粋訳。

※www.whitehouse.gov/sites/whitehouse.gov/files/omb/budget/fy2018/2018_blueprint.pdf

※『ワシントン・ポスト』(電子版)、17年2月25日。

通の防衛努力への支援を示すべきだ」※と語った。NATO加盟国には「国内総生産(GDP)2%相当」の国防費を予算化するとの申し合わせがあった。しかし当時、加盟国28か国の中でこの目標を達成しているのは英、エストニア、ギリシャ、米の4か国に過ぎなかった。有力国でさえ、仏(1.78%)、トルコ(1.56%)、独(1.19%)、カナダ(0.99%)という状況であった※。米国の大軍拡に加えて、加盟国が負担増に

※同上。

応じれば、ロシアも軍拡で対抗するだろう。トランプ軍拡はこうして増幅、波及してゆく。「アメリカ第一」を標榜するトランプ路線は、同盟国のみならず「敵対国」をも巻き込んだ軍拡の嵐を巻き起こそうとしている。安倍政権はこの路線を歓迎し、「防衛費GDP1%枠」※を上限と考えることは

※2017年3月2日、第193回国会参議院予算委員会における安倍首相答弁。

せず、年に0.8%づつ増やしてきている。しかし2017年予算においては、対GDB比で1%は超えていない。

国家安全保障戦略を公表

※新資料2C-4(268ページ)に抜粋

2017年12月18日、国防総省は、国家安全保障戦略を公表した※。その柱Ⅲは、「力により平和を維持する」とされ、まず「核兵器は過去70年間、米国の国家安全保障戦略の中で極めて重要な目的のために役に立ってきた」とし、平和と安定を維持するための戦略の基盤になるとした。また、宇宙についても、「米国は宇宙でのリーダーシップと行動の自由を維持しなければならない」とし、「優先的な領域として宇宙を開発する」との方針を示した。

　2017年、トランプ政権が発足した1年間、米国では、力による平和を追求するべく、軍事予算を増やし、同盟国や敵対国への軍拡を増幅させ、軍の再建へ向けた包括的な戦略見直しを行った。2017年は、また、この国家安全保障戦略に基づいて国家防衛戦略や核態勢見直しの作業が進められた年でもある。これらの文書の内容の公表は2018年になった。

データシート

7. 米国の弾道ミサイル発射実験

北朝鮮の弾道ミサイル発射のたびに国連安保理の制裁決議が繰り返される。しかし、弾道ミサイル発射は北朝鮮だけが実施しているわけではない。多くの核兵器保有国は、保有核兵器の有効性を確認すべく、年に数回の実験を行っている。この二重基準の実態をみるために、米国の最近10年間の弾道ミサイル実験を整理した。すべてを網羅しているか否かは不確かである。

	年月日	運搬手段	飛行距離	備　考	出典
1	08/4/2	ミニットマンIII	―	バンデンバーグAFBからクワジェリン環礁実験場へ向け発射。	① 09年版
2	08/5/21	トライデントII D5	―	SSBNネブラスカがカリフォルニア沖の太平洋テストレンジにおいて2発のSLBMを発射。	同上
3	08/5/22	ミニットマンIII	9720km	バンデンバーグAFBからグアムの南西430kmの海域へ向け発射。	同上
4	08/8/13	ミニットマンIII	6790km	バンデンバーグAFBからクワジェリン環礁実験場へ向け1発発射。	同上
5	08/8/25	トライデントII D5	―	SSBNルイジアナがカリフォルニア沖の太平洋テストレンジにおいて2発のSLBMを発射。	同上
6	08/11/5	ミニットマンIII	6740km	バンデンバーグAFBからクワジェリン環礁実験場へ向け発射。	同上
7	09/2/3	トライデントII D5	―	SSBNアラバマが太平洋テストレンジにおいて1発のSLBMを発射。	① 10年版
8	09/6/29	ミニットマンIII	6740km	バンデンバーグAFBからクワジェリン環礁実験場へ向け3発発射。	同上
9	09/8/23	ミニットマンIII	―	バンデンバーグAFBからクワジェリン環礁実験場へ向け発射。	同上
10	09/9/3	トライデントII D5	―	SSBNウエストバージニアが大西洋テストレンジにおいて1発のSLBMを発射。	同上
11	09/9/4	トライデントII D5	―	SSBNウエストバージニアが大西洋テストレンジにおいて1発のSLBMを発射。	同上
12	09/12/19	トライデントII D5	―	SSBNアラスカが大西洋テストレンジにおいて1発のSLBMを発射。	同上
13	10/6/16	ミニットマンIII	6700km	バンデンバーグAFBからクワジェリン環礁実験場へ向け1発発射。	① 11年版
14	10年6月	トライデントII D5	―	SSBNメリーランドが6月の連続した2日間、太平洋テストレンジで4発のSLBMを発射。	同上
15	10/9/17	ミニットマンIII	8530km	バンデンバーグAFBからグアムの南西海域へ向け1発発射。	同上
16	11/6/22	ミニットマンIII	6700km	バンデンバーグAFBからクワジェリン環礁実験場へ向け1発発射。	① 12年版
17	11/9/27	ミニットマンIII	―	バンデンバーグAFBからクワジェリン環礁北端のロイ・ナムール北東海域へ向け発射。	同上
18	12/2/25	ミニットマンIII	7800km	バンデンバーグAFBからクワジェリン環礁実験場へ向け1発発射。	① 13年版
19	12/11/14	ミニットマンIII	―	バンデンバーグAFBからクワジェリン環礁実験場へ向け1発発射。	同上
20	13/5/22	ミニットマンIII	―	バンデンバーグAFBからクワジェリン環礁実験場へ向け発射。	②
21	13/9/22	ミニットマンIII	―	バンデンバーグAFBからクワジェリン環礁実験場へ向け発射。	②

	年月日	運搬手段	飛行距離	備　考	出典
22	13/9/26	ミニットマンⅢ	—	バンデンバーグAFBからクワジェリン環礁実験場へ向け発射。	②
23	13/12/17	ミニットマンⅢ	—	バンデンバーグAFBからクワジェリン環礁実験場へ向け発射。	②
24	13年4月	トライデントⅡD５	—	SSBNペンシルバニアが4発のSLBMを発射。	①14年版
25	13年9月	トライデントⅡD５	—	ペンシルバニア以外のSSBNが大西洋においてSLBM 4発を発射。	同上
26	14年6月	トライデントⅡD５	—	SSBNウエストバージニアが大西洋においてSLBM 2発を発射。	①15年版
27	14/9/23	ミニットマンⅢ	—	バンデンバーグAFBからクワジェリン環礁実験場へ向け1発発射。	同上
28	15/2/22	トライデントⅡD５	—	SSBNペンシルバニアがサンディエゴ沖で2発のSLBMを発射。	同上
29	15/3/23	ミニットマンⅢ	9660km	バンデンバーグAFBからクワジェリン環礁実験場へ向け1発発射。	①16年版
30	15/3/27	ミニットマンⅢ	10700km	バンデンバーグAFBからグアムの南西1300kmの海域へ向け1発発射。	同上
31	15/5/20	ミニットマンⅢ	—	バンデンバーグAFBからクワジェリン環礁へ向け1発発射。	同上
32	15/8/19	ミニットマンⅢ	6760km	バンデンバーグAFBからクワジェリン環礁へ向け1発発射。	同上
33	15/10/21	ミニットマンⅢ	6760km	バンデンバーグAFBからクワジェリン環礁へ向け1発発射。	同上
34	15/11/7	トライデントⅡD５	—	SSBNケンタッキーが太平洋において1発のSLBMを発射。	同上
35	15/11/9	トライデントⅡD５	—	SSBNケンタッキーが太平洋において1発のSLBMを発射。	同上
36	16/2/20	ミニットマンⅢ	6760km	バンデンバーグAFBからクワジェリン環礁実験場へ向け発射。	①17年版
37	16/2/25	ミニットマンⅢ	6760km	バンデンバーグAFBからクワジェリン環礁実験場へ向け発射。	同上
38	16/3/14 ～16	トライデントⅡD５	—	未確認のSSBNが3月の連続した3日間、太平洋において3発のSLBMを発射。	同上
39	16/8/31	トライデントⅡD５	—	SSBNメリーランドが大西洋において1発のSLBMを発射。	同上
40	16/9/5	ミニットマンⅢ	7800km	バンデンバーグAFBからクワジェリン環礁実験場へ向け発射。	③
41	17/2/8	ミニットマンⅢ	6760km	バンデンバーグAFBからクワジェリン環礁実験場へ向け発射。	
42	17/2/14 ～16	トライデントⅡD5	—	SSBNケンタッキーが連続3日間、太平洋において4発のSLBMを発射。	
43	17/4/26	ミニットマンⅢ	6760km	バンデンバーグAFBからクワジェリン環礁実験場へ向け発射。	
44	17/5/3	同上	同上	同上	
45	17/8/2	同上	同上	同上	

略語…AFB: 空軍基地／SSBN: 弾道ミサイル原子力潜水艦（戦略原潜）／SLBM: 潜水艦発射弾道ミサイル
以下を基にピースデポが作成。
①H・クリステンセン、S・ノリス；ニュークリア・ノートブック「米国の核戦力」2008年版～18年版
② Vandenberg AFB Launch History (www.spacearchive.info/vafblog.htm)
③U.S. Air Force (www.af.mil/News/ArticleDisplay/tabid/223/Article/935294/malmstrom-tests-minuteman-iii-with-launch-from-vandenberg.aspx)

T4.学術会議が声明、「軍事研究」反対を継承

　2017年3月24日、日本学術会議は、第243回幹事会において、新たな「軍事的安全保障研究に関する声明」※を決定した。これは、防衛省防衛装備庁の「安全保障技術研究推進制度」(以下、安保研究推進制度)※が2015年度から発足したのをきっかけとして、日本学術会議として軍と科学研究との関係について再検討を行なった結果である。その発端となったのは、16年4月の総会における大西隆会長の「大学などの研究者が、自衛目的の研究をすることは許容されるべきだ」という趣旨の発言であった。同年6月に杉田敦法政大学教授を委員長とする「安全保障と学術に関する検討委員会」が設置され、市民を含めた公開フォーラムを開くなどして、17年3月7日に学術会議としての声明案が示され、3月24日の幹事会での決定となった。

　声明は、冒頭で、「近年、再び学術と軍事が接近しつつある中、われわれは、大学等の研究機関における軍事的安全保障研究、すなわち、軍事的な手段による国家の安全保障にかかわる研究が、学問の自由及び学術の健全な発展と緊張関係にあることをここに確認し、上記2つの声明を継承する」と明記した。2つの声明とは、1950年の声明「戦争を目的とする科学の研究には絶対従わない決意の表明」(第6回総会)、及び67年の「軍事目的のための科学研究を行わない声明」(第49回総会)である。これにより、一貫して軍事研究に関わらないとしてきた過去の学術会議の精神が引き継がれたことになる。

　声明は、安保研究推進制度について「将来の装備開発につなげるという明確な目的に沿って公募・審査が行われ、外部

※新資料2E-1(286ページ)。

※制度の概要は防衛省HP。
http://www.mod.go.jp/atla/funding.html

の専門家でなく同庁内部の職員が研究中の進捗管理を行うなど、政府による研究への介入が著しく、問題が多い」と述べる。さらに、「研究成果は、時に科学者の意図を離れて軍事目的に転用され、攻撃的な目的のためにも使用されうるため、まずは研究の入り口で研究資金の出所等に関する慎重な判断が求められる」とした上で、「軍事的安全保障研究と見なされる可能性のある研究について、その適切性を目的、方法、応用の妥当性の観点から技術的・倫理的に審査する制度を設けるべきである」としている。いわばデュアルユースの問題に対しもチェックする体制を作るべきであると踏み込んでいる。

学術会議として、これらのことを明言したことは重要な意味を有する。しかし、これにより例えば防衛省の安保研究推進制度への応募を禁止すると主張しているわけではない。しかるべき手順を踏めば応募してもよい、と読むこともできる。声明を発した当時の会長で、豊橋科学技術大学の学長である大西氏は、「国民の90%が防衛装備の現状維持、さらには向上を求めている」のだから、「応募をしてもよい」という見解を示している※。

※「日経ビジネス電子版」17年4月11日のインタビュー。

予算が大幅に増加した2017年度で見ると、防衛省の安保研究推進制度の採択状況は、応募104件のうち採択は14件で※、採択された応募機関の中に大学はゼロである。ただし分担研究機関には大学が4件含まれている。当初、防衛装備庁は「分担研究機関との研究委託契約は装備庁とではなく代表研究機関と結ぶため、了承なく公表できない」と説明していたが、17年12月22日になり、同庁は、岡山大、東海大、東京工科大、東京農工大の4大学が17年度分の助成を受けたことを明らかにした※。

※2017年採択状況は以下のURL。http://www.mod.go.jp/atla/funding/kadai/h29kadai291222.pdf

※「毎日新聞」2017年12月23日。

この制度に応募して採択された場合、契約の当事者は研究者自身ではなく、大学・研究機関の責任者となる。従って、特に理工系分野がある大学・研究機関では、応募を認めるか否かの判断が迫られることになる。例えば、九大では、内規である「安全保障・軍事技術に関わる研究ファンドへ

の応募等について」に基づき、役員会において審議し、総合的に判断した結果、17年度も引き続き申請は行わないこととなったという。学術会議の声明が3月に発出されたことが一定の効果を持ったと言える。

　17年10月、学術会議の会長は山極寿一（じゅいち）京大総長に交代した。就任したばかりの山極新会長は、17年12月22日、学術会議本部で記者会見し、声明の提言を踏まえ、「軍事研究に関する新たなガイドラインや倫理規定の策定を検討する考え」を示した※。会長は、声明は、「学会や研究機関、全国の大学などに判断を丸投げしており、軍事研究の可否を判断するのが、個人なのか組織なのか、拘束力があるのかないのか、何も言ってない」と強調した上で、新声明を具体化するガイドラインなどを、学術会議が中心になって提示する必要性があると述べた。今後、同会議の科学者委員会で「大学や研究機関を対象に軍事研究に関するガイドラインや研究の適切性に関する倫理規定の有無など、取り組み状況に関するアンケートを実施」し、それを基に学術会議としてのガイドラインや倫理規定の作成を検討するという。山極会長は「個別の大学ごとにガイドラインや倫理規定を作ると、大学間にきしみができてしまう。科学者の立場で一致できるものを目指したい」と話した。

　声明を実質化するためにも、声明の精神に即して学術会議としてのガイドラインや倫理規定を作成することには大きな意義がある。これにより、防衛省の新制度に対して、声明で表明された意思が一定の影響力を保持していくことが期待される。

※「東京新聞」2017年12月23日。

T5.オスプレイ、墜落事故でつのる
安全性への懸念

2017年8月5日、米海兵隊普天間基地に所属するMV-22オスプレイが、オーストラリア東海岸のクイーンズランド州ショールウォーター・ベイ訓練場の沖合約29kmで海に墜落した。事故機は、強襲揚陸艦「ボノム・リシャール」(当時、佐世保母港)を発艦し、ドック型輸送揚陸艦「グリーン・ベイ」への最終進入中にデッキに衝突した」とされる※。乗員26名中23名は救助されたものの、3名が死亡した。

※防衛省「オーストラリアで発生した第31海兵機動展開隊所属のMV-22オスプレイによる事故について」(17年8月11日)。

防衛省は、直ちに米側に「事故に関する情報提供、原因究明及び再発防止」を求め、オスプレイの飛行を自粛するよう申し入れた。これに対して米軍は、「オーストラリアに展開しているMV-22の飛行を48時間停止し、部隊の安全及び運用手順を確認」し、部隊の指揮官が、「事故機の整備記録及び搭乗員の訓練記録を確認して事故につながった全要因を綿密に分析した。その結果、飛行再開は安全であるとの結論に達した。」※と述べた。これを受けて、防衛省は、MV-22に機械的、構造的、及びシステム上の欠陥はないと米軍が認識していることをもって、8月11日、事故への米軍の対応を評価して、飛行再開を容認した。

※上記の注と同じ。

しかし、これだけでは事故の詳細、ましてや原因については全く分からない。航行中の艦船に着艦しようとして接近していたが、艦船に追いついていない段階で甲板に降下する態勢に入った結果、船に届かないままデッキに衝突したのか、それとも艦上には進入していたが、何かの加減でバランスを崩し、転倒し、その勢いで海中に転落したのか、判別できない※。また、事故時の風、天候等の気象条件も明らかにされて

※2018年5月23日、防衛省は、米軍の事故調査報告書が公表されたとの通知を出したが、内容はほとんど無い。

いない。このような状況下で、米軍が安全を確認しているから、飛行再開も理解できるとする政府の姿勢は不可解である。

　それにしても普天間配備のオスプレイは、16年12月に沖縄県名護市沖で夜間の空中給油訓練中に接触事故を起こし墜落※してから1年もたたないうちにクラスAの大事故を2度も起したことになる。クラスAとは、被害総額が200万ドル以上や死亡者の発生などの大きな事故である。

12年9月、オスプレイの普天間配備に当たり、政府は、オスプレイの事故率は12年4月時点で1.93であり、海兵隊所属航空機種の平均2.45と比べて低いとした※。ここで、事故率とは、「延べ10万飛行時間当たりのクラスA事故の発生件数」で定義される。その上で、一般に航空機は飛行時間を重ねるごとに事故率は低下すると説明した。最近5年間の事故率を見ると、12年9月:1.65、13年9月:2.61、14年9月:2.12、15年9月:2.64、16年9月:2.62であった。それが、17年9月には3.27となった。17年の値には、16年12月の名護沖での墜落事故、17年8月、豪州での事故が含まれる。この経過からオスプレイの事故率は飛行時間が増えても低下していないことがわかる。政府は、この事実に関する明快な説明ができないままである。豪州での事故直後から沖縄県をはじめ、オスプレイに関連する多くの自治体が事故の原因究明、安全確保、及び飛行自粛を求めるなどを要請した。例えば、17年8月14日、九州防衛局の岩田企画部長が、政府の立場を説明するために佐賀県庁を訪れた際、対応した企画課長は「事故原因調査中であるにもかかわらず飛行が再開された上、米軍の説明を追認した防衛省の評価について、機体が安全である根拠を示しておらず、普通に考えると、(県民が)直ちに理解することは難しい」と強い不快感を示した※。政府が飛行再開を容認した後も自治体には安全への懸念が払しょくできず不安がうっ積している様子が見て取れる。

※本イアブック15-17年版・キーワードD7 (130ページ)。

※防衛省:「MV-22オスプレイ事故率について」、2012年9月。

※『西日本新聞』17年8月15日。

データシート

8. V-22 オスプレイ：
機体情報と低空飛行訓練

■機体情報

【機種】
MV-22、CV22、CMV-22などがある。
Vは垂直あるいは短距離離発着を示す。Cは輸送機、Mは多目的など用途を示す。

【性能】
最大航行速度：時速485km
海面上昇率(固定翼モード)：975m/分
上昇限度：高度7,620m(片発時：3,139m)
ホバリング高度限界：1,646m

【最大重量】
垂直離陸時：23,859kg
短距離離陸時：25,855kg
短距離離陸時(自己展開)：27,443kg

【燃料容量】
MV-22：6,513リットル
CV-22：7,667リットル

【エンジン】
型式：AE1107C(ロールスロイス・リバティ)
最大出力：4,586kw×2基

【乗員】
コックピット(乗員室)：MV-22　2人
　　　　　　　　　　　CV-22　3人
キャビン(貨物室)：乗員席1人、隊員席24人

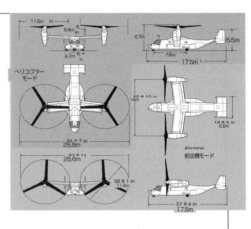

ボーイング社「オスプレイ・ガイドブック2011/2012」(11年3月)をもとにピースデポ作成。

■低空飛行訓練実施における作戦上の選定基準の概要(抜粋)

現実的な エリア規模	訓練エリアの規模は、様々な乗員による現実的な訓練任務を許容する適切なものであり、多様な地形における進入、潜入、脱出、および給油訓練を可能にするものでなければならない。
訓練エリアの利用可能性とタイミング	訓練エリア(射爆場のような)においては、試験及びエリアを用いた航空機訓練が優先される。(中略)乗員は、概して薄暮に飛び立ち、日没後に任務を行う。そしてほとんどの任務において、暗視ゴーグルおよび地形追跡レーダーを使用する。
変動回避エリア	任務ブリーフィングで、乗員は、秘密の潜入・撤収を行う能力を妨げる、地上からの脅威やその他の妨害にさらされる可能性に関する情報を与えられる。それらの脅威は、多様な区域において、数時間ないし数日、さらに長期にわたり存在し得る。(中略)乗員は季節的祭事を想定した脅威回避のための模擬訓練を行う。
地上300フィートの低空飛行	乗員は、発見回避のため、地形追随レーダーと暗視装置を使用し、日没後に地上高500フィートないしそれ以下を飛行しなければならない。低空飛行訓練によって、乗員は、地上高300フィート以下を含む低高度で地形を利用した掩蔽(えんぺい)飛行や、尾根越えの飛行の能力を獲得する。

米空軍「ニューメキシコ州キャノン空軍基地における低空飛行訓練実施のための環境評価書案」(11年8月)をもとにピースデポ作成。

■配備計画(在日米軍及び自衛隊)

	機数	機種	配備年	配備地
在日米軍 海兵隊	24機	MV-22	・2012年10月：12機 ・2013年8〜9月：12機	普天間基地 (沖縄県内各地に加え、岩国基地、キャンプ富士、厚木・横田基地等へも飛来。)
在日米軍 空軍	10機	CV-22	・2018会計年：5機 ・21会計年までに5機追加(予定)	横田基地
在日米軍 海軍	2機	CMV-22	・2021〜2026年(予定) (報道による。)	岩国基地
陸上自衛隊	17機	?	・2018年度までの5年間で。(13年12月、中期防衛力整備計画に明記。)	未定 (日本政府は佐賀空港を検討。)

■沖縄での運用計画

　米軍作成のMV-22の「環境レビュー」は、オスプレイ運用場所として、既存の69か所のヘリパッド(着陸帯)を示した。パッドは、本島中南部から北部及び伊江島に点在しており、本島全域が「飛行エリア」となる。北部訓練場では、96年の「沖縄に関する特別行動委員会(SACO)」最終報告に基づき、「過半の返還」を前提とした、東村高江集落周辺への、ヘリパッド移設工事が強行された。

　沖縄では、市街地上空における低空飛行が常態化している。伊江島では毎日4機前後が飛来し、離着陸訓練、パラシュート降下訓練等が行われている。

■日本各地での低空飛行訓練計画

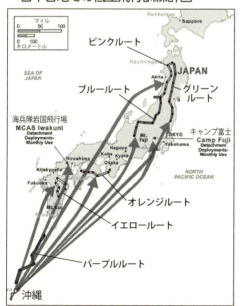

米海軍・海兵隊「MV-22の海兵隊普天間飛行場配備及び日本における運用に関する最終環境レビュー」(12年4月)をもとにピースデポ作成。

　MV-22の「環境レビュー」は、6本の飛行訓練ルートを示した。米政府が公式文書でルートを図示したのは初めて。

　過去の米軍機事故[※]の調査報告書等により8本のルートの存在が明らかになっている。しかし、「環境レビュー」には、中国地方の「ブラウンルート」や、東北・北海道の「北方ルート」、また、自衛隊と米軍が実質的に共同使用している飛行訓練エリア(ホテルエリア(群馬、長野、新潟、福島、栃木にわたる演習場ではない空域)、R567など)は示されていない。

　一方、CV-22横田配備環境レビュー(15年2月)には特殊作戦部隊にとって必須の訓練である低空飛行訓練ルートはない。唯一、訓練区域として東富士演習場、ホテルエリア(群馬、長野、新潟、福島各県にまたがる空域)、三沢対地射爆撃場、沖縄の訓練場が挙げられている。

※奈良県十津川村・林業ワイヤー切断事故(91年)や高知県・早明浦ダム墜落事故(94年)など。

9.【図説】北東アジア情勢を考えるための周辺地図

【1】東シナ海周辺における中国海軍の活動事例

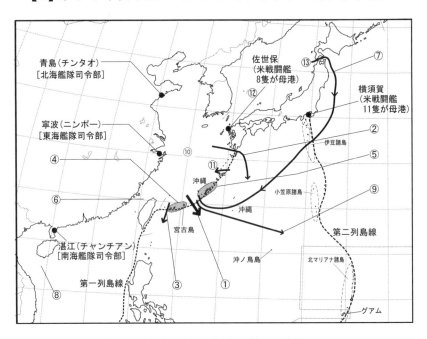

● 図中の「第一列島線」「第二列島線」は中国海軍が論じる防衛線。
● 防衛政策会議（10年5月13日）の資料、及び、防衛白書各年版などを参照して作成した。

<番号は地図の番号に対応>

① 宮古水道を通過して太平洋へ進出する事例：08年11月（4隻）、10年3月（6隻）、11年6月（11隻）、12年10月（7隻）、13年10月（5隻）、14年3月（3隻）、15年7月（3隻）、16年12月（空母「遼寧」と複数の艦艇）、17年4月、18年4月、6月。

② 大隅海峡を通過する事例：12年4月（3隻）、13年8月（3隻）、14年12月（5隻）、15年12月（3隻）、17年3月、10月、12月、18年8月。

③ 与那国島と西表島の間を通過する事例：12年12月（4隻）、13年5月（2隻）、同10月（2隻）、14年3月（4隻）、15年8月（3隻）。

④ 04年11月　中国原潜がグアム近海で活動。その後、日本の領海に侵入（10日）。図の網目は推定活動海域。

⑤ 06年10月　中国潜水艦が、沖縄に近い東シナ海の公海上で米空母キティホークから5マイルのところに浮上（26日）。図の網目は潜水艦の推定活動海域。

⑥ 07年11月　台湾海峡で中国海軍艦船と米空母キティホーク打撃団が対峙（23日）。

⑦ 08年10月　駆逐艦など4隻が津軽海峡を通過後、太平洋を南下し日本を周回。

⑧ 09年3月　米海軍調査船を中国海軍船など5隻が妨害（8日）。

⑨ 09年6月　駆逐艦など5隻が宮古水道を通過して沖ノ鳥島北東の海域に進出。

⑩ 13年1月　東シナ海で中国フリゲート艦から、海自護衛艦搭載ヘリに火器管制レーダー照射の疑い（19日）、海自護衛艦に火器管制レーダー照射（30日）。

⑪ 15年3月　駆逐艦2隻が奄美大島と横当島の間を抜けて南西進。

⑫ 中国海軍が日本海で「対抗演習」：16年8月、17年1月。

⑬ 津軽海峡を通過する事例：17年1月、7月。

【2】黄海における軍事対立構造

❶北方限界線(NLL)：朝鮮戦争の休戦協定締結後の1953年8月30日にマーク・クラーク国連軍司令官が北朝鮮との協議なしに設定。停戦時に国連軍の支配下にあった白翎島(ペンニョンド)・大青島(テチョンド)・小青島(ソチョンド)・延坪島(ヨンピョンド)・牛島(ウド)の西海(黄海)五島と北朝鮮の海岸線の間の中間線にあたる[2]。

❷北朝鮮が主張する「西海海上軍事境界線」：1999年9月2日に朝鮮人民軍は特別コミュニケでNLLの無効とともに「西海海上軍事境界線」の設定を宣言した[3]。

❸米韓合同軍事演習(2010年11月28日～12月1日)の演習海域[4]：インビンシブル・スピリットの第3回目の時のもの。

❹米空母の黄海侵入：1985年3月の米韓合同軍事演習「チーム・スピリット85」の際の米空母ミッドウェイの航跡(ピースデポによる米情報公開法による調査結果)。最も深く入った場所は、「北緯36度03分、東経125度18分」である。

注
1　元韓国国家情報院院長の金萬福(キム・マンボク)氏の論文「紛争の海・西海を平和と繁栄の海にするために」(『世界』11年2月号)から引用。
2　注1と同じ。
3　朝鮮中央通信99年9月3日。
4　韓国国立海洋調査院「航行警報」の範囲。北緯34度30分～36度、東経124～125度42分。

101

データシート

10.【図説】横須賀母港米艦船の変遷

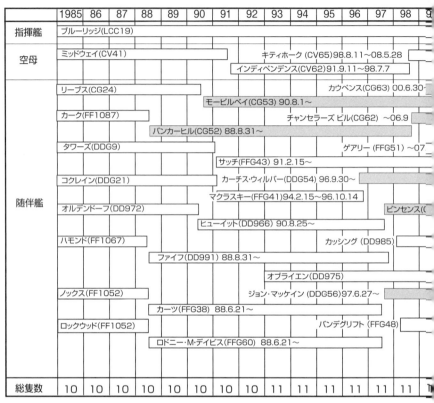

FF:フリゲート艦、FFG:誘導ミサイル・フリゲート艦、DD:駆逐艦、DDG:誘導ミサイル駆逐艦、CG:誘導ミサイル巡洋艦

(注)母港の始期と終期の日付は必ずしも一貫性がない。実際に横須賀に来た日と離れた日が基本であるが、海軍が発表した母港日の場合もある。

2018年10月1日現在

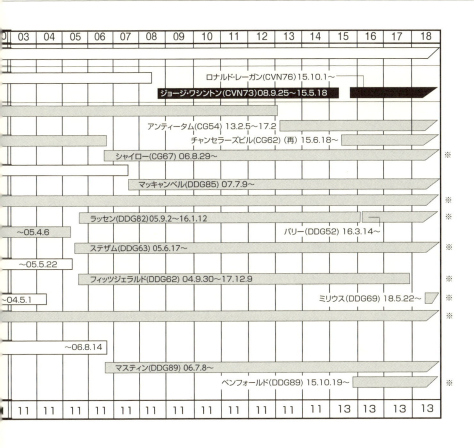

データシート

11.【図説】日本のミサイル防衛関連施設・部隊

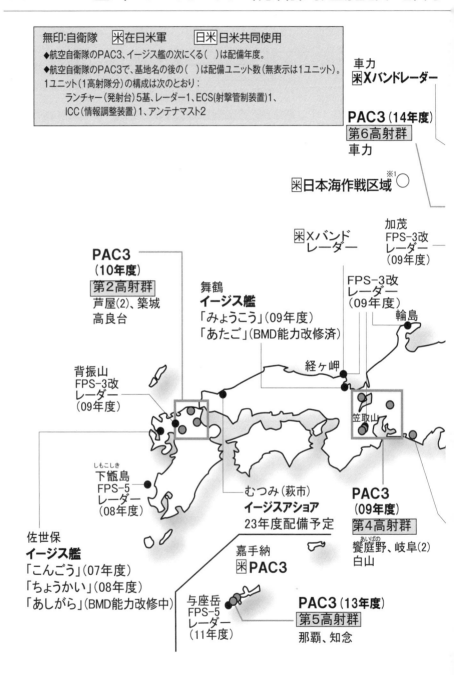

データシート

12.【図説】佐世保母港米艦船の変遷

(「佐世保市基地読本」及びリムピース「佐世保米艦船在港状況」をもとにピースデポが作成)

	1985	86	87	88	89	90	91	92	93	94	95	96	97	98	99	2000
強襲揚陸艦								ベロー・ウッド(LHA3)92.9.30～00.7.26								エセックス(LHD2)00.7.26～12.4.23
貨物揚陸艦	セント・ルイス(LKA116)83.10.17～92.11.2															
戦車揚陸艦		サン・バーナーディノ(LST1189)86.4.29～95.5.27														
ドック型揚陸艦				ジャーマン・タウン(LSD42)92.11.3～02.7.21 / フォート・マクヘンリー (LSD43)95.9.30～06.4.14												
ドック型輸送揚陸艦	デュビューク(LPD8)85.9.4～99.8.19 / ジュノー(LPD10)99.7.30～08.7.13															
救難艦			ビューフォート(ATS2)87.12.18～96.1.10 / ブラウンズウイック(ATS3)88.7.29～96.1.28													
掃海艦																
通常型潜水艦	ダーター(SS576)79.5.8～89.8.18 / バーベル(SS580)85.10.10～89.9.11															
総隻数	4	5	6	7	7	5	5	7	6	6	7	7	6	6	7	6

※艦種の略号
LHA:強襲揚陸艦／LKA:貨物揚陸艦／LST:戦車揚陸艦／LSD:ドック型揚陸艦／LPD:ドック型輸送揚陸艦／
ATS:救難艦／MCM:掃海艦／SS:通常型潜水艦

2018年10月1日現在

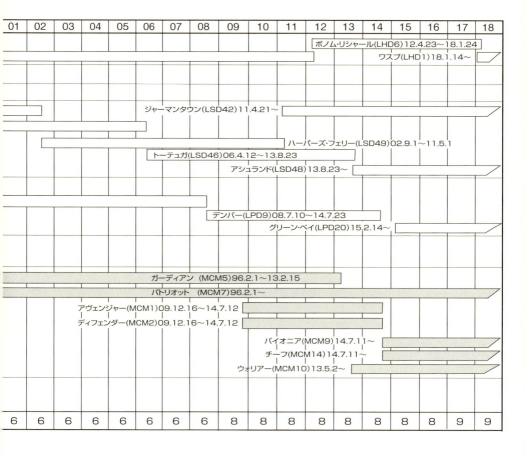

データシート 13. 原子力艦の寄港状況

【1】通算記録　1964〜2016年の寄港回数と延べ滞在日数。(入港から出港までの日数。同日出入港は1とカウント)

年	64		65		66		67		68		69		70		71		72		73		74	
	回数	日数	回数	日数	回数	日数	回数	日数	回数	日数	回数	日数	回数	日数	回数	日数	回数	日数	回数	日数	回数	日数
横須賀	0	0	0	0	2	10	5	55	3	26	8	83	9	99	18(5)	186(32)	21	150	18(3)	186(15)	6	42
佐世保	1	3	6	36	4	35	1	14	4(2)	24(10)	1	3	1(1)	6(6)	0	0	3(1)	17(8)	1	3	0	0
沖縄	-	-	-	-	-	-	-	-	-	-	-	-	-	-	-	-	7	7	3	3	0	0

年	87		88		89		90		91		92		93		94		95		96		97	
	回数	日数	回数	日数	回数	日数	回数	日数	回数	日数	回数	日数	回数	日数	回数	日数	回数	日数	回数	日数	回数	日数
横須賀	25	162	28	203	29(1)	203(1)	33	210	35	241	21	169	15	155	31(6)	236(36)	31	244	29(3)	243(12)	33	237(3)
佐世保	7(1)	45(5)	6	35	2	2	1	3(3)	6	15	11	23	10	29	15(1)	52(2)	6	32	7	49	23	161
沖縄	10	10	11	17	3	6	9	15	4	4	7	14	17	34	18(2)	27(6)	7	13	16	33	9	11

【2】2017年の記録

■ 横須賀(神奈川県)

回数	艦名	艦種	寄港期間	滞在日数
※	ロナルド・レーガン	航空母艦	1/1〜5/7	127
※	パサデナ	潜水艦	1/1〜1/6	6
1	トピーカ	潜水艦	1/17〜1/20	4
2	サンタフェ	潜水艦	3/2〜3/6	5
3	サンタフェ	潜水艦	4/2	1
4	サンタフェ	潜水艦	5/11〜5/18	8
5	ロナルド・レーガン	航空母艦	5/12〜5/16	5
6	オリンピア	潜水艦	5/31〜6/7	8
7	ロナルド・レーガン	航空母艦	8/9〜9/8	31
8	キー・ウエスト	潜水艦	9/12	1
9	ツーソン	潜水艦	9/19	1
10	キー・ウエスト	潜水艦	9/21	1
11	ミシシッピ	潜水艦	10/10〜10/11	2
12	ミシシッピ	潜水艦	11/6〜11/12	7
13	ミシシッピ	潜水艦	11/13	1
14	キー・ウエスト	潜水艦	11/21〜11/29	9
15	ツーソン	潜水艦	12/1〜12/8	8
16	ロナルド・レーガン	航空母艦	12/4〜5/11	159
17	テキサス	潜水艦	12/6〜12/12	7
18	ブレマートン	潜水艦	12/22〜12/28	7
19	ツーソン	潜水艦	12/23	1

※ 2016年から引き続き滞在。滞在日数は2017年内。

（　）内は水上艦船・内数。他は潜水艦。

	75		76		77		78		79		80		81		82		83		84		85		86	
	回数	日数	回数	日数	回数	日数	回数	日数	回数	日数	回数	日数	回数	日数	回数	日数	回数	日数	回数	日数	回数	日数	回数	日数
横須賀	8(2)	52(18)	8	61	4	26	7(2)	60(28)	8(2)	48(12)	8(1)	45(7)	6	32	20	132	23	178	25(2)	81(7)	30	172	32(1)	169(10)
佐世保	0	0	0	0	0	0	0	0	0	0	0	0	0	0	1	4	6(4)	33(21)	1(1)	3(3)	5	24	7	39
沖縄	0	0	1	4	1	1	0	0	1	1	5(2)	9(4)	1	1	0	0	0	0	0	0	0	0	3	6

	98		99		00		01		02		03		04		05		06		07		08		09	
	回数	日数	回数	日数	回数	日数	回数	日数	回数	日数	回数	日数	回数	日数	回数	日数	回数	日数	回数	日数	回数	日数	回数	日数
横須賀	34	199	20	143	27	176	15	97	16	165	15(1)	133(1)	17	122	17	137	14	97	13	75	11(2)	120(48)	24(7)	324(217)
佐世保	13	90	8	41	14	51	17	44	21(1)	78(4)	23	51	18(1)	36(5)	15	48	17(1)	63(5)	12(1)	54(5)	13(2)	61(10)	11(1)	34(5)
沖縄	8	12	12	24	10	21	12	32	17	34	12	28	16	17	16	20	16	26	24	49	41	71	32	53

年	10		11		12		13		14		15		16		17		累計	
	回数	日数	回数	日数	回数	日数	回数	日数	回数	日数	回数	日数	回数	日数	回数	日数	回数	日数
横須賀	26(6)	287(184)	22(5)	204(119)	18(4)	342(256)	15(4)	125(52)	16(3)	134(65)	18(4)	270(179)	23(6)	341(232)	17(3)	230(40)	957(74)	7917(1574)
佐世保	11	29	12(3)	45(9)	12	45	11	33	10(1)	32(4)	14	47	24	83	26	55	438(23)	1710(105)
沖縄	31	51	28	28	39	43	25	25	28	28	23	34	21	21	17	17	561(4)	850(10)

（64年からの累計）

データ
シート

13. 原子力艦の寄港状況（続き）

【2】2017年の記録（続き）

■沖縄・ホワイトビーチ（沖縄県うるま市）

回数	艦名	艦種	寄港期間	滞在日数
1	アレキサンドリア	潜水艦	2/5	1
2	ルイヴィル	潜水艦	3/13	1
3	アレキサンドリア	潜水艦	4/25	1
4	サンタフェ	潜水艦	5/23	1
5	コロンブス	潜水艦	7/7	1
6	シャイアン	潜水艦	8/17	1
7	キー・ウエスト	潜水艦	9/26	1
8	オクラホマシティ	潜水艦	11/6	1
9	オクラホマシティ	潜水艦	11/10	1
10	オクラホマシティ	潜水艦	11/14	1
11	オクラホマシティ	潜水艦	11/21	1
12	オクラホマシティ	潜水艦	11/28	1
13	オクラホマシティ	潜水艦	12/1	1
14	トピーカ	潜水艦	12/1	1
15	トピーカ	潜水艦	12/4	1
16	トピーカ	潜水艦	12/7	1
17	ツーソン	潜水艦	12/19	1

■佐世保（長崎県）

回数	艦名	艦種	寄港期間	滞在日数
1	パサデナ	潜水艦	1/9	1
2	パサデナ	潜水艦	1/12	1
3	ルイヴィル	潜水艦	1/15	1
4	アレキサンドリア	潜水艦	2/14	1
5	アレキサンドリア	潜水艦	2/15	1
6	アレキサンドリア	潜水艦	2/19〜2/25	7
7	アレキサンドリア	潜水艦	2/28	1
8	アレキサンドリア	潜水艦	3/18	1
9	シャイアン	潜水艦	4/17	1
10	シャイアン	潜水艦	4/18	1
11	シャイアン	潜水艦	4/21	1
12	シャイアン	潜水艦	5/2〜5/8	7
13	オリンピア	潜水艦	5/23	1
14	オリンピア	潜水艦	5/26	1
15	サンタフェ	潜水艦	5/26	1
16	サンタフェ	潜水艦	5/29	1
17	サンタフェ	潜水艦	5/30	1
18	シャイアン	潜水艦	7/11〜7/16	6
19	オリンピア	潜水艦	7/18〜7/24	7
20	ミシシッピ	潜水艦	11/17	1
21	ミシシッピ	潜水艦	11/2	1
22	トピーカ	潜水艦	11/27	1
23	ミシシッピ	潜水艦	12/12	1
24	ミシシッピ	潜水艦	12/14	1
25	コロンビア	潜水艦	12/27	1
26	コロンビア	潜水艦	12/30〜12/31	2

14. 民間港への米軍艦入港状況
17年1月～12月（民間チャーター船含む）

海上保安庁調べ

寄港地（港名）	艦船名	入港月日	出港月日
阪神（堺）	スランクパックス	1月5日	1月9日
阪神（堺）	オーシャンズヒューストン	1月21日	1月25日
小樽	マッキャンベル※	2月3日	2月7日
舞鶴	マッキャンベル※	2月9日	2月9日
阪神（堺）	スランクパックス	3月27日	3月29日
小樽	マスティン※	7月1日	7月5日
阪神（堺）	スランクグッドウィル	7月11日	7月14日
大湊	パイオニア	7月19日	7月29日
大湊	パトリオット	7月19日	7月29日
阪神（堺）	スランクパックス	7月23日	7月25日
松山	スランクパックス	8月23日	8月24日
阪神（堺）	スランクパックス	8月25日	8月26日
松山	スランクパックス	10月20日	10月21日
阪神（堺）	スランクパックス	10月22日	10月23日
阪神（堺）	スランクグッドウィル	11月26日	11月28日
阪神（堺）	スランクパックス	12月4日	12月6日
松山	スランクパックス	12月7日	12月8日
阪神（堺）	スランクグッドウィル	12月19日	12月30日
		延べ寄港回数	18回

※イージス艦

データ シート	# 15. 米軍機・艦船による事故

2017年1月～12月 (防衛省まとめ)

● 米軍機による事故

(1) 民間地域への予防着陸 (不時着) 等

年月日	発生場所	概　要
17年1月20日	沖縄県伊計島	米軍ヘリ (AH-1Z) がトランスミッション系統の不具合により着陸
17年3月21日	那覇空港	着陸
17年6月1日	久米島空港	米軍ヘリ (CH-53E) が着陸
17年6月6日	空自松島基地	予防着陸
17年6月10日	奄美空港	通常訓練を実施中、警告灯が点灯したため、MV-22オスプレイ1機機体を安全に着陸
17年8月29日	大分空港	MV-22オスプレイがエンジン系統の警告表示を受け、通常の手順に従い、緊急着陸を行った。
17年9月29日	新石垣空港	普天間基地所属MV-22オスプレイの警告灯が点灯したことから予防着陸
17年10月7日	空自小松基地	緊急着陸
17年10月11日	沖縄県国頭郡東村高江	米海兵隊普天間基地所属のCH-53Eヘリ1機が通常の訓練を実施中、飛行中の火災により緊急着陸
17年11月22日	沖ノ鳥島の北西約75マイル (約140km) の公海上	米海軍C-2輸送機が墜落
計		10件

(2) 部品の落下

年月日	発生場所	概　要
17年5月4日	厚木基地を離陸し帰投するまでの間	EA-18G電子戦機からプランジャ・キャップ
17年5月24日	厚木基地を離陸し帰投するまでの間	E-2C早期警戒機から着陸装置のブラケット
17年5月26日	厚木基地を離陸し帰投するまでの間	F-15C戦闘機からレーザー式振動感知装置のノーズコーン
17年6月12日	不明	EA-18G電子戦機からCAD (装備品作動装置用部品)
17年6月17日	群山空軍基地 (韓国) を離陸し横田基地に着陸するまでの間	C-5輸送機からパネル
17年7月12日	横田基地を離陸し帰投するまでの間	C-130輸送機から着陸装置の一部 (金属製プレート)
17年8月23日	厚木基地を離陸し帰投するまでの間	FA-18Eから金属製の部品
17年10月17日	三沢対地射爆撃場制限水域内	EA-18G電子戦機から燃料タンク投棄
17年11月30日	嘉手納基地を離陸し帰投するまでの間 (沖縄本島の東約65マイル付近 (約１０５km))	F-35A戦闘機からパネル
計		9件

(3) 部品の遺失

年月日	発生場所	概　要
17年12月3日	横田基地を離陸し帰投するまでの間	C-130輸送機からフレアの一部
17年12月13日	沖縄県宜野湾市　普天間第二小学校グラウンド	CH-53E輸送ヘリから窓
計		2件

(4) 不時着水

年月日	発生場所	概　要
計		0件

● 米軍艦船による事故

年月日	発生場所	概　要
17年1月31日	横須賀海軍施設提供水域内	米イージス巡洋艦アンティータムが浅瀬に接触し、スクリューを損傷当該艦船から油圧作動油が流出
17年6月17日	静岡県下田市沖	米イージス駆逐艦フィッツジェラルドと外国籍コンテナ船が衝突
17年11月18日	神奈川県三浦半島沖の相模湾	米イージス駆逐艦ベンフォールドと民間タグボートが接触
計		3件

原注　本表は、米軍から通報を受けたこと等により、防衛省が知り得た、在日米
　　　軍施設外で発生したもの及び提供水域内で発生したものであり、米軍機
　　　の事故等すべてについて網羅したものではない。

データシート

16. 米軍人による刑法犯検挙状況

(警察庁刑事局まとめ)

		総数	犯罪別の検挙状況(件数)					
			凶悪犯	粗暴犯	窃盗犯	知能犯	風俗犯	その他
全国総数	2017年	62	3	11	19	17	4	8
米軍基地等が存在する都道県	北海道	0	0	0	0	0	0	0
	青森	0	0	0	0	0	0	0
	東京	8	0	0	2	4	0	2
	神奈川	4	0	2	1	0	0	1
	広島	3	0	1	2	0	0	0
	山口	4	0	1	1	0	1	1
	長崎	8	0	1	4	0	1	2
	沖縄	31	2	5	7	13	2	2
	その他	4	1	1	2	0	0	0

原注) 刑法犯の数値は、道路上の交通事故に係る業務上(重)過失致死傷罪、危険運転致死傷罪及び自動車運転過失致死傷罪を除いたものである。

編注) 上記資料は米軍人の犯罪で、軍属と家族は含まれない。

データシート

17. 自衛隊機・艦船の事故

17年1月～12月(防衛省まとめ)

1 自衛隊機による事故 <陸上自衛隊>

発生年月日	場所	概要
5月15日	北海道北斗市袴腰山	連絡偵察機LR-2が、緊急患者空輸のため、札幌飛行場から函館空港に飛行中、函館レーダーから機影が消失するとともに、函館レーダーとの通信が途絶。翌日、北海道北斗市山中において山腹に衝突していることを確認。搭乗していた隊員4名全員死亡。
8月17日	陸上自衛隊東富士演習場	対戦車ヘリコプター AH-1Sが、東富士演習場第3戦闘射場付近において、夜間射撃訓練(ホバリング)中のところ、高度が下がり落着。

<海上自衛隊>

発生年月日	場所	概要
8月17日	岩国基地内	砕氷艦「しらせ」所属ヘリCH-101が、カーゴ・スリング訓練中ホバリングへの移行時、バランスを崩して横転。
8月26日	竜飛崎から約90kmの洋上	護衛艦「せとぎり」搭載ヘリSH-60Jが、夜間発着艦訓練において、機器の不具合復旧操作中に墜落し、隊員4名が死亡。

<航空自衛隊>

発生年月日	場所	概要
10月17日	浜松基地から約31kmの洋上	救難ヘリコプター UH-60Jが、ナイトビジョン・ゴーグルを使用した洋上捜索及び救助訓練の飛行中、海面に衝突し、隊員4名が死亡。
10月18日	百里飛行場内	F-4EJ改が、飛行訓練のため誘導路を滑走路へ向け地上滑走中、左主脚が折損し、かく座。

② 艦船による事故 <海上自衛隊>

発生年月日	場所	概要
1月23日	三菱重工業株式会社神戸造船所第3岸壁	第4潜水隊所属の潜水艦「せとしお」が、造船所において定期検査に従事中、上構内において、潜水艦用えい航型アレイ揚収装置の巻取ドラム駆動軸に乗員1名が巻き込まれ死亡。
2月12日	室戸岬から約11kmの洋上	第2掃海隊所属の掃海艇「やくしま」において、事故者が救命索投射機の投射を実施直後、右舷後部から落水し、行方不明(その後、死亡認定)。
6月14日	石垣港から約1.5kmの洋上	第1海上補給隊所属の補給艦「おうみ」が、監視艦艇支援のため出港、個艦訓練終了後、石垣港沖に投錨する際、風落により浅瀬と底触し推進器を損傷させるとともに、錨地付近で漁ろうに従事している船舶(盛和丸)のアンカーロープを軸に巻き込み損傷。
11月22日	宮崎県日向市細島港(商業港)沖	第3掃海隊所属の掃海艇「みやじま」が、訓練中の中間補給を行うため細島港に向け航行中、定置網に乗揚げ。

		データシート

18.基地騒音訴訟一覧(18年4月現在)

　日本各地の米軍および自衛隊基地における航空機騒音訴訟について、提訴と判決の概要をまとめた。

　表の「W」は、「加重等価連続感覚騒音基準」(W値＝うるささ指数)であり、訴訟において騒音の程度を測る指標として用いられている。いずれも係争中か、新たな訴訟が準備されており、基地騒音訴訟は現在進行形の問題であることがわかる。

出典:全国基地爆音訴訟原告団連絡会議作成資料

小松基地(米軍、自衛隊)

	判決年月日	夜間・早朝飛行差止	過去の損害賠償額(月)	将来賠償
小松基地騒音差止等請求訴訟1、2次(提訴日:75・9・16、原告数:330人)				
地裁	91・3・13	×	80W:5000円〜90W:12000円	×
高裁	94・12・26	×	80W:5000円〜90W:12000円	×
小松基地騒音差止請求訴訟3、4次(提訴日:95・12・25、原告数:1766人)				
地裁	02・3・6	×	75W:3000円〜90W:12000円	×
高裁	07・4・16	×	75W:3000円〜90W:12000円	×
小松基地騒音差止等請求訴訟5、6次(提訴日:08・12・24、原告数:2227人)				
地裁で係争中				

横田基地(米軍、2012年より自衛隊と共同使用)

	判決年月日	夜間・早朝飛行差止	過去の損害賠償額(月)	将来賠償
旧横田基地公害訴訟1、2次(提訴日:76・4・28、原告数:153人)				
地裁	81・7・13	×	85W:1000〜2000円〜95W:5000円	×
高裁	86・7・15	×	75W:2500円〜95W:15000円	×
最高裁	93・2・25	×	75W:2500円〜95W:15000円	×
旧横田基地公害訴訟3次(提訴日:82・7・21、原告数:605人)				
地裁	89・3・15	×	75W:3000円〜90W:12000円	×
高裁	94・3・30	×	75W:3000円〜95W:17000円	×
横田基地飛行差し止め訴訟(提訴日:94・12・12、原告数:359人)				
地裁	03・5・13	×	75W:3000円〜90W:12000円	×
高裁	08・7・17	×	75W:3000円〜90W:12000円	×
最高裁	09・4・10	×	75W:3000円〜90W:12000円	×
新横田基地公害訴訟(提訴日:96・4・10、原告数:5945人)				
地裁	02・5・30	×	75:3000円〜90W:12000円	×
高裁	05・11・30	×	75W:3000円〜90W:12000円	一部○
最高裁	07・5・29	×	75W:3000円〜90W:12000円	×
新横田基地公害訴訟(分離された対米訴訟。提訴日:96.4.10)				
地裁	97・3・14	×	-	-
高裁	98・12・25	×	-	-
最高裁	02・4・12	×	-	-
第9次横田基地公害訴訟(提訴日:12・12・12、原告数:144人)				
地裁で係争中				
第2次新横田基地公害訴訟(提訴日:13・3・26、原告数1078人)				
地裁	17.10.11	×	75W:4,000円〜85W:12,000円	×
高裁で係争中				

厚木基地(米軍、自衛隊)

	判決年月日	夜間・早朝飛行差止	過去の損害賠償額(月)	将来賠償
第一次厚木爆音訴訟(提訴日:76・9・8、原告数:92人)				
地裁	82・10・20	×	80W:3000円~85W:4000円	×
高裁	86・4・9	×	×	×
最高裁	93・2・25	×	高裁判決を破棄、差し戻し	×
差戻審	95・12・26	×	80W:5500円~90W:13500円	×
第二次厚木爆音訴訟(提訴日:84・10・22、原告数:161人)				
地裁	92・12・21	×	80W:5500円~90W:13500円	×
高裁	99・7・23	×	80W:5500円~90W:13500円	×
第三次厚木爆音訴訟(提訴日:97・12・8、原告数:5047人)				
地裁	02・10・16	×	75W:3000円~90W:12000円	×
高裁	06・7・13	-	75W:3000円~90W:12000円	×
第四次厚木爆音訴訟(提訴日:07・12・17、原告数:7054人)				
地裁	14・5・21	一部○	75W:4000円~95W:20000円	×
高裁	15・7・30	一部○	75W:4000円~95W:20000円	一部○
最高裁	16.12.8	×	75W:4000円~95W:20000円	×

嘉手納基地(米軍)

	判決年月日	夜間・早朝飛行差止	過去の損害賠償額(月)	将来賠償
嘉手納基地爆音訴訟(提訴日:82・2・26、原告数:906人)				
地裁	94・2・24	×	80W:3000円~95W:18000円	×
高裁	98・5・22	×	75W:2000円~95W:18000円	×
新嘉手納基地爆音訴訟(提訴日:00・3・27、原告数:5541人)				
地裁	05・2・17	×	85W:9000円~95W:18000円	×
高裁	09・2・27	×	75W:3000円~95W:18000円	×
最高裁	11・1・27	×	75W:3000円~95W:18000円	×
第三次嘉手納米軍基地爆音差止訴訟(提訴日:11・4・28、原告数:22058人)				
地裁	17.2.23	×	75W:7000円~95W:35000円	×
高裁で係争中				
第三次嘉手納米軍基地爆音差止訴訟(分離された対米訴訟。提訴日:12.11.30)				
地裁	17.2.9	×		
高裁で係争中				

普天間基地(米軍)

	判決年月日	夜間・早朝飛行差止	過去の損害賠償額(日)	将来賠償
普天間爆音訴訟(提訴日:02・10・29、原告数:404人)				
地裁	08・6・26	×	75W:100円~80W:200円	×
高裁	10・7・29	×	75W:200円~80W:400円	×
最高裁	11・10・11	×	75W:200円~80W400円	×
第2次普天間爆音訴訟(提訴日:12・3・30、原告数:3417人)				
地裁	16.11.17	×	75W:7000円~80W:13000円(月額)	×
高裁で係争中				

岩国基地(米軍、自衛隊)

	判決年月日	夜間・早朝飛行差止	過去の損害賠償額(日)	将来賠償
岩国爆音訴訟(提訴日:09・3・23、原告数:654人)				
地裁	15・10・15	×	75W:4000円~90W:16000円	×
高裁で係争中				

注1) 過去の損害賠償額は、最低と最高のみを記している。

注2) 「×」は却下または棄却を表す。

注3) 将来請求の「一部○」とは、新横田基地公害訴訟の場合には結審日から判決日までの期間の損害賠償が新たに認められたということであり、第四次厚木爆音訴訟の場合には米空母艦載機の拠点移動予定時期までの期間の損害賠償が認められたということである。

注4) 夜間・早朝飛行差止の「一部○」とは、自衛隊機のみ22~6時の差止めが認められたということである。

データシート

19. 思いやり予算の動向

　「日米地位協定」[1]の第24条は、在日米軍の駐留経費は基本的に米国が負担するものとしている。ただし、「施設及び区域」については、それが国有財産であれば無償で、私有財産の場合には日本政府が所有者に補償費を支払って、米国に提供する。

　この原則にかかわらず、1978年から日本政府は第24条で規定されていない経費負担を始めた。これが、いわゆる「思いやり予算」である。78年には、日本人基地従業員の福利費等62億円が計上された。79年には、米軍隊舎、家族住宅、環境関連施設などの「提供施設整備」が加えられた。米国では「ホスト・ネーション・サポート」(受け入れ国支援)という一般的概念で解釈されている。

　当初日本政府は地位協定の拡大解釈によってこれらの支出を正当化していたが、1987年からは日米間で地位協定24条に関する特別協定を締結する方式に転換した。最新の特別協定は16年1月22日に署名され4月1日に発効された、8回目のものである。それまでの経過は次のとおりである。

　87年の特別協定では従業員の退職手当など8手当の負担、91年の特別協定では従業員の基本給など44種類の負担が列挙され、一方、電気・ガス・水道など光熱水料の一部負担も始まった。提供施設整備費については「特別協定」の枠外での負担が続いている。さらに、96年締結の3回目の特別協定では、米軍の訓練移転経費も加わった。

	78年度	79年度	80年度	81年度	82年度	83年度	84年度	85年度	86年度	87年度	88年度	89年度	90年度
訓練移転費	0	0	0	0	0	0	0	0	0	0	0	0	0
光熱水料等	0	0	0	0	0	0	0	0	0	0	0	0	0
労務費	0	0	0	0	0	0	0	0	0	165	209	322	459
提供施設の整備※	0	227	273	327	409	503	629	632	708	816	870	995	1004
基地従業員対策費	62	140	147	159	164	169	180	193	191	196	203	211	220
合計	62	366	420	486	573	672	808	825	899	1177	1281	1527	1683

※契約ベース

91年度	92年度	93年度	94年度	95年度	96年度	97年度	98年度	99年度	00年度	01年度	02年度	03年度
0	0	0	0	0	3.5	3.5	4	4	4	4	4	4
27	81	161	230	305	310	319	316	316	298	264	263	259
564	669	833	1004	1173	1185	1186	1200	1223	1212	1201	1192	1154
1126	1085	1062	1062	1012	1035	1035	882	856	809	813	752	691
227	236	240	248	254	263	277	281	280	281	284	288	293
1944	2070	2296	2544	2743	2797	2820	2683	2678	2603	2567	2498	2400

(単位：億円)

04年度	05年度	06年度	07年度	08年度	09年度	10年度	11年度	12年度	13年度	14年度	15年度	16年度	17年度
4	4	4	5	5	6	5	4	4	4	5	3	7	8
258	249	248	253	253	249	249	249	249	249	249	249	249	247
1134	1138	1135	1150	1158	1160	1140	1131	1139	1144	1119	1164	1194	1219
680	633	463	301	204	188	195	210	255	213	254	233	218	222
296	298	300	308	305	293	279	268	269	253	262	262	264	267
2372	2322	2151	2017	1925	1897	1869	1862	1916	1864	1890	1912	1933	1962

01年締結の4回目では、施設・区域外の米軍住宅の光熱水料が対象から除外された。06年締結の5回目では、従来の協定がほぼ踏襲されたが、それまでの5年ごとの改定が2年に短縮された。08年締結の6回目の特別協定においては、参議院で過半数を占めていた野党側(民主党、社民党、日本共産党など)の反対で、3月末に旧協定が失効して1か月間の法的空白が生じた。2011年4月の7回目では、日本側の負担額は、2010年度の水準(1881億円)を5年間維持するとされた。2016年の8回目では、日本が負担する労働者数の上限が23,178人と過去最高となった。

　このような「手厚い」駐留経費負担は、他の米同盟国・友好国には例をみないものである。2003年における同盟国からの貢献を統計的に分析した米国防総省作成の03年版「共同防衛のための同盟国の貢献」[2]によれば、日本一国が拠出している金額(当時44億1134万ドル)[3]は、日本以外の米同盟国・友好国——ドイツ(15億6393万ドル)や韓国(8億4281万ドル)を含む——からの負担額をすべて足した金額よりも多かった。より重要なのは、直接財政支出全額は、全同盟国の総額の約80％を日本が占めていた。04年以降、米国はこの報告書を公表していない。

1 日本国とアメリカ合衆国との間の相互協力及び安全保障条約第六条に基づく施設及び区域並びに日本国における合衆国軍隊の地位に関する協定。
2 https://archive.defense.gov/pubs/allied_contrib2004/allied2004.pdf
3 02年のホスト・ネーション・サポート(直接経費負担と間接経費負担の合計額)。含む経費の内容や期間が異なるため表やグラフの02年度の数字とは一致しない。

「思いやり予算」の推移　　　　　(単位:億円)

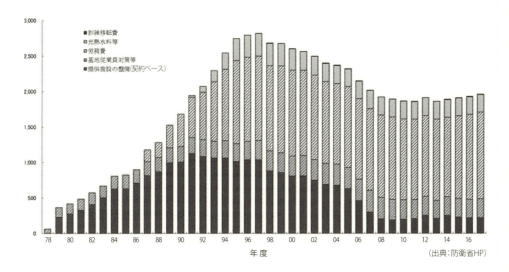

(出典:防衛省HP)

2-2 新資料の紹介

　2017年に出た新たな資料を「新資料」として5つの分野に分類した。以下に、それぞれの概略を紹介する。

A　核兵器禁止条約の成立

　17年7月7日、ニューヨーク国連本部で開催された「核兵器を禁止し完全廃棄に導く法的拘束力のある文書を交渉する国連会議」(以下、交渉会議)において核兵器そのものを禁止する条約(TPNW)が採択された。その全訳を**資料2A-1**とした。これは、まず第1条で「核兵器の開発、実験、生産、製造、取得、保有、貯蔵、使用または使用の威嚇をしない」と明記する史上初の条約である。また第4条では、核兵器保有国が核兵器の検証を伴う不可逆的な除去を推進することで、条約に加盟できる方法につき定めている。発効要件国数は50とされた(第15条)。日本政府の本条約に対する立場と姿勢を端的に示したのが、**資料2A-2**に示した17年3月27日、高見沢将林軍縮大使が行った交渉会議での演説である。禁止条約は核兵器削減につながらず、国際社会の分断を強め、北朝鮮の脅威など現実の安全保障上の問題解決につながらないと批判し、禁止条約に参加する意思がないことを表明した。

　米英仏は一貫して核兵器禁止条約に反対し続けたが、TPNWが採択された7月7日、**資料2A-3**に示したように国連常駐代表の連名で条約を批判する共同声明を発表した。声明は、同条約が「国際安全保障環境の現実をあからさまに無視して」おり、「ただの一つも核兵器を廃棄することにつながらない」と述べている。

　禁止条約の成立には世界中のNGOの寄与があったが、中でもヒバクシャの貢献は大きかった。**資料2A-4**に示す交渉会議初日の17年3月27日、藤森俊希日本被団協事務局次長の演説はその一例である。

　日本政府が、禁止条約に反対し、加盟しようとしないことに対し、多くの自治体が異議を唱えている。広島・長崎市は2017年平和宣言において、ともに日本政府の核兵器禁止条約への署名、批准を強く求めている(**資料2A-5**)。**資料2A-6**には例として広島市議会、長崎市議会の意見書を示した。

　TPNW交渉会議においては、採択された形の禁止条約以外にも、核兵器国や依存国が完全には無視できない形で禁止を実現するための

諸提案があった。そのような例として、17年2月にNPO法人ピースデポが提案した枠組み条約案を示した**(資料2A−7)**。これは、気候変動や国際人権諸条約が総体として枠組み条約構造をなしていることを参考に、全面的禁止の選択を確保しつつ、完全廃棄の法的誓約等の要素も包含し、選択的、段階的な加盟を可能にするような「枠組み条約」である。

B　国連総会日本決議と新アジェンダ決議

　2017年の第72回国連総会は、核兵器禁止条約（TPNW）が同年7月7日に成立した直後の総会であった。そこで提出される核軍縮関連の決議は、TPNW成立を受けてどう変化するかが注目された。

　まず、積極的な核軍縮決議と知られる新アジェンダ連合の決議を取り上げた**(資料2B-1)**。決議ははっきりとTPNWの採択を歓迎した（主文22節）。しかし、TPNW採択によって核軍縮に関する要求にほとんど変化が見られなかった。これは、核軍縮に関する従来からの課題が未解決であるという変わらぬ基本姿勢として注目すべきことであろう。例えば、2000年NPT再検討会議最終文書で合意した「保有核兵器の完全廃棄を達成するとした核兵器国の明確な約束」を想起し（主文4節）、「核兵器のいかなる使用も壊滅的な人道上の結末をもたらすことに深い懸念を表明した」（主文2節と23節）など、これまでNPT再検討会議で積み重ねてきた第6条の下での誓約を、決議の2010年NPT合意の文言を活かそうとしている。

　これと対照的な決議にいわゆる日本決議がある**(資料2B-2)**。日本が1994年以降、リードしてきた決議である。2017年日本決議にはTPNWへの言及が全くない。それだけではなく、TPNWを批判する議論の中で日本政府はNPT再検討会議を通じての核軍縮の有効性を議論してきたにもかかわらず、そのNPT再検討会議の蓄積すら反故にする決議となった。例えば、「保有核兵器の全面的廃絶を達成するとした核兵器国による明確な約束」というNPT合意の文言が「核兵器保有国は、（中略）NPTを完全に履行するという明確な約束」と書いて、似た文言を使いながら内容を薄め（主文2節）、「核兵器の使用がもたらす人道上の結末に対する深い懸念」という文言において、前年まではあった「核兵器の使用」の前に書かれる「いかなる」という文言を消し

た（主文8節）。

　このような日本政府の後退を指摘して是正を求めたNPO法人ピースデポの河野外務大臣あての要請書は、問題点を整理しているので資料に含めた**（資料2B-3）**。

　岸田外務大臣（当時）が、2020年NPT再検討会議第1回準備委員会（ウイーン）での演説において賢人会議の設立を提案した。TPNWに背を向けつつ日本政府が取り組む核軍縮政策を知るための材料として、賢人会議の趣旨や委員名を資料とした**（資料2B-4）**。

C　米政権の核兵器および軍事政策

　トランプ政権がスタートする直前の17年1月11日、オバマ政権のバイデン副大統領（当時）がカーネギー国際財団において、オバマ政権8年の核安全保障に関する講演を行った。オバマ政権の核兵器政策を包括的に振り返ることができるので抜粋訳を**資料2C-1**に示した。政権最後の16年の1年間に553発の核兵器を一方的に削減し、2016年9月現在、米国の核保有数は4018発になったと発表したが、この数字は未公表数字で注目された。同日、ホワイトハウスは、演説の裏付けとして、09年のオバマ大統領のプラハ演説以来の核兵器政策の実績を示すファクトシートを発表している。

　その直後に就任したトランプ大統領は、2017年1月27日、国防長官と行政管理予算局長に「軍再建」のためのアクションを指示する「合衆国軍再建に関する大統領覚書」を発した。この「覚書」に即してトランプ政権の核軍事政策が構想されていくことになる。全文を**資料2C-2**に示した。「覚書」は、「力による平和を追求するため」軍の再建を方針とするとし、具体的には軍の即応態勢を包括的に評価し、改善に必要な行動を特定する報告書と改善するための行動計画の提出を求めた。また新たな国家防衛戦略、核態勢見直し（NPR）、弾道ミサイル防衛見直しに着手するよう指示した。

　2017年2月28日、トランプ大統領は両院合同議会で演説し、軍再建のためにオバマ時代に課せられた国防費の強制的な一律削減を廃止し、史上最大級の国防費増額予算案を議会に提出する方針を宣言した。その抜粋訳を**資料2C-3**に示した。3月16日に議会に提出された「アメリカ第一：再び偉大な国にするために」と題された18会計年

(2017年10月1日〜)予算案では、「債務拡大なき国防費の歴史的増額」が重点施策の筆頭に挙げられた。

17年12月18日、国防総省は国家安全保障戦略を公表した。その抜粋訳を**資料2C-4**に示す。その柱Ⅲは、17年1月の「大統領覚書」に対応して「力により平和を維持する」とされ、まず核兵器は「米国の国家安全保障戦略の中で極めて重要な目的のために役に立ってきた」とし、平和と安定を維持するための戦略の基盤になるとした。また、宇宙についても、宇宙でのリーダーシップと行動の自由を維持すべく、「優先的な領域として宇宙を開発する」との方針を示した。

D　朝鮮半島情勢

2017年、朝鮮民主主義人民共和国（以下、北朝鮮）のミサイル・核開発が急速に進展する中、米朝の軍事的緊張は極度に高まっていた。その状況を知るために、第72回国連総会の17年9月19日から1週間行われた一般討論から、米国、日本、韓国、北朝鮮の首脳・外務大臣の演説の朝鮮半島情勢に関する部分を抜粋して資料とした。

まずトランプ米大統領は、2017年9月19日の演説**(資料2D-1)**で、金正恩政権を「腐敗したレジーム」や「犯罪集団」などと非難し、金正恩自身をロケットマンと呼んだ。米国とその同盟国を守らなければならないときは、「北朝鮮を完全に破壊する選択しかない」と述べた。

9月20日、安倍晋三首相も強硬な論調を取った**(資料2D-2)**。演説の大部分を北朝鮮問題に集中し、北朝鮮は、「対話」を時間稼ぎに利用しただけで、その間に核・ミサイル開発を進めてきたとして強く非難した。そして、「必要なのは対話ではない。圧力なのです」と断言した。

韓国の文在寅大統領は、9月21日、米日と比べ慎重で、かつ冷静に包括的な演説を行った**(資料2D-3)**。朝鮮半島では世界的な冷戦構造の産物であった朝鮮戦争が未だに終結しておらず、不安定な停戦状態が続いている。その点を踏まえ、「多国主義に基づいた対話を通じて世界平和を実現しようとする国連の精神が最も切実に求められている場所が朝鮮半島」であると述べた。そして演説の最後に、北朝鮮の平昌オリンピックへの参加を呼びかけた。

北朝鮮の李容浩外相は、9月23日の演説で、トランプ大統領が、自国の最高権威をロケットマン呼ばわりしたことに抗議するとともに、

北朝鮮の「核戦力の唯一の意図と目的は、米国の核の脅威を終わらせ軍事的侵略を阻止するための戦争抑止力である」との一貫した主張を述べた**(資料2D-4)**。

　2017年、国連安保理は北朝鮮の核・ミサイル問題に関連して、決議2356（6月2日）、決議2371（8月5日）、決議2375（9月11日）、そして決議2397（12月22日）と4回の北朝鮮制裁決議をあげた。前2者は、北朝鮮による一連の弾道ミサイル発射に対するものであったが、後2者は核実験とICBM発射に対するもので制裁内容が飛躍的に強化された。後2者を資料として訳出した。

　安保理決議2375（2017）は、9月11日、北朝鮮が6回目の核実験を行ったことに対して全会一致で採択された**(抜粋訳：資料2D-5)**。制裁決議としては、2006年10月の1回目以来9回目となる。新たに加わった主な制裁内容は、石油精製品の輸出量として年間200万バレルに上限を設定、北朝鮮の主要輸出品である繊維製品の輸出禁止などである。マスメディアで書かれないが安保理決議で注目すべき内容は「平和的、外交的そして政治的に事態を解決することを約束する」とし、武力行使はしないことを安保理が誓約している点である。

　安保理決議2397（2017）は、北朝鮮が米本土に到達可能な新型ICBM「火星15号」の発射実験を行なったことを受け、12月22日、全会一致で採択された**(抜粋訳：資料2D-6)**。10回目となる制裁決議である。新たに加わった内容は、石油分野における更なる供給規制や報告義務の新設による手続きの厳格化、北朝鮮の食料品、農産物、機械などの商品及び製品の調達禁止の措置、北朝鮮籍海外労働者の24か月以内の送還、海上輸送に係る一層厳格な措置等を盛り込み、「北朝鮮に対する制裁措置を前例のないレベルにまで一層高める」ものとなっている。

　朝鮮半島情勢が緊迫する中、2017年9月19日、韓国ソウルで市民運動家であるチョ・ヨンサム氏がサード（THAAD）の星州への配備に抗議し、焼身自殺をするという痛ましい事件が起きた。チョ・ヨンサム氏の遺書、および市民社会からの哀悼声明を**資料2D-7**に示した。

E　その他

　2017年3月24日、日本学術会議が発した新たな「軍事的安全保障研

究に関する声明」を**資料2E-1**に示した。防衛省防衛装備庁の「安全保障技術研究推進制度」が2015年度から発足したのをきっかけとして、日本学術会議として軍と科学研究との関係について再検討を行なった結果出された意義深い声明である。これにより、軍事研究に関わらないとしてきた過去の学術会議の精神が引き継がれたことになる。

　故翁長沖縄県知事は、2017年6月23日に行われた沖縄県「慰霊の日」全戦没者追悼式において、結果として知事として最後となる平和宣言を行った(**資料2E-2**)。宣言には、辺野古新基地建設が強行され、オスプレイ墜落などの航空機事故、負担軽減に逆行する行為が続いていることに対する強い抗議と基地の無い沖縄を求める行動への意志が込められている。

第3部

市民と
自治体に
できること

市民と自治体にできる9つのこと

考え方：市民の安全保障

　「安全保障は国の専管事項である」という誤解をとくために、まず基本的な考え方を簡単に述べておきたい。

　市民が安全、安心に暮らすために、世界中の市民が努力している。1994年に国連は「人間の安全保障」という考え方を導入したが、それは、安全保障を「国家の論理」から「人間の論理」へと転換しようとする試みであった。この転換を遂げる主体は誰であろうか。

　地球上の人間は、国際社会を構成している。国際社会の公正性を高めなければ安全や安心を高めることはできないということが、いまや常識になっている。したがって、安全保障は国際社会全体を視野に入れて取り組むべき課題であり、それを構成している人間、つまり「地球市民」が「人間の安全保障」を実現する主人公にならなければならない。「人間の安全保障」とは私たち市民が主体となる「市民の安全保障」であるととらえ返したい。

　地球市民は、居住地域では自治体の主権者であり、国の中では国家の主権者であり、さまざまな国際機関に非政府組織（NGO）としてますます強い発言権を獲得している。いま市民は、安全、安心の向上を求める主権者として、少なくとも「自治体」「国」「国際機関」の3つの機関に仕事を託している。そして、これら3つの機関はそれぞれ影響を及ぼしあうチャンネルをもっている。図に示すと次ページの三角形のようになる。図で明らかなように、自治体もまた安全保障を実現するために不可欠な当事者である。

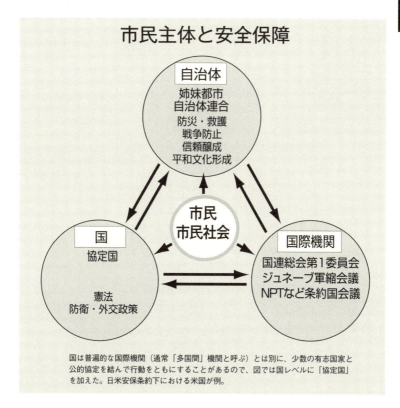

このような構図を頭に描きながら、核兵器のない世界をつくるために市民と自治体ができる具体的な9つのアプローチを提案したい。

1.非核宣言自治体を広げていく

もし、あなたの住む街がまだ「非核宣言」を行っていないならば、地域から平和と安全を求める取り組みをそこからスタートさせよう。以下は、日本における「非核宣言自治体」の広がりを示すいくつかのデータである（18年10月3日現在。データシート20(138ページ)）。

◎国内の全自治体数(1,788)のうち、92％にあたる1,646の自治体が宣言を行っている。

◎岩手、宮城、秋田、山形、群馬、茨城、千葉、神奈川、富山、石川、山梨、長野、

三重、滋賀、大阪、奈良、鳥取、岡山、広島、山口、徳島、愛媛、福岡、佐賀、長崎、熊本、大分、宮崎の1府24県では、宣言率100%が達成されている（府県及び府県内の全市町村が宣言している）。

◎47都道府県のうち、41道府県が道府県として宣言を行っている（未宣言は、青森県、栃木県、東京都、新潟県、岐阜県、兵庫県の1都5県）。

◎20の政令指定都市（地方自治法により、政令で指定する人口50万以上の市と規定されている）はすべて宣言を行っている。

◎48の中核市（人口30万以上の市）はすべて宣言を行っている。

◎東京23区はすべて宣言を行っている。

◎全国の非核宣言自治体内には、日本の総人口（1億2,807万人）の97.7%を占める1億2,512万人が居住している。

こうした状況を、貴重な財産として十分に活用しつつ、さらなる拡大をめざしていきたい。**後述する「日本非核宣言自治体協議会」のホームページは、各都道府県ごとにそこに含まれる自治体の宣言の有無などが一目でわかる便利な「宣言自治体マップ」を載せている。**（www.nucfreejapan.com/map/map.htm）

いわゆる「平成の大合併」による自治体数の減少、ならびに合併による合併前の市町村の宣言失効の影響で、非核自治体数は大きく減少したが、市民や自治体の努力により、現在、その数は再び増加傾向にある。18年10月1日現在の宣言率は、最も低くなった05年の67%より25ポイントも高い92%である。残る未宣言自治体は142である。地域での努力を継続し、すべての都道府県での宣言率100%を目指したい。

あなたの住む自治体に働きかける方法には、申し入れ、署名、請願などによる、地方議員、地方議会、首長への働きかけがある。また、議員選挙のテーマとすること、メディアを活用することなどが考えられる。

９つの提案

市民と
自治体に
できること

2.日本非核宣言自治体協議会に加入する

　非核宣言を行った自治体は、「日本非核宣言自治体協議会」(以下、「非核協」)
に参加することで、相互学習と協力を強め、各地での平和活動をより魅力ある
ものにできるだろう。

　非核協は、国内非核自治体の拡大を追求するとともに、自治体間の「横の連
携」を強化し、情報提供や人的交流の促進を図ることで自治体の平和活動の発
展に寄与することをめざして設立された。非核協の現在の会長は長崎市長で
あり、事務局も長崎市に置かれている。18年10月3日現在、全国の非核自治体
の21%を占める341の自治体が加入している。市町村合併の影響により、非核協
の加入自治体数も一時減少したが、その後ふたたび数を伸ばした(データシー
ト20(138ページ))。しかしそれでもまだ少ないことが残念である。

　非核協への加入を通じ、自治体がそれぞれに培ってきた平和事業の経験や
ノウハウを共有することで、新たなアイデアが生まれ、各地での動きを活発化
することができる。非核協は、加入自治体が行った平和事業の詳細なデータを
例年収集し、ホームページ上で公開している。データシート22(150ページ)に、非
核宣言自治体の活動と事業を分類整理して紹介する。

　また、非核協に加入することで、個々の地域における自治体間の連携を強化
し、全国や世界各国に向けたアピールを共同で発信することも可能となる。こ
うした際に、自治体間の共通テーマになりうるものとして、核兵器禁止条約へ
の取り組みや、「北東アジア非核兵器地帯」構想が挙げられる。非核協はこれま
でも、総会決議等の採択や「北東アジア非核兵器地帯の創設に向けて」と題し
た普及パンフレットの作成等を通じて、非核兵器地帯構想実現の必要性を繰
り返し訴えてきた。非核協として初の代表団派遣となった10年5月のNPT再
検討会議においては、北東アジア非核兵器地帯をテーマとしたNGO主催会議
で意見表明を行った。また、北東アジア非核兵器地帯の実現を求める署名に対
し、賛同が大きく広がっている(データシート23(152～157ページ))。同署名は、
非核協会長(田上富久長崎市長)らにより、これまでに日本政府に3度提出され
ており、14年4月28日には、潘基文国連事務総長(当時)に提出された。

　こうした自治体間の取り組みに加え、非核協は、被爆地と全国の市民をつな
ぐ「ハブ」としての役割も担っている。08年に始まった「親子記者事業」は、こ
うした特長を最大限活かした取り組みの一つに挙げられる。

131

また、自治体ネットワークの利点を活かしつつ、被爆の実相を全国、全世界に伝えることも非核協の重要な仕事である。希望する自治体への被爆アオギリや被爆クスノキの配布はそうした取り組みの例である。09年からは、「ミニミニ原爆展」（自治体や市民団体を対象に、小規模な原爆展用の写真を寄贈）、「姉妹都市原爆展」（会員自治体の海外姉妹都市を対象に、原爆写真ポスターを送付）も行われている。前述のNPT派遣代表団もニューヨーク滞在中に多くの学校を訪問し、原爆展パネル等を寄贈した。さらに、13年8月5日に設立30周年を迎えたことをきっかけに、新規加入を促進するためのDVDが作成された。

　非核協への参加を市民が働きかけるためには、担当課への直接の申し入れもできるが、議員、議会を通じての申し入れが有効である。その際、非核協が行う自治体担当者研修会や平和学習教材の提供など、非核協への参加によって受けるメリットを具体的に説明できることが大切であろう。

3.平和首長会議※に加盟する

（※13年8月3〜6日の第8回総会で「平和市長会議」から改称。）

　世界162か国・地域の7,295都市（18年10月1日現在）が加盟する平和首長会議に参加することで、世界の自治体やNGOとの協力関係を深め、自治体の国際的な情報収集・発信力を高めていくことができる。

　平和首長会議は、加盟自治体5,000に向けて国内外の自治体に参加の呼びかけを強め、11年9月16日に目標を達成した。日本国内においては、全市区町村の99％を超える1,730へと急速に数を伸ばしてきた。国内における組織基盤と機能の拡充に向け、2011年より国内加盟都市会議を作り、これまでに7回の総会を開催してきた。例えば、17年8月9日、長崎にて第7回総会が開かれ、「核兵器廃絶に向けた取り組みの推進について」なる要請文を採択し、政府に提出している。

　その一方で、平和首長会議に加盟している国内自治体のうち、前述の非核協に加盟している自治体は329で、全体の2割ほどである（**データシート21**（142ページ））。また、135自治体が非核宣言自体を行っていない。

　平和首長会議は、14年4〜5月にニューヨークで開催されたNPT再検討会議第3回準備委員会に代表団を派遣し、潘基文国連事務総長に「核兵器禁止条約」の交渉開始に向けたリーダーシップを求める要請文を提出している。16年2−5月には国連公開作業部会（OEWG）に松井会長や小溝事務総長が参加し、核

市民と
自治体に
できること

抑止論を強く批判し、核兵器の法的禁止こそが重要であることを訴えた。

　これらの情報を活用しながら、あなたの住む自治体や関係する自治体に対し、両方の組織に加盟するよう働きかけてゆこう。

4. 「非核（平和）委員会」を各地につくる

　非核宣言の理念を実現していくためには、市民と自治体が協力し、自治体の非核平和施策を協議する恒常的な「制度」をつくることが重要だ。例えば市民と自治体職員で構成する「非核（平和）委員会」や有識者委員会の設置があげられる。非核宣言自治体の担当課が事務局となることも考えられる。議会の支援も必要だ。「委員会」の主な役割には、次のようなことが含まれるだろう。

　　①核軍縮・平和問題に関する幅広い市民の啓発活動
　　②核をめぐる国内や国際動向に関する継続的な情報収集
　　③条例、議会決議、意見書、首長宣言など、自治体の施策の協議や提案
　　④自治体の平和事業の継続的なフォローアップ

　「非核（平和）委員会」の活動にとって大事なことは継続性と専門的蓄積である。そのためには、専従する自治体職員や外部スタッフによる人的支援が欲しい。自治体自身が相応の財政負担をすることが前提だが、市民の協力を呼びかけ、参加意識を促進する方法もある。

　実績のある先進例として、たとえば藤沢市（神奈川県）では、公募による市民と市で構成する「平和の輪をひろげる実行委員会」が自治体の担当課を事務局として定期的な協議を重ねつつ、市と協働で平和事業に取り組んでいる。帯広市は、1991年、非核平和都市宣言市民懇話会を設置し、その後、「推進委員会」に名を変えて、包括的な平和推進事業に取り組んでいる。具体的には、核兵器廃絶のための署名を市民活動推進課窓口やコミュニテイセンターなどで行えるようにし、「平和の詩」、「平和の絵」を公募し、全作品の展示会などを実施している。

　さらに、長崎においては、市民と自治体による恒常的な組織として「核兵器廃絶地球市民集会長崎集会実行委員会」がある。同実行委員会は、長崎県、長崎市、財団法人長崎平和推進協会、そして一般市民により構成される。過去5回にわたる「核兵器廃絶―地球市民集会ナガサキ」の開催に加え、さまざまな学習会の開催やNPT再検討会議への代表団派遣なども行っている。

広島、長崎とは別に、東京都立第五福竜丸展示館、焼津市歴史民俗資料館、水戸市平和記念館、埼玉県平和資料館、川崎市平和館など50以上の自治体に、平和博物館、資料館（室）がある（「平和のための博物館・市民ネットワーク」（2010年2月）作成冊子より）。これらを活用し、委員会を発足させるのも一法である。

5. 「条例づくり」に取り組む

「非核宣言」を活用し、発展させる方法の一つは、宣言に基づく条例をつくることである。例えば藤沢市では、「藤沢市核兵器廃絶平和都市宣言」（82年6月22日）をベースに、「藤沢市平和基金条例」（89年3月31日）を制定することで、継続的、安定的な平和事業の推進のための財源確保をめざし、さらに、「藤沢市核兵器廃絶平和推進の基本に関する条例」（95年3月30日）によって、自治体と市民との協力のもと平和事業を行っていくことを条例で義務付けている[※]。

また、神奈川県大和市は、「平和都市宣言」（85年9月19日）に基づき、「次世代に戦争の記憶をつなげる条例」（02年9月27日）[※※]というユニークな条例を制定している。条例は、戦争を知らない世代に戦時体験を伝え、それをきっかけとして平和問題を考える機会を作るという事業の実施を市長に求めるものである。公募の市民及び市民団体で構成される大和市平和都市推進事業実行委員会と市が協力し、戦争体験の語り部の発掘、学校への派遣、ビデオ保存などが行われている。条例づくりには、前項で述べた「非核（平和）委員会」が大きな役割を果たすだろう。

※藤沢市HP:www.city.fujisawa.kanagawa.jp/から条例名で検索できる。
※※大和市HP:www.city.yamato.lg.jp/web/kokusai/heiwa.html

6.市民参加型で啓発活動を広げる

市民や自治体は協力してさまざまな啓発活動に取り組もう。前述の「非核（平和）委員会」があれば、そこの重要な仕事になるが、「委員会」がなくても催しごとに市民参加型を追求することが大切だ。それによって、コアとなる市民と職員との信頼関係を育てることができる。

啓発活動の企画には、時局の市民の関心を的確に把握することが大切であり、その意味でも市民参加が必要である。また、核・平和問題に詳しいNGOとの

日頃の情報交換が必要であろう。そのような日常的な情報収集の一環として、自治体の担当者は、核・平和問題に関心を持つ多くのNGO、市民、専門家が参加する電子メール・リストサービス(「アボリション・ジャパンML」)に加入しておくことが役に立つだろう(下の囲みに加入方法)。

市民と自治体による参加啓発活動には、次のような機会が活用できる。

1. 広島、長崎の原爆資料館訪問。8月6日(広島)、8月9日(長崎)の原爆慰霊祭への参加や、そこで開催される諸行事への参加と組み合わせる。

> ★アボリション・ジャパンMLの登録方法
> メールを受け取りたいアドレスから、
> abolition-japan-subscribe@yahoogroups.jp
> にメールをお送りください。本文は必要ありません。

2. 地元に住む被爆者の証言、原爆写真展、原爆を題材にした映画の上映などの機会を作り、被爆体験の次世代への継承に取り組む。前述の「ミニミニ原爆展」などの取り組みも活用できる。

3. ほぼ毎年春に開かれるNPTに関連する政府会議、毎年10月頃に開催される国連総会第1委員会(軍縮)の活用。それらと並行して開催される平和首長会議、その他のNGO行事への参加。このような機会に開かれるNGOの会議には、「若者フォーラム」などの企画が含まれているものも多く、高校生・大学生を派遣するチャンスともなる。また、国内で毎年開かれる「国連軍縮会議」への参加も考えられる(近年の開催地は16年長崎市、17年広島市)。

4. 日本赤十字社との協働。13年11月、国際赤十字・赤新月運動は、核兵器廃絶決議及び4か年行動計画を採択した。全国各地に綿密なネットワークを有する日本赤十字社と協働し、地域で様々な取り組みを実施することもできるだろう。

7. 核実験や日本の核武装論など 内外の事件に反応していく

多くの自治体が行ってきた核実験や未臨界核実験、さらにはZマシン新型核実験(データシート5 (79ページ))などへの抗議文の送付は、重要であるとともに有効である。また、政治家の核武装発言や核兵器の使用を容認する趣旨の発言、あるいは非核三原則の見直しを求める発言などがあったときに非核自治体として批判することも世論形成に大切である。

もちろん、抗議や批判だけではなく、軍縮に前向きな貢献をした政府に激励のメッセージを送ることも大事だ。タイムリーかつ説得力をもってそうしたアクションをとるためには、背景にある事実情報を理解し、常に情報をアップデートしておくことが必要である。また、自治体の担当部署と事情に精通したNGOとの連絡体制を日頃から緊密にしておくことを勧めたい。

8.国際的発信を強める

　地方自治体として非核化や平和のための取り組みをしたとき、それを当該自治体の市民に知らせるだけではなくて、海外の自治体や市民に知らせるようにしよう。地方議会が決議をあげたとき、首長が声明文や抗議文を出したとき、それを海外発信することが大切だ。選挙で選ばれた議会や首長の取り組みは、それを支える多くの市民を代表している重みがあり、その重みは私たちが考えている以上に海外で高く評価される。海外の自治体や市民に賛同を広げるだけではなくて、日本そのものに対する国際的信頼を高める役割を果たしている。2010年、2015年NPT再検討会議には、多くの自治体が市民代表団を派遣した。このような活動も自治体の具体的な平和外交になる。

　発信には、さまざまな手段と道筋が考えられる。姉妹都市がある場合には、まず姉妹都市に知らせよう。平和首長会議に参加している自治体のリストも利用可能だ。また、核兵器廃絶に関心がある世界中の市民団体が見ている電子メール・リストサービスの「アボリション・コーカス」(右の囲みに加入方法)に流すと、市民団体を通して広がって行くだろう。多くの場合、英語での発信が

> **★アボリション・コーカス(英語)
> の登録方法**
> メールを受け取りたいアドレスから、
> abolition-caucus-subscribe@yahoogroups.comに
> メールをお送りください。本文は必要ありません。

必要となるが、海外発信の作業を市民団体と自治体が協力して行うことには大きな意義があるだろう。

9.「北東アジア非核兵器地帯」設立を共通テーマとする

　北朝鮮の核・ミサイル開発と米韓の合同軍事演習という悪循環のジレンマから抜けだすためにも「北東アジア非核兵器地帯の早期設立を求める」という簡潔な要求を掲げた決議、意見書、宣言を出す非核自治体運動を起こそう。

市民と
自治体に
できること

　北東アジア地域における緊張緩和が、この地に住むすべての人々の平和と
安全に資することは間違いない。この地域に、核兵器に頼らない、協調的な安
全保障の枠組みをつくっていく現実的な一歩として、「北東アジア非核兵器地
帯」の設立は、極めて実現性のある構想だ。また、「核の傘」に依存する政策をと
る日本や韓国から「北東アジア非核兵器地帯」の実現を求める動きが高まるこ
とは、両国が核兵器禁止条約に協力するための条件を作ることになる。

　自治体による決議、宣言、意見の文例の一つとしては、2018年10月1日現在、
546名の国内自治体首長が賛同している国際署名のテキストがあげられる
（データシート23（152ページ））。また、2011年3月25日、秦野市議会（神奈川県）
が、市民からの陳情を受けて「北東アジア地域に非核地帯設立を求める意見
書」を採択しており、議会として動いた例もある。

　北東アジアに姉妹都市があるときには、その制度の活動などが考えられる。
中国、韓国の自治体と姉妹提携を結んでいる日本の自治体はそれぞれ364自治
体、162自治体であり、米国を除き提携先として圧倒的に多い（財団法人自治
体国際化協会調べ。18年10月1日現在）。「北東アジア非核兵器地帯」実現に向
けた相互理解促進のために、これらの姉妹自治体が、共同事業として両国の戦
争体験・被爆体験を聞く機会を持ったり、両自治体の若者同士が現実の国際社
会の課題について議論するフォーラムを開催したりすることも重要だ。

　自治体の動きに呼応して、宗教者が、「日本が「核の傘」依存を止め、北東アジ
ア非核兵器地帯の設立に向かうことを求める」声明への賛同を求めるキャン
ペーンが2016年2月12日、発足した。17年6月には124人分の署名を日本政府に
提出している（データシート24（158ページ））。

　また超党派「核軍縮・不拡散議員連盟」（PNND）など議員の取組みも重要で
あろう。12年8月にはPNND日本『北東アジア非核兵器地帯』促進ワーキング・
チーム」が条約の骨子案を発表した。08年8月に発表された、民主党の「核軍縮
促進議員連盟」による「北東アジア非核兵器地帯」条約案も併せて、手がかりと
なる。

　折しも18年に入り、南北、米朝の首脳会談が断続的に行われることで朝鮮半
島情勢は劇的に好転し、北東アジアの非核化や平和について国家間の外交政
策として具体的な進展が見込める情勢が生まれている。今こそ、自治体、宗教
者、そして議員が相互に連携・協力し、日本政府に対し北東アジア非核兵器地
帯の設立を求めるうねりを作りだす時である。

データ シート

20. 非核宣言自治体の現状

【1】都道府県別データ

18年10月3日現在、出典:日本非核宣言自治体協議会

（宣言率、会員率は小数点以下を四捨五入した。）

都道府県	全自治体数 A	非核宣言 自治体数 B	宣言率 B/A	「協議会」 会員数 C	会員率 C/B
北海道	180	121	67%	23	19%
青森県	41	37	90%	0	0%
岩手県	34	34	100%	4	12%
宮城県	36	36	100%	17	47%
秋田県	26	26	100%	4	15%
山形県	36	36	100%	6	17%
福島県	60	53	88%	6	11%
茨城県	45	45	100%	11	24%
栃木県	26	25	96%	3	12%
群馬県	36	36	100%	7	19%
埼玉県	64	59	92%	5	9%
千葉県	55	55	100%	10	18%
東京都	63	53	84%	17	32%
神奈川県	34	34	100%	12	35%
新潟県	31	29	94%	9	31%
富山県	16	16	100%	7	44%
石川県	20	20	100%	3	15%
福井県	18	12	67%	0	0%
山梨県	28	28	100%	9	32%
長野県	78	78	100%	11	14%
岐阜県	43	31	72%	9	29%
静岡県	36	35	97%	5	14%
愛知県	55	42	76%	11	28%
三重県	30	30	100%	8	27%
滋賀県	20	20	100%	4	20%
京都府	27	26	96%	2	8%
大阪府	44	44	100%	15	34%
兵庫県	42	38	91%	5	14%
奈良県	40	40	100%	4	10%
和歌山県	31	28	90%	3	12%
鳥取県	20	20	100%	1	5%
島根県	20	15	75%	1	7%
岡山県	28	28	100%	4	11%
広島県	24	24	100%	19	75%
山口県	20	20	100%	2	10%
徳島県	25	25	100%	3	12%
香川県	18	16	89%	2	13%
愛媛県	21	21	100%	1	5%
高知県	35	30	86%	8	27%
福岡県	61	61	100%	17	28%
佐賀県	21	21	100%	2	10%
長崎県	22	22	100%	18	82%

市民と
自治体に
できること

都道府県	全自治体数 A	非核宣言自治体数 B	宣言率 B/A	「協議会」会員数 C	会員率 C/B
熊本県	46	46	100%	7	15%
大分県	19	19	100%	5	26%
宮崎県	27	27	100%	4	15%
鹿児島県	44	43	98%	2	5%
沖縄県	42	41	98%	15	37%
合計	1,788	1,646	92%	341	21%

【2】非核宣言自治体数の推移

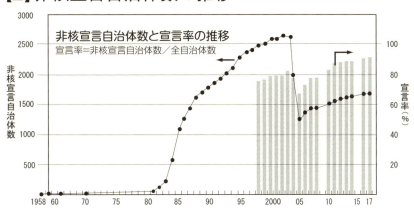

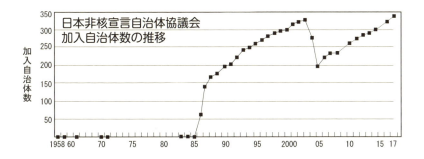

作成：日本非核宣言自治体協議会の統計をもとにピースデポが作成

データシート

20. 非核宣言自治体の現状（続き）

【3】都道府県別面積・人口データ

18年10月3日現在
日本非核宣言自治体協議会のデータをもとにピースデポ作成。
★都道府県全体として宣言を行っているものを抜いているため、データシート20【1】の数値と異なる。

都道府県	全自治体数★	非核宣言自治体数★	全人口（人）	宣言自治体人口（人）	宣言自治体人口割合	総面積（km²）	宣言自治体面積（km²）	宣言自治体面積割合
北海道	179	120	5,401,210	4,830,969	89.40%	83,424.31	54,634.27	71.40%
青森	40	37	1,338,465	1,234,241	92.20%	9,645.59	8,598.24	89.10%
岩手	33	33	1,289,470	1,289,470	100%	15,275.01	15,275.01	100%
宮城	35	35	2,324,466	2,324,466	100%	7,282.22	7,282.22	100%
秋田	25	25	1,043,015	1,043,015	100%	11,637.54	11,637.54	100%
山形	35	35	1,129,560	1,129,560	100%	9,323.15	9,323.15	100%
福島	59	52	1,953,699	1,864,959	95.50%	13,783.74	13,031.16	94.50%
東北地方計	227	217	9,078,675	8,885,711	97.87%	66,947.25	65,147.32	97.31%
茨城	44	44	2,970,231	2,970,231	100%	6,097.06	6,097.06	100%
栃木	25	25	1,998,864	1,998,864	100%	6,408.09	6,408.09	100%
群馬	35	35	2,005,320	2,005,320	100%	6,362.28	6,362.28	100%
埼玉	63	58	7,323,413	7,130,713	97.40%	3,797.75	3,484.54	91.80%
千葉	54	54	6,265,899	6,265,899	100%	5,157.65	5,157.65	100%
東京	62	53	13,415,349	13,309,972	99.20%	2,190.93	1,759.61	80.30%
神奈川	33	33	9,136,151	9,136,151	100%	2,415.83	2,415.83	100%
関東地方計	316	302	43,115,227	42,817,150	99.31%	32,429.59	31,685.06	97.70%
新潟	30	29	2,319,435	2,319,072	99.90%	12,584.10	12,574.29	99.90%
富山	15	15	1,080,160	1,080,160	100%	4,247.61	4,247.61	100%
石川	19	19	1,157,042	1,157,042	100%	4,186.09	4,186.09	100%
福井	17	11	799,220	717,661	89.80%	4,190.49	2,883.57	68.80%
山梨	27	27	849,784	849,784	100%	4,465.27	4,465.27	100%
長野	77	77	2,137,666	2,137,666	100%	13,561.56	13,561.56	100%
岐阜	42	31	2,076,195	1,774,398	85.90%	10,621.29	8,233.13	77.50%
静岡	35	34	3,770,619	3,761,838	99.80%	7,777.42	7,667.48	98.60%
愛知	54	41	7,509,636	6,499,898	86.60%	5,172.48	3,843.33	74.40%
三重	29	29	1,850,028	1,850,028	100%	5,774.40	5,774.40	100%
中部地方計	345	313	23,549,785	22,147,547	94.05%	72,580.71	67,436.73	92.91%
滋賀	19	19	1,419,863	1,419,863	100%	4,017.38	4,017.38	100%
京都	26	25	2,574,842	2,539,893	98.60%	4,612.19	4,265.09	92.50%
大阪	43	43	8,865,502	8,865,502	100%	1,905.14	1,905.14	100%
兵庫	41	37	5,621,087	5,484,115	97.60%	8,400.96	7,008.55	83.40%
奈良	39	39	1,387,818	1,387,818	100%	3,690.94	3,690.94	100%
和歌山	30	27	994,317	820,180	86.90%	4,724.69	3,076.11	65.10%
近畿地方計	198	190	20,863,429	20,517,371	98.34%	27,351.30	23,963.21	87.61%

140

都道府県	全自治体数★	非核宣言自治体数★	全人口（人）	宣言自治体人口（人）	宣言自治体人口割合	総面積（km²）	宣言自治体面積（km²）	宣言自治体面積割合
鳥取	19	19	579,309	579,309	100%	3,507.05	3,507.05	100%
島根	19	14	701,394	672,635	95.90%	6,708.24	5,418.78	80.80%
岡山	27	27	1,933,781	1,933,781	100%	7,114.50	7,114.50	100%
広島	23	23	2,863,211	2,863,211	100%	8,479.45	8,479.45	100%
山口	19	19	1,419,781	1,419,781	100%	6,112.30	6,112.30	100%
中国地方計	107	102	7,497,476	7,468,717	99.62%	31,921.54	30,632.08	95.96%
徳島	24	24	770,057	770,057	100%	4,146.65	4,146.65	100%
香川	17	15	1,002,173	958,051	95.60%	1,876.72	1,572.53	83.80%
愛媛	20	20	1,415,997	1,415,997	100%	5,676.11	5,676.11	100%
高知	34	29	740,059	693,123	93.70%	7,103.93	5,880.47	82.80%
四国地方計	95	88	3,928,286	3,837,228	97.68%	18,803.41	17,275.76	91.88%
福岡	60	60	5,122,448	5,122,448	100%	4,986.40	4,986.40	100%
佐賀	20	20	842,457	842,457	100%	2,440.68	2,440.68	100%
長崎	21	21	1,404,103	1,404,103	100%	4,132.09	4,132.09	100%
熊本	45	45	1,810,343	1,810,343	100%	7,409.35	7,409.35	100%
大分	18	18	1,183,961	1,183,961	100%	6,340.71	6,340.71	100%
宮崎	26	26	1,128,078	1,128,078	100%	7,735.31	7,735.31	100%
鹿児島	43	42	1,679,502	1,677,703	99.90%	9,186.94	9,083.81	98.90%
九州地方計	233	232	13,170,892	13,169,093	99.99%	42,231.48	42,128.35	99.76%
沖縄	41	40	1,461,231	1,452,996	99.40%	2,281.12	2,217.29	98.90%
全国合計	1,741	1,604	128,066,211	125,126,782	97.70%	377,970.71	335,120.07	88.66%

データシート

21. 日本国内の「平和首長会議」加盟自治体

2018年10月1日現在、日本国内の「平和首長会議」加盟自治体は1,730、全市区町村の約99%にあたる。100%までもう一息。これを100%に近づけるために、あなたの周りで未加盟の自治体があれば、加盟するよう呼びかけてゆこう。

2018年10月1日現在
下線は「日本非核宣言自治体協議会」の加盟自治体
※印は非核宣言を行っていない加盟自治体
（ ）は、都道府県ごとの自治体数。

◆北海道	紋別市※	上富良野町※	鷹栖町※	美深町	更別村
（176）	夕張市	木古内町	滝上町※	美幌町※	猿払村※
札幌市	留萌市	喜茂別町	秩父別町	平取町	島牧村
赤平市	稚内市	京極町	月形町※	広尾町	占冠村
旭川市	愛別町※	共和町※	津別町	美瑛町	初山別村※
芦別市	厚岸町	清里町※	天塩町※	福島町	新篠津村
網走市	厚沢部町※	釧路町	弟子屈町	古平町	鶴居村
石狩市	厚真町※	倶知安町	当別町※	別海町	泊村※
岩見沢市	足寄町	栗山町	当麻町※	北竜町※	中札内村
歌志内市	安平町	黒松内町	洞爺湖町	幌加内町※	西興部村※
恵庭市※	池田町	訓子府町※	苫前町※	幌延町※	真狩村
江別市	今金町	剣淵町	豊浦町	本別町	留寿都村
小樽市	浦臼町※	小清水町	豊頃町	増毛町	
帯広市	浦河町	様似町※	豊富町※	松前町	◆青森県
北広島市	浦幌町	佐呂間町	奈井江町	南富良野町	（38）
北見市	雨竜町※	鹿追町	中川町	むかわ町	青森市
釧路市	江差町	鹿部町※	中標津町	芽室町	黒石市
士別市	枝幸町※	標茶町	中頓別町※	妹背牛町※	五所川原市
砂川市	えりも町	標津町	長沼町	森町	つがる市
滝川市	遠軽町※	士幌町	中富良野町※	八雲町	十和田市
伊達市※	遠別町※	清水町	七飯町	湧別町※	八戸市
千歳市※	雄武町※	下川町※	南幌町	由仁町※	平川市
苫小牧市	大空町※	積丹町	新冠町	余市町	弘前市
名寄市	奥尻町	斜里町	仁木町	羅臼町	三沢市※
根室市	興部町※	白老町	ニセコ町	蘭越町	鰺ヶ沢町
登別市	置戸町※	白糠町	沼田町	陸別町	板柳町※
函館市	長万部町※	知内町	羽幌町	利尻町	今別町
美唄市	音更町	新得町	浜頓別町※	利尻富士町※	おいらせ町
深川市	小平町※	新十津川町※	浜中町	礼文町	大間町
富良野市	上川町	寿都町	東神楽町※	和寒町※	大鰐町
北斗市※	上士幌町	せたな町	東川町	赤井川村	五戸町
三笠市	上砂川町	壮瞥町※	日高町	音威子府村※	三戸町
室蘭市	上ノ国町※	大樹町	比布町※	神恵内村※	

七戸町
外ヶ浜町
田子町
鶴田町
東北町
中泊町
南部町
野辺地町
階上町
平内町
深浦町
藤崎町
横浜町
六戸町
田舎館村
風間浦村
佐井村
新郷村
西目屋村
蓬田村
六ヶ所村※

◆秋田県
(25)
秋田市
大館市
男鹿市
潟上市
鹿角市
北秋田市
仙北市
大仙市
にかほ市
能代市
湯沢市
由利本荘市
横手市
井川町
羽後町
小坂町
五城目町
八郎潟町
八峰町

藤里町
美郷町
三種町
大潟村
上小阿仁村
東成瀬村

◆岩手県
(33)
盛岡市
一関市
奥州市
大船渡市
釜石市
北上市
久慈市
滝沢市
遠野市
二戸市
八幡平市
花巻市
宮古市
陸前高田市
一戸町
岩泉町
岩手町
大槌町
金ケ崎町
軽米町
葛巻町
紫波町
雫石町
住田町
西和賀町
平泉町
洋野町
矢巾町
山田町
九戸村
田野畑村
野田村
普代村

◆山形県
(35)
山形市
尾花沢市
上山市
酒田市
寒河江市
新庄市
鶴岡市
天童市
長井市
南陽市
東根市
村山市
米沢市
朝日町
飯豊町
大石田町
大江町
小国町
金山町
河北町
川西町
白鷹町
庄内町
高畠町
中山町
西川町
舟形町
真室川町
三川町
最上町
山辺町
遊佐町
大蔵村
鮭川村
戸沢村

◆宮城県
(35)
仙台市
石巻市
岩沼市

大崎市
角田市
栗原市
気仙沼市
塩竈市
白石市
多賀城市
富谷市
登米市
名取市
東松島市
大河原町
大郷町
女川町
加美町
川崎町
蔵王町
色麻町
七ヶ宿町
七ヶ浜町
柴田町
大和町
松島町
丸森町
美里町
南三陸町
村田町
山元町
利府町
涌谷町
亘理町
大衡村

◆福島県
(59)
福島市
会津若松市
いわき市
喜多方市
郡山市
白河市※
須賀川市
相馬市

伊達市
田村市
二本松市
南相馬市
本宮市
会津坂下町
会津美里町
浅川町
石川町
猪苗代町
大熊町
小野町
鏡石町
金山町
川俣町
国見町
桑折町
下郷町
新地町
只見町
棚倉町
富岡町
浪江町
楢葉町
西会津町
塙町
磐梯町※
広野町
双葉町※
古殿町
三島町
三春町
南会津町
柳津町
矢吹町
矢祭町
飯舘村
泉崎村※
大玉村
葛尾村※
川内村※
北塩原村
鮫川村

昭和村
玉川村
天栄村
中島村※
西郷村
檜枝岐村
平田村
湯川村

◆新潟県
(30)
新潟市
阿賀野市
糸魚川市
魚沼市
小千谷市
柏崎市
加茂市
五泉市
佐渡市
三条市
新発田市
上越市
胎内市
燕市
十日町市
長岡市
見附市
南魚沼市
妙高市
村上市
阿賀町
出雲崎町
聖籠町
田上町
津南町
湯沢町
粟島浦村※
刈羽村
関川村
弥彦村

データシート 21. 日本国内の「平和首長会議」加盟自治体(続き1)

◆富山県 (15)
富山市
射水市
魚津市
小矢部市
黒部市
高岡市
砺波市
滑川市
南砺市
氷見市
朝日町
上市町
立山町
入善町
舟橋村

◆石川県 (19)
金沢市
加賀市
かほく市
小松市
珠洲市
七尾市
野々市市
能美市
羽咋市
白山市
輪島市
穴水町
内灘町
川北町
志賀町
津幡町
中能登町
能登町
宝達志水町

◆福井県 (17)
福井市
あわら市
越前市
小浜市
大野市
勝山市
坂井市
鯖江市
敦賀市
池田町※
永平寺町
越前町※
おおい町※
高浜町※
南越前町※
美浜町※
若狭町※

◆長野県 (77)
長野市
安曇野市
飯田市
飯山市
伊那市
上田市
大町市
岡谷市
駒ヶ根市
小諸市
佐久市
塩尻市
須坂市
諏訪市
千曲市
茅野市
東御市
中野市
松本市
上松町
阿南町
飯島町
飯綱町
池田町
小布施町
軽井沢町
木曽町
小海町
坂城町
佐久穂町
信濃町
下諏訪町
高森町
辰野町
立科町
長和町
南木曽町
富士見町
松川町
箕輪町
御代田町
山ノ内町
青木村
朝日村
阿智村
生坂村
売木村
王滝村
大桑村
大鹿村
小川村
小谷村
麻績村
川上村
木島平村
木祖村
北相木村
栄村
下條村
喬木村
高山村
筑北村
天龍村
豊丘村
中川村
根羽村
野沢温泉村
白馬村
原村
平谷村
松川村
南相木村
南牧村
南箕輪村
宮田村
泰阜村
山形村

◆東京都 (60)
新宿区
足立区
荒川区
板橋区
江戸川区
大田区
葛飾区
北区
江東区
品川区
渋谷区
杉並区
墨田区
世田谷区
台東区
中央区
千代田区
豊島区
中野区
練馬区
文京区
港区
目黒区
昭島市
あきる野市※
稲城市
青梅市
清瀬市
国立市
小金井市
国分寺市
小平市
狛江市
立川市
多摩市
調布市
西東京市
八王子市
羽村市
東久留米市
東村山市
東大和市
日野市
福生市
府中市
町田市
三鷹市
武蔵野市
武蔵村山市
奥多摩町
大島町※
八丈町※
日の出町
瑞穂町※
小笠原村
神津島村※
新島村※
檜原村※
御蔵島村※
三宅村

◆神奈川県 (33)
横浜市
厚木市
綾瀬市
伊勢原市
海老名市
小田原市
鎌倉市
川崎市
相模原市
座間市
茅ヶ崎市
秦野市
逗子市
平塚市
藤沢市
三浦市
南足柄市
大和市
横須賀市
愛川町
大井町
大磯町
開成町
寒川町
中井町
二宮町
箱根町
葉山町
松田町
真鶴町
山北町
湯河原町
清川村

◆埼玉県　小鹿野町　山武市　小美玉市　宇都宮市　神流町
　　(63)　小川町　匝瑳市　牛久市　足利市　甘楽町
さいたま市　越生町　袖ケ浦市　笠間市　大田原市　草津町
上尾市　神川町　館山市　鹿嶋市　小山市　下仁田町
朝霞市　上里町　銚子市　かすみがうら市　鹿沼市　玉村町
入間市　川島町※　東金市　神栖市　さくら市　千代田町
桶川市　杉戸町　富里市　北茨城市　佐野市　中之条町
春日部市　ときがわ町　流山市　古河市　下野市　長野原町
加須市　長瀞町※　習志野市　桜川市　栃木市　東吾妻町
川口市　滑川町　成田市　下妻市　那須烏山市　みなかみ町
川越市　鳩山町　野田市　常総市　那須塩原市　明和町
北本市　松伏町　富津市　高萩市　日光市　吉岡町
行田市　美里町　船橋市　筑西市　真岡市　上野村
久喜市　皆野町　松戸市　つくば市　矢板市　片品村
熊谷市　宮代町　南房総市　つくばみらい市　市貝町　川場村
鴻巣市　三芳町　茂原市　土浦市　上三川町　昭和村
越谷市　毛呂山町　八街市　取手市　塩谷町　榛東村
坂戸市　横瀬町　四街道市　行方市　高根沢町　高山村
幸手市　吉見町　一宮町　坂東市　那珂川町　嬬恋村
狭山市　寄居町　大多喜町　那珂市　那須町　南牧村
志木市　嵐山町　御宿町　日立市　野木町
白岡市　東秩父村※　鋸南町　常陸太田市　芳賀町　◆山梨県
草加市　　　　九十九里町　常陸大宮市　益子町　　　(27)
秩父市　◆千葉県　神崎町　ひたちなか市　壬生町　甲府市
鶴ヶ島市　　(54)　栄町　鉾田市　茂木町　上野原市
所沢市　千葉市　酒々井町　守谷市　　　　大月市
戸田市　旭市　芝山町　結城市　◆群馬県　甲斐市
新座市　我孫子市　白子町　龍ケ崎市　　(35)　甲州市
蓮田市　いすみ市　多古町　阿見町　前橋市　中央市
羽生市　市川市　長南町　茨城町　安中市　都留市
飯能市※　市原市　長柄町　大洗町　伊勢崎市　韮崎市
東松山市　印西市　東庄町　河内町　太田市　笛吹市
日高市　浦安市　睦沢町　五霞町　桐生市　富士吉田市
深谷市　大網白里市　横芝光町　境町　渋川市　北杜市
富士見市　柏市　長生村　城里町　高崎市　南アルプス市
ふじみ野市　勝浦市　　　　大子町　館林市　山梨市
本庄市　香取市　◆茨城県　利根町　富岡市　市川三郷町
三郷市　鎌ケ谷市　　(44)　八千代町　沼田市　昭和町
八潮市　鴨川市　東海村　　　　藤岡市　南部町
吉川市　木更津市　美浦村　　　　みどり市　西桂町
和光市※　君津市　　　　◆栃木県　板倉町　早川町
蕨市　佐倉市　水戸市　　(25)　邑楽町　富士河口湖町
伊奈町　白井市　石岡市　　　　大泉町　富士川町
　　　　　　　潮来市
　　　　　　　稲敷市

145

21. 日本国内の「平和首長会議」加盟自治体（続き2）

身延町	東伊豆町	西尾市	瑞浪市	鳥羽市	◆京都府
忍野村	松崎町	日進市	瑞穂市	名張市	(25)
小菅村	南伊豆町※	半田市	美濃市	松阪市	京都市
丹波山村	森町	碧南市※	美濃加茂市	四日市市	綾部市※
道志村	吉田町	みよし市	本巣市	朝日町	宇治市
鳴沢村		弥富市	山県市	大台町	亀岡市
山中湖村	◆愛知県	阿久比町	安八町※	川越町	木津川市
	(54)	大口町	池田町	木曽岬町	京田辺市
◆静岡県	名古屋市	大治町	揖斐川町	紀宝町	京丹後市
(35)	愛西市	蟹江町	大野町	紀北町	城陽市
静岡市	あま市	幸田町※	笠松町	菰野町	長岡京市
熱海市	安城市※	設楽町	川辺町	大紀町	南丹市
伊豆市	一宮市	武豊町	北方町	多気町	福知山市
伊豆の国市	稲沢市	東栄町※	岐南町	玉城町	舞鶴市
伊東市	犬山市	東郷町	神戸町	東員町	宮津市
磐田市	岩倉市	豊山町	坂祝町	南伊勢町	向日市
御前崎市	岡崎市	東浦町	白川町	御浜町	井手町
掛川市	大府市	扶桑町	関ヶ原町※	明和町	伊根町
菊川市	尾張旭市	美浜町	垂井町	度会町	宇治田原町
湖西市	春日井市	南知多町※	富加町※		大山崎町
御殿場市	蒲郡市※	飛島村	七宗町	◆滋賀県	笠置町
島田市	刈谷市	豊根村※	御嵩町	(18)	京丹波町
下田市	北名古屋市		八百津町	大津市	久御山町
裾野市	清須市	◆岐阜県	養老町※	近江八幡市	精華町
沼津市	江南市	(42)	輪之内町※	草津市	与謝野町
浜松市	小牧市	岐阜市	白川村※	甲賀市	和束町
袋井市	新城市	恵那市※	東白川村※	湖南市	南山城村
藤枝市	瀬戸市※	大垣市		高島市	
富士市	高浜市	海津市※	◆三重県	長浜市	◆大阪府
富士宮市	田原市※	各務原市	(29)	東近江市	(43)
牧之原市	知多市※	可児市	津市	彦根市	大阪市
三島市	知立市	郡上市	伊賀市	米原市	池田市
焼津市	津島市	下呂市	伊勢市	守山市	和泉市
小山町	東海市※	関市	いなべ市	栗東市	泉大津市
河津町	常滑市※	高山市	尾鷲市	愛荘町	泉佐野市
川根本町	豊明市	多治見市	亀山市	甲良町	茨木市
函南町	豊川市	土岐市※	熊野市	多賀町	大阪狭山市
清水町	豊田市	中津川市	桑名市	豊郷町	貝塚市
長泉町	豊橋市	羽島市	志摩市	日野町	柏原市
西伊豆町	長久手市	飛騨市※	鈴鹿市	竜王町	

交野市　五條市　田辺市※　洲本市　吉備中央町　下松市
門真市　御所市　橋本市　高砂市　久米南町　山陽小野田市
河内長野市　桜井市　有田川町　宝塚市　里庄町　下関市
岸和田市　天理市　印南町　たつの市　勝央町　周南市
堺市　大和郡山市　かつらぎ町　丹波市　奈義町　長門市
四條畷市　大和高田市　上富田町　豊岡市※　早島町　光市
吹田市　安堵町　紀美野町　西宮市　美咲町　萩市
摂津市　斑鳩町　串本町　西脇市　和気町　防府市
泉南市　王寺町　九度山町　姫路市　矢掛町　美祢市
高石市　大淀町　高野町※　三木市　新庄村　柳井市
高槻市　上牧町　古座川町　南あわじ市　西粟倉村　阿武町
大東市　河合町　白浜町　養父市　　上関町
豊中市　川西町　すさみ町　市川町　◆広島県　周防大島町
富田林市　広陵町　太地町　猪名川町　（23）　田布施町
寝屋川市　三郷町　那智勝浦町　稲美町　広島市　平生町
羽曳野市　下市町　日高川町　上郡町　安芸高田市　和木町
阪南市　高取町　日高町　香美町　江田島市
東大阪市　田原本町　広川町　神河町※　大竹市　◆鳥取県
枚方市　平群町　美浜町　佐用町※　尾道市　（19）
藤井寺市　三宅町　みなべ町　新温泉町　呉市　鳥取市
松原市　吉野町　湯浅町　太子町　庄原市　倉吉市
箕面市　明日香村　由良町　多可町※　竹原市　境港市
守口市　上北山村　北山村　播磨町　廿日市市　米子市
八尾市　川上村　　福崎町　東広島市　岩美町
河南町　黒滝村　◆兵庫県　　福山市　江府町
熊取町　下北山村　（41）　◆岡山県　府中市　琴浦町
島本町　曽爾村　神戸市　（27）　三原市　大山町
太子町　天川村　相生市　岡山市　三次市　智頭町
田尻町　十津川村　明石市　赤磐市　安芸太田町　南部町
忠岡町　野迫川村　赤穂市　浅口市　大崎上島町　日南町
豊能町　御杖村　朝来市　井原市　海田町　日野町
能勢町　東吉野村　芦屋市　笠岡市　北広島町　伯耆町
岬町　山添村　尼崎市　倉敷市　熊野町　北栄町
千早赤阪村　　淡路市　瀬戸内市　坂町　三朝町
　◆和歌山県　伊丹市　総社市　神石高原町　八頭町
◆奈良県　（30）　小野市　高梁市　世羅町　湯梨浜町
（39）　和歌山市　加古川市　玉野市　府中町　若桜町
奈良市　有田市　加西市　津山市　　日吉津村
生駒市　岩出市　加東市　新見市　◆山口県
宇陀市　海南市　川西市　備前市　（19）　◆島根県
橿原市　紀の川市　篠山市　真庭市　山口市　（19）
香芝市　御坊市　三田市　美作市　岩国市　松江市
葛城市　新宮市※　宍粟市　鏡野町　宇部市　出雲市

21. 日本国内の「平和首長会議」加盟自治体(続き3)

雲南市
大田市
江津市
浜田市
益田市
安来市
海士町
飯南町※
邑南町
隠岐の島町
奥出雲町
川本町※
津和野町※
西ノ島町
美郷町※
吉賀町※
知夫村※

◆徳島県 (24)
徳島市
阿南市
阿波市
小松島市
鳴門市
美馬市
三好市
吉野川市
藍住町
石井町
板野町
海陽町
勝浦町
上板町
上勝町
神山町
北島町
つるぎ町

那賀町
東みよし町
松茂町
美波町
牟岐町
佐那河内村

◆香川県 (17)
高松市
観音寺市
坂出市
さぬき市
善通寺市
東かがわ市
丸亀市
三豊市
綾川町※
宇多津町
琴平町
小豆島町
多度津町
土庄町
直島町
まんのう町※
三木町

◆愛媛県 (20)
松山市
今治市
伊予市
宇和島市
大洲市
西条市
四国中央市

西予市
東温市
新居浜市
八幡浜市
愛南町
伊方町
内子町
上島町
鬼北町
久万高原町
砥部町
松前町
松野町

◆高知県 (34)
高知市
安芸市
香美市
香南市
四万十市
宿毛市
須崎市
土佐市
土佐清水市
南国市
室戸市
いの町※
大月町
越知町
大豊町
黒潮町
佐川町
四万十町
田野町
津野町※
土佐町
東洋町

中土佐町※
奈半利町※
仁淀川町※
本山町
安田町
梼原町
馬路村
大川村
北川村
芸西村
三原村
日高村

◆福岡県 (60)
福岡市
朝倉市
飯塚市
糸島市
うきは市
大川市
小郡市
大野城市
大牟田市
春日市
嘉麻市
北九州市
久留米市
古賀市
田川市
太宰府市
筑後市
筑紫野市
中間市
直方市
豊前市
福津市

みやま市
宮若市
宗像市
柳川市
八女市
行橋市
芦屋町
糸田町
宇美町
大木町
大任町
岡垣町
遠賀町
粕屋町
川崎町
香春町
苅田町
鞍手町
桂川町
上毛町
小竹町
篠栗町
志免町
新宮町
須恵町
添田町
大刀洗町
築上町
筑前町
那珂川町
久山町
広川町
福智町
水巻町
みやこ町
吉富町
赤村
東峰村

◆佐賀県 (20)
佐賀市
伊万里市
嬉野市
小城市
鹿島市
唐津市
神埼市
多久市
武雄市
鳥栖市
有田町
上峰町
大町町
玄海町
江北町
白石町
太良町
みやき町
基山町
吉野ヶ里町

◆長崎県 (20)
長崎市
壱岐市
諫早市
雲仙市
大村市
五島市
西海市
島原市
対馬市
平戸市
松浦市
南島原市
小値賀町
新上五島

町
川棚町
佐々町
時津町
長与町
波佐見町
東彼杵町

◆大分県
(18)
大分市
宇佐市
臼杵市
杵築市
国東市
佐伯市
竹田市
津久見市
中津市
日田市
豊後大野市
豊後高田市
別府市
由布市
玖珠町
九重町
日出町
姫島村

◆熊本県
(45)
熊本市
阿蘇市
天草市

荒尾市
宇城市
宇土市
上天草市
菊池市
合志市
玉名市
人吉市
水俣市
八代市
山鹿市
あさぎり町
芦北町
大津町
小国町
嘉島町
菊陽町
甲佐町
玉東町
高森町
多良木町
長州町
津奈木町
和水町
南関町
錦町
氷川町
益城町
美里町
南小国町
御船町
山都町
湯前町
苓北町

五木村
産山村
球磨村
相良村
西原村
水上村
南阿蘇村
山江村

◆宮崎県
(26)
宮崎市
えびの市
串間市
小林市
西都市
日南市
延岡市
日向市
都城市
綾町
門川町
川南町
木城町
五ヶ瀬町
国富町
新富町
高千穂町
高鍋町
高原町
都農町
日之影町
美郷町
三股町

椎葉村
西米良村
諸塚村

◆鹿児島県
(43)
鹿児島市
姶良市
阿久根市
奄美市
伊佐市
出水市
いちき串木野市
指宿市
鹿屋市
霧島市
薩摩川内市
志布志市
曽於市
垂水市
西之表市
日置市
枕崎市
南九州市
南さつま市
天城町
伊仙町
大崎町
喜界町
肝付町
錦江町
さつま町
瀬戸内町
龍郷町

知名町
徳之島町
中種子町
長島町
東串良町
南大隅町
南種子町
屋久島町
湧水町
与論町
和泊町
宇検村※
十島村
三島村
大和村

◆沖縄県
(40)
那覇市
石垣市
糸満市
沖縄市
浦添市
うるま市
嘉手納町
金武町
宜野湾市
久米島町※
豊見城市
名護市

南城市
宮古島市
竹富町
北谷町
西原町
南風原町
本部町
八重瀬町
与那原町
粟国村
伊江村
伊是名村
伊平屋村
大宜味村
恩納村
北大東村
北中城村
宜野座村
国頭村
座間味村
多良間村
渡嘉敷村
渡名喜村
中城村
今帰仁村
東村
南大東村
読谷村

合計：
1730 自治体

データシート

22. 非核宣言自治体の活動と事業

以下は、日本の非核宣言自治体がこれまでとり組んだ主要な活動や事業を分類整理したものである。すべてが網羅されているわけではない。他にユニークなとり組みをご存知の方は、ピースデポまでご一報いただければ幸いである。

1.宣言や条例の制定

●宣言

（手続きにより3種類のものがある）
①首長提案、議会決議のもの。
②市民または議員提案・議会決議のもの。
③再度の宣言を議会が決議したもの。
（内容）核兵器の廃絶と恒久平和、非核三原則の遵守などを訴える、非核港湾を訴える、放射性物質等の持ち込みや原子力関連施設の立地を拒否する、など。

●条例

（内容によりほぼ3種類に分類できる）
・非核平和条例（核兵器の通過などを具体的に禁止している。市民や市長の不断の努力を規定し、企画の段階からの市民参加を明文化している）
・平和条例（平和行政、予算化を明記）
・平和基金条例（億単位の基金を制定し、利息による平和事業の実施、募金の拡大をめざす）

2.首長・議長の抗議や要請行動

・核爆発実験への抗議文の持参や送付
・未臨界核実験やZマシン新型核実験に対する中止要請文、抗議文の持参、送付
・北東アジア非核兵器地帯を求める申し入れ。自治体首長署名の提出。
・日印原子力協定の中止要請。
・NPT再検討会議への参加と要請
・核兵器禁止条約（TPNW）への署名・批准要請

・他の自治体への非核宣言実施の依頼

3.議会の決議など

・非核三原則の堅持を求める意見書
・北東アジア非核兵器地帯の設立を求める意見書
・ミサイル発射実験、核爆発実験に抗議する決議
・包括的核実験禁止条約（CTBT）の制定を求める意見書
・非核法の制定を求める意見書
・核兵器禁止条約（TPNW）への署名・批准を求める決議
・核兵器搭載艦船の入港を認めない港湾条例を求める決議
・プルトニウム輸送の情報公開を求める意見書
・高速増殖炉「もんじゅ」の安全管理に関する意見書
・核燃料再処理事故に関する意見書
・福島第1原発事故避難者への住宅支援の継続を求める意見書
・原発再稼動に反対する決議
・平和首長会議への加盟

4.市民への情報発信

・宣言文の掲示（プレート、垂幕、碑など）
・図書館の平和関連コーナー設置
・ホームページ、広報誌、ローカル誌、ケーブルテレビを使った情報発信
・市民キャンペーン（祭りなど市民の集まるところで広報活動）
・平和の映画ビデオや図書の貸出

市民と自治体にできること

5.啓発プログラムの強化
- 平和に関する各種講演会・セミナー、被爆体験・戦争体験を聞く会、戦時中の食事体験講座、原爆パネル・資料展（海外含む）、移動原爆展、ミニミニ原爆展、映画会、朗読劇、コンサート、書道展、ミュージカルなど
- インターネットテレビ会議システムを利用した平和学習講座
- 平和啓発ステッカーの公用車への貼り付け
- 市製封筒に「非核平和宣言都市」と印字
- 無料電車「平和号」の運行
- 啓発用品の市民・公共施設への配布（パンフレット、カレンダー、花の種、文具、カードなど）
- 平和副読本の作成、平和マップの作成、マンガの発行、日本国憲法の冊子作成と配布
- 戦争体験の証言集・ビデオ・絵の作成
- 国内ジャーナリスト研修
- 被爆アオギリ・クスノキ二世植樹
- 平和記念館の開設
- バーチャル平和資料館（ホームページ）
- 広報誌、市内ケーブルテレビ、FMラジオでの平和特集
- 平和の灯火（キャンドルナイト）

6.情報収集・管理
- 平和資料館、展示室、資料コーナーの運営。企画展などの実施
- 平和関連資料（海外のものも含む）の収集・貸出

7.フィールドワーク
- 市民（子ども、若者、親子、留学生を含む）、自治体職員、議員の広島・長崎・沖縄への派遣。親子記者など
- 戦跡、米軍基地、平和資料館・美術館・博物館などの見学ツアー
- 他の非核自治体や海外の姉妹都市との市民交流や非核の共同事業
- NPT再検討会議への派遣と報告会

8.市民参加
- ヒバクシャ国際署名への協力
- 平和賞、平和標語・作文コンクール、平和の絵、メッセージ、俳句・短歌の募集
- 折り鶴コーナーの設置、千羽鶴の作成
- 平和基金の募金活動
- スポーツ大会の開催
- 平和ボランティアの募集、育成、派遣
- 平和へのメッセージの募集

9.市民との協力事業、および支援
- 市民団体・文化団体との共催事業（国際会議、平和のつどい、講演会、映画会、コンサート、原爆展、スポーツなど）
- 小・中学校の平和学習への補助金
- 市民団体への補助金の交付、事業費の一部負担
- 市民団体への事業委託
- 市民海外インターンシップ制度補助金
- 平和行進の受け入れと激励

10.被爆者支援
- 見舞金、助成金等の支給
- 栄養食品の支給
- 被爆者団体への育成補助

11.記念式典
- 黙祷の実施、半旗の掲揚
- 平和記念式、戦没者追悼式、慰霊祭
- 平和の鐘の打鐘
- 原爆死没者サイレンの吹鳴

データ シート	# 23. 北東アジア非核兵器地帯を支持する 自治体首長署名

2018年10月1日現在

●署名文

北東アジアの非核兵器地帯化を支持します

　私たちは、北東アジアに非核兵器地帯を設立するための努力を支持します。それは、「核兵器のない世界」に向けた国際的気運を高めるとともに、北東アジア地域の安定と平和を実現するための緊急で時宜を得たイニシャティブです。

　北東アジア非核兵器地帯を設立するという目標を掲げることは、現在行われている韓国、朝鮮民主主義人民共和国（北朝鮮）、日本、中国、ロシア、米国による「6か国協議」に新しい積極的な次元をもたらすでしょう。6か国協議が掲げている「朝鮮半島の検証可能な非核化」（6か国共同声明。05年9月19日）という目標がより大きなビジョンの下に置かれるからです。

　「核兵器のない世界」の実現は、核兵器保有国だけでなく、とりわけ安全保障を核の傘に依存している国を含む全ての国の責務です。そのためには、すべての国が核兵器に依存しない安全保障政策に移行する道を追求する責任があります。北東アジア非核兵器地帯は、日本、韓国など北東アジアの関係国にこのような道筋を提供することになります。

　北東アジア非核兵器地帯の現実的な一つの形として「3+3」の枠組みがあります。それは韓国、北朝鮮、日本の3か国が中心となって非核兵器地帯を形成し、近隣核兵器国（中国、ロシア、米国）がこれを支持して安全の保証を与えるというものです。この形は1992年の「朝鮮半島の非核化南北共同宣言」と日本の非核三原則を基礎にできる利点があります。

　私たちは、世界中の国政、地方政治にたずさわる政治家の皆さん、市民団体及び個人の皆さんが、北東アジア非核兵器地帯を支持し、その実現のためにともに力を出しあうことを呼びかけます。

（呼びかけ）日本：ピースデポ、ピースボート

韓国：平和ネットワーク、参与連帯

- **自治体関係団体の賛同（2団体）**

  平和首長会議　　日本非核宣言自治体協議会

- **自治体首長の賛同（546名）**※

  ●…政令指定都市（合計5）
  ★…道府県庁所在地（合計16）

  ※市町村首長545名、県知事1名の合計。首長氏名は賛同した時点のもの。

【北海道】(54)

★● 秋元勝弘（札幌市長）	清澤茂宏（芦別市長）	嶋 保（余市町長）	中村 博（占冠村長）
安久津勝彦（足寄町長）	工藤 広（稚内市長）	新村卓実（奥尻町長）	西川将人（旭川市長）
伊藤喜代志（比布町長）	工藤壽樹（函館市長）	菅原章嗣（喜茂別町長）	能登芳昭（富良野市長）
井上久男（置戸町長）	小谷毎彦（北見市長）	鈴木直道（夕張市長）	濱谷一治（江差町長）
上野正三（北広島市長）	小林 実（中標津町長）	髙橋定敏（留萌市長）	本間順司（古平町長）
蝦名大也（釧路市長）	小林康雄（士幌町長）	高橋貞光（せたな町長）	福島世二（倶知安町長）
小笠原春一（登別市長）	斉藤純雄（浦臼町長）	高橋正夫（本別町長）	伏見悦夫（大樹町長）
岡田和夫（幕別町長）	酒井芳秀（新ひだか町長）	高橋幹夫（美唄市長）	牧野勇司（士別市長）
勝井勝丸（池田町長）	坂下一幸（様似町長）	高薄 渡（清水町長）	真屋敏春（洞爺湖町長）
金平嘉則（沼田町長）	佐々木智雄（剣淵町長）	竹中 貢（上士幌町長）	水澤一廣（旭川市長）
川村 茂（鹿部町長）	佐藤聖一郎（仁木町長）	田村光義（中札内村長）	村瀬 優（広尾町長）
菊川健一（当麻町長）	佐藤多一（津別町長）	舟橋泰博（羽幌町長）	米沢則寿（帯広市長）
菊池一春（訓子府町長）	佐藤広高（釧路町長）	中松義治（小樽市長）	
北 良治（奈井江町長）	佐藤芳治（上川町長）	中宮安一（七飯町長）	

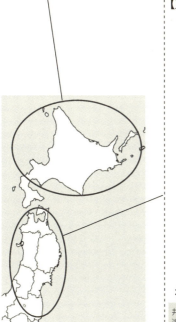

【東北】(48)

青森(4)

大川喜代治（平川市長）　平山誠敏（五所川原市長）
小山田久（十和田市長）　吉田 満（深浦町長）

秋田(7)

五十嵐忠悦（横手市長）
門脇光浩（仙北市長）
栗林次美（大仙市長）
齊藤滋宣（能代市長）
齋藤光喜（湯沢市長）
長谷部 誠（由利本荘市長）
横山忠悦（にかほ市長）

山形(7)

安部三十朗（米沢市長）
★ 市川昭男（山形市長）
遠藤直幸（山辺町長）
後藤幸平（飯豊町長）
佐藤 清（村山市長）
佐藤誠七（白鷹町長）
内谷重治（長井市長）

岩手(7)

小田祐士（野田村長）
菅原正義（平泉町長）
髙橋敏彦（北上市長）
野田武則（釜石市長）
水上信宏（洋野町長）
山内隆文（久慈市長）
山本正徳（宮古市長）

宮城(12)

安部周治（涌谷町長）
伊勢 敏（大河原町長）
伊藤拓哉（色麻町長）
大友喜助（角田市長）
齋藤邦男（亘理町長）
佐々木功悦（美里町長）
佐藤勇（栗原市長）
佐藤英雄（村田町長）
菅原茂（気仙沼市長）
鈴木勝雄（利府町長）
滝口 茂（柴田町長）
布施孝尚（登米市長）

福島(11)

井関庄一（柳津町長）　桜井勝延（南相馬市長）　前後 公（猪苗代町長）
遠藤雄幸（川内村長）　宍戸良三（小野町長）　高橋宣博（桑折町長）
大宅宗吉（南会津町長）　鈴木義孝（三春町長）　目黒吉久（只見町長）
佐藤 力（国見町長）　須藤一夫（浅川町長）

153

データシート

23. 北東アジア非核兵器地帯を支持する自治体首長署名（続き1）

2018年10月1日現在

● …政令指定都市（合計5）
★ …道府県庁所在地（合計16）

【近畿】(55)

京都(7)
- 井上正嗣（宮津市長）
- 太田貴美（与謝野町長）
- ●★ 門川大作（京都市長）
- 寺尾富爾（京丹波町長）
- 中山 泰（京丹後市長）
- 松山正治（福知山市長）
- 山崎善也（綾部市長）

滋賀(5)
- 泉 峰一（米原市長）
- 西澤久夫（東近江市長）
- 橋川 渉（草津市長）
- 藤澤直広（日野町長）
- 宮本和宏（守山市長）

兵庫(6)
- 泉 房穂（明石市長）
- 酒井隆明（篠山市長）
- 嶋田雅義（福崎町長）
- 中川智子（宝塚市長）
- 西村和平（加西市長）
- 山中 健（芦屋市長）

奈良(15)
- 岩﨑万勉（平群町長）
- 太田好紀（五條市長）
- 小城利重（斑鳩町長）
- 竹内幹郎（宇陀市長）
- ★ 仲川げん（奈良市長）
- 東川 裕（御所市長）
- 平井康之（王寺町長）
- 平岡 仁（広陵町長）
- 松井正剛（桜井市長）
- 南 佳策（天理市長）
- 森 宏範（三郷町長）
- 西本安博（安堵町長）
- 山下和弥（葛城市長）
- 山下 真（生駒市長）
- 吉田誠克（大和高田市長）

大阪(9)
- 岡本泰明（柏原市長）
- 神谷 昇（泉大津市長）
- 阪口伸六（高石市長）
- 竹内 脩（枚方市長）
- 多田利喜（富田林市長）
- 田中誠太（八尾市長）
- 馬場好弘（寝屋川市長）
- 福山敏博（阪南市長）
- 吉田友好（大阪狭山市長）

三重(8)
- 岩田昭人（尾鷲市長）
- 尾上武義（大台町長）
- 亀山利克（名張市長）
- 鈴木健一（伊勢市長）
- 田代兼二朗（朝日町長）
- 田中俊行（四日市市長）
- 中井幸充（明和町長）
- 中村順一（度会町長）

和歌山(5)
- 井本泰造（かつらぎ町長）
- 岩田 勉（すさみ町長）
- 小出隆道（上富田町長）
- 田嶋勝正（串本町長）
- 日裏勝己（印南町長）

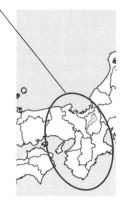

【中部】(93)

福井(1)
- 奈良俊幸（越前市長）

石川(2)
- 粟 貴章（野々市町長）
- 武元文平（七尾市長）

富山(4)
- 桜井森夫（小矢部市長）
- 澤﨑義敬（魚津市長）
- 堀内康男（黒部市長）
- 脇 四計夫（朝日町長）

岐阜(11)
- 石川道政（美濃市長）
- 岡崎和夫（池田町長）
- 林 宏優（山県市長）
- 日置敏明（郡上市長）
- 広江正明（笠松町長）
- 藤原 勉（本巣市長）
- 古川雅典（多治見市長）
- 堀 孝正（瑞穂市長）
- 水野光二（瑞浪市長）
- 南山宗之（坂祝町長）
- 室戸英夫（北方町長）

愛知(9)
- 石川英明（豊明市長）
- 江戸 滿（扶桑町長）
- 大野紀明（稲沢市長）
- 片岡恵一（岩倉市長）
- 神谷明彦（東浦町長）
- 榊原純夫（半田市長）
- 田中志典（犬山市長）
- 林 郁夫（知立市長）
- 籾山芳輝（武豊町長）

新潟(13)
- 会田 洋（柏崎市長）
- 上村憲司（津南町長）
- 上村清隆（湯沢町長）
- 大平悦子（魚沼市長）
- 佐藤邦義（田上町長）
- ●★ 篠田 昭（新潟市長）
- 鈴木 力（燕市長）
- 関口芳史（十日町市長）
- 二階堂 馨（新発田市長）
- 入村 明（妙高市長）
- 森 民夫（長岡市長）
- 谷井靖夫（小千谷市長）
- 吉田和夫（胎内市長）

154

（首長氏名は賛同した時点のもの。）

【関東】(95)

群馬 (10)
阿久津貞司（渋川市長）
新井利明（藤岡市長）
市川宣夫（南牧村長）
岡田義弘（安中市長）
岡野光利（富岡市長）
千明金造（片品村長）
富岡賢治（高崎市長）
星野巳喜雄（沼田市長）
安樂岡一雄（館林市長）
★ 山本龍（前橋市長）

栃木 (12)
阿久津憲二（那須塩原市長）
市村隆（岩舟町長）
大久保寿生（小山市長）
大豆生田 実（足利市長）
岡部正英（佐野市長）
小菅一弥（壬生町長）
斎藤文夫（日光市長）
佐藤信（鹿沼市長）
鈴木俊美（栃木市長）
津久井富雄（大田原市長）
豊田征夫（芳賀町長）
真瀬宏子（野木町長）

埼玉 (6)
石津賢治（北本市長）
川合善明（川越市長）
小島進（深谷市長）
小峰孝雄（鳩山町長）
久喜邦康（秩父市長）
高畑博（ふじみ野市長）

東京 (5)
阿部裕行（多摩市長）
小林正則（小平市長）
馬場一彦（東久留米市長）
邑上守正（武蔵野市長）
矢野裕（狛江市長）

神奈川 (17) ●
黒岩祐治（神奈川県知事）
青木健（真鶴町長）
阿部孝夫（川崎市長）
大木さとる（大和市長）
大矢明夫（清川村長）
落合克宏（平塚市長）
加藤憲一（小田原市長）
加藤修平（南足柄市長）
木村俊雄（寒川町長）
小林常良（厚木市長）
鈴木恒夫（藤沢市長）
中崎久雄（大磯町長）
服部信明（茅ヶ崎市長）
平井竜一（逗子市長）
府川裕一（開成町長）
古谷義幸（秦野市長）
山口昇士（箱根町長）

茨城 (17)
阿久津藤男（城里町長）
天田富司男（阿見町長）
海野徹（那珂市長）
大久保太一（常陸太田市長）
久保田健一郎（石岡市長）
小林宜夫（茨城町長）
島田穰一（小美玉市長）
染谷森雄（五霞町長）
高杉徹（常総市長）
★ 高橋靖（水戸市長）
保立一男（神栖市長）
益子英明（大子町長）
宮嶋光昭（かすみがうら市長）
村上達也（東海村長）
中島栄（美浦村長）
中山一生（龍ヶ崎市長）
吉原英一（坂東市長）

千葉 (28)
相川勝重（芝山町長）
秋葉就一（八千代市長）
伊澤史夫（白井市長）
井崎義治（流山市長）
石井俊雄（長生村長）
石井裕（南房総市長）
石田義廣（御宿町長）
岩田利雄（東庄町長）
太田洋（いすみ市長）
金坂昌典（大網白里市長）
北村新司（八街市長）
小泉一成（成田市長）
越川信一（銚子市長）
齊藤隆（横芝光町長）
猿田寿男（勝浦市長）
佐渡斉（四街道市長）
椎名千収（山武市長）
志賀直温（東金市長）
菅澤英毅（多古町長）
玉川孫一郎（一宮町長）
出口清（袖ヶ浦市長）
根本崇（野田市長）
星野順一郎（我孫子市長）
本郷谷健次（松戸市長）
松崎秀樹（浦安市長）
水越勇雄（木更津市長）
山崎山洋（印西市長）
蕨和雄（佐倉市長）

長野 (30)
青木悟（下諏訪町長）
足立正則（飯山市長）
井出玄明（北相木村長）
今井竜五（岡谷市長）
牛越徹（大町市長）
太田紘熙（白馬村長）
岡庭一雄（阿智村長）
菊池毅彦（南相木村長）
熊谷元尋（高森町長）
栗屋徳也（木祖村長）
近藤清一郎（千曲市長）
清水澄（豊丘村長）
下平喜隆（伊那市長）
菅谷昭（松本市長）
杉本幸治（駒ヶ根市長）
曽我逸郎（中川村長）
田上正男（上松町長）
竹節義孝（山ノ内町長）
田中勝巳（木曽町長）
羽田健一郎（長和町長）
平林明人（松川村長）
富井俊雄（野沢温泉村長）
藤澤泰彦（生坂村長）
藤巻進（軽井沢町長）
牧野光朗（飯田市長）
松本久志（小谷村長）
宮川正光（南木曽町長）
山田勝文（諏訪市長）
山村弘（坂城町長）

山梨 (11)
石田壽一（西桂町長）
角野幹男（昭和町長）
久保眞一（市川三郷町長）
志村学（富士川町長）
田中久雄（中央市長）
田辺篤（甲州市長）
中込博文（南アルプス市長）
堀内茂（富士吉田市長）
望月仁司（身延町長）
横内公明（韮崎市長）
渡邊凱保（富士河口湖町長）

静岡 (12)
栗原裕康（沼津市長）
齋藤栄（熱海市長）
清水泰（焼津市長）
鈴木尚（富士市長）
須藤秀忠（富士宮市長）
佃弘巳（伊東市長）
豊岡武士（三島市長）
原田英之（袋井市長）
松井三郎（掛川市長）
三上元（湖西市長）
森延彦（函南町長）
若林洋平（御殿場市長）

23. 北東アジア非核兵器地帯を支持する自治体首長署名（続き2）

データシート

2018年10月1日現在

【九州】(104)

佐賀 (7)
- 江頭正則（吉野ヶ里町長）
- 江里口秀次（小城市長）
- 小林純一（基山町長）
- 田代正昭（有田町長）
- 谷口太一郎（嬉野市長）
- 樋口久俊（鹿島市長）
- 樋渡啓祐（武雄市長）

長崎 (20)
- 一瀬政太（波佐見町長）
- 井上俊昭（新上五島町長）
- 奥村槇太郎（雲仙市長）
- 黒田成彦（平戸市長）
- 財部能成（対馬市長）
- ★白川博一（壱岐市長）
- 田上富久（長崎市長）
- 田中隆一（西海市長）
- 友広郁洋（松浦市長）
- 中尾郁子（五島市長）
- 西 浩昭（小値賀町長）
- 葉山友昭（長与町長）
- 平瀬 研（時津町長）
- 藤原米幸（南島原市長）
- 古庄 剛（佐々町長）
- 松本 崇（大村市長）
- 宮本明雄（諫早市長）
- 山口文夫（川棚町長）
- 横田修一郎（島原市長）
- 渡邉 悟（東彼杵町長）

熊本 (23)
- 愛甲一典（あさぎり町長）
- 荒木義行（合志市長）
- 家入 勲（大津町長）
- 北里耕亮（小国町長）
- 草村大成（高森町長）
- 後藤三雄（菊陽町長）
- 髙嵜哲哉（玉名市長）
- 田嶋章二（苓北町長）
- 田中信孝（人吉市長）
- 徳田正臣（相良村長）
- 中逸博光（長洲町長）
- 中嶋憲正（山鹿市長）
- 長野敏也（南阿蘇村長）
- 福島和敏（八代市長）
- 福村三男（菊池市長）
- 廣瀬親恭（水上村長）
- 前畑淳治（荒尾市長）
- 松本照彦（多良木町長）
- 宮本勝彬（水俣市長）
- 元松茂樹（宇土市長）
- 森本完一（錦町長）
- 安田公寛（天草市長）
- 横谷 巡（山江村長）

鹿児島 (13)
- 荒木耕治（屋久島町長）
- 川下三業（中種子町長）
- 笹山義弘（姶良市長）
- 渋谷俊彦（出水市長）
- 嶋田芳博（鹿屋市長）
- 霜出勘平（南九州市長）
- 隅元 新（伊佐市長）
- 豊留悦男（指宿市長）
- 長野 力（西之表市長）
- 東 靖弘（大崎町長）
- 前田終止（霧島市長）
- 元田信有（宇検村長）
- ★森 博幸（鹿児島市長）

福岡 (23)
- 有吉哲信（宮若市長）
- 伊藤信勝（田川市長）
- 井上利一（桂川町長）
- 浦田弘二（福智町長）
- 小田幸男（川崎町長）
- 釜井健介（豊前市長）
- 齊藤守史（飯塚市長）
- 篠﨑久義（粕屋町長）
- 髙木典雄（うきは市長）
- 田頭喜久己（筑前町長）
- 竹下司津男（古賀市長）
- 徳島眞次（鞍手町長）
- 長崎武利（新宮町長）
- 中嶋裕史（須恵町長）
- 春本武男（赤村長）
- 平安正和（小郡市長）
- 松岡 賛（嘉麻市長）
- 三浦 正（篠栗町長）
- 三田村統之（八女市長）
- 南里辰己（志免町長）
- 森田俊介（朝倉市長）
- 八並康一（行橋市長）
- 安川 博（宇美町長）

大分 (7)
- 是永修治（宇佐市長）
- 坂本和昭（九重町長）
- 佐藤陽一（日田市長）
- 首藤勝次（竹田市長）
- 首藤奉文（由布市長）
- 橋本祐輔（豊後大野市長）
- 吉本幸司（津久見市長）

宮崎 (11)
- 飯干辰己（五ヶ瀬町長）
- 黒木健二（日向市長）
- 首藤正治（延岡市長）
- 谷口義幸（日南市長）
- ★戸敷 正（宮崎市長）
- 長峯 誠（都城市長）
- 野辺修光（串間市長）
- 橋田和実（西都市長）
- 肥後正弘（小林市長）
- 日高光浩（高原町長）
- 安田 修（門川町長）

【沖縄】(18)
- 安里 猛（宜野湾市長）
- 新垣邦男（北中城村長）
- 石嶺傳實（読谷村長）
- 稲嶺 進（名護市長）
- ★翁長雄志（那覇市長）
- 上原裕常（糸満市長）
- 上間 明（西原町長）
- 川満栄長（竹富町長）
- 儀間光男（浦添市長）
- 宜保晴毅（豊見城市長）
- 古謝景春（南城市長）
- 島袋義久（大宜味村長）
- 島袋俊夫（うるま市長）
- 城間俊安（南風原町長）
- 東門美津子（沖縄市長）
- 中山義隆（石垣市長）
- 野国昌春（北谷町長）
- 浜田京介（中城村長）

（首長氏名は賛同した時点のもの。）

【中国】(41)

山口(6)
井原健太郎（柳井市長）
白井博文（山陽小野田市長）
野村興兒（萩市長）
松浦正人（防府市長）
山田健一（平生町長）
★ 渡辺純忠（山口市長）

島根(3)
宇津徹男（浜田市長）
近藤宏樹（安来市長）
田中増次（江津市長）

鳥取(3)
★ 竹内 功（鳥取市長）
竹内敏朗（江府町長）
松本昭夫（北栄町長）

● …政令指定都市（合計5）
★ …道府県庁所在地（合計16）

広島(19)
入山欣郎（大竹市長）
藏田義雄（東広島市長）
小坂政司（竹原市長）
五藤康之（三原市長）
高田幸典（大崎上島町長）
滝口季彦（庄原市長）
竹下正彦（北広島町長）
羽田 皓（福山市長）
浜田一義（安芸高田市長）
平谷祐宏（尾道市長）
牧野雄光（神石高原町長）
眞野勝弘（廿日市市長）
増田和俊（三次市長）
●★ 松井一實（広島市長）
三村裕史（熊野町長）
山岡寛次（海田町長）
山口寛昭（世羅町長）
吉田隆行（坂町長）
和多利義之（府中町長）

岡山(10)
井出紘一郎（真庭市長）
片岡聡一（総社市長）
栗山康彦（浅口市長）
黒田 晋（玉野市長）
高木直矢（笠岡市長）
武久顕也（瀬戸内市長）
西田 孝（勝央町長）
道上政男（美作市長）
山崎親男（鏡野町長）
山本雅則（吉備中央町長）

【四国】(38)

愛媛(9)
石橋寛久（宇和島市長）
井原 巧（四国中央市長）
大城一郎（八幡浜市長）
清水雅文（愛南町長）
清水 裕（大洲市長）
高須賀 功（東温市長）
中村剛志（砥部町長）
中村 佑（伊予市長）
山下和彦（伊方町長）

香川(7)
綾 宏（坂出市長）
新井哲二（丸亀市長）
大山茂樹（さぬき市長）
★ 大西秀人（高松市長）
白川晴司（観音寺市長）
平岡政典（善通寺市長）
藤井秀城（東かがわ市長）

徳島(3)
河野俊明（石井町長）
玉井孝治（板野町長）
原 仁志（佐那河内村長）

高知(19)
今西芳彦（本山町長）
大石弘秋（仁淀川町長）
★ 岡﨑誠也（高知市長）
沖本年男（宿毛市長）
門脇槙夫（香美市長）
上治堂司（馬路村長）
清藤真司（香南市長）
小松幹侍（室戸市長）
笹岡豊徳（須崎市長）
塩田 始（いの町長）
杉村章生（土佐清水市長）
高瀬満伸（四万十町長）
田中 全（四万十市長）
戸梶眞幸（日高村長）
橋詰壽人（南国市長）
松延宏幸（東洋町長）
松本憲治（安芸市長）
矢野富夫（梼原町長）
吉岡珍正（越知町長）

157

データ シート	# 24. 北東アジア非核兵器地帯を求める 宗教者声明

私たち日本の宗教者は、日本が「核の傘」依存を止め、 北東アジア非核兵器地帯の設立に向かうことを求めます

2016年2月12日

核兵器は、そのいかなる使用も壊滅的な人道上の結末をもたらすものであり、私たちの宗教的価値、道義的原則、そして人道法に反します。従って、宗教者にとって核兵器の禁止と廃絶は、神聖な責務であります。

「核兵器のない世界」実現のためには、すべての国が核兵器に依存しない安全保障政策をとる必要があります。被爆を経験した日本は尚更であり、一日も早く「核の傘」から出ることが求められます。北東アジア非核兵器地帯の設立は、日本の安全を確保しつつ「核の傘」から出ることを可能にする政策です。それは、「核兵器のない世界」に向けた国際的気運を高めるとともに、深刻化した北東アジア情勢を打開する有効な方法でもあります。

2013年7月、国連事務総長の軍縮諮問委員会が「事務総長は、北東アジア非核兵器地帯の設立に向けた適切な行動を検討すべきである」との画期的な勧告を行いました。また、2013年9月の国連ハイレベル会合において、モンゴルのエルベグドルジ大統領は、北東アジア非核兵器地帯の設立への支援を行う準備があると表明しました。さらには、米国、オーストラリア、日本、韓国などの著名な研究者たちが北東アジア非核兵器地帯設立への包括的なアプローチを提案しています。

私たち日本の宗教者は、北東アジア非核兵器地帯の設立を支持し、これによって日本が非人道兵器である核兵器への依存から脱し、被爆国として積極的に「核兵器のない世界」実現に貢献することを求めます。

代表呼びかけ人(50音順)
　小橋 孝一(日本キリスト教協議会議長)
　杉谷 義純(元天台宗宗務総長、世界宗教者平和会議軍縮安全保障常設委員会委員長)
　高見 三明(カトリック長崎大司教区大司教)
　山崎 龍明(浄土真宗本願寺派僧侶)

呼びかけ人・賛同人一覧（50音順、2018年10月1日現在、計153名）

*呼びかけ人
**代表呼びかけ人

青木 敬介（浄土真宗本願寺派西念寺元住職）

赤岩 聰（カトリック司祭）

秋葉 正二*（日本基督教団代々木上原教会牧師）

秋山 徹*（日本キリスト教団上尾合同教会牧師、関東教区議長、世界宣教委員会委員長）

朝倉 真知子*（カトリック市川教会信徒、平和といのちイグナチオ9条の会）

浅田 秋彦（宗教法人大本代表役員・人類愛善会会長）

旭 日重*（日蓮宗大本山重須本門司貫首）

荒川 庸生（日本宗教者平和協議会理事長）

安藤 英明（日蓮宗碑文谷向原教会担任）

安藤 麻友美（日蓮宗碑文谷向原教会副担任）

池住 義憲*（元立教大学大学院キリスト教学研究所特任教授）

石川 勇吉（真宗大谷派報恩寺住職）

石川 清章（妙法慈石会登陵山清川寺法嗣）

石橋 秀雄（日本基督教団総会議長、越谷教会牧師）

石渡 一夫（創価学会平和委員会議長）

泉 哲朗（念仏者九条の会・山口代表、光明寺住職）

伊藤 幸慶（曹洞宗永福寺住職）

伊東 永子（日本キリスト教団神奈川教区翠ケ丘教会信徒）

伊藤 信道（アーユス仏教国際協力ネットワーク理事・浄土宗西山禅林寺派僧侶）

井上 豊*（キリスト教会広島長束教会牧師）

猪子 恒*（大本東京センター次長）

今村 公保（日本山妙法寺僧侶）

梅林 真道*（浄土真宗本願寺派浄光寺住職）

江崎 啓子（熊本YWCA会長、日本福音ルーテル熊本教会信徒）

遠藤 恭（大船教会所属カトリック信徒）

大江 真道*（日本宗教者平和協議会代表委員、日本聖公会司祭）

大倉 一美*（カトリック東京教区司祭、カトリック正義と平和協議会事務局長）

大月 純子*（日本基督教団上下教会牧師、西中国教区性差別問題特別委員会委員長）

大西 英玄（音羽山清水寺執事補）

大原 光夫（浄土真宗本願寺派布教使浄泉寺住職）

大森 良輔（浄土真宗本願寺派教師）

小笠原 敦輔（なか伝道所信徒）

小笠原 公子（教会員）

岡田 仁（富坂キリスト教センター総主事）

大來 尚順（土真宗本願寺派大見山超勝寺衆徒）

小武 正教*（浄土真宗本願寺派西善寺住職）

小野 文珖*（日蓮宗天龍寺院首）

小畑 太作（日本基督教団牧師）

堅田 晃英（念仏者九条の会・大谷派九条の会会員、浄土真宗信徒）

勝谷 太治*（日本カトリック正義と平和協議会会長、カトリック札幌司教区司教）

加藤 順教（浄土真宗本願寺派布教使）

加藤 大典（曹洞宗永林寺住職）

加藤 真規子（日本キリスト教団上大岡教会信徒）

加納 美津子（日本聖公会東京聖十字教会）

鎌野 真*（日本基督教団福山延広教会牧師）

神谷 昌道*（世界宗教者平和会議国際委員会軍縮安全保障常設委員会シニアアドバイザー）

河合 公明（創価学会平和委員会事務局長）

川崎 洋平（真宗大谷派衆徒）

河田 尚子（アル・アマーナ代表）

川野 安子（（公財）日本キリスト教婦人矯風会理事長）

神崎 正弘（真宗大谷派法生寺住職）

菊地 純子（日本キリスト教協議会ドイツ委員会委員長）

岸 俊彦（日本基督教団東京教区総会議長、日本基督教団経堂北教会牧師）

岸野 亮淳（浄土宗西山禅林寺派）

木津 博充（日本山妙法寺僧侶）

くじゅう のりこ（カトリック東京正義と平和委員会、平和といのち・イグナチオ9条の会）

久保 博夫（日本キリスト教団神奈川教区高座渋谷教会）

栗原 通了（日本基督教団福山東教会役員）

黒住 昭子（黒住教婦人会会長）

郡島 恒昭*（浄土真宗本願寺派光照寺元住職）

古賀 健一郎（日本キリスト教団紅葉坂教会役員）

小島 教昌（日蓮宗本山妙覚寺執事）

小島 寛（浄土宗西山禅林寺

データシート 24. 北東アジア非核兵器地帯を求める 宗教者声明（続き）

派良恩寺住職）

小西 望（日本基督教団仙台北教会牧師）

小橋 孝一※※（日本キリスト教協議会議長）

小林 恵太（アトンメントのフランシスコ会副地区長修道士）

小林 克哉（日本基督教団呉平安教会牧師）

小宮 一子（名古屋YWCA総幹事）

近藤 理恵子（真言宗寺族）

齋藤 昭俊※（大正大学名誉教授、真言宗智山派寶蓮寺住職）

齋藤 真 浄土真宗本願寺派光尊寺住職）

斉藤 寿代（日本基督教団雪ノ下教会信徒）

坂上 良※（浄土真宗本願寺派布教使）

佐々木 孝始（浄土真宗本願寺派教覚寺住職）

佐々木 雅子（鎌倉恩寵教会信徒）

塩出 大作（創価学会広島平和委員会委員長）

茂田 真澄※（アーユス仏教国際協力ネットワーク理事長・浄土宗勝楽寺住職）

芝 幸介（椿大神社禰宜）

島田 茂※（日本YMCA同盟総主事）

島村 眞知子※（日本基督教団広島牛田教会役員、日本基督教団西中国教区常置委員）

釈 徹宗（浄土真宗本願寺派如来寺住職・相愛大学教授・NPO法人リライフ代表）

赤銅 聖治（(宗)円応教円応青年会会長）

白戸 清※（宗教法人日本基督教団野辺地教会牧師）

城山 大賢※（真宗報正寺住職）

菅原 龍憲※（浄土真宗本願寺派僧侶、真宗遺族会代表、東西本願寺を結ぶ非戦・平和共同行動(共同代表)）

菅原 智之（アーユス仏教国際協力ネットワーク理事・浄土真宗本願寺派高林寺住職）

杉谷 義純※※（元天台宗宗務総長、世界宗教者平和会議軍縮安全保障常設委員会委員長）

杉谷 義恭（天台宗国際平和宗教協力協会専門委員）

鈴木 伶子（平和を実現するキリスト者ネット前事務局代表、元日本キリスト教協議会議長）

鈴木 孝（真宗大谷派推進員）

平良 愛香※（平和を実現するキリスト者ネット事務局代表、日本キリスト教団、三・一教会牧師）

高石 彰也（浄土真宗正円寺前住職）

高橋 悦堂（曹洞宗普門寺副住職）

高見 三明※※（カトリック長崎大司教区大司教）

立石 明日香（真宗誠心寺副住職）

田中 庸仁（真正会会長）

田中 美津次（鎌倉恩寵教会員）

田邊 修一（西山浄土宗布教使）

谷川 寛敬（日蓮宗真成寺副住職）

谷川 修真（真宗大谷派円光寺住職）

月下 美孝※（日本基督教団広島東部教会牧師、広島市キリスト教会連盟代表）

出口 玲子（日本宗教者平和協議会常任理事、キリスト教信徒）

土井 桂子※（日本基督教団廿日市教会役員、日本基督教団西中国教区常置委員）

釈 恵子（真宗誠心寺）

徳永 翔（真宗大谷派門徒）

冨田 成美（日本宗教者平和協議会常任理事）

豊田 靖史（浄土真宗本願寺派西光寺住職）

長岡 裕之（浄土真宗本願寺派龍雲寺住職）

中野 東禅※（曹洞宗僧侶）

中村 憲一郎（立正佼成会常務理事）

中村 淑子（鎌倉雪ノ下教会員）

西口 のぞみ（仏教徒）

西嶋 佳弘※（日本基督教団広島牛田教会牧師）

西田 多戈止※（一燈園当番、WCRP JAPAN顧問、サンメッセ日南代表取締役）

西原 廉太※（立教学院副院長・立教大学文学部長・日本聖公会司祭）

忍関 崇（浄土真宗本願寺派崇徳寺住職）

橋本 直行※（日本基督教団光教会牧師、日本基督教団西中国教区核問題特別委員会委員長）

幡多 哲也※（浄土真宗本願寺派西方寺住職）

樋口 作（(宗)日本ムスリム協会理事、前会長）

平井 俊江（日本キリスト教団船越教会員）

平野 晶男（日本キリスト教団（東京教区・北支区）「百人町教会」教会員）

平松 達美（カトリック鶴見教会主任司祭）

昼間 範子（日本カトリック正義と平和協議会事務局）

深水 正勝（カトリック東京大司教区志村教会主任司祭）

福井 智行（真宗興正派称名寺住職）

藤 大慶※（浄土真宗本願寺派西福寺前住職）

藤田 桂一郎（立正佼成会墨田教会教務副部長）

藤谷 佐斗子※（日本YWCA会長）

藤原 玲子（静岡YWCA会長）

古川 明※（生長の家信徒）

牧野 美登里※（日本キリスト教会神奈川教区なか伝道所）

松岡 広也（曹洞宗光明寺住職、全日本仏教青年会国際委員長）

故・松下 日肆（本門法華宗大本山妙蓮寺貫首）

松島 正雄（鎌倉恩寵教会客員）

松本 智量（アーユス仏教国際協力ネットワーク副理事長・浄土真宗本願寺派延立寺住職）

光延 一郎（イエズス会司祭）

宮城 泰年※（聖護院門跡門主）

三宅 善信（金光教泉尾教会総長）

三吉 小祈（日本基督教団広島府中教会牧師）

村上 雅子（国際基督教大学名誉教授）

村瀬 俊夫※（平和を実現するキリスト者ネット事務局副代表）持田 貫信（アーユス仏教国際協力ネットワーク理事・日蓮宗本久寺住職）

矢野 太一※（日本宗教者平和協議会代表委員、天理教平和の会会長）

山崎 龍明※※（浄土真宗本願寺派僧侶）

山崎 美由紀（日蓮教学研究所研究員）

吉岡 輝彦（創価学会長崎平和委員会委員長）

吉澤 道子（名古屋YWCA会長）

吉田 達也（公益財団法人庭野平和財団プログラムオフィサー）

吉田 敬一（浄土真宗単立西栄寺僧括）

吉田 行典（日本山妙法寺大僧伽首座）

和田 洋子（鎌倉雪ノ下教会員）

渡辺 幸子（日本キリスト教団なか伝道所）

渡辺 誉一（日本キリスト教団鎌倉恩寵教会牧師）

用語の説明

●イージス・システム

　もともとは、洋上防空能力など艦船防御能力を備えた艦上戦闘システム。現在は陸上配備システム（イージス・アショア）もある。レーダーやソナーを利用して複数の目標に関する情報を同時に処理し、誘導ミサイルなどを用いてそれらを同時攻撃できる。弾道ミサイルに対する迎撃能力を備えたミサイルSM3も組み込まれている。「イージス」はギリシャ神話の神の盾。

●核態勢見直し（NPR）（米）
（Nuclear Posture Review）

　米議会が核政策の包括的な再検討のために作成を求める文書。米国防総省が作成する。これまで、94年（クリントン政権）、02年（ブッシュ政権、作成されたのが01年末なので01年NPRと呼ぶこともある）、10年（オバマ政権）、9そして18年（トランプ政権）の4回出されている。10年のNPRは資料1-9（●●ページ）参照。

●オスロ・プロセス

　クラスター弾の全面禁止条約締結を目指した条約案交渉プロセス。国連や赤十字委員会、NGO「クラスター弾連合（CMC）」などの働きかけが後押しとなり、2007年2月、ノルウェーなど49か国が「オスロ宣言」を採択して条約交渉が始まった。対人地雷禁止条約の成立プロセスを**オタワ・プロセス**というのと同じように、同志国家とNGOが国連システムの外でクラスター弾禁止条約を成立させたプロセスをこう呼ぶ。

●核軍縮・不拡散議員連盟（PNND）
（Parliamentarians for Nuclear Non-proliferation and Disarmament）

　国際NGO「中堅国家構想」（MPI）の提唱で01年に創設された、核軍縮を目指す国際的な議員集団。現在、84か国から800人以上の議員が参加している（17年10月アクセ

ス）。なかでも日本、ニュージーランド、ベルギー、カナダ、ドイツに参加議員数が多い。PNND日本は02年7月に結成され、17年3月22日現在、58人が参加。

●核兵器禁止条約（TPNW）

　17年7月7日、「核兵器を禁止し完全廃棄に導く拘束力のある法的文書を交渉する国連会議」で採択された核兵器の禁止を明記した史上初の条約。広島、長崎の原爆投下から72年の歴史で、核兵器の使用及び使用するとの威嚇を禁止するだけでなく、核兵器の開発・実験・生産・製造・保有・貯蔵等を禁止し、加えて保有する核兵器の全廃を義務づける条約で、すべての国に開かれた条約はこれまでに存在しなかった。

●核燃料サイクル

　ウラン鉱石の採掘から核燃料の製造までの過程、原子炉で核燃料を燃焼する過程、使用済み核燃料を再処理したり、処分したりする過程の全過程をさす。再処理過程を含むかどうかでサイクルの様相は大きく異なる。⇒使用済み核燃料再処理。

●カットオフ条約

　兵器用核分裂性物質生産禁止条約（FMCT）のこと。核兵器の材料となる高濃縮ウランやプルトニウムの生産を禁止することが目的。

●核供給国グループ（NSG）

　核兵器に転用可能な物資、燃料、技術などの輸出規制を目的とする国際グループ。74年のインドによる核実験を受けて翌75年にできた。18年6月現在、48か国が加盟。

●国連総会第1委員会

　国連総会に付属する6つの委員会のひとつで、主に、軍縮・国際安全保障問題を取り扱う。通常は、10月から4〜5週間にわたって開催される。

●集団的自衛権

　自国が攻撃を受けていなくても、同盟国が攻撃された場合にその同盟国を援助し、共同で防衛する権利。国連憲章第51条は、国連加盟国に対して武力攻撃が行われた

際、安全保障理事会が必要な措置をとるまでの間、加盟国が個別的・集団的自衛権を行使する権利を認めている。日本政府は、集団的自衛権の行使は憲法上認められないとの立場をとってきたが、14年7月1日、一定条件下で行使を容認する閣議決定を行った。

●ジュネーブ軍縮会議（あるいは単に軍縮会議）(CD)
(Conference on Disarmament)

　現在65か国で構成される、唯一の多国間の軍縮問題交渉機関。事務局長は国連総会によって指名されるが、厳密には国連の付属組織ではない。60年の「10か国軍縮委員会」(東西5か国ずつで構成)を起源とし、CDの名前になったのは84年である。日本の加盟は69年。前身も含めると、NPTやCTBTなどがCDで交渉された。全会一致の決定方式をとっている。

●消極的安全保証(NSA)
(Negative Security Assurance)

　核兵器非保有国に対して核兵器保有国が核兵器を使用しないと約束することによって、安全の保証を提供すること。核保有5か国(米・ロ・英・仏・中)は、国連安保理決議984(95年4月11日採択)によって一方的にNSAを宣言しているが、非保有国側は、法的拘束力のあるNSAを求めている。非核地帯条約のNSA議定書に核保有国が署名・批准している場合には、地帯内の非核国に対してNSAは法的拘束力を持つ。

●使用済み核燃料再処理

　原子炉で燃やした後の使用済み核燃料から、ウランやプルトニウムを分離、回収する作業のこと。使用価値のない核分裂生成物等が残されるため、これらを高レベル放射性廃棄物、低レベル放射性廃棄物に分離した上で処分・埋設する。

●新アジェンダ連合(NAC)
(New Agenda Coalition)

　ブラジル・エジプト・アイルランド・メキシコ・ニュージーランド・南アフリカの6か国から成る核軍縮推進派の国家連合(98年の設立時はスウェーデン、スロベニアを含む)。98年に「核兵器のない世界へ：新アジェンダの必要性」という設立の共同宣言を発したことから、この名で呼ばれている。

●戦略兵器削減条約(START)
(Strategic Arms Reduction Treaty)

　米国とソ連(当時)が91年7月に署名。94年12月に発効。01年12月、米ロ両国はこれらの削減義務の履行完了を宣言。09年12月5日に期限満了をもって失効。初めての米ソ間の戦略核兵器削減条約であった。条約において運搬手段や核弾頭の数え方を厳密に定義し、その上限を定め削減を義務づけた。また条約には広範かつ複雑な監視・検証メカニズムが規定された。11年2月5日、新STARTが発効した。

●弾道ミサイル防衛(BMD)システム

　敵国などからの弾道ミサイルを迎撃するシステム。迎撃の起点(陸上、海上、空中、大気圏外)、迎撃対象の飛行段階(初期の噴射、中間、終末)、迎撃の手段(運動エネルギー、指向性エネルギー)などの組み合わせによって、様々な種類のシステムがある。

●日米安全保障協議委員会(SCC)
(Security Consultative Committee)

　日米安保条約第4条を根拠とし、60年に設置された。当初、日本側は外務大臣と防衛庁長官、米国側は駐日米大使と太平洋軍司令官であった。しかし、90年に米側の構成員が国務長官と国防長官に格上げされ、日本側は後に防衛庁長官ではなく防衛大臣となった。しばしば「2プラス2」(ツー・プラス・ツー)と呼ばれる。

●濃縮ウランと劣化ウラン

　天然ウランにはウラン238が約99.3%、ウラン235が約0.7%含まれる。235は核分裂性であり、核燃料や兵器に用いられる。235の割合を0.7%以上に高めたものを濃縮ウランという。235が20%より低いものを低濃縮ウラン(LEU)、高いものを高濃縮ウラン(HEU)、90%を超えるものを兵器級ウランと呼ぶ。軽水型発電炉の燃料は3～5%の低濃縮ウランである。濃縮の結果、235の含有量が天然ウランより減った残余を劣化ウランという。劣化ウランは、密度と硬度が

163

高いウランの属性を保ちながら安価であることから「ウラン弾」に用いられる。劣化ウランの放射能は天然ウランの約60%に減っているにすぎない。

●非核兵器地帯(NWFZ)

一定の地理的範囲内において核兵器が排除された状態を創り出すことを目的とした、国際法上の制度。地帯内において、核兵器の開発・実験・製造・生産・取得・所有・貯蔵・輸送・配備などが禁止される。これに加え、地帯内において核兵器による攻撃やその威嚇を行わないとの核兵器国による約束(すなわち、消極的安全保証)を議定書の形で定めるのが通例である。

●武器輸出三原則

佐藤栄作内閣が1967年4月に打ち出した政策。①共産圏向けの場合、②国連決議により武器輸出が禁じられている場合、③国際紛争の当事国(あるいはそのおそれがある国)の場合、武器輸出を禁じるというもの。76年2月、三木武夫内閣はこれを拡大し、上記の対象国以外に対しても武器輸出を慎むこと、武器製造関連設備も武器に準ずる取り扱いにするとした。しかし83年1月、対米武器技術供与を例外とする後退を示した。さらに2011年12月、藤村修官房長官談話により「包括的な例外措置」を講ずるとし、例外措置の大幅拡大に踏みきった。そして14年4月1日、安倍晋三内閣は「防衛装備移転三原則」を閣議決定し、武器輸出三原則は、事実上撤廃された。

●未臨界核実験とZマシン核実験

核分裂物質は、ある一定の限界条件が満たされると核分裂の連鎖反応を起こす。この限界のことを「臨界」といい、臨界に達しない状態で行う核実験のことを未臨界核実験という。地下核爆発実験を行うことなく、備蓄核兵器を管理、維持するために行われてきた。

2010年以降、米国は、強力なX線発生装置Zマシンで、核爆発に近い環境の中でのプルトニウムの挙動を調べる新型核実験を行っている。

●IAEA追加議定書

国際原子力機関(IAEA)と保障措置協定締結国との間で追加的に締結される議定書のことであり、既存の保障措置よりも強化された措置が盛り込まれている。原子力施設内の全ての建物や活動がIAEAに対する申告の対象になり、さらに、未申告の施設や活動に対しても、直前の通告による追加的な査察(いわゆる「抜き打ち」査察)が認められている。1997年5月のIAEA特別理事会でモデル追加議定書が採択されている。2016年1月現在、146か国が署名、126か国が批准済み。米国は09年1月6日になってようやく批准。

●NPT再検討会議

核不拡散条約(NPT)第8条3項に従って、NPTの運用状況を点検するために5年に一度NPT加盟国が開く会議。1975年から2015年までの計9回開かれている。再検討会議は、本会議に加えて、第1主要委員会(核軍縮関連)、第2主要委員会(保障措置・非核兵器地帯関連)、第3主要委員会(原子力平和利用関連)に分かれる。なお、1995年以後、再検討会議に先立つ3年の間、準備委員会が毎年開催されている。

●PAC3
(Patriot Advanced Capability 3)

改良型パトリオットミサイル。短距離弾道ミサイルを陸上から迎撃するシステムで、弾道ミサイルのターミナル(終末)段階において撃ち落とす。PAC3が防御できるのは、それが配備された地点の半径数10キロメートル程度とされる。

●SM3(Standard Missile 3)

イージス・システムに組み込まれ、短・中距離弾道ミサイルを迎撃するミサイル。弾道ミサイルのミッドコース(中間飛行)段階において撃ち落とす。

●4年ごとの国防見直し(QDR)
(Quadrennial Defense Review)

米国防総省が議会からの要求によって4年ごとに提出する国防政策見直しのための文書。国防戦略や戦力構成、戦力の近代化、インフラ、予算などについて、包括的な再検討が行われる。1997年、2001年、06年、10年と作成された。

164

略語集

AA	陸上配備型イージスシステム Aegis Ashore
ACSA	日米物品役務相互提供協定 Acquisition and Cross Servicing Agreement
ATT	武器貿易条約 Arms Trade Treaty
BMD	弾道ミサイル防衛 Ballsitic Missile Defense
CD	（ジュネーブ）軍縮会議 Conference on Disarmament
CELAC	ラテンアメリカ・カリブ諸国共同体 Community of Latin American and Caribbean States
CTBT	包括的核実験禁止条約 Comprehensive Test Ban Treaty
CTBTO	包括的核実験禁止条約機関 Comprehensive Test Ban Treaty Organization
CVID	完全かつ検証可能で不可逆的 な非核化 Complete, verifiable and irreversible denuclearization
CWC	化学兵器禁止条約 Chemical Weapons Convention
DOD	（米）国防総省 Department of Defense
DOE	（米）エネルギー省 Department of Energy
DPRK	朝鮮民主主義人民共和国 Democratic People's Republic of Korea
DU	劣化ウラン Depleted Uranium
EPAA	欧州段階的適応性アプローチ European Phased Adaptive Approach
EU	欧州連合

	European Union
FMCT	兵器用核分裂性物質生産禁止条 約、またはカットオフ条約 Fissile Material Cut-off Treaty
GLCM	地上発射巡航ミサイル Ground Launched Cruise Missile
HEU	高濃縮ウラン Highly Enriched Uranium
IAEA	国際原子力機関 International Atomic Energy Agency Organization
IALANA	国際反核法律家協会 International Association of Lawyers Against Nuclear Arms
ICAN	核兵器廃絶国際キャンペーン International Campaign to Abolish Nuclear Weapons
ICBM	大陸間弾道ミサイル Inter-Continental Ballistic Missile
ICJ	国際司法裁判所 International Court of Justice
ICRC	赤十字国際委員会 International Committee of the Red Cross
INF	中距離核戦力 Intermediate-Range Nuclear Forces
IPPNW	核戦争防止国際医師会議 International Physicians for the Prevention of Nuclear War
JCPOA	共同包括的行動計画 Joint Comprehensive Plan of Action
LEP	寿命延長計画 Life Extension Program
LEU	低濃縮ウラン Low-Enriched Uranium
MD	ミサイル防衛 Missile Defense
MIRV	多弾頭独立目標再突入体 Multiple Independently-targetable Reentry Vehicle
MOX	ウラン・プルトニウム混合酸化物 Mixed (uranium and plutonium) Oxide
MPI	中堅国家構想

	Middle Powers Initiative
NAC	新アジェンダ連合 New Agenda Coalition
NAM	非同盟運動（諸国） Non-Aligned Movement
NATO	北大西洋条約機構 North Atlantic Treaty Organization
NLL	北方限界線 Northern Limit Line
NNSA	（米）国家核安全保障管理局 National Nuclear Security Agency
NPDI	不拡散・軍縮イニシャチブ Non-Proliferation and Disarmament Initiative
NPR	核態勢見直し Nuclear Posture Review
NPT	核不拡散条約 Nuclear Non-Proliferation Treaty/ Treaty on the Non-Proliferation of Nuclear Weapons
NSA	消極的安全保証 Negative Security Assurance
NSG	核供給国グループ Nuclear Suppliers Group
NWBT	簡易型核兵器禁止条約 Nuclear Weapons Ban Treaty
NWC	（包括的）核兵器禁止条約 Nuclear Weapons Convention
NWFZ	非核兵器地帯 Nuclear Weapon Free Zone
OEWG	国連「核軍縮」公開作業部会 Open-Ended Working Group
P5	国連安全保障会議常任理事国 Permanent five
PAC3	改良型パトリオットミサイル3 Patriot Advanced Capability 3
PKO	国連平和維持活動 United Nations Peacekeeping Operation
PNND	核軍縮・不拡散議員連盟 Parliamentarians for Nuclear Non-Proliferation and Disarmament
PSPD	参与連帯 People's Solidarity for Participatory Democracy

QDR	4年ごとの国防見直し Quadrennial Defense Review
RECNA	長崎大学核兵器廃絶研究センター Research Center for Nuclear Weapons Abolition, Nagasaki University
RMI	マーシャル諸島共和国 the Republic of the Marshall Islands
RV	再突入体 Re-entry Vehicle
SACO	沖縄に関する特別行動委員会 Special Action Committee on Okinawa
SDSR	（英）戦略防衛及び安全保障の見直し Strategic Defence and Security Review
SLBM	潜水艦発射弾道ミサイル Submarine-Launched Ballistic Missile
SM3	スタンダード・ミサイル3 Standard Missile 3
SSMP	備蓄核兵器維持管理計画 Stockpile Stewardship and Management Plan
START	戦略兵器削減交渉（あるいは条約） Strategic Arms Reduction Talks (Treaty)
THAAD	高高度防衛ミサイル Terminal High Altitude Area Defense Missile
TPNW	核兵器禁止条約 Treaty on the Prohibition of Nuclear Weapons
UNODA	国連軍縮局 United Nations Office for Disarmament Affairs
UAE	アラブ首長国連邦 United Arab Emirates
WMD	大量破壊兵器 Weapons of Mass Destruction

資料

1. 基礎資料
2. 新資料

（翻訳責任は、特に断りのない
限りピースデポにある。）

資料
目次

1.基礎資料

1-1	核不拡散条約(NPT)全文	170
1-2	国連憲章(抜粋)　前文、第1章、第7章　第39～42条、第51条	174
1-3	国際司法裁判所(ICJ)勧告的意見(96年7月8日)	177
1-4	95年NPT再検討会議「中東決議」(95年5月11日)	178
1-5	国連軍縮委員会による非核兵器地帯に関する報告書(99年4月30	179
1-6	2000年NPT再検討会議最終文書(13+2)項目(00年5月19日)	184
1-7	2010年NPT再検討会議最終文書　「行動勧告」(10年5月28日)	186
1-8	オバマ米大統領・プラハ演説(09年4月5日)	196
1-9	米核態勢見直し(NPR)報告書(10年4月6日)	198
1-10	日本国憲法 前文、第9条(47年5月3日施行)	208
1-11	日米安全保障条約第5条・第6条(60年6月23日発効)	209
1-12	日本の核基本政策(68年1月30日)	209
1-13	日朝平壌宣言(02年9月17日)	210
1-14	朝鮮半島の非核化に関する共同宣言(92年1月20日)	211
1-15	9.19「6か国協議共同声明」(05年9月19日)	211
1-16	モデル北東アジア非核兵器地帯条約(草案5)(08年12月13日)	213
1-17	核兵器・核軍縮年表(1945年～2017年)	221

2.新資料

A　核兵器禁止条約の成立

2A-1	核兵器禁止条約(TPNW)(全訳)(17年7月7日)	223
2A-2	核兵器禁止条約に関する高見沢国連大使の演説(抜粋訳)(17年3月27日)	
		231
2A-3	核兵器禁止条約に関する米英仏の共同声明(17年7月7日)	233
2A-4	藤森俊希日本被団協事務局次長の演説(17年3月27日)	234
2A-5	広島・長崎の2017平和宣言	236
2A-6	核禁条約への署名・批准を求める広島市・長崎市議会の意	240
2A-7	核軍縮枠組み条約骨子案(ピースデポ)(17年2月)	242

B　国連総会日本決議と新アジェンダ決議

2B-1	第72回国連総会・新アジェンダ連合(NAC)決議	247
2B-2	第72回国連総会・日本決議	252
2B-3	国連総会日本決議へのピースデポの要請書(17年11月22日)	255
2B-4	「賢人会議」の設立	259

C 米政権の核兵器および軍事政策

2C-1 核安全保障に関するバイデン米副大統領の演説(抜粋訳)(17年1月11日)
261

2C-2 トランプ大統領の軍再建覚書(全訳)(17年1月27日) 265

2C-3 国防費増額を求めるトランプ大統領の議会演説(抜粋訳)(17年2月28日)
266

2C-4 米国家安全保障戦略2017(抜粋訳)(17年12月18日) 268

D 朝鮮半島情勢

2D-1 第72回国連総会一般演説・ドナルド・トランプ米大統領(17年9月19日)
271

2D-2 第72回国連総会一般演説・安倍晋三首相(17年9月20日) 272

2D-3 第72回国連総会一般演説・韓国の文在寅大統領 273

2D-4 第72回国連総会一般演説・北朝鮮の李容浩外相 (17年9月23日)
275

2D-5 DPRKへ9回目の安保理決議(17年9月11日) 277

2D-6 DPRKへ10回目の安保理決議(17年12月22日) 281

2D-7 チョ・ヨンサム氏の遺書と哀悼声明(17年9月19日) 283

E その他

2E-1 軍学共同研究に関する日本学術会議の声明(17年3月24日) 286

2E-2 沖縄県「慰霊の日」全戦没者追悼式・2017平和宣言(17年6月23日)
287

資料1-1　核不拡散条約(NPT)　全文

採択　1968年7月1日
発効　1970年3月5日

（外務省訳にピースデポが手を加えた）

前文

　この条約を締結する国(以下「締約国」という。)は、

　核戦争が全人類に惨害をもたらすものであり、したがつて、このような戦争の危険を回避するためにあらゆる努力を払い、及び人民の安全を保障するための措置をとることが必要であることを考慮し、

　核兵器の拡散が核戦争の危険を著しく増大させるものであることを信じ、

　核兵器の一層広範にわたる分散の防止に関する協定を締結することを要請する国際連合総会の諸決議に従い、

　平和的な原子力活動に対する国際原子力機関の保障措置の適用を容易にすることについて協力することを約束し、

　一定の枢要な箇所において機器その他の技術的手段を使用することにより原料物質及び特殊核分裂性物質の移動に対して効果的に保障措置を適用するという原則を、国際原子力機関の保障措置制度のわく内で適用することを促進するための研究、開発その他の努力に対する支持を表明し、

　核技術の平和的応用の利益(核兵器国が核爆発装置の開発から得ることができるすべての技術上の副産物を含む。)が、平和的目的のため、すべての締約国(核兵器国であるか非核兵器国であるかを問わない。)に提供されるべきであるという原則を確認し、

　この原則を適用するに当たり、すべての締約国が、平和的目的のための原子力の応用を一層発展させるため可能な最大限度まで科学的情報を交換することに参加し、及び単独で又は他の国と協力してその応用の一層の発展に貢献する権利を有することを確信し、

　核軍備競争の停止をできる限り早期に達成し、及び核軍備の縮小の方向で効果的な措置をとる意図を宣言し、

　この目的の達成についてすべての国が協力することを要請し、

　千九百六十三年の大気圏内、宇宙空間及び水中における核兵器実験を禁止する条約の締約国が、同条約前文において、核兵器のすべての実験的爆発の永久的停止の達成を求め及びそのために交渉を継続する決意を表明したことを想起し、

　厳重かつ効果的な国際管理の下における全面的かつ完全な軍備縮小に関する条約に基づき核兵器の製造を停止し、貯蔵されたすべての核兵器を廃棄し、並びに諸国の軍備から核兵器及びその運搬手段を除去することを容易にするため、国際間の緊張の緩和及び諸国間の信頼の強化を促進することを希望し、

　諸国が、国際連合憲章に従い、その国際関係において、武力による威嚇又は武力の行使を、いかなる国の領土保全又は政治的独立に対するものも、また、国際連合の目的と両立しない他のいかなる方法によるものも慎まなければならないこと並びに国際の平和及び安全の確立及び維持が世界の人的及び経済的資源の軍備のための転用を最も少なくして

170

促進されなければならないことを想起して、
　次のとおり協定した。

第1条

　締約国である各核兵器国は、核兵器その他の核爆発装置又はその管理をいかなる者に対しても直接又は間接に移譲しないこと及び核兵器その他の核爆発装置の製造若しくはその他の方法による取得又は核兵器その他の核爆発装置の管理の取得につきいかなる非核兵器国に対しても何ら援助、奨励又は勧誘を行わないことを約束する。

第2条

　締約国である各非核兵器国は、核兵器その他の核爆発装置又はその管理をいかなる者からも直接又は間接に受領しないこと、核兵器その他の核爆発装置を製造せず又はその他の方法によつて取得しないこと及び核兵器その他の核爆発装置の製造についていかなる援助をも求めず又は受けないことを約束する。

第3条

1 締約国である各非核兵器国は、原子力が平和的利用から核兵器その他の核爆発装置に転用されることを防止するため、この条約に基づいて負う義務の履行を確認することのみを目的として国際原子力機関憲章及び国際原子力機関の保障措置制度に従い国際原子力機関との間で交渉しかつ締結する協定に定められる保障措置を受諾することを約束する。この条の規定によつて必要とされる保障措置の手続は、原料物質又は特殊核分裂性物質につき、それが主要な原子力施設において生産され、処理され若しくは使用されているか又は主要な原子力施設の外にあるかを問わず、遵守しなければならない。この条の規定によつて必要とされる保障措置は、当該非核兵器国の領域内若しくはその管轄下で又は場所のいかんを問わずその管理の下で行われるすべての平和的な原子力活動に係るすべての原料物質及び特殊核分裂性物質につき、適用される。

2 各締約国は、(a)原料物質若しくは特殊核分裂性物質又は(b)特殊核分裂性物質の処理、使用若しくは生産のために特に設計され若しくは作成された設備若しくは資材を、この条の規定によつて必要とされる保障措置が当該原料物質又は当該特殊核分裂性物質について適用されない限り、平和的目的のためいかなる非核兵器国にも供給しないことを約束する。

3 この条の規定によつて必要とされる保障措置は、この条の規定及び前文に規定する保障措置の原則に従い、次条の規定に適合する態様で、かつ、締約国の経済的若しくは技術的発展又は平和的な原子力活動の分野における国際協力(平和的目的のため、核物質及びその処理、使用又は生産のための設備を国際的に交換することを含む。)を妨げないような態様で、実施するものとする。

4 締約国である非核兵器国は、この条に定める要件を満たすため、国際原子力機関憲章に従い、個々に又は他の国と共同して国際原子力機関と協定を締結するものとする。その協定の交渉は、この条約が最初に効力を生じた時から百八十日以内に開始しなければならない。この百八十日の期間の後に批准書又は加入書を寄託する国については、その協定の交渉は、当該寄託の日までに開始しなければならない。その協定は、交渉開始の日の後十八箇月以内に効力を生ずるものとする。

第４条

1 この条約のいかなる規定も、無差別にかつ第一条及び第二条の規定に従つて平和的
目的のための原子力の研究、生産及び利用を発展させることについてのすべての締
約国の奪い得ない権利に影響を及ぼすものと解してはならない。

2 すべての締約国は、原子力の平和的利用のため設備、資材並びに科学的及び技術的
情報を可能な最大限度まで交換することを容易にすることを約束し、また、その交換
に参加する権利を有する。締約国は、また、可能なときは、単独で又は他の国若しくは
国際機関と共同して、世界の開発途上にある地域の必要に妥当な考慮を払つて、平和
的目的のための原子力の応用、特に締約国である非核兵器国の領域におけるその応
用の一層の発展に貢献することに協力する。

第５条

各締約国は、核爆発のあらゆる平和的応用から生ずることのある利益が、この条約
に従い適当な国際的監視の下でかつ適当な国際的手続により無差別の原則に基づい
て締約国である非核兵器国に提供されること並びに使用される爆発装置についてそ
の非核兵器国の負担する費用が、できる限り低額であり、かつ、研究及び開発のための
いかなる費用をも含まないことを確保するため、適当な措置をとることを約束する。
締約国である非核兵器国は、特別の国際協定に従い、非核兵器国が十分に代表されて
いる適当な国際機関を通じてこのような利益を享受することができる。この問題に関
する交渉は、この条約が効力を生じた後できる限り速やかに開始するものとする。締
約国である非核兵器国は、希望するときは、二国間協定によつてもこのような利益を
享受することができる。

第６条

各締約国は、核軍備競争の早期の停止及び核軍備の縮小に関する効果的な措置につ
き、並びに厳重かつ効果的な国際管理の下における全面的かつ完全な軍備縮小に関す
る条約について、誠実に交渉を行うことを約束する。

第７条

この条約のいかなる規定も、国の集団がそれらの国の領域に全く核兵器の存在しな
いことを確保するため地域的な条約を締結する権利に対し、影響を及ぼすものではな
い。

第８条

1 いずれの締約国も、この条約の改正を提案することができる。改正案は、寄託国政府
に提出するものとし、寄託国政府は、これをすべての締約国に配布する。その後、締約
国の三分の一以上の要請があつたときは、寄託国政府は、その改正を審議するため、
すべての締約国を招請して会議を開催する。

2 この条約のいかなる改正も、すべての締約国の過半数の票(締約国であるすべての核
兵器国の票及び改正案が配布された日に国際原子力機関の理事国である他のすべて
の締約国の票を含む。)による議決で承認されなければならない。その改正は、すべ

ての締約国の過半数の改正の批准書(締約国であるすべての核兵器国の改正の批准書
及び改正案が配布された日に国際原子力機関の理事国である他のすべての締約国の改
正の批准書を含む。)が寄託された時に、その批准書を寄託した各締約国について効力
を生ずる。その後は、改正は、改正の批准書を寄託する他のいずれの締約国についても、
その寄託の時に効力を生ずる。

3 前文の目的の実現及びこの条約の規定の遵守を確保するようにこの条約の運用を検討
するため、この条約の効力発生の五年後にスイスのジュネーヴで締約国の会議を開催
する。その後五年ごとに、締約国の過半数が寄託国政府に提案する場合には、条約の運
用を検討するという同様の目的をもつて、更に会議を開催する。

第9条

1 この条約は、署名のためすべての国に開放される。この条約が3の規定に従つて効力を
生ずる前にこの条約に署名しない国は、いつでもこの条約に加入することができる。

2 この条約は、署名国によつて批准されなければならない。批准書及び加入書は、ここに
寄託国政府として指定されるグレート・ブリテン及び北部アイルランド連合王国、ソ
ヴィエト社会主義共和国連邦及びアメリカ合衆国の政府に寄託する。

3 この条約は、その政府が条約の寄託者として指定される国及びこの条約の署名国であ
る他の四十の国が批准しかつその批准書を寄託した後に、効力を生ずる。この条約の適
用上、「核兵器国」とは、千九百六十七年一月一日前に核兵器その他の核爆発装置を製造
しかつ爆発させた国をいう。

4 この条約は、その効力発生の後に批准書又は加入書を寄託する国については、その批准
書又は加入書の寄託の日に効力を生ずる。

5 寄託国政府は、すべての署名国及び加入国に対し、各署名の日、各批准書又は各加入書
の寄託の日、この条約の効力発生の日、会議の開催の要請を受領した日及び他の通知を
速やかに通報する。

6 この条約は、寄託国政府が国際連合憲章第百二条の規定に従つて登録する。

第10条

1 各締約国は、この条約の対象である事項に関連する異常な事態が自国の至高の利益を
危うくしていると認める場合には、その主権を行使してこの条約から脱退する権利を
有する。当該締約国は、他のすべての締約国及び国際連合安全保障理事会に対し三箇月
前にその脱退を通知する。その通知には、自国の至高の利益を危うくしていると認める
異常な事態についても記載しなければならない。

2 この条約の効力発生の二十五年後に、条約が無期限に効力を有するか追加の一定期間
延長されるかを決定するため、会議を開催する。その決定は、締約国の過半数による議
決で行う。

第11条

この条約は、英語、ロシア語、フランス語、スペイン語及び中国語をひとしく正文とし、
寄託国政府に寄託される。この条約の認証謄本は、寄託国政府が署名国政府及び加入国
政府に送付する。

以上の証拠として、下名は、正当に委任を受けてこの条約に署名した。

1968年7月1日にロンドン市、モスクワ市及びワシントン市で本書三通を作成した。

原文:国連サイト

資料1-2　国連憲章(抜粋)　前文、第1章、第7章　第39〜42条、第51条

1945年6月26日　調印
1945年10月24日　発効
(国連広報センター訳)

序

　国際連合憲章は、国際機構に関する連合国会議の最終日の、1945年6月26日にサンフランシスコにおいて調印され、1945年10月24日に発効した。国際司法裁判所規程は国連憲章と不可分の一体をなす。

　国連憲章第23条、第27条および第61条の改正は、1963年12月17日に総会によって採択され、1965年8月31日に発効した。1971年12月20日、総会は再び第61条の改正を決議、1973年9月24日発効した。1965年12月20日に総会が採択した第109条の改正は、1968 年6月12日発効した。

　第23条の改正によって、安全保障理事会の理事国は11から15カ国に増えた。第27条の改正によって、手続き事項に関する安全保障理事会の表決は9理事国(改正以前は7)の賛成投票によって行われ、その他のすべての事項に関する表決は、5常任理事国を含む9理事国(改正以前は7)の賛成投票によって行われる。

　1965年8月31日発効した第61条の改正によって、経済社会理事会の理事国数は18から27に増加した。1973年9月24日発効した2回目の61条改正により、同理事会理事国数はさらに、54に増えた。

　第109条1項の改正によって、国連憲章を再審議するための国連加盟国の全体会議は、総会構成国の3分の2の多数と安全保障理事会のいずれかの9 理事国(改正前は7)の投票によって決定される日と場所で開催されることになった。但し、第10通常総会中に開かれる憲章改正会議の審議に関する109条 3項中の「安全保障理事会の7理事国の投票」という部分は改正されなかった。1955年の第10総会及び安全保障理事会によって、この項が発動された。

国際連合憲章

われら連合国の人民は、われらの一生のうちに二度まで言語に絶する悲哀を人類に与えた戦争の惨害から将来の世代を救い、基本的人権と人間の尊厳及び価値と男女及び大小各国の同権とに関する信念をあらためて確認し、正義と条約その他の国際法の源泉から生ずる義務の尊重とを維持することができる条件を確立し、一層大きな自由の中で社会的進歩と生活水準の向上とを促進すること
並びに、このために、寛容を実行し、且つ、善良な隣人として互いに平和に生活し、国際の平和及び安全を維持するためにわれらの力を合わせ、共同の利益の場合を除く外は武力を用いないことを原則の受諾と方法の設定によって確保し、すべての人民の経済的及び社会的発達を促進するために国際機構を用いることを決意して、これらの目的を達成するために、われらの努力を結集することに決定した。

よって、われらの各自の政府は、サン・フランシスコ市に会合し、全権委任状を示してそれが良好妥当であると認められた代表者を通じて、この国際連合憲章に同意したので、ここに国際連合という国際機構を設ける。

第 1 章　目的及び原則
第 1 条
　国際連合の目的は、次のとおりである。

　国際の平和及び安全を維持すること。そのために、平和に対する脅威の防止及び除去と侵略行為その他の平和の破壊の鎮圧とのため有効な集団的措置をとること並びに平和を破壊するに至る虞のある国際的な紛争又は事態の調整または解決を平和的手段によって且つ正義及び国際法の原則に従って実現すること。
人民の同権及び自決の原則の尊重に基礎をおく諸国間の友好関係を発展させること並びに世界平和を強化するために他の適当な措置をとること。
経済的、社会的、文化的または人道的性質を有する国際問題を解決することについて、並びに人種、性、言語または宗教による差別なくすべての者のために人権及び基本的自由を尊重するように助長奨励することについて、国際協力を達成すること。
これらの共通の目的の達成に当たって諸国の行動を調和するための中心となること。

第 2 条
　この機構及びその加盟国は、第1条に掲げる目的を達成するに当っては、次の原則に従って行動しなければならない。

　この機構は、そのすべての加盟国の主権平等の原則に基礎をおいている。
　すべての加盟国は、加盟国の地位から生ずる権利及び利益を加盟国のすべてに保障するために、この憲章に従って負っている義務を誠実に履行しなければならない。
　すべての加盟国は、その国際紛争を平和的手段によって国際の平和及び安全並びに正義を危うくしないように解決しなければならない。
　すべての加盟国は、その国際関係において、武力による威嚇又は武力の行使を、いかなる国の領土保全又は政治的独立に対するものも、また、国際連合の目的と両立しない

他のいかなる方法によるものも慎まなければならない。

　すべての加盟国は、国際連合がこの憲章に従ってとるいかなる行動についても国際連合にあらゆる援助を与え、且つ、国際連合の防止行動又は強制行動の対象となっているいかなる国に対しても援助の供与を慎まなければならない。

　この機構は、国際連合加盟国ではない国が、国際の平和及び安全の維持に必要な限り、これらの原則に従って行動することを確保しなければならない。

　この憲章のいかなる規定も、本質上いずれかの国の国内管轄権内にある事項に干渉する権限を国際連合に与えるものではなく、また、その事項をこの憲章に基く解決に付託することを加盟国に要求するものでもない。但し、この原則は、第7章に基く強制措置の適用を妨げるものではない。

（略）

第7章　平和に対する脅威、平和の破壊及び侵略行為に関する行動

第39条

　安全保障理事会は、平和に対する脅威、平和の破壊又は侵略行為の存在を決定し、並びに、国際の平和及び安全を維持し又は回復するために、勧告をし、又は第41条及び第42条に従っていかなる措置をとるかを決定する。

第40条

　事態の悪化を防ぐため、第39条の規定により勧告をし、又は措置を決定する前に、安全保障理事会は、必要又は望ましいと認める暫定措置に従うように関係当事者に要請することができる。この暫定措置は、関係当事者の権利、請求権又は地位を害するものではない。安全保障理事会は、関係当時者がこの暫定措置に従わなかったときは、そのことに妥当な考慮を払わなければならない。

第41条

　安全保障理事会は、その決定を実施するために、兵力の使用を伴わないいかなる措置を使用すべきかを決定することができ、且つ、この措置を適用するように国際連合加盟国に要請することができる。この措置は、経済関係及び鉄道、航海、航空、郵便、電信、無線通信その他の運輸通信の手段の全部又は一部の中断並びに外交関係の断絶を含むことができる。

第42条

安全保障理事会は、第41条に定める措置では不充分であろうと認め、又は不充分なことが判明したと認めるときは、国際の平和及び安全の維持又は回復に必要な空軍、海軍または陸軍の行動をとることができる。この行動は、国際連合加盟国の空軍、海軍又は陸軍による示威、封鎖その他の行動を含むことができる。

（略）

第51条

この憲章のいかなる規定も、国際連合加盟国に対して武力攻撃が発生した場合には、安全保障理事会が国際の平和及び安全の維持に必要な措置をとるまでの間、個別的又は集団的自衛の固有の権利を害するものではない。この自衛権の行使に当って加盟国がとった措置は、直ちに安全保障理事会に報告しなければならない。また、この措置は、安全保障理事会が国際の平和及び安全の維持または回復のために必要と認める行動をいつでもとるこの憲章に基く権能及び責任に対しては、いかなる影響も及ぼすものではない。

（略）

資料1-3　国際司法裁判所(ICJ)勧告的意見

核兵器の威嚇または使用の合法性に関する国際司法裁判所の勧告的意見
（抜粋）
1996年7月8日

99.このような状況のもとで、核不拡散条約第6条の「誠実に核軍縮交渉をおこなう義務」という認識がきわめて重要であると、本法廷は考える。この条項は以下のように述べている。

　「各締約国は、核軍備競争の早期の停止及び核軍備の縮小に関する効果的な措置につき、並びに厳格かつ効果的な国際管理の下における全面的かつ完全な軍備縮小に関する条約について、誠実に交渉を行うことを約束する。」

　この義務の法的重要性は、単なる行為の義務という重要性をこえたものである。すなわちここで問題となる義務とは、あらゆる分野における核軍縮という正確な結果を、誠実な交渉の追求という特定の行為をとることによって達成する義務である。

100.交渉を追求しかつ公式に達成するというこの二重の義務は、核不拡散条約に参加する182カ国、いい換えれば国際社会の圧倒的多数にかかわるものである。

　さらに、核軍縮に関する国連総会決議がくり返し全会一致で採択されてきたとき、事実上国際社会全体がそれに関与してきたのである。実際、全面的かつ完全な軍縮、とくに核軍縮の現実的な追求には、すべての国家の協力が必要である。

105.これらの理由により、裁判所は、(1)勧告的意見の要請に従うことを決定する。
(2)総会の諮問に次の方法で答える。(13票対1票)

　A　核兵器の威嚇または使用のいかなる特別の権限も、慣習国際法上も条約国際法上も存在しない。(全会一致)

　B　核兵器それ自体の威嚇または使用のいかなる包括的または普遍的禁止も、慣習国際法上も条約国際法上も、存在しない。(11票対3票)

　C　国連憲章2条4項に違反し、かつ、その51条のすべての要請を満たしていない、核兵

器による武力の威嚇または武力の行使は、違法である。(全会一致)

D　核兵器の威嚇または使用は、武力紛争に適用される国際法の要請とくに国際人道法の原則および規制の要請、ならびに、核兵器を明示的にとり扱う条約および他の約束の特別の義務と、両立するものでなければならない。(全会一致)

E上述の要請から、核兵器の威嚇または使用は、武力紛争に適用される国際法の諸規則、そしてとくに人道法の原則および規則に、一般に違反するであろう。しかしながら、国際法の現状および裁判所の有する事実の諸要素を勘案して、裁判所は、核兵器の威嚇または使用が、国家の存亡そのものがかかった自衛の極端な状況のもとで、合法であるか違法であるかをはっきりと結論しえない。(7票対7票、裁判所長のキャスティング・ボート)

F　厳格かつ効果的な国際管理の下において、すべての側面での核軍縮に導く交渉を誠実におこないかつ完結させる義務が存在する。(全会一致)

www.icj-cij.org/docket/files/93/7407.pdf

資料1-4　95年NPT再検討会議「中東決議」(全訳)

NPT/CONF.1995/32 (Part I)付属文書
1995年5月11日採択

核不拡散条約(NPT)の加盟国会議は、

NPTの目的及び諸条項を強調し、

条約第7条にしたがい、非核兵器地帯の設立が国際的な不拡散体制の強化に貢献することを認識し、

安全保障理事会が、1992年1月31日付の声明において、核及び他のすべての大量破壊兵器の拡散が国際の平和と安全に対する脅威であると確認したことを想起し、

また中東非核兵器地帯の設立を支持する全会一致採択の総会決議(最新は1994年12月15日付49/71)を想起し、

中東におけるIAEA保障措置の適用に関する、IAEA総会採択の関連決議(最新は1994年9月23日付GC(XXXVIII)/RES/21)を想起し、また、核不拡散が、とりわけ緊張した地域においてもたらす危険に留意し、

安保理決議687(1991)、特にその14節に留意し、

安保理決議984(1995)及び1995年5月11日に会議が採択した「核不拡散と核軍縮のための原則と目標」決定の第8節に留意し、

1995年5月11日に会議が採択した他の諸決定に留意し、

1.中東和平プロセスの目的及び目標を支持するとともに、この点における努力が、他の努力とともに、とりわけ中東非核・非大量破壊兵器地帯に貢献することを認識する。

2.会議の主委員会Ⅲが、「条約未加盟国に対し、加盟によって核兵器あるいは核爆発装置を取得せず、すべての核活動にIAEA保障措置を受け入れるという国際的に法的拘束力のあ

る誓約を受諾するよう求める」ことを会議に勧告したことを満足をもって留意する。

3.中東において保障措置下に置かれていない核施設が引き続き存在していることに懸念をもって留意するとともに、これに関連し、保証措置下に置かれていない核施設を運転しているNPT未加盟国に対し包括的なIAEA保障措置の受諾を要求した主委員会Ⅲ報告の第6項第3節に盛り込まれた勧告を強調する。

4.NPTの普遍的加盟を早期に実現する重要性を強調し、未だそれを行っていないすべての中東諸国に対し、例外なく、可能な限り早期にNPTに加盟し、自国の核施設を包括的なIAEA保障措置の下に置くよう求める。

5.中東におけるすべての加盟国に対し、とりわけ中東に効果的に検証可能な大量破壊兵器、すなわち核・化学・生物兵器、ならびにそれらの運搬システムが存在しない地帯を設立するために前進を図るべく、適切な場において実際的措置を講じるよう、また、この目的の達成を妨げるようないかなる措置をとることも控えるよう求める。

6.すべてのNPT加盟国、とりわけ核兵器国に対し、協力を拡大し、地域諸国による中東非核・非大量破壊兵器及び非運搬システム地帯の早期設立に向けた最大限の努力を行うことを求める。

http://undocs.org/NPT/CONF.1995/32%20(Part%20I)

資料1-5　国連軍縮委員会による非核兵器地帯に関する報告書(抜粋訳)

地域の関係国間の自由意志による体制に基づく非核兵器地帯の設立資料

国連軍縮委員会 1999年4月30日

A.一般的概観

1.近年の、とりわけ軍縮と不拡散の分野における国際関係の進展は、地域の関係国間の自由意志による取り決めに基づいて設立された現存する非核兵器地帯を強化し、かつ新しい非核兵器地帯を設立する努力を強める結果を生み出し、またそのような地帯の重要性に対するよりよい理解を生み出している。

2.国連総会第10回特別会議の最終文書は、地域の関係国間の自由意志による合意あるいは取り決めに基づく非核兵器地帯の設立、またこれらの合意あるいは取り決めが完全に遵守され、その地帯が核兵器から真に自由であることの確認、そして核兵器国によるそうした地帯の尊重は、重要な軍縮手段となる、と述べた。

3.1993年に、軍縮委員会は、「グローバルな安全保障の文脈における軍縮に向けた地域的アプローチに関するガイドライン及び勧告」を全会一致で採択した。それは、核兵器及び他の大量破壊兵器のない地帯についての実質的な考察を含むものであった。

4.国連総会は長年にわたり、世界の様々な地域における非核兵器地帯の設立の問題に関する数々の決議を採択してきた。そのことは、非核兵器地帯の設立に対する国際社会の継続的な関心を反映している。

5.非核兵器地帯はグローバルな戦略環境において次第に例外的なものではなくなった。現在までに、既存の非核兵器地帯を設立する諸条約に107カ国が署名または加盟している。南極条約によって非軍事化されている南極大陸を加えると、非核兵器地帯は今や地

球上の全陸地面積の50パーセント以上をカバーしている。

B.目標及び目的

6.広く認識されてきたように、非核兵器地帯は、その目標において、国際的な核不拡散体制の強化、核軍縮の達成、そして、核兵器の廃絶、さらに大きく言えば、厳格かつ効果的な国際的管理の下における全面的かつ完全な軍縮という究極の目標を達成しようとするグローバルな努力に対して、重要な貢献をしてきたし、現在も貢献し続けている。

7.それぞれの非核兵器地帯は、関係する地域の具体的な環境の産物であり、異なった地域における状況の多様性を照らし出している。その上、非核兵器地帯の設立はダイナミックな過程である。現存する非核兵器地帯の経験は、これらが静的な構造ではないということ、そしてまた、地域ごとの状況の多様性にもかかわらず、地域の関係国間の自由意志による取り決めに基づく新しい非核兵器地帯の設立が、実現可能であることを明白に示している。

8.非核兵器地帯は、地帯に属する諸国家の安全保障を強化するのに役立つ。

9.非核兵器地帯は、地域の平和と安全保障を強化するという第一義的な目的に貢献し、その延長として、国際的な平和と安全保障に貢献するという、一つの重要な軍縮手段である。それらはまた、重要な地域的信頼醸成措置であると考えられる。

10.非核兵器地帯はまた、核軍縮、軍備管理及び不拡散の分野における共通の価値を表現し、促進する手段となりうる。

11.核不拡散条約(NPT)の加盟国にとっては、非核兵器地帯は、NPTを補足する重要な手段である。なぜならばNPT第7条は、加盟国の領域における核兵器の完全な不在を保証するために地域的な条約を締結する権利を認めることを明記しているからである。NPTの1995年再検討・延長会議の最終文書における「核不拡散と軍縮に関する原則と目標」に関する決定(1995年採択)は、地域の関係国間の自由意志による取り決めに基づいて設立され、国際的に認知された非核兵器地帯の設立は、グローバル及び地域的な平和と安全保障を高める、というNPT加盟国の確信を再確認した。

12.非核兵器地帯は、核兵器を取得せず、国際原子力機関(IAEA)によって設立された保障措置にしたがって核エネルギーを平和目的のためだけに開発し使用するという、NPTに加盟する非核兵器国の核不拡散義務を大幅に強化し、増進する。

13.非核兵器地帯は、核兵器のいかなる実験的爆発、あるいは他のいかなる核爆発をも禁止する国際的枠組みへの有用な補助手段である。

14.非核兵器地帯条約に関係する議定書への署名と批准によって、核兵器国は非核兵器地帯の地位を尊重し、非核兵器地帯条約の加盟国に対して核兵器の使用もしくは使用の威嚇を行わないという法的拘束力のある誓約を行う。

15.現在の非核兵器地帯は、新しい地帯の設立のための手本としての役割を果たしてきたし、今も果たしている。同時に、それらは他の地域で非核兵器地帯を設立する提案もしくは手順を検討している諸国に対して、支援と彼らの経験からくる便宜を提供する。

16.非核兵器地帯は、それぞれの条約が規定している限りにおいて、その地域における平和目的のための核エネルギーの利用に関する国際的な協力の枠組みとして役立つことができる。それは加盟国の経済的、科学的、技術的発展を促進するだろう。

17.非核兵器地帯はまた、当該地域が放射性廃棄物や他の放射性物質による環境汚染のない状態を保つことを保証すること、そして適切な場合には、そうした物質の国際的な輸送

を規制する国際的に合意された基準を施行することを目的とした協力を促進するのに役立つことができる。

C.原則と指針

18.以下に示される原則と指針は、非核兵器地帯の発展の最新段階における一般に受け入れられている考え方の網羅的ではないリストにすぎないと考えるべきものである。また、これらの原則と指針は、最新の実践と入手可能な諸経験に基づいており、非核兵器地帯を設立するプロセスは各原則と指針の調和的な履行を考慮すべきだということを念頭に置いたものである。

19.非核兵器地帯の設立は、目的の多様性と矛盾しない。国際的な不拡散体制の強化と地域的及び世界的な平和と安全保障に対する非核兵器地帯の重要な貢献はあまねく認められている。

20.非核兵器地帯は、地域の関係国間の自由意志による取り決めに基づいて設立されるべきである。

21.非核兵器地帯を設立しようとするイニシアティブは、地域の関係国からのみ発せられるべきであり、その地域の全ての国によって追求されるべきである。

22.ある特定の地域において非核兵器地帯を設立するという目標について、地域の全ての国の一致した合意が存在する場合には、非核兵器地帯を設立しようとする地域の関係国によって行われる努力は国際社会によって奨励され支持されるべきである。適切な場合には、国連の不可欠な役割を通して行うことも含めて、非核兵器地帯を確立しようと努力する地域の関係国に支援が提供されるべきである。

23.全ての地域の関係国は、地域の関係国間の自由意志による取り決めに基づく非核兵器地帯についての交渉とその設立に参加すべきである。

24.非核兵器地帯の地位は、その地帯を設立する条約の全加盟国のみならず地域の外部の国によっても尊重されるべきである。地域外部の国には、非核兵器地帯が最大限の効果を発揮するためにその協力と支持が不可欠な全ての国、すなわち、核兵器国と、もしあるならば、当該地帯内に領域を持つか、地帯内の領域に国際的に責任を負っている国などが含まれる。

25.条約の関連議定書への核兵器国の署名と批准を容易にするために、非核兵器地帯を設立する各条約及び関連議定書の交渉の期間において、核兵器国との協議がなされるべきである。この議定書を通じて、核兵器国はその非核兵器地帯の地位を尊重し、その条約の加盟国に対して核兵器の使用もしくは使用の威嚇を行わないという法的拘束力のある誓約を行うことになる。

26.もし当該地帯内に領域を持つか、あるいは地帯内の領域に国際的に責任を負っている国があるならば、非核兵器地帯を設立する各条約と関連する議定書の交渉の期間において、条約の関連議定書へのこれらの国の署名と批准を容易にするという観点から、これらの国家との協議がなされるべきである。

27.非核兵器地帯を設立するプロセスは、当該地域の関連する全ての諸特性を考慮に入れるべきである。

28.新しい非核兵器地帯の設立においては、その地帯に属する諸国が、加盟している核不拡散と核軍縮の分野において現に有効な他の国際文書から由来する法的義務を尊重するという誓約を再確認する。

29.非核兵器地帯を設立する条約の全加盟国の義務は明確に定義され、法的拘束力がなければならない。また、加盟国はそのような合意を完全に遵守しなければならない。

30.非核兵器地帯に関連する取り決めは、国連海洋法条約を含む、国際法の諸原則と諸規則に一致したものであるべきである。

31.無害通航、群島航路帯通航もしくは国際的な航行のために使用されている海峡の通過通航の諸権利は完全に保証されているが、非核兵器地帯の加盟国は、その主権を行使し、また非核兵器地帯の目的と目標を損なうことなく、外国艦船や航空機がその国の港湾や飛行場に寄港すること、外国の航空機が領空を一時通過すること、外国艦船が領海及び国際的な航行に使用される群島水域あるいは海峡を航行し、または一時通過することを許可するかどうかについて、自身で決定する自由を保持している。

32.地域の関係国間の自由意志による取り決めに基づく非核兵器地帯を設立し、かつ、そうした諸国家が現存する地域的、及び国際的取り決めの下で負っている他のあらゆる義務を完全に考慮に入れている条約は、もし該当する場合は、当該加盟各国の憲法上の要請に従って履行されるべきであり、また国際法と国連憲章で認められた諸権利と諸義務に合致すべきである。現行の非核兵器地帯の加盟国は、他の国際的、及び地域的諸協定への加盟が、非核兵器地帯条約の下で負う彼らの義務に反するようないかなる義務も伴っていないことを明確にするべきである。

33.非核兵器地帯は、いかなる目的のいかなるタイプの核爆発装置であれ、条約加盟国が、それを開発、製造、管理、保有、実験、配置あるいは輸送することを実効的に禁止することを定めなければならない。また、条約加盟国は、地帯内において、他のいかなる国によるいかなる核爆発装置の配置をも許可しないことを規定すべきである。

34.非核兵器地帯は、条約加盟国によってなされた誓約の遵守を効果的な検証について定めるべきであり、とりわけ、地帯内の全ての核関連活動に対するIAEAの包括的(フルスコープ)保障措置の適用を通して行われべきである。

35.非核兵器地帯は、他の関係諸国との十分な協議をしながら、非核兵器地帯条約に加盟が見込まれる諸国によって地帯の境界線が明確に定義付けられるような地理的実体を構成すべきである。とりわけ地帯内に係争中の領域が含まれる場合には、関係諸国の合意を促進するという観点から十分な協議が行われるべきである。

36.核兵器国の側においては、関連議定書に署名し、批准すると同時に、非核兵器地帯の条項を厳格に遵守することなどを含む、非核兵器地帯に関する義務を完全に負うべきである。また、関連議定書に署名することを通じて、非核兵器地帯に属する諸国に対しては核兵器の使用もしくは使用の威嚇を行わないという拘束力のある法的義務を負うべきである。

37.非核兵器地帯は平和目的のための核科学と核技術の利用を妨げるべきではない。また、もし非核兵器地帯を設立する条約の中で規定されているならば、加盟国の社会経済的、科学的、技術的な発展を促進するために、地帯内における核エネルギーの平和利用のための二国間、地域的、国際的な協力を促進することもできるであろう。

D.将来への展望

38.新しい非核兵器地帯を設立するためのイニシアティブの数の多さは、軍縮、軍備管理及び不拡散を促進するための現在の国際的努力に対する非核兵器地帯の重要性の明確な証拠である。

39.全ての既存の非核兵器地帯はできる限り早急に発効すべきである。既存の非核兵器地帯を設立する条約及び関連議定書の署名もしくは批准（あるいはその両方）をいまだ検討中である諸国は、直ちに実行することが奨励される。この文脈で、関係する全ての国の協力と努力が不可欠である。

40.中東や中央アジアのような国連総会の全会一致による決議が存在する地域における非核兵器地帯の設立は、すべての大量破壊兵器のない地帯の発展はもちろんのこと、奨励されるべきことである。

41.非核兵器地帯条約の加盟国及び署名国の間での協力と調整を確保するための精力的な努力が、それら諸国の共通の目的を促進するためになされるべきである。非核兵器地帯の構成国はまた、他の地域の諸国と経験を共有し、さらなる非核兵器地帯を設立しようとする諸国の努力を支援するために共に努力することもできる。

42.ある関心地域のいかなる国家も、その地域における非核兵器地帯の設立を提案する権利を持つ。

43.自由意志による取り決めに基づく非核兵器地帯の設立についてのいかなる提案も、当該地域内における広範な協議の中で目的についての合意が得られた後にのみ、考慮されるべきである。

44.公海における自由の原則を含む国連海洋法条約の諸条項や他の適用可能な諸条約を侵害することなく、非核兵器地帯条約への加盟国及び署名国間の政治的関係や協力は、とりわけ南半球とその隣接地域において、全ての核兵器の廃絶という究極目標の文脈において拡大され強化されることができる。

45.国際社会は、他の大量破壊兵器と同様に全ての核兵器から世界全体を解放するという究極の目標、そして、さらに大きく言えば、厳格で効果的な国際的管理の下での全面的かつ完全な軍縮という究極の目標の実現に向けた努力の一つとして、世界中で非核兵器地帯の創造を促進し続けるべきである。そうすることで将来の世代がより安定的で平和な環境で生きることができるのである。

出典:" Report of the Disarmament Commission, General Assembly Official Record,
Fifty-fourth session Supplement No. 42 (A/54/42), Annex 1
www.nonproliferation.org/wp-content/uploads/2016/05/
UNDC_1999_NWFZ.pdf

資料1-6　2000年NPT再検討会議最終文書・(13+2)項目（部分訳）

2000年5月19日、NPT/CONF.2000/28

<第Ⅰ巻>
第1部
「1995年のNPT再検討延長会議で採択された決定と決議を考慮に入れた、NPTの運用の再検討/強化されたNPT再検討過程の有効性の改善」
第2部
「会議の組織と作業」
<第Ⅱ巻>
第3部
「会議で出された文書」
<第Ⅲ巻>
第4部「概略の記録」

第1部の内容
（条文ごとに、過去5年間の評価と将来の課題とが混在して記載されている。）
　　■「1995NPT再検討・延長会議における決定と決議を考慮に入れた、条約運用の再検討」
- 第1、2条および前文第1節から3節―（全11節）
- 第3条および前文第4、5節。とりわけ第4条および前文第6、7節との関係で。―（全56節）
- 第4条および前文第6、7節
    - ・NPTと核エネルギーの平和利用―（全11節）
    - ・核と放射線の安全性/放射性物質の安全な輸送/放射性廃棄物と責任―（全16節）
    - ・技術協力―（全11節）
    - ・核物質の平和利用への転換―（全4節）
- 第5条―（全1節）
- 第6条および前文第8~12節―（全15節）
（核軍縮を論じた部分。第1~14節が過去5年間の評価。**最後の第15節が将来の核軍縮措置を全13項目にわたってあげている。以下に、第15節全体を訳出する。**）
- 第7条および非核兵器国の安全保障―（全16節）
（このうち、**第2節（消極的安全保証）と第6節（非核地帯）の2つを訳出する**。第16節「地域的課題」の中に、「中東問題」として全10項目、「南アジア問題その他」（北朝鮮を含む）として全16項目含む。）
- 第9条―（全10節）
- **■「強化されたNPT再検討過程の有効性の改善」**―（全9節）

第6条関連
第15節

会議は、核不拡散条約（NPT）第6条、および、1995年の決定「核不拡散と核軍縮のための原則と目標」第3節と第4節(c)の履行のための体系的かつ前進的な努力に向けた、以下の実際的な諸措置について合意する。

1. 包括的核実験禁止条約（CTBT）の早期発効を達成するために、遅滞なく、無条件に、憲法上の過程にしたがって、署名し批准することの重要性と緊急性。

2. CTBTが発効するまでの、核兵器の爆発実験またはその他のあらゆる核爆発の一時停止。

3. ジュネーブ軍縮会議（CD）において、1995年の専門コーディネーターの声明とそこに含まれる任務に従って、核兵器用およびその他の核爆発装置用の核分裂性物質の生産を禁止する、差別的でなく、多国間の、国際的かつ効果的に検証可能な、条約のための交渉を、核軍縮および核不拡散という両方の目的を考慮して、行うことの必要性。CDは、5年以内に妥結する見通しをもって、このような条約の交渉を即時に開始することを含んだ作業プログラムに合意することが求められる。

4. CDにおいて核軍縮を扱う任務をもった適切な下部機関が設置されることの必要性。CDは、このような機関の即時設置を含んだ作業プログラムに合意することが求められる。

5. 核軍縮、核およびその他の軍備管理と削減措置に適用されるべき、不可逆性の原則。

6. すべての締約国が第6条の下で誓約している核軍縮につながるよう、核兵器国は保有核兵器の完全廃棄を達成するという明確な約束をおこなうこと。

7. 戦略的安定の基礎として、また、戦略的攻撃兵器のさらなる削減の基盤として、条約の規定に従いつつABM条約を維持し強化しながら、STARTⅡを早期に発効させ完全に履行し、STARTⅢを可能な限り早期に妥結すること。

8. アメリカ合衆国、ロシア連邦および国際原子力機関(IAEA)の三者構想の完成と履行。

9. 国際的安定を促進するような方法で、また、すべてにとって安全保障が減じないとの原則に則って、すべての核兵器国が核軍縮へつながる諸措置をとること:
 -核兵器国による、保有核兵器の一方的な削減のさらなる努力。
 -核兵器能力について、また、第6条にもとづく合意事項の履行について、核軍縮のさらなる前進を支えるための自発的な信頼醸成措置として、核兵器国が透明性を増大させること。
 --一方的な発議にもとづいて、また、核軍備削減と軍縮過程の重要な一部分として、非戦略核兵器をさらに削減すること。
 -核兵器システムの作戦上の地位をさらに低めるような具体的な合意された諸措置。
 -核兵器が使用される危険を最小限に押さえるとともに、核兵器の完全廃棄の過程を促進するために、安全保障政策おける核兵器の役割を縮小すること。
 -すべての核兵器国を、適切な早い時期において、核兵器の完全廃棄につながる過程に組みこむこと。

10. すべての核兵器国が、もはや軍事目的に必要でないと各核兵器国が認めた核分裂性物質を、そのような物質が永久に軍事プログラムの外に置かれることを保証するために、実際可能な早期において、IAEAまたは関連する国際的検証の下に置くという制度。および、そのような物質を平和目的に移譲するという制度。

11. 軍縮過程における国の努力の究極的な目標は、効果的な国際的管理の下で全面かつ完全な軍縮であることの再確認。

12. 強化されたNPT再検討過程の枠組みの中で、すべての締約国が、第6条、および、1995年の決定「核不拡散と核軍縮のための原則と目標」の第4節(c)の履行について、1996年7月8日の国際司法裁判所(ICJ)の勧告的意見を想起しつつ、定期報告をおこなうこと。

13. 核兵器のない世界を達成し維持するための核軍縮協定の遵守を保証するために必要な、検証能力のさらなる開発。

第7条関連
第2節
本(再検討)会議は、核兵器の完全廃棄が、核兵器の使用または威嚇を防止する唯一の絶対的な保証であることを再確認する。会議は、5核兵器国による、NPT締約国である非核兵器国への法的拘束力を持った安全の保証が、核不拡散体制を強化することに同意する。会議は、準備委員会に対して、この問題についての勧告を2005年再検討会議に提出することを要請する。
第6節
本(再検討)会議は、さらなる非核地帯条約を締結しようとして1995年以来とられてきた措置を歓迎しまた支持し、地域の関係諸国間で自由意思によって達成された制度に基づ

いて、国際的に認知された非核地帯を設立することが、世界の、また地域の平和と安全を
強化し、核不拡散体制を強化し、核軍縮の目的の実現に貢献するとの確信を再確認する。

http://undocs.org/NPT/CONF.2000/28%20(Parts%20I%20and%20II)

資料1-7　2010年NPT再検討会議最終文書「行動勧告」

第1巻　第1部　結論ならびに今後の行動に向けた勧告(全訳)

2010年5月28日採択
NPT/CONF.2010/50(vol.Ⅰ)

Ⅰ.核軍縮

　会議は、本条約第6条ならびに1995年の「核不拡散と核軍縮に向けた原則と目標」決定第
3及び4(c)項の完全で、効果的、かつ速やかな履行を目指し、2000年再検討会議の最終文
書で合意された実際的措置を基礎として、核兵器の完全廃棄への具体的措置を含む核軍
縮に関する以下の行動計画に合意する。

A.原則と目的

i.会議は、条約の目的にしたがい、すべてにとって安全な世界を追求し、核兵器のない世界
の平和と安全を達成することを決意する。
ii.会議は、すべての加盟国が第6条の下で誓約している核軍縮につながるよう、保有核兵
器の完全廃棄を達成するという核兵器国の明確な約束を再確認する。
iii.会議は、2000年NPT再検討会議の最終文書で合意された実際的措置が引き続き有効で
あることを再確認する。
iv.会議は、核兵器国による核軍縮につながる重要措置が、国際の安定、平和、安全を促進
し、また、すべてにとって強化され、減じない安全という原則に基づくべきであることを
再確認する。
v.会議は、核兵器のいかなる使用も壊滅的な人道的結果をもたらすことに深い懸念を表明
し、すべての加盟国がいかなる時も、国際人道法を含め、適用可能な国際法を遵守する必
要性を再確認する。
vi.会議は、NPTの普遍性の死活的重要性を確認するとともに、条約の非加盟国に対し、即
時かつ無条件に非核兵器国として条約に加盟し、すべての核兵器の完全廃棄を達成する
ことを誓約するよう求める。また、加盟国に対し条約の普遍的加盟を促進し、条約の普遍
化の見通しに否定的影響を与えうるいかなる行動もとらないよう求める。

会議は以下を決定する。
*行動1:すべての加盟国は、NPT及び核兵器のない世界という目的に完全に合致した政
　　　　策を追求することを誓約する。
*行動2:すべての加盟国は、条約義務の履行に関して、不可逆性、検証可能性、透明性の原
　　　　則を適用することを誓約する。

B.核兵器の軍縮

i.会議は、国際の安定、平和、安全を促進する形で、また、すべてにとって安全が減じず、強化されるという原則に基づき、核兵器国が2000年NPT再検討会議の最終文書で合意された核軍縮につながる措置を履行することが早急に必要であることを再確認する。

ii.会議は、核兵器国があらゆる種類の核兵器を削減、廃棄する必要性を強調するとともに、とりわけ最大の核保有国に対し、これに関する努力を率先して行うよう奨励する。

iii.会議は、具体的な軍縮努力の実行をすべての核兵器国に求める。また会議は、核兵器のない世界を実現、維持する上で必要な枠組みを確立すべく、すべての加盟国が特別な努力を払うことの必要性を強調する。会議は、国連事務総長による核軍縮のための5項目提案、とりわけ同提案が強固な検証システムに裏打ちされた、核兵器禁止条約についての交渉、あるいは相互に補強しあう別々の条約の枠組みに関する合意、の検討を提案したことに留意する。

iv.会議は、核兵器国が核兵器の開発及び質的改良を抑制すること及び、高性能新型核兵器の開発を終了させることに対し、非核兵器国が抱く正統な関心を認識する。

会議は以下を決定する。

*行動3:保有核兵器の完全廃棄を達成するとの核兵器国による明確な約束の履行において、核兵器国は、一方的、二国間、地域的、また多国間の措置を通じ、配備・非配備を含むあらゆる種類の核兵器を削減し、究極的に廃棄するため、いっそうの努力を行うことを誓約する。

*行動4:ロシア連邦及びアメリカ合衆国は、戦略兵器削減条約の早期発効ならびに完全履行を追求することを誓約する。両国は、保有核兵器のいっそうの削減を達成するための爾後の措置について議論を継続するよう奨励される。

*行動5:核兵器国は、国際の安定と平和や、減じられることなく強化された安全を促進する形で、2000年NPT再検討会議の最終文書に盛り込まれた核軍縮につながる措置について、確固たる前進を加速させることを誓約する。この実現に向け、核兵器国はとりわけ以下をめざし速やかに取り組むことが求められる。

　a.行動3で確認されたように、あらゆる種類の核兵器の世界的備蓄の総体的削減に速やかに向かう。

　b.全面的な核軍縮プロセスの不可欠な一部として、種類や場所を問わずあらゆる核兵器の問題に対処する。

　c.あらゆる軍事及び安全保障上の概念、ドクトリン、政策における核兵器の役割と重要性をいっそう低減させる。

　d.核兵器の使用を防止し、究極的にその廃棄につながり、核戦争の危険を低下させ、核兵器の不拡散と軍縮に貢献しうる政策を検討する。

　e.国際の安定と安全を促進するような形で、核兵器システムの作戦態勢をいっそう緩和することに対する非核兵器国の正統な関心を考慮する。

　f.核兵器の偶発的使用の危険性を低下させる。

　g.透明性をいっそう高め、相互の信頼を向上させる。

　核兵器国は、上記の履行状況について、2014年の準備委員会に報告するよう求められる。2015年の再検討会議は、第6条の完全履行に向けた次なる措置を検討する。

*行動6:すべての加盟国は、ジュネーブ軍縮会議が、合意された包括的かつバランスのとれた作業計画の文脈において核軍縮を扱う下部機関を、即時に設置すべきであることに合意する。

C.安全の保証

i.会議は、核兵器の完全廃棄が核兵器の使用あるいは使用の威嚇を防止する唯一の保証であることを再確認し認識するとともに、核不拡散体制を強化しうる、明確かつ法的拘束力のある安全の保証を核兵器国から供与されることに対する非核兵器国の正統な関心を再確認し認識する。

ii.会議は、NPT加盟国である非核兵器国に対し、核兵器の使用や使用の威嚇を行わないという条件付あるいは無条件の安全の保証を供与するという、核兵器国による一方的宣言に留意するとした国連安保理決議984（1995）を想起する。また、非核兵器地帯においては安全の保証が条約に基づいて供与されることを認識し、各非核兵器地帯のために設定された関連議定書を想起する。

NPTの枠内における諸努力を毀損することなく、会議は以下を決定する。

*行動7:すべての加盟国は、合意された包括的かつバランスのとれた作業計画の文脈において、ジュネーブ軍縮会議(CD)が核兵器の使用あるいは使用の威嚇から非核兵器国の安全を保証するための効果的な国際取極めに関する協議を即時開始すべきであることに合意する。また、制限を排し、法的拘束力のある国際条約を除外することなく、この問題のあらゆる側面を扱う勧告をより良いものにすることをめざした実質的な議論を行うことに合意する。再検討会議は、国連事務総長に対しCDの作業を支援するためのハイレベル会議を2010年9月に開催するよう求める。

*行動8:すべての核兵器国は、安全の保証に関する既存の誓約を完全に尊重することを誓約する。条約加盟国である非核兵器国に安全の保証を供与していない核兵器国は、そうした行動をとるよう奨励される。

*行動9:地域の関係諸国間の自由意志で合意された取極めに基づき、また、国連軍縮委員会の1999年指針にしたがい、適切な地域に非核兵器地帯を追加して設立することが奨励される。すべての関連国は、非核兵器地帯条約ならびに関連議定書を批准するよう、また消極的安全保証を含む、すべての非核兵器地帯条約における法的拘束力のある関連議定書の発効に向けて系統的に協議し、協力するよう奨励される。関係国は、関連するいかなる留保をも見直すことが奨励される。

D.核実験

i. 会議は、すべての核爆発実験ならびに他の核爆発の中止が、核兵器の開発と質的改良を抑制し、高性能新型核兵器の開発を終了させることにより、あらゆる側面において核軍縮と不拡散の有効な措置となることを認識する。

ii. 会議は、国際的な核軍縮・不拡散体制の中心要素である包括的核実験禁止条約（CTBT）の早期発効の死活的重要性を再確認するとともに、CTBTの発効までの間、それぞれの

核爆発実験モラトリアムを堅持するという核兵器国の決定を再確認する。

会議は以下を決定する。
*行動10:すべての核兵器国は、核兵器国による肯定的な決定がCTBTの批准に向けた有益な効果を生むであろうこと、また、核兵器国が付属文書2の国家、とりわけNPTに参加しておらず、保障措置下にない核施設の運用を継続している国家の署名と批准を奨励するという特別の責任を有することに留意しつつ、CTBTを批准することを約束する。
*行動11:CTBTの発効までの間、すべての加盟国は、核爆発実験あるいは他の核爆発、核兵器に関する新技術の利用及びCTBTの目標と目的を損ういかなる行動をも慎むことを誓約する。また、核兵器爆発実験に関するすべての既存のモラトリアムは継続されるべきである。

*行動12:すべてのCTBT批准国は、CTBT発効促進会議ならびに2009年9月の同会議で全会一致で採択された措置の貢献を認識するとともに、CTBT早期発効への進展を2011年の会議において報告することを誓約する。
*行動13:すべてのCTBT批准国は、国家、地域、世界レベルでCTBTの発効ならびに履行を促進することを約束する。
*行動14:包括的核実験禁止条約機関(CTBTO)準備委員会は、同委員会の任務にしたがい、国際監視システム(IMS)の早期完成及び暫定運用を含め、CTBT検証体制を完全に確立することが奨励される。CTBTO準備委員会は、条約発効の暁には、効果的で信頼性があり、直接参加的で、差別的でない、世界を網羅した検証組織として機能し、CTBT遵守の確保主体となるべきである。

E.核分裂性物質

i. 会議は、核兵器あるいは他の核爆発装置のための核分裂性物質の生産を禁止する、差別的でなく、多国間の、国際的かつ効果的に検証可能な条約を交渉し、妥結することが早急に必要であることを再確認する。

会議は以下を決定する。
*行動15:すべての加盟国は、合意された、包括的かつバランスのとれた作業計画の文脈において、1995年の専門コーディネーターの声明とそこに含まれる任務にしたがい、核兵器用及びその他の核爆発装置用の核分裂性物質の生産を禁止する条約の交渉をCDが即時に開始すべきであることに合意する。また、これに関して、再検討会議は、CDの作業を支援するためのハイレベル会議を2010年9月に開催するよう国連事務総長に求める。
*行動16:核兵器国は、軍事的にもはや不要と各国が判断したすべての核分裂性物質について、国際原子力機関(IAEA)に適宜申告することを誓約するよう奨励される。また、これら物質が恒久的に軍事計画の外に置かれることを確保すべく、可能な限り早期に、当該物質をIAEAあるいは他の関連する国際検証及び平和目的への転換取極めの下に置くことが奨励される。

*行動17:行動16の文脈の中で、すべての加盟国は、それぞれの核兵器国で軍事的にもはや不要と判断された核分裂性物質の不可逆的廃棄を確保するべく、IAEAの文脈において、適切かつ法的拘束力のある検証取極めの開発を援助するよう奨励される。

*行動18:核兵器あるいは他の核爆発装置に使用される核分裂性物質の生産施設の解体あるいは平和利用への転換に向けたプロセスを開始していないすべての国家は、そのような行動を取るよう奨励される。

F.核軍縮を支える他の措置

i.会議は、核軍縮ならびに核兵器のない世界の平和と安全の達成には、公開と協調が不可欠であることを認識し、透明性向上と効果的な検証を通じた信頼を強化することの重要性を強調する。

会議は以下を決定する。

*行動19:すべての加盟国は、信頼の増進、透明性の向上、核軍縮に関する効果的な検証能力の開発をめざした各国政府、国連、他の国際及び地域機構、そして市民社会による協力関係を支援してゆくことの重要性について合意する。

*行動20:加盟国は、強化された条約再検討プロセスの枠組みにおいて、本行動計画ならびに第6条、1995年の決定「核不拡散と核軍縮のための原則と目標」の4（c）項及び2000年再検討会議の最終文書で合意された実際的措置の履行について、1996年7月8日の国際司法裁判所（ICJ）の勧告的意見を想起しつつ、定期報告を提出しなければならない。

*行動21:すべての核兵器国は、信頼醸成措置として、報告の標準様式について可能な限り早期に合意するとともに、国家安全保障を損なわずに、標準化された情報を自発的に提供するという目的において、適切な報告提出の間隔を決定することが奨励される。国連事務総長は、核兵器国から提供される情報を含め、公衆からアクセス可能な情報集積サイトを確保するよう求められる。

*行動22:すべての加盟国は、核兵器のない世界の実現を支持し、条約の目標を前進させるために、軍縮・不拡散教育に関する国連の研究に関する国連事務総長報告（A/57/124）に盛り込まれた勧告を履行することが奨励される。

<u>II.核不拡散</u>

会議は、「核不拡散と核軍縮のための原則と目標」と題された1995年の再検討・延長会議の決定を想起し、再確認する。会議は、同原則の第1節ならびに条約第3条に関連する要素、とりわけ9-13節及び17-19節、そして第7条に関連した部分、とりわけ5-7節に留意する。会議は、1995年会議で採択された中東に関する決議を想起し、再確認する。会議は、2000年NPT再検討会議の成果についても想起し、再確認する。

*行動23:会議は、条約の普遍的支持の促進に向けたあらゆる努力を払い、条約の普遍化の見通しに否定的影響を与えうるいかなる行動も慎むよう、すべての加盟国に求める。

*行動24:会議は、第3条の規定にしたがい、加盟国のすべての平和的核活動におけるあらゆる原料物質または特殊核分裂性物質にIAEA包括的保障措置を適用するよう求めた過去の再検討会議の決定を支持する。

*行動25:会議は、18の条約加盟国が包括的保障措置協定を未だ発効させていないことに留意し、可能な限り早期に、さらなる遅滞なく、そうした行動を取るよう当該諸国に強く求める。

*行動26:会議は、条約の一体性や保障措置システムの権威を堅持するべく、あらゆる遵守問題に対応し、不拡散義務を遵守することの重要性を強調する。

*行動27:会議は、IAEA憲章や各加盟国の法的義務に完全に合致した形で、保障措置義務に関するすべての不遵守問題を解決することの重要性を強調する。これに関して、会議は、IAEAとの協力を拡大するよう加盟国に求める。

*行動28:会議は、追加議定書を未だ締結、発効させていないすべての国家に対し、可能な限り早期にそうした行動を取るよう、また、発効までの間、追加議定書を暫定的に履行するよう奨励する。

*行動29:会議は、IAEAに対し、包括的保障措置協定及び追加議定書の締結と発効を促進し、加盟国を支援することを奨励する。会議は、加盟国に対し、包括的保障措置協定の普遍性を促進しうる具体的措置についての検討を求める。

*行動30:会議は、IAEAの諸資源確保の可能性を考慮しつつ、自発的申し出に基づく関連保障措置協定の下、可能な限りもっとも経済的かつ実際的な方法で、核兵器国の平和的施設への保障措置の適用拡大を求める。また、核兵器の完全廃棄が達成された際には、包括的保障措置及び追加議定書が普遍的に適用されるべきことを強調する。

*行動31:会議は、少量議定書を修正あるいは破棄していないすべての加盟国に対し、適宜、可能な限り早期に、そのような行動を取るよう奨励する。

*行動32:会議は、IAEA保障措置は定期的に検討、評価されるべきであると勧告する。IAEA保障措置のさらなる有効性強化と能力向上を目的としてIAEAの政策機関が採択した決定は支持され、履行されるべきである。

*行動33:会議は、すべての加盟国に対し、IAEAが条約第3条の求める保障措置適用の責務を効果的に果たせるよう、同機関に対するあらゆる政治的、技術的、財政的支援を確実に継続することを求める。

*行動34:会議は、IAEA憲章の枠組みの中で、加盟国間やIAEAとの協力を通じ、高度な保障措置に向けた、強力で、柔軟性と適応性があり、対費用効果の高い国際技術基盤の開発をいっそう進めるよう、すべての加盟国に奨励する。

*行動35:会議は、すべての加盟国に対し、自国の核関連輸出を、直接的にも間接的にも核兵器あるいは他の核爆発装置の開発を支援しておらず、また、当該輸出が条約第1、2、3条及び1995年再検討・延長会議で採択された「核不拡散と軍縮に関する原則と目標」決定に特に明記された条約の目標と目的に完全に合致したものとするよう強く求める。

*行動36:会議は、加盟国に対し、自国の国家的輸出管理を確立させる上で、多国間で交渉され、合意された指針や了解事項を活用することを奨励する。

*行動37:会議は、加盟国に対し、核輸出に関する決定を行う際には、受領国がIAEAの保障

措置義務を履行しているか否かを考慮するよう奨励する。

*行動38:会議は、すべての加盟国に対し、条約の目的を履行すべく行動するなかで、平和目的の核物質、装置、技術情報に対する完全なアクセスという、すべての国家、とりわけ発展途上国の正統な権利を守るよう求める。

*行動39:加盟国は、条約第1条、2条、3条、4条にしたがい、核技術及び物質の移転ならびに加盟国間の国際協力を促進するよう奨励される。また、これに関して、条約と相反するいかなる不当な制限をも排除することが奨励される。

*行動40:会議は、すべての加盟国に対し、核物質や施設の保安や物理的防護について、可能な限り最も高い水準を維持することを奨励する。

*行動41:会議は、すべての加盟国に対し、核物質及び核施設の物理的防護に関するIAEA勧告(INFCIR/225/Rev.4(Corrected))ならびに他の関連国際条約を、可能な限り早期に適用するよう奨励する。

*行動42:会議は、核物質防護条約の全加盟国に対し、同条約の改正を可能な限り早期に批准するよう要請するとともに、発効までの間、改正の目標と目的に合致した行動をとるよう奨励する。

*行動43:会議は、すべての加盟国に対し、2004年のIAEA理事会で採択された改正「放射線源の安全とセキュリティに関するIAEA行動規範」ならびに「放射線源の輸出入ガイダンス」の原則を履行するよう強く求める。

*行動44:会議は、すべての加盟国に対し、関連する国際法上の義務に合致した形で、自国領土全域における核物質の違法取引を探知し、抑止し、阻止するための能力を育成することを求める。また、このことにおける国際的な連携や能力育成の強化に取り組むべき立場にある国々が、それらに取り組むことを求める。会議はまた、加盟国に対し、関連国際法の義務に合致した形で、核兵器の拡散防止に向けた効果的な国内管理を確立するよう求める。

*行動45:会議は、「核によるテロリズム行為等の防止に関する国際条約」に未だ加盟していないすべての加盟国が、可能な限り早期に同条約に加盟するよう奨励する。

*行動46:会議は、IAEAに対し、核物質の計量及び管理にかかる国内システム、または地域レベルのシステムについて、それらの確立や維持を含めた核物質の国内法制による管理強化の面で加盟国に継続的な支援を行うよう奨励する。

III.原子力の平和利用

会議は、NPTが、核エネルギーの平和利用を可能にする信頼と協力の枠組みをもたらすことによって、平和利用の発展を促進していることを再確認する。会議は、すべての加盟国に対し、条約の全条項に合致する形で行動し、以下を行うよう求める。

*行動47:核エネルギーの平和利用や燃料サイクル政策に関する各国の政策や国際協力合意及び取極めを侵害することなく、核エネルギーの平和利用の分野における各国の選択や決定を尊重する。

*行動48:核エネルギーの平和利用に向けた機器、物質、科学的・技術的情報の最大限の交換を促進し、それに参加する加盟国の権利を再確認することを約束する。

*行動49:世界の発展途上地域の需要を考慮し、平和目的の核エネルギーのさらなる開発

に向けて他の加盟国や国際機関と協力する。

*行動50:発展途上国の需要を特に考慮しつつ、条約加盟国である非核兵器国を優先的に扱う。

*行動51:条約第1条、2条、3条、4条に従い、核技術の移転や加盟国間での国際協力を促進するとともに、これに関して条約に相反するいかなる制約も排除する。

*行動52:IAEA内部における、同機関の技術協力計画の有用性や効率を向上させるための努力を継続する。

*行動53:核エネルギーの平和利用に関して発展途上の加盟国を支援するというIAEAの技術協力計画を強化する。

*行動54:技術協力活動へのIAEAの諸資源を十分に確保し、不確定要因の除去を確実にするためのあらゆる努力を払い、具体的な措置をとる。

*行動55:IAEAの活動の支援として各国あるいは国家グループが既に誓約した拠出を歓迎しつつ、それをなすべき立場にあるすべての加盟国に対し、今後5年間にIAEA活動への予算外拠出として1億ドルを調達するイニシャチブに対する追加拠出を奨励する。

*行動56:核エネルギー平和利用の発展に不可欠な特殊技能を有する労働力を訓練するための国内、二国間、国際努力を奨励する。

*行動57:原子力発電を含む核エネルギーの開発にあたっては、核エネルギーの使用は、国内法及び各国の国際的義務にしたがい、保障措置ならびに適切かつ有効な水準の安全と保安に対する誓約と、それらの履行の継続が伴うものでなければならないことを確認する。

*行動58:IAEAまたは地域機構の支援の下、差別的でなく透明性のある方法で、核燃料供給の保証のためのメカニズムを構築する可能性や、条約上の権利に影響を与えず、国家の燃料サイクル政策を阻害しない核燃料サイクルのバックエンド計画を含む、核燃料サイクルの多国間アプローチに関するさらなる議論を継続する。その一方で、IAEAの包括的保障措置の要求を含む、これらの問題をめぐる技術的、法的、財政的諸課題に取り組む。

*行動59:「原子力安全条約」、「原子力事故の早期通報に関する条約」、「原子力事故または放射線緊急事態の場合における援助に関する条約」、「使用済燃料管理および放射性廃棄物管理の安全に関する条約」、「核によるテロリズム行為等の防止に関する国際条約」、「核物質防護条約(CPPNM)」の未加盟国は加盟を検討する。また、早期の発効を可能とするべく、CPPNMの改正を批准する。

*行動60:原子力産業や民間部門との対話を通じたものを含め、核安全と保安の分野における最良慣行の適正共有を促進する。

*行動61:関係国に対し、技術的及び経済的に可能な限り、自由意志を原則として、民生用備蓄及び使用における高濃縮ウランを最小化するためのさらなる努力を奨励する。

*行動62:安全、保安、環境保護に関する国際基準にしたがって放射性物質を輸送する。また、信頼を醸成するとともに、輸送上の安全、保安、緊急時対応に関する懸念に対処すべく、輸送国と沿岸国間の意思疎通を継続する。

*行動63:関連する主要な国際諸条約で確立された原則に基づき、関連する国際条約の加盟国となり、もしくは適切な国内法を採択することによって民生用核に関する

責任体制を実効化する。
*行動64:会議は、すべての加盟国に対し、2009年9月18日のIAEA総会で全会一致採択された「運転中あるいは建設中の核施設に対する軍事攻撃あるいは攻撃の威嚇の禁止」に関する決定に従うことを求める。

Ⅳ.中東、とりわけ1995年中東決議の履行

1.会議は、1995年再検討・延長会議における中東に関する決議の重要性を再確認し、その目的と目標が2000年NPT再検討会議で再確認されたことを想起する。会議は、これら目的と目標が達成されるまで決議が有効であり続けることを強調する。NPTの寄託国(ロシア連邦、英国、アメリカ合衆国)により共同提案された同決議は、1995年会議の成果の重要な要素であり、1995年の条約の無投票の無期限延長の基礎の重要な要素でもある。加盟国は、個別あるいは協働して、その速やかな履行に向けたあらゆる必要な措置に着手するとの決意を新たにする。

2.会議は、中東和平プロセスの目的と目標への支持を再確認し、この努力が、関連する他の努力とともに、とりわけ中東非核・非大量破壊兵器地帯に貢献することを認識する。

3.会議は、2010再検討会議において、1995年の中東決議の完全な履行に向けた5つの核兵器国の誓約が再確認されたことに留意する。

4.会議は、1995年の中東決議の履行に向けた進展がほとんど達成されていないことに遺憾の意を表明する。

5.会議は、イスラエルによる条約加盟ならびに同国のすべての核施設をIAEAの包括的保障措置の下に置くことの重要性が2000年再検討会議で再確認されたことを想起する。会議は、条約の普遍性を達成することの緊急性と重要性を再確認する。会議は、条約の普遍性を早期に達成すべく、中東における条約未加盟国に対し、非核兵器国として条約に加盟するよう求める。

6.会議は、条約に基づく自国の義務と誓約がすべての加盟国によって厳格に遵守されることの必要性を強調する。会議は、地域のすべての加盟国に対し、1995年決議の目標の実現に貢献する関連措置ならびに信頼醸成措置を講じるよう強く求める。また、この目的の達成を阻むいかなる措置もとらないよう、すべての加盟国に求める。

7.会議は、1995年決議の完全履行につながるプロセスの重要性を強調する。会議はこの目的に向けた以下の実際的措置を支持する。

(a) 国連事務総長ならびに1995年中東決議の共同提案国は、地域国家との協議に基づき、中東の全国家の参加の下、中東非核・非大量破壊兵器地帯の設立に関する会議を2012年に開催する。これは、地域国家の自由意思による取極めに基づくものであり、また、核兵器国の全面的支援及び関与を得るものである。2012年会議は、1995年中東決議を委任された議題とする。

(b) 地域国家との協議に基づき、国連事務総長並びに1995年中東決議の共同提案国はファシリテーター（調停人）を任命する。ファシリテーターは、地域国家との協議を行い、2012年会議の開催準備を通じて1995年決議の履行を支援するという任務を持つ。ファシリテーターはまた、2012年会議に参加した地域国家で合意された後継措置の履行も支援する。ファシリテーターは2015年再検討会議ならびにその

準備委員会において報告を行う。

(c) 国連事務総長ならびに1995年中東決議の共同提案国は、地域国家との協議に基づき、2012年会議の主催国を指名する。

(d) 過去の実績やそこで得られた経験を踏まえ、非核・非大量破壊兵器及び運搬手段地帯のあり方に関して、IAEA、化学兵器禁止機関(OPCW)、及びその他の関連する国際組織に2012年会議に向けた背景文書の準備を要請することなど、決議の履行を支援することを目的とした追加的措置を講じる。

(e) 欧州連合による2008年6月のフォローアップセミナーの主催の申し出を含め、決議の履行を支援することを目的としたあらゆる提案を検討する。

8.会議は、核、化学、生物という、地域におけるすべての大量破壊兵器の全面的かつ完全な廃棄の達成につながる過程においては、内容的にも時期的にも並行した進展を維持することが求められることを強調する。

9.会議は、条約のすべての加盟国、とりわけ核兵器国と地域国家が、決議の履行に向けて行った措置について、国連事務局を通じ、2015年再検討会議の議長ならびに再検討会議に先立って行われる準備委員会の議長に継続して報告すべきであることを再確認する。

10.会議は、決議の履行に対する貢献として、市民社会が果たす役割の重要性をいっそう認識し、この点におけるあらゆる努力を奨励する。

他の地域的問題

1.会議は、朝鮮民主主義人民共和国(DPRK)に対し、2005年9月の共同声明にしたがい、あらゆる核兵器ならびに現存する核計画の完全かつ検証可能な廃棄を含む、6か国協議に基づく誓約を履行するよう強く求める。また、DPRKに対し、NPTとIAEA保障措置協定の遵守に早期に復帰するよう強く求める。会議はまた、DPRK及びすべての加盟国に対し、関連するすべての核不拡散・核軍縮義務を完全に履行するよう求める。会議は、6か国協議への強固な支持を再確認するとともに、外交的手段を通じてこの事案が包含する諸問題に対する十分かつ包括的な解決を達成することを引き続き誓う。

www.un.org/ga/search/view_doc.asp?symbol=NPT/CONF.2010/50 (VOL.I)

ピースデポ注:最終文書の構成は次の通り。

第1巻

第1部

「1995年再検討・延長会議において採択された諸決定及び決議ならびに2000年再検討会議最終文書に照らした条約第8条3項に基く条約運用に関する評価」

「結論ならびに今後の行動に向けた勧告」

第2部「会議の組織と作業」

第2巻

第3部「会議で出された文書」

第3巻

第4部「概略の記録と参加者名簿」

● **第1巻第1部の全訳は、ピースデポ・ブックレット「2010年核不拡散条約
（NPT）再検討会議─市民社会からの総括」（10年8月6日刊）に所収。**

https://www.nonproliferation.org/wp-content/uploads/2015/04/2010_fd_part_i.pdf

---

資料1-8　オバマ米大統領・プラハ演説（抜粋訳）

2009年4月5日、プラハ

（前略）

　20世紀に我々が自由をめざし闘ったように、21世紀において我々は、恐怖から解き放たれて生きるというすべての人々の権利をめざし共に闘わなければならない。核保有国として、核兵器を使用した唯一の核保有国として、米国には行動する道義的責任がある。我々だけではこの努力を成功に導くことはできない。しかし我々は先導できる。スタートを切ることができる。

　そこで本日、私ははっきりと、信念を持って、アメリカは核兵器のない世界の平和と安全を追求することを誓約したい。私はナイーブな人間ではない。この目標は直ちに達成できるものではない、おそらく私の生きている間には。忍耐と粘り強さが必要である。しかし我々は今、世界は変わらないと我々にささやく声に惑わされてはならない。我々は主張し続けなければならない、「そう、我々にはできる」と。

　では、進むべき道筋について説明しよう。第一に、米国は核兵器のない世界に向けた具体的措置を講じる。冷戦思考に終止符を打つべく、我が国の国家安全保障戦略における核兵器の役割を低下させ、他の国家にも同調するよう要請する。誤解のないよう言っておきたいが、核兵器が存在する限り、米国はいかなる敵をも抑止できる安全、安心で効果的な核兵器保有を継続する。また、チェコ共和国を含め、我々の同盟国に対する防衛を保証する。だが我々は米国の保有核兵器を削減する作業を開始する。

　我々の弾頭と備蓄の削減に向けて、我々は今年、ロシアとの間で新たな戦略兵器削減条約を交渉する。メドベージェフ大統領と私はロンドンでこのプロセスを開始した。今年末までに、法的拘束力を有するとともに十分に大胆な新合意を達成する。これはさらなる削減への足場となるものであり、我々はこの努力にすべての核兵器国を参加させるべく努める。

　核実験のグローバルな禁止を実現するために、私の政権は速やかに、かつ果敢に、包括的核実験禁止条約（CTBT）の批准を追求する。50年以上にもわたる協議を経て、核兵器実験を禁止する時がついに来たのである。

　また米国は、核兵器製造に必要な原料の生産禁止に向けて、核兵器としての使用を意図した核分裂性物質の生産を検証可能なかたちで禁止する新たな条約を追求する。我々がこれらの兵器の拡散防止を真剣に望むのであれば、それらの原料である兵器級物質の生産に終止符を打たなければならない。それが最初の一歩である。

　第二に、我々は協力の礎である核不拡散条約（NPT）をともに強化してゆく。

　核兵器を持つ国は軍縮に向かって進み、核兵器を持たない国はそれらを取得せず、すべての国は平和的核エネルギーへのアクセスを有する。この基本的取引は確固たるもので

196

ある。NPTを強化するために、我々はいくつかの原則を受け入れなければならない。国際査察を強化するためには、我々にはさらなる資源と権限が必要である。正当な理由なくルールを破り、条約からの脱退を試みる国家は現実的かつただちに報いを受けなければならない。

我々はまた、国際燃料バンクなど民生核協力のための新たな枠組を構築すべきである。これにより各国は拡散の危険性を増大させることなく平和的核エネルギーにアクセスできる。これは、核兵器を放棄したすべての国、とりわけ平和目的の計画に着手しようとする発展途上国の権利でなければならない。ルールに従って行動している国家の権利を否定するようなアプローチは決して成功しない。核エネルギーは、気候変動とたたかい、あらゆる人々に平和利用の機会を与える我々の努力に資するように、活用されてゆくべきだ。(略)

最後に、我々はテロリストが核兵器を絶対に入手しないようにしなければならない。これはグローバルな安全保障にとって最も緊急かつ危機的な脅威である。一発の核兵器を持つテロリストが一人いれば、甚大な破壊がもたらしうる。アルカイダは爆弾を追求し、使用することも辞さないと述べている。さらに、保安が確保されていない核物質が地球上のあちこちに存在していることを我々は知っている。我々の国民を守るために、我々は、遅滞なく、目的を定めて行動しなければならない。

私は本日、攻撃対象となりうる世界各地の核物質すべての保安を4年以内に確保するという新たな国際努力について発表したい。これらの機微物質の厳重管理をめざして我々は新たな基準を設け、ロシアとの協力を拡大し、新たなパートナーシップを追求する。

我々はまた、闇市場を解体し、輸送中の物質を検知・阻止し、こうした危険な取引を途絶させるための資金上の手段を講じる努力を強化しなければならない。こうした脅威は長期にわたるものであるから、我々は拡散防止構想(PSI)や核テロリズムに対抗するためのグローバル・イニシャチブといった努力を永続的な国際機構へと変えるべく力を合わせなければならない。我々は、来年中に核安全保障に関する世界サミットを米国主催で行うことで、その一歩を踏み出すべきである。

このような広範な課題に取り組むことができるのかと疑問に思う人もいるだろう。国家間の相違は抜き難くあるのだから、真の国際協力の可能性に異を唱える人もいるだろう。核兵器のない世界という議論を聞いて、達成不可能に思える目標を設定することの意義を疑う人もいるだろう。

しかし間違いのないように言っておきたい。我々は道がどこに向かっているかを知っている。国家あるいは人々が、相違点をもって自らが定義されると考えるならば、溝はさらに深まってゆく。我々が平和の追求を断念すれば、それは永遠に我々の手の届かないところに留まる。恐怖ではなく希望を選ぶ道を我々は知っている。協力の求めを非難し軽んじることは簡単だが、それは臆病者のすることだ。戦争はそのようにして始まる。そこで人類の前進は止まる。

我々の世界には立ち向かうべき暴力と不正義がある。我々は分断を受け入れるのではなく、自由な国家、自由な人々として協力して立ち向かってゆかなければならない。武器をとれと呼びかける方が、武器を捨てろと呼びかけるよりも人々の心を奮い立たせることを私は知っている。しかしだからこそ、平和と進歩を求める声をともに高めていかなければならないのである。(後略)

https://obamawhitehouse.archives.gov/the-press-office/remarks-president-barack-
obama-prague-delivered

資料1-9　米核態勢見直し(NPR)報告書

核態勢見直し(NPR)報告書 要約(全訳)

2010年4月6日 国防総省

　2009年4月のプラハでの演説において、オバマ大統領は21世紀における核の危険に焦点を当て、これら深刻で増大しつつある脅威に打ち勝つために、合衆国は核兵器のない世界の平和と安全を追求すると宣言した。大統領はこのような野心的な目標はすぐには—その言葉を借りれば、自らの生きている間には—達成できないであろうことを認めた。しかし大統領はこの目標に向けて、核兵器の数と合衆国の国家安全保障戦略における核兵器の役割の縮小を含む具体的な措置をとるとの決意を明らかにした。同時に大統領は、核兵器が存在する限り、合衆国は、潜在的敵国を抑止するとともに同盟国及び安全保障パートナーに合衆国の安全保障コミットメントが信頼しうるとの安心を提供するため、安全、安心で効果的な保有核兵器を維持すると誓約した。

　2010「核態勢見直し(NPR)」は、核の危険を減少しつつ核兵器のない世界という目標を追求することと同時に、より広範な合衆国の安全保障上の利益を増進するための大統領の政策課題を促進する政権の方針の大枠を示すものである。NPRには、大統領の安全保障における優先課題と、2010「4年毎の国防見直し」(QDR)によって示された、それらを支える戦略目標が反映されている。

　本NPR報告書は、国際安全保障環境の基本的な変化を述べた後、我々の核兵器政策及び態勢における5つの主要目標に焦点を当てる:

　　　1.核拡散及び核テロリズムを防止する。
　　　2.合衆国の国家安全保障戦略における核兵器の役割を縮小する。
　　　3.縮小された核戦力によって戦略的抑止及び安定を維持する。
　　　4.地域的な抑止を強化し、同盟国及びパートナーに改めて安心を提供する。
　　　5.安全かつ安心で、効果的な保有核兵器を引き続き保持する。

　NPRの一義的焦点は今後5年から10年の間にとるべき措置に置かれているが、同時に、より長期的な核戦略及び態勢に向かう道筋もまた考慮されている。合衆国と同盟国、パートナーの安全を確保しつつ核の危険の縮小に向けて前進しつづけるためには、今後の政権交代によっても揺るぐことのない取り組みが求められる。したがって将来にわたって持続可能なコンセンサスを形成することが緊要である。

変化した、今も変化しつつある、国際安全保障環境

　冷戦終結後、国際安全保障環境は劇的に変化した。世界的核戦争の脅威は遠のいた。しかし、核攻撃の危険は高まった。

　オバマ大統領が明らかにしたように、今日における最も差し迫った、極限的な危険は核テロリズムである。アルカイダとその同盟者の過激派たちは核兵器を欲している。一度彼らが核兵器を手に入れたならば、彼らはそれらを使うであろうと考えておかねばならな

い。世界中に存在する核物質は窃盗や強奪に対して脆弱であり、機微な機器や技術は核の闇市場をとおして入手可能である。その結果、テロリストが核兵器を作るために必要な物を手にする危険は深刻なレベルにまで高まっている。

　もう一つの差し迫った脅威は核拡散である。米国及び同盟国とパートナー、そして幅広い国際社会と対立関係にある国家が新たに核兵器を入手する可能性がある。北朝鮮とイランは、核への野望を果たすために、不拡散義務に違反し、国連安全保障理事会の要求を無視して、ミサイルによる運搬能力を追求しつつ、彼らが作り出した国際的危機を外交的に解決するための諸努力に抵抗してきた。彼らの挑発的行動は、周辺地域に不安定をもたらし、近隣諸国が自ら核抑止力を選択するような圧力をうみだす。北朝鮮、イランその他による不拡散軌範の継続的な不履行は、核不拡散条約(NPT)を弱体化させ、合衆国及び国際社会の安全に悪影響をもたらすであろう。

　核テロリズムと核拡散という喫緊の増大する脅威に直面する一方で、合衆国は現存する核兵器国、とりわけロシアと中国との戦略的関係の安定を確保するという、慣れ親しんだ課題に取り組まねばならない。ロシアは、合衆国と拮抗する核兵器能力を持つ唯一の国である。しかし、冷戦時に比して、米ロ関係は根本的に変化した。二国間の政策上の相違は依然として存在し、ロシアは強力な核戦力の近代化を継続している。しかし、ロシアと合衆国はもはや敵同志ではなく、軍事対決の可能性は劇的に減少した。両国は核テロリズムと核拡散防止を含む、共通の利益に資する分野における強力を強めている。

　合衆国と中国は、相互依存を深めており、大量破壊兵器(WMD)の拡散と対テロリズムといったグローバルな安全保障課題への対処における共通の責任を拡大しつつある。その一方で、中国に隣接するアジア諸国と合衆国は、保有核兵器の量的・質的近代化を含む中国の軍近代化に引き続き懸念を抱いている。中国の保有核兵器数はロシア及び合衆国のそれに比べてはるかに少ない。しかし、核計画の速度と範囲、さらにはそれらの指針となる戦略やドクトリンといった、中国の核計画をとりまく透明性が欠如しているため、中国の将来の戦略的意図について疑問が持ち上がっている。

　以上のような核の脅威における環境の変化によって、合衆国の核への関心と戦略目標の優先順位は変わった。今後数年間、我々は新しい核能力保有国の出現とテロリスト集団による核爆弾もしくは核爆弾製造用物質の入手の防止を最優先課題としなければならない。同時に我々はロシア、中国との戦略的関係の安定を維持するとともに、新たな核武装国の登場に対抗することによって、合衆国と同盟国及びパートナーを核の脅威もしくは脅迫から守るとともに彼ら自身の核抑止力追求の誘因を減少させなければならない。

米国の核兵器政策及び戦力態勢への影響

　我々が、二極軍事対決の冷戦時代から引き継いだ膨大な保有核兵器は、核兵器を志向する、自滅的なテロリストや非友好的な国家体制による挑戦に対処するには適していない。従って、我々の核兵器政策と態勢は、核テロリズムと核拡散の防止という最優先課題に適したものへと再編されなければならない。

　これは、我々の核抑止力が時代遅れであるということを意味しない。事実、核兵器が存在する限り、合衆国は安全、安心で、効果的な核戦力を維持しつづけるであろう。これら核戦力は潜在的敵国を抑止し、世界中の同盟国及びパートナーに改めて安心を提供する

199

ための不可欠な役割を引き続き果たすであろう。

しかし、合衆国の通常軍事能力の比類なき成長、ミサイル防衛における重要な進歩、そして冷戦時代の敵対関係の緩和を含む国際安全保障環境の根本的な変化の結果、上記の戦略目標は従来よりもはるかに少ないレベルの核戦力と、縮小された核兵器の役割によって達成することが可能である。したがって、我々は、伝統的な抑止及び安心の確保という目標を損なうことなく、最も差し迫った安全保障上の挑戦に合致するよう核兵器政策と核戦力態勢を形成することができる。

● 合衆国の核兵器の役割と数を縮小する―すなわち、核軍縮を前進させるというNPT第6条の下での義務に従う―ことによって、我々は不拡散レジームの再強化と世界中の核物質の保安を確立するための措置への参画をNPT加盟諸国に促しうる、より強い立場を確立することができる。

● 信頼性ある核抑止力の維持及びミサイル防衛、その他の通常軍事能力による地域的安全保障構造（アーキテクチャー）の強化によって、我々は世界中の核兵器を持たない同盟国、パートナーに対する安全保障公約を再確認するとともに、それら諸国が自らの核抑止力を必要としないことを確認することができる。

● 合衆国の核兵器の寿命を延長するための確固とした備蓄核兵器管理プログラムを遂行することによって、新しい核兵器の開発や核実験なしに安全、安心、かつ効果的な抑止力を確保することができる。

● 老朽化した核施設の近代化と人的資源への投資によって、技術的もしくは地政学的な突発事態に備えるために確保する核兵器の数を著しく減少させることが可能となり、退役核弾頭の解体を加速し、他国の核活動に関する知見を改善することが可能となる。

● ロシア及び中国との戦略的関係の安定化と透明性、相互信頼の向上によって、核兵器のない世界へと進むための条件整備と核拡散及び核テロリズムに対処するための基盤を強化することが可能となる。

● 国際問題における核兵器の重要性を減じ、核兵器廃絶へと段階的に進むことによって、核兵器保有国が存在する世界に住むことを宿命視する考えを逆転させ、将来の不確定さに備えるために自ら核オプションを手にしようと考える国々にとっての誘因を減少させることができる。

核拡散及び核テロリズムの防止

核兵器のない世界に向けた努力における不可欠の要素として、合衆国はグローバルな核不拡散レジームの再建と強化のための国際的努力の拡大を主導する。そして2010NPRは、これを初めて 合衆国の核政策における最優先事項とする。我々が核の崖っぷちに近づいているとの危機感が高まっている。それは、今日の危険な傾向に歯止めをかけ、逆転させなければ、我々は、遠からず核武装国が着実に増加し、テロリストが核兵器を手にする世界に住むことになるだろうという危機感である。

核拡散と核テロリズムを防止するための合衆国のアプローチには、3つの要素がある。第1に、我々は北朝鮮とイランの核の野望を挫き、IAEA保障措置とその遵守を強化し、核の闇取引を阻止し、拡散リスクの拡大無しに核の平和利用を促進することによって、NPTを中心とする不拡散レジームの強化を追求する。第2に、我々は世界中のすべての脆

200

弱な核物質の保安を4年以内に確立するとしたオバマ大統領のイニシャチブの履行を加速する。

そして第3に、我々は、新戦略兵器削減条約（新START）、包括的核実験禁止条約（CTBT）の批准と発効、そして検証可能な核分裂性物質生産禁止条約の交渉を含む、軍備管理の努力を遂行する。これらは、不拡散レジームと核物質の世界的保安を強化するために必要な措置に対する広範な国際的支持を勝ちとるための我々の力を強化する手段である。

わが政府のイニシャチブには以下が含まれる:

● グローバル脅威削減イニシャチブ（GTRI）、国際核物質防護及び協力プログラムの加速を含む世界中の脆弱核物質の保安確立のためのオバマ大統領のイニシャチブを積極的に推進する。これにはエネルギー省の2011会計年予算における核不拡散プログラムへの27億ドル支出増（25%以上）が含まれる。

● 不法な拡散ネットワークを寸断し、核物質の密輸を阻止するための国家的及び国際的能力を向上させ、テロリストの核爆発デバイスに使用され、もしくは使用されようとしている核物質の出所を特定する能力を向上させる、核鑑識能力の拡大を継続する。

● 核兵器のない世界へと前進し続けることを支援する、検証技術の研究強化や透明化措置の開発を含む包括的研究開発プログラムを立ち上げる。

● 大量破壊兵器を入手したり使用したりしようとするテロリストの努力を、手助け、資金援助、もしくは専門知識や安全地帯の提供によって、支援もしくは幇助するすべての国家、テロリスト集団もしくは他の非国家主体に対して、合衆国は全面的に責任追及を行うとの誓約を再確認する。

合衆国の核兵器の役割を縮小する

過去数十年間にわたり、合衆国は国家安全保障及び軍事戦略における核兵器の役割を大幅に縮小してきた。しかし現段階においてさらになすべきこと、できること、がある。

核兵器が存在する限り継続する合衆国の核兵器の基本的役割とは、合衆国、同盟国及びパートナーに対する核攻撃を抑止することである。

冷戦期においては、米国はソ連及びワルシャワ条約機構の同盟国による大規模な通常攻撃に対する反撃に核兵器を使用する権利を留保していた。さらに、合衆国が国際諸条約に従い自らの化学・生物兵器（CBW）を放棄した後においては合衆国、同盟国及びパートナーに対するCBW攻撃を抑止するために核兵器を使う権利を留保していた。

冷戦終結後、戦略環境は根本的に変化した。合衆国の通常軍事力の圧倒的優位、ミサイル防衛能力のたえざる向上、CBWの効果を低減する能力の向上によって、非核ー通常、化学、生物ー攻撃の抑止における核兵器の役割は大幅に縮小された。合衆国は引き続き非核攻撃の抑止における核兵器の役割を縮小してゆくであろう。

さらに合衆国は、NPTに加盟し不拡散義務を遵守している非核兵器国に対して、核兵器の使用も使用の威嚇も行わないことを宣言することによって、長期わたって続けてきた「消極的安全保証」を強化する用意がある。

この安全保証の強化は、NPTを全面的に遵守することによって得られる安全保障上の利益を裏書きし、NPTに加盟する非核兵器国に対して、米国及び他の関係諸国とともに

201

不拡散レジームの強化のために協働するよう促すことを意図するものである。

　このように安全保証を強化するにあたって、合衆国は安全保証を提供される資格を有しながら化学生物兵器を合衆国もしくは同盟国及びパートナーに対して使用する国は、通常兵器による熾烈な反撃を受ける可能性に直面するであろうこと、また国家指導者もしくは軍司令官を問わず、このような攻撃に責任を有するいかなる個人の責任も全面的に問われるであろうことを合衆国は断言する。生物兵器の破滅的な潜在能力とバイオ・テクノロジーの急速な進歩を考えたとき、生物兵器の脅威の進化と拡散、そしてその脅威に対する合衆国の対処能力が要求する場合には、合衆国は前記安全保証に必要な変更を加える権利を留保する。

　合衆国の核兵器は、ごく限られた非常事態において、上記の安全保証の対象から除外される国――すなわち核兵器を保有する国、及び核不拡散義務を遵守しない国――による合衆国もしくは同盟国及びパートナーに対する通常攻撃もしくは化学・生物兵器攻撃を抑止する役割を果たす可能性がある。したがって、合衆国は現段階においては、核攻撃の抑止を核兵器の唯一の目的とするという普遍的な政策を採用する用意はない。しかし、合衆国は、このような政策を安全に採用できるような条件を確立するために努力するであろう。

　しかし、これは新しい安全保証の対象とならない国々に対して核兵器を使用するという我々の意思の高まりを意味するものではない。強調したいのは、合衆国は、合衆国もしくは同盟国及びパートナーの死活的な利益を守るという極限的な状況においてのみ核兵器を使用するであろうということである。過去65年以上つづいてきた核兵器不使用の記録をさらに更新することこそが、合衆国とすべての国にとっての利益である。

　したがって、NPRの主要な結論には以下が含まれる：

- 合衆国は、核兵器の唯一の目的を合衆国もしくは同盟国及びパートナーに対する核攻撃の抑止に限定することを目指しつつ、通常兵器能力の強化を継続し、非核攻撃の抑止における核兵器の役割を縮小しつづけるであろう。
- 合衆国は、合衆国もしくは同盟国及びパートナーの死活的な利益を守るという極限的な状況においてのみ核兵器の使用を考慮するであろう。
- 合衆国は、NPTに加盟し不拡散義務を遵守している非核兵器国に対しては、核兵器の使用もしくは使用の威嚇を行わないであろう。

削減された核戦力レベルにおいて戦略的抑止と安定を維持する

　冷戦終結以降、米国とロシアは作戦配備の戦略核兵器を約75%削減してきたが、いまだ両国とも抑止に必要とする以上の数の核兵器を保有している。政権は、大幅に削減された戦力レベルにおける安定性の確保に向けてロシアと協力することを誓約する。

新START

　このプロセスの次の一歩は、すでに失効した1991年の第1次戦略兵器削減条約（STARTⅠ）を新たな検証可能な条約、すなわち新STARTに置き換えることである。NPR策定に向けた初期段階の作業は、この新START交渉における米国の立場を確立し、新条約が規定する削減に照らしていかなる戦力構成が可能であるかを検討することにあった。NPRは次のような結論に達した：

- 米国の戦略的運搬手段、すなわち大陸間弾道ミサイル（ICBM）、潜水艦発射弾道ミ

サイル（SLBM）、核搭載可能な重爆撃機をSTART Iレベルから約50％削減し、また、条約上の削減義務を負う戦略核弾頭をモスクワ条約レベルから約30％削減しても、安定した抑止を維持することは可能である。

● NPRの分析に基づき、米国は、新STARTの条約上の義務を負う戦略核弾頭数の上限を1550発、配備戦略運搬手段の上限を700基（機）とすること、また、配備及び非配備の戦略発射装置数の合計の上限を800基（機）とすることでロシアと合意した。

● ICBM、SLBM、核搭載可能な重爆撃機で構成される米国の核の三本柱は新STARTにおいても維持される。

● 安定性の増大をめざし、すべての米国のICBMには、一基に搭載される核弾頭数を一発とする「非多弾頭化」措置が講じられる。

● 米国の地域的抑止ならびに安全の再保証という目的への非核システムの寄与は、ミサイル防衛に対する制限を回避し、重爆撃機や長距離ミサイルシステムを通常兵器に使用する選択肢を維持することによって保持される。

大統領の決定時間を最大化する

NPRは、現在の米戦略部隊の警戒態勢——重爆撃機の常時警戒態勢は解除され、ほぼすべてのICBMが警戒態勢に置かれ、また、いかなる時にも相当数の戦略原子力潜水艦（SSBM）が海洋に出ている——が当面維持されるべきであると結論づけた。NPRはまた、事故、無認可の行動、誤認識などによる核発射の可能性をいっそう低下させるとともに、核兵器使用を許可するか否かの検討において大統領に与えられる時間を最大化するべく引き続き努力がなされるべきであると結論づけた。重要な措置には以下が含まれる：

● すべてのICBMならびにSLBMについて、「外洋に向けた標的設定」の実施を継続する。これにより、万一の無認可あるいは偶発的発射の際にミサイルは外洋に着弾する。また、ロシアにこの慣行に対する誓約を再確認するよう求める。

● 核危機における大統領の決定時間を最大化するよう米国の指揮統制システムをいっそう強化する。

● 生き残りの可能性 を強化し、即時発射の誘因をさらに低減するようなICBM基地の新しい様態を探求する。

戦略的安定性の強化

ロシアと中国が現在自国の核能力の近代化を行い、さらには両国がともに米国のミサイル防衛や通常軍備のミサイル計画を不安定化要因と主張している中、これら2国との戦略的安定性を維持することが今後の重要な課題である。

● 米国は、さらなる安定性、柔軟性、透明性を伴った戦略的関係を促進することをめざし、ロシア及び中国と戦略的安定性に関するハイレベルの二国間対話を追求してゆく。

米国にとって、ロシアとの戦略対話は、米国のミサイル防衛及び将来におけるいかなる米国の通常兵器搭載長距離弾道ミサイルシステムも、新たに浮上した地域的脅威への対処を目的に設計されたものであり、ロシアとの戦略バランスに影響を与えることを意図したものではないことを説明する機会となる。また、ロシアの側においては、近代化計

画について説明し、現在の軍事ドクトリン（とりわけ核兵器の重要性をどのように位置づけているのか）を明確にし、国境から離れたロシア国内の少数の安全な施設に非戦略システムをまとめているといったような、同国の非戦略保有核兵器に対する西側諸国の懸念を緩和するためにとりうる諸措置について議論する機会となる。

他方、中国との戦略的安定性に関する対話の目的は、双方とって、相手側の核兵器ならびに他の戦略能力に関する戦略、政策、計画をめぐる見解を伝える場やメカニズムを提供することにある。このような対話のめざすところは、信頼性と透明性の向上、不信の低減にある。2010「弾道ミサイル防衛見直し」（MDR）報告が述べるように、「本政権にとって、米中関係における戦略的安定性を維持することは、他の主要国との戦略的安定性を維持することと同等に重要である」。

将来における核削減

大統領は、核兵器のさらなる削減の検討に向けて、新START後の軍備管理目標に関する見直しを命じた。新STARTのレベルを超えて米国が将来的な核戦力の削減を行う上では、いくつかの要素がその規模や速度に影響を与える。

第1に、いかなる将来的な核削減も、地域の潜在的な敵への抑止、ロシアや中国との戦略的安定性、米国の同盟国及びパートナーへの安心の提供を強化し続けるものでなければならない。これには、抑止に求められる能力に関する最新の評価、米国ならびに同盟国、パートナーにおける非核能力のさらなる強化、戦略及び非戦略兵器の焦点を絞った削減、そして同盟国及びパートナーとの緊密な協議が必要である。米国は、いかなる潜在的な敵対者が計算したとしても、米国、あるいは同盟国及びパートナーに対する攻撃から期待される利益より、米国からの報復による耐え難いコストの方がはるかに勝るとの結論に達せしめるような能力を引き続き確保する。

第2に、備蓄核兵器維持プログラムの遂行ならびにNPRの勧告する核兵器インフラへの投資は、技術的あるいは地政学的突発事態に備えるために大量の非配備弾頭を維持するという米政策の転換をもたらし、備蓄核兵器の大幅な削減を可能にする。これらの投資は新START及びその後において、抑止を維持しつつ核兵器削減を促進する上で不可欠なものである。

第3に、ロシアの核戦力は、米国が自国の核戦力削減の幅及び速度を決定する上で引き続き重要な要素である。両国関係の改善を背景に、2国間における厳密な数字上の均衡の必要性は冷戦時代のように絶対的なものではない。しかし、核能力における大きな不均衡は、双方にとって、また、合衆国の同盟国及びパートナーとの間において懸念を生じさせるものであり、安定的かつ長期的な戦略関係の維持に貢献するものとはならないであろう。したがって、我々は合衆国がより低いレベルに移行する際には、ロシアも我々に同調することを重要視するであろう。

NPRの主要な勧告には以下が含まれる：

● 新STARTが予定しているレベル以下に将来的な核削減目標を定めるための、継続的な分析を実施するべきである。同時に、地域における潜在的な敵に対する抑止、ロシアと中国に対する戦略的安定性、我々の同盟国及びパートナーへの保証を強化してゆくべきである。

● ロシアとの間で新START後の交渉を行う際には、双方の側の非配備核兵器とならんで非戦略核兵器の問題を取り上げるべきである。

● 米核戦力の削減は、我々の同盟国及びパートナーへの安全の安全の保証における
信頼性と有効性を維持する形で実施するべきである。米国は、新START後の交渉に
向けたアプローチを確立するにあたって、同盟国及びパートナーと協議してゆくべ
きである。

地域的抑止を強化し、同盟国・パートナーに安全を再確認する

　合衆国は、2国間及び地域的な安全保障関係を強化してゆくとともに、これらの関係
を21世紀型の挑戦に適合させるべく同盟国及びパートナーと協力しあうことを全面的
に公約する。このような安全保障関係は潜在的脅威を抑止する上で不可欠であり、また、
それら脅威に隣接する諸国に対して、核兵器を求めることが自国の軍事的あるいは政
治的利益を損なうものにしかならないこと知らしめ、また、合衆国の非核の同盟国及び
パートナーに対しては自らが核抑止能力を持たずとも安全保障上の利益を確保できる
との保証を提供することによって、我々の不拡散上の目標にも寄与する。

　米国の核兵器は、核兵器を保有し、あるいは保有を追求している地域国家による核攻
撃あるいは核を背景とした脅しに対する拡大抑止を同盟国及びパートナーに提供する
上で重要な役割を担ってきた。信頼性のある合衆国の「核の傘」は、「三本柱」の戦略軍、重
要地域に前方配備された非戦略核兵器、そして地域的紛争に応じて即時に前方配備可能
な米国内の核兵器といった手段の組み合わせによって提供されてきた。

　欧州においては、冷戦終結後、前方配備された米国の核兵器は劇的に削減された。しか
し少数の核兵器が引き続き残されている。NATO加盟国に対する核攻撃の危険性はか
つてなく低下した。しかし、合衆国の核兵器の存在は、NATOの非核加盟国が核計画に
参加し、核兵器運搬能力を持つ特殊仕様の航空機を保有するというNATO特有の核分担
(ニュークリア・シェアリング)取極めとの組み合わされることによって同盟国間の結束
を強化するとともに、地域的脅威を感じている同盟国及びパートナーに対し安心を提供
するものとなっている。NATO加盟国を防衛する上での核兵器の役割は、NATOの「戦
略概念」見直しとの関係で本年議論されることになる。NATOの核態勢におけるいかな
る変更も、加盟国間での徹底した再検討と決定を経てなされるべきである。

　アジア及び中東──これらの地域にはNATOに類似した多国間の同盟構造は存在し
ない──については米国は二国間同盟及び安全保障関係を通じて、また、前方配備の軍
事的プレゼンスと安全の保証を通じて拡大抑止を維持してきた。冷戦が終焉を迎えたと
き、米国は、海軍の洋上艦や一般目的用の潜水艦からの核兵器撤去を含め、太平洋地域に
前方配備された核兵器を撤退させた。以来、合衆国は、危機への対処は中央の戦略戦力及
び東アジアへの核システムの再配備能力に依存してきた。

　核兵器は同盟国及びパートナーに対する合衆国による安全の保証の重要な構成要素
であることが示されてきた一方で、米国は、通常戦力のプレゼンス及び効果的な戦域弾
道ミサイル防衛を含む、地域的な安全保障構造(アーキテクチャー)の強化をめざし、非
核要素への依存を高めてきた。核兵器の役割が米国の国家安全保障戦略の中で縮小され
るにしたがい、これら非核要素は抑止の分担においていっそう大きな位置を占めるよう
になろう。さらに、効果的な地域的抑止にとっては、非核戦力による抑止にとどまらず、
非軍事的抑止、すなわち米国とその同盟国、パートナーとの間での強固で信頼性のある
政治的関係の構築が欠くべからざる要素である。

205

非戦略核兵器

冷戦終結後、米国は非戦略（または「戦術」）核兵器を劇的に削減してきた。今日では、世界中の同盟国及びパートナーに対する拡大抑止の一環として、限定された数の核兵器が欧州に前方配備されているのと、海外配備が可能な少数の核兵器が米国内で保管されているのみである。ロシアははるかに多くの非戦略核戦力を維持しており、そのうち相当数はいくつかのNATO加盟国の領土近くに配備されている。

NPRは、米国のとるべき行動について以下のとおり結論づけた:

● 戦術戦闘爆撃機ならびに重爆撃機に搭載された前方配備の米核兵器の能力を維持するとともに、安全、保安、使用管理の改善などを伴ったB-61核弾頭の全面的寿命延長を進める。

● 海洋発射核巡航ミサイル（TLAM-N）を退役させる。

● 米国の前方軍事プレゼンスを補完し、地域的抑止を強化する長距離攻撃能力の維持と開発を継続する。

● 米国の拡大抑止の信頼性及び有効性を確保する方策について、同盟国及びパートナーとの協議を継続し、適当な場合には拡大する。米国の拡大抑止におけるいかなる変更も同盟国及びパートナーとの緊密な協議なしには行われない。

安全、安心、かつ効果的な保有核兵器を維持する

合衆国は安全、安心、かつ効果的な保有核兵器を維持することを誓約する。1992年に核実験を中止して以降、我々は、弾頭をほぼ当初の設計仕様になるよう改修することによって弾頭の寿命を延長する備蓄兵器維持プログラムを通じて、核弾頭を維持し安全性と信頼性を認証してきた。30年後を見通して、NPRは、議会が命じた備蓄兵器管理プログラムならびに合衆国の不拡散目的に合致した形で既存の核弾頭の寿命を延長させるための最善の方策を検討し、次のような結論に達した:

● 合衆国は核実験を実施せず、包括的核実験禁止条約の批准と発効を遂行する。

● 米国は新型核弾頭を開発しない。寿命延長計画（LEP）は、これまでに実験された設計に基づく核部品のみを使用し、新たな軍事的任務を支援したり新たな能力を準備したりしない。

● 合衆国は、核弾頭の安全性、保安、信頼性を個別事例ごとに、議会が命じた備蓄管理プログラムに合致した形で確保するための選択肢について研究する。LEPにおいては全ての範囲のアプローチを考慮する。すなわち、既存の弾頭の改修、別の弾頭の核部品の再利用、及び核部品の交換、である。

● 核弾頭のLEPを工学的開発へと進行させるいかなる決定においても、合衆国が最優先で選択するのは改修あるいは再利用である。核部品の交換は備蓄兵器管理プログラムの重要目標がその他の手段では達成できない場合においてのみ、そして大統領による具体的な認可ならびに議会の承認が得られた場合にのみ実施される。

これらの結論に沿って、NPRは次の通り勧告する:

- 現在進行中の潜水艦発射弾頭W-76のLEP、ならびにB-61爆弾のLEPに関する研究及びそれに続く活動には満額の資金が提供されるべきである。
- ICBM用弾頭W-78のLEPに関する選択肢についての研究を開始するべきである。研究には、当該LEPの結果作られた弾頭をSLBMで使用することによって、弾頭の種類を減らす可能性の検討も含まれる。

安全、安心で、かつ効果的でありつづけるために、合衆国の備蓄核兵器は、国家安全保障に関する諸研究所と支援施設の複合体で構成される近代的な物的インフラや、核抑止維持に求められる専門的能力を持つ優秀な労働力に支えられなければならない。

人的資源もまた懸案である。国家安全保障に関する諸研究所では、次世代の、最も将来有望な科学者やエンジニアを引きつけ、確保することがますます困難になっている。備蓄兵器管理に関する明確な長期計画や、拡散及び核テロリズムの防止に関する政権の誓約は、挑戦的で有意義な研究開発活動に従事する機会を与えることによって、明日を担う科学者やエンジニアの獲得と確保を強化することに繋がる。

NPRは以下の結論に達した:
- 備蓄兵器維持にとって極めて重要であり、不拡散をめざす上での見識を提供する、科学、技術及び工学の基盤を強化する必要がある。
- 核兵器複合施設及び要員に対する投資の増額は、我々の保有核兵器の長期的な安全、保安と有効性を確保するために必須である。新たな施設は、国家核安全保障管理局が開発中の備蓄核兵器の維持及び管理計画の要求を支援できるよう規模を定めることになる。
- 建設後50年を経過した施設を更新するロスアラモス国立研究所における化学冶金研究施設更新計画およびテネシー州オークリッジのY-12プラントにおける新たなウラニウム処理施設の拡充のための資金の増額が必要である。

未来を見据える:核兵器のない世界に向けて

2010「核態勢の見直し」の勧告を遂行することにより、合衆国、同盟国、及びパートナーの安全保障は強化され、大統領の示した核兵器のない世界というビジョンに向けた大きな一歩がもたらされるであろう。

国際的な不安定や安全の欠如を拡大させるというリスクを犯すことなく、究極的に米国や他の国々による核兵器放棄を可能にするためには、極めて多くの条件が必要である。それらの条件の中には、核兵器拡散の阻止における成功、主たる関係国の計画や能力に関する透明性の飛躍的な向上、軍縮義務違反の探知を可能とする検証手段及び技術、それら違反を抑止するに十分な強さと信頼性を備えた執行手段、そして究極的には対立する国家を核兵器の取得や維持へと導くような地域的紛争の解決が含まれる。これらの条件が現在において存在しないのは明らかである。

しかし我々は、これらの条件を創出するために積極的に行動することができるし、しなければならない。我々は2010年NPRに示された実際的措置を実行することができる。これら実際的措置は世界におけるあらゆる核兵器の廃絶という究極的目標へと我々を導くのみならず、それ自身によって、グローバルな核不拡散レジームを再活性化させ、テ

ロ集団による核兵器ならびに核物質取得に対してより高い防壁を築き、米国と国際の安全保障を強化する。

https://www.defense.gov/Portals/1/features/defenseReviews/NPR/2010_Nuclear_Posture_
Review_Report.pdf

資料1-10　日本国憲法　前文、第9条

公布　1946年11月3日
施行　1947年5月3日

前文

　日本国民は、正当に選挙された国会における代表者を通じて行動し、われらとわれらの子孫のために、諸国民との協和による成果と、わが国全土にわたつて自由のもたらす恵沢を確保し、政府の行為によつて再び戦争の惨禍が起ることのないやうにすることを決意し、ここに主権が国民に存することを宣言し、この憲法を確定する。そもそも国政は、国民の厳粛な信託によるものであつて、その権威は国民に由来し、その権力は国民の代表者がこれを行使し、その福利は国民がこれを享受する。これは人類普遍の原理であり、この憲法は、かかる原理に基くものである。われらは、これに反する一切の憲法、法令及び詔勅を排除する。

　日本国民は、恒久の平和を念願し、人間相互の関係を支配する崇高な理想を深く自覚するのであつて、平和を愛する諸国民の公正と信義に信頼して、われらの安全と生存を保持しようと決意した。われらは、平和を維持し、専制と隷従、圧迫と偏狭を地上から永遠に除去しようと努めてゐる国際社会において、名誉ある地位を占めたいと思ふ。われらは、全世界の国民が、ひとしく恐怖と欠乏から免かれ、平和のうちに生存する権利を有することを確認する。

　われらは、いづれの国家も、自国のことのみに専念して他国を無視してはならないのであつて、政治道徳の法則は、普遍的なものであり、この法則に従ふことは、自国の主権を維持し、他国と対等関係に立たうとする各国の責務であると信ずる。

　日本国民は、国家の名誉にかけ、全力をあげてこの崇高な理想と目的を達成することを誓ふ。

第9条

　日本国民は、正義と秩序を基調とする国際平和を誠実に希求し、国権の発動たる戦争と、武力による威嚇又は武力の行使は、国際紛争を解決する手段としては、永久にこれを放棄する。

　2　前項の目的を達するため、陸海空軍その他の戦力は、これを保持しない。国の交戦権は、これを認めない。

資料1-11　日米安全保障条約　第5条、第6条

日本国とアメリカ合衆国との間の相互協力及び安全保障条約

署名　1960年1月19日
発効　1960年6月23日

第5条（共同防衛）

　　各締約国は、日本国の施政の下にある領域における、いずれか一方に対する武力攻撃が、自国の平和及び安全を危うくするものであることを認め、自国の憲法上の規定及び手続に従つて共通の危険に対処するように行動することを宣言する。

　　前記の武力攻撃及びその結果として執つた全ての措置は、国際連合憲章第51条の規定に従つて直ちに国際連合安全保障理事会に報告しなければならない。その措置は、安全保障理事会が国際の平和及び安全を回復し及び維持するために必要な措置を執つたときは、終止しなければならない。

第6条（基地許与）

　　日本国の安全に寄与し、並びに極東における国際の平和及び安全の維持に寄与するため、アメリカ合衆国は、その陸軍、空軍及び海軍が日本国において施設及び区域を使用することを許される。前記の施設及び区域の使用並びに日本国における合衆国軍隊の地位は、1952年2月28日に東京で署名された日本国とアメリカ合衆国との間の安全保障条約第3条に基く行政協定（改正を含む。）に代わる別個の協定及び合意される他の取極により規律される。

資料1-12　日本の核基本政策

　　1968年1月30日、佐藤榮作首相は、日本の核政策の柱として、以下の4点をあげた。以後、現在まで、この4項目が日本の核の基本政策とされている。
　　1. 非核三原則／2. 核軍縮への努力／3. 米国の「核の傘」への依存／4. 核エネルギーの平和利用

佐藤榮作首相による答弁

1968年1月30日、第58回衆議院本会議。大平正芳議員（自民）からの質問に対する答弁の抜粋。

　　御承知のように、わが国の核政策につきましては、大体四本の柱、かように申してもいいかと思います。

　　第一は、核兵器の開発、これは行なわない。また核兵器の持ち込み、これも許さない。また、これを保持しない。いわゆる非核三原則※でございます。うそを言うなというやじが飛んでおりますが、さようなことはございません。この点ははっきりしております。（※1967年12月11日、衆・予算委の佐藤首相答弁に発する。）

第二は、核兵器による悲惨な体験を持つ日本国民は、核兵器の廃棄、絶滅を念願しております。しかし、現実問題としてはそれがすぐ実現できないために、当面は実行可能なところから、核軍縮の点にわれわれは力を注ぐつもりでございます。したがいまして、国際的な規制あるいは管理などについていろいろ意見を述べておる次第でございます。このこともなかなか容易なことではありませんから、粘り強く取り組んでいかねばならないのであります。

　第三に、平和憲法のたてまえもありますが、私どもは、通常兵器による侵略に対しては自主防衛の力を堅持する。国際的な核の脅威に対しましては、わが国の安全保障については、引き続いて日米安全保障条約に基づくアメリカの核抑止力に依存する。これが第三の決定であります。

　第四に、核エネルギーの平和利用は、最重点国策として全力をあげてこれに取り組む、そして世界の科学技術の進歩に寄与し、みずからその実益を享受しつつ、国民の自信と国の威信を高め、平和への発言権を強める、以上の四つを私は核政策の基本にしておるのであります。

資料1-13　日朝平壌宣言

日朝平壌宣言(抜粋)

2002年9月17日、平壌

　小泉純一郎日本国総理大臣と金正日朝鮮民主主義人民共和国国防委員長は、2002年9月17日、平壌で出会い会談を行った。

　両首脳は、日朝間の不幸な過去を清算し、懸案事項を解決し、実りある政治、経済、文化的関係を樹立することが、双方の基本利益に合致するとともに、地域の平和と安定に大きく寄与するものとなるとの共通の認識を確認した。

1.（略）

2.（略）

3.（略）

4.双方は、北東アジア地域の平和と安定を維持、強化するため、互いに協力していくことを確認した。

　双方は、この地域の関係各国の間に、相互の信頼に基づく協力関係が構築されることの重要性を確認するとともに、この地域の関係国間の関係が正常化されるにつれ、地域の信頼醸成を図るための枠組みを整備していくことが重要であるとの認識を一にした。

　双方は、朝鮮半島の核問題の包括的な解決のため、関連するすべての国際的合意を遵守することを確認した。また、双方は、核問題及びミサイル問題を含む安全保障上の諸問題に関し、関係諸国間の対話を促進し、問題解決を図ることの必要性を確認した。

　朝鮮民主主義人民共和国側は、この宣言の精神に従い、ミサイル発射のモラトリアムを2003年以降も更に延長していく意向を表明した。

　双方は、安全保障にかかわる問題について協議を行っていくこととした。

日本国総理大臣　小泉純一郎

朝鮮民主主義人民共和国　国防委員会委員長　金正日

資料1-14　朝鮮半島の非核化に関する共同宣言(全訳)

1992年1月20日署名
2月19日発効

　南と北は、朝鮮半島を非核化することにより核戦争の危険を除去し、我が国の平和と平和統一に有利な条件と環境をつくり、アジアと世界の平和と安全に資するため、次のように宣言する。

　1.南と北は、核兵器の実験、製造、生産、持ち込み、保有、貯蔵、配備、使用をしない。
　2.南と北は、核エネルギーを平和目的のみに利用する。
　3.南と北は、核再処理施設とウラン濃縮施設を保有しない。
　4.南と北は、朝鮮半島の非核化を検証するために、相手側が選定し双方が合意する対象に対して、南北核統制共同委員会が規定する手続きと方法で査察を実施する。
　5.南と北は、この共同宣言の履行のために、共同宣言の発効後1ヶ月以内に、南北核統制共同委員会を構成・運営する。
　6.この共同宣言は、南と北がそれぞれ発効に必要な手続きを経て、その文書を交換した日から効力を発する。

南北高位級会談　　　　　　　　　　　　　　　　　　　　　北南高位級会談
南側代表団、主席代表　　　　　　　　　　　　　　　　　　北側代表団、団長
大韓民国　　　　　　　　　　　　　　　　　　　朝鮮民主主義人民共和国
国務総理　鄭元植　　　　　　　　　　　　　　　　政務院総理　延亨黙

資料1-15　9.19「6か国協議共同声明」

第4回6か国協議共同声明(全訳)

2005年9月19日、北京

　第4回6か国協議は、北京において、中華人民共和国、朝鮮民主主義人民共和国、日本国、大韓民国、ロシア連邦及びアメリカ合衆国の間で、2005年7月26日から8月7日まで及び9月13日から19日まで開催された。
　武大偉中華人民共和国外交部副部長、金桂冠朝鮮民主主義人民共和国外務副相、佐々江賢一郎日本国外務省アジア大洋州局長、宋旻淳大韓民国外交通商部次官補、アレクサンドル・アレクセーエフ・ロシア連邦外務次官及びクリストファー・ヒル・アメリカ合衆国東アジア太平洋問題担当国務次官補が、それぞれの代表団の団長として会合に参加した。
　武大偉外交部副部長が会合の議長を務めた。
　朝鮮半島及び東北アジア地域全体の平和と安定のため、6者は、相互尊重及び平等の精神の下、過去三回の会合についての共通の理解に基づいて、朝鮮半島の非核化に関する真

剣かつ実務的な協議を行い、この文脈において、以下のとおり合意した。

1. 6者は、6か国協議の目標は、平和的な方法による、朝鮮半島の検証可能な非核化であることを一致して再確認した。

朝鮮民主主義人民共和国（北朝鮮）は、すべての核兵器及び既存の核計画を放棄すること、並びに、核兵器不拡散条約及びIAEA保障措置に早期に復帰することを誓約した。

アメリカ合衆国は、朝鮮半島において核兵器を持っていないこと、及び、朝鮮民主主義人民共和国に対して核兵器または通常兵器による攻撃または侵略を行う意図を持っていないことを確認した。

大韓民国（南朝鮮）は、その領域内に核兵器が存在しないことを確認するとともに、1992年の朝鮮半島の非核化に関する共同宣言に従って核兵器を受領せず、かつ、配備しないとの誓約を再確認した。

1992年の朝鮮半島の非核化に関する共同宣言は、遵守され、かつ、実施されるべきである。

朝鮮民主主義人民共和国は、原子力の平和的利用の権利を有する旨発言した。他の参加者は、この発言を尊重する旨述べるとともに、適当な時期に、朝鮮民主主義人民共和国への軽水炉提供問題について議論を行うことに合意した。

2. 6者は、それらとの関係において、国連憲章の目的及び原則並びに国際関係について認められた規範を遵守することを約束した。

朝鮮民主主義人民共和国及びアメリカ合衆国は、相互の主権を尊重すること、平和的に共存すること、及び二国間関係に関するそれぞれの政策に従って国交を正常化するための措置をとることを約束した。

朝鮮民主主義人民共和国及び日本国は、平壌宣言に従って、不幸な過去及び懸案事項を解決することを基礎として、関係を正常化するための措置をとることを約束した。

3. 6者は、エネルギー、貿易及び投資の分野における経済的協力を、二国間又は多数国間で推進することを約束した。

中華人民共和国、日本国、大韓民国、ロシア連邦及びアメリカ合衆国は、朝鮮民主主義人民共和国に対してエネルギー支援をする意向があることを述べた。大韓民国は、朝鮮民主主義人民共和国に対する200万キロワットの電力供給に関する2005年7月12日の提案を再確認した。

4. 6者は、東北アジア地域の永続的な平和と安定のための共同の努力を誓約した。直接の当事者は、適当な別個の話合いの場で、朝鮮半島における恒久的な平和体制について協議する。

6者は、東北アジア地域における安全保障面の協力を促進するための方策について探求していくことに合意した。

5. 6者は、「誓約対誓約、行動対行動」の原則に従い、前記の意見が一致した事項についてこれらを段階的に実施していくために、調整された措置をとることに合意した。

6. 6者は、第5回6か国協議を、北京において、2005年11月初旬の今後の協議を通じて決定される日に開催することに合意した。

(英文テキストを基礎に外務省仮訳を改訂)

www.fmprc.gov.cn/eng/zxxx/t212707.htm

資料1-16 モデル北東アジア非核兵器地帯条約(案)(草案5)

NPO法人ピースデポ
2008年12月13日

(以下の案は、多くの専門家や関心のある市民が継続的に議論してゆく
ためのたたき台となることを希望して作成、改訂されている。2004年
7月4日の草案4から変更のある主要部分に下線を引いた。梅林宏道)

前文

　この条約の締約国は、

　北東アジアは、核兵器が実際に使用された世界で唯一の地域であることを想起し、

　また、二つの都市の破壊と数10万人の市民の被爆によってもたらされた、約60年を経た現在にも続く人間的、社会的な形容しがたい苦難に思いを致し、

　日本と朝鮮半島には、今なお多くの被爆者が不安に包まれて生きていることに思いを致し、

　現在の核兵器は、当時よりもはるかに強力な破壊力を持ち、人類の築いた文明を破壊しうる唯一の兵器であることを認識し、

　また、核兵器の先制使用を含め、実際に核兵器が使用されるという新たな軍事的脅威が生まれつつあることを危惧し、

　さらにまた、核兵器を用いるか通常兵器を用いるかを問わず、核兵器を保有する国からの武力攻撃の脅威が、核兵器の拡散の誘因となりうる国際社会の現実を直視しながら、

　朝鮮半島においては「朝鮮半島の非核化に関する南北共同宣言」が1992年2月に発効し、日本においては、今日国是とされる非核三原則が1967年以来確立していることを想起し、

　さらに、この地域に関係する6か国が2005年9月に共同声明を発し、1992年南北共同声明の遵守と実行を再確認するとともに、「北東アジア地域における安全保障面の協力を促進するための方策について探求していくことに合意した」ことを想起し、

　したがって、この地域に関係国の自発的合意に基づいて非核兵器地帯を設立することは、歴史的経緯から極めて自然な希求であるという認識を共有し、

　一方、過去の一時期においてこの地域で行われた侵略戦争と植民地支配から発生したさまざまな困難を直視し、

同時に未来に向かってそれらを克服するために積み重ねられてきた地域内諸国家の歴代の政府による努力を想起し、

　それらの中における最良のものを継承しつつ、その基礎の上に地域諸国家の友好と平和的協力をさらにいっそう発展させることの重要性を痛感し、

　非核兵器地帯の設立が、そのような地域的な協調的安全保障を築くために優先されるべき第一歩であると固く信じ、

　その設立が、1997年に発効した「化学兵器の発展、生産、貯蔵及び使用の禁止並びに廃

棄に関する条約」、また1972年に発効した「細菌兵器及び毒素兵器の発展、生産及び貯蔵の禁止並びに廃棄に関する条約」を初めとする、すでに存在する国際的軍縮・軍備管理条約への普遍的な加盟と遵守を、この地域において促進するであろうことを希求し、

その設立が、1970年発効の「核兵器の不拡散に関する条約」第6条に規定され、1996年7月8日に出された国際司法裁判所の「核兵器の使用と威嚇に関する合法性」に関する勧告的意見によって再確認された核軍縮に関する義務の履行の促進に貢献するであろうことを信じ、

さらに、その設立は、その他多くの国際条約や国際機関の決議に具現されてきた、一日も早い核兵器の全面的禁止と完全廃棄を求める世界の人民の熱望を実現するための一つの追加的な貢献となることを確信し、

次のとおり協定した。

第1条　用語の定義

この条約及びその議定書の適用上、

(a)「北東アジア非核兵器地帯」とは、日本、大韓民国及び朝鮮民主主義人民共和国の領域で形成される地域を意味する。

(b)「領域」とは、領土、内水、領海、これらの海底及び地下、並びにこれらの上空を意味する。

(c)「地帯内国家」とは、日本、大韓民国及び朝鮮民主主義人民共和国を意味する。

(d)「近隣核兵器国」とは、NPT条約上の核兵器国のうち中華人民共和国、アメリカ合衆国及びロシア連邦を意味する。

(e)「締約国」とは、「地帯内国家」と「近隣核兵器国」とを合わせた六か国のうち、本条約の規定にしたがって批准書を寄託した国家を意味する。

(f)「核爆発装置」とは、その使用目的を問わず、核エネルギーを放出することのできる、あらゆる核兵器またはその他の爆発装置を意味する。その中には、組み立てられていない形及び部分的に組み立てられた形における核兵器または爆発装置は含まれるが、それらの輸送または運搬手段がそれらと分離可能であり、かつそれらの不可分の一部をなしていない場合は、含まれない。

(g)「放射性物質」とは、国際原子力機関(IAEA)の勧告するクリアランス・レベルまたはイグゼンプション・レベルを超える放射性核種を含む物質を意味する。

(h)「放射性廃棄物」とは、IAEAの勧告するクリアランス・レベルを超える濃度または

メモ

1. 第1条(b)　他の非核兵器地帯条約には領海の他に「群島水域」が領域として含まれているが、北東アジア非核兵器地帯には、「群島水域」は存在しないので削除した。

2. 第1条(c)　国名を列記するときには、必然的な理由のない場合は人口の大きい順に書いた。

3. 第1条(c)(d)(e)　この条約の一つの特徴は、(e)の締約国が、「地帯内国家」と「近隣核兵器国」に大別されていることである。このモデル条約草案では、地帯内国家を南北朝鮮と日本の3か国としたが、モンゴルを加えて4か国にする案も検討に十分に値する。モンゴルを加えることによって発生する利害得失を、情報に基づいて冷静に考察することが重要である。

4. 第1条(f)　「核爆発装置」の定義は、基本的にはラロトンガ条約によった。

放射能をもった放射性核種を含む物質、あるいはそれで汚染された物質であり、いかなる利用価値も予想されない物質を意味する。

(i)「核物質」とは、IAEA憲章第20条において定義され、IAEAによって折に触れて修正された、あらゆる原料物質、あるいは特殊核分裂性物質を意味する。

(j)「核施設」とは、発電用原子炉、研究用原子炉、臨界施設、再処理施設、核燃料加工施設、使用済み燃料貯蔵施設、核燃料廃棄物貯蔵施設、その他すべての相当量の核物質、照射された核物質、放射性物質、または放射性廃棄物が存在する施設を意味する。

第2条　条約の適用

1. 別段の規定がない限り、この条約及び議定書は「北東アジア非核兵器地帯」に適用される。

2. 領土に関する争いがある場合、この条約のいかなる規定も、領有権の解釈に関する現状を変更するものではない。

3. この条約のいかなる規定も、海洋の自由に関する国際法上の国家の権利または権利の行使を害するものではなく、どのような形においても影響を与えるものではない。

4. 地帯内国家の領域内にある近隣核兵器国の管理下にある軍事施設もまた「北東アジア非核兵器地帯」の一部として条約の適用を受ける。

第3条　核爆発装置に関する基本的義務

1. 地帯内国家の義務

地帯内国家は、次のことを約束する。

(a)北東アジア非核兵器地帯の内であるか外であるかを問わず、核爆発装置の研究、発展、実験、製作、生産、受領、保有、貯蔵、配備、使用を行わない。

(b)他の国家、あるいは国家以外の集団や個人が、地帯内国家の領域内において、本条1項(a)記載の行為を行うことを禁止する。

(c)自国の安全保障政策のすべての側面において、核兵器、またはその他の核爆発装置に依存することを完全に排除する。

(d)1945年の原子爆弾投下が都市や市民に与えた被害の実相を、現在及び将来の世代に伝達することを含め、核軍縮の緊急性に関する教育の世界的普及に努力する。

2. 近隣核兵器国の義務

メモ

5. 第1条(g)(h)　「放射性物質」及び「放射性廃棄物」の定義は、バンコク条約によった。

6. 第1条(i)(j)　「核物質」及び「核施設」の定義は、ペリンダバ条約によった。

7. 第2条3項　「海洋の自由」の部分は、ペリンダバ条約によった。

8. 第3条1項(a)　ここに列記されている義務項目は、「南北共同宣言」に、研究と発展を加えたものである。

9. 第3条1項(c)　これは、他の非核兵器地帯条約にはない条項である。2000年NPT再検討会議の最終文書において、加盟国が「安全保障政策における核兵器の役割を縮小する」ことに合意したことを受けて導入した。この条項は、いわゆる「核の傘」依存の放棄を意味する。核兵器保有国の核抑止力に依存することを禁止することによって、地域の緊張緩和をいっそう促進することができる。

215

近隣核兵器国は、次のことを約束する。

(a)核爆発装置によるか通常兵器によるかを問わず、北東アジア非核兵器地帯に対して武力攻撃を加えない。また、武力攻撃の威嚇を行わない。

(b)地帯内国家に対する本条1項の諸義務を尊重し、その履行の妨げとなるいかなる行為にも寄与しない。

(c)北東アジア非核兵器地帯において、核爆発装置を搭載する船舶または航空機を寄港、着陸、領空通過、または無害通行権または通過通行権に含まれない方法によって地帯内国家の領海を一時通過させない。

(d)核不拡散条約(NPT)第6条を含む国際合意にしたがい、核兵器完全廃棄への交渉を誠実に追求し、かつ合意を達成する。

第4条　原子力の非軍事的利用

1. 本条約のいかなる規定も、締約国が原子力を非軍事的に利用する権利を害しない。

2. 地帯内国家は、核不拡散条約(NPT)第3条に定められた保障措置の下においてのみ、原子力の非軍事的利用を行うものとする。

3. IAEAとの間に包括的保障措置協定及び追加議定書を締結していない地帯内国家は、本条約発効後18か月以内にこれらを締結しなければならない。

メモ

10. 第3条2項(a)　この条項は、他の非核兵器地帯条約においては付属議定書に含まれている消極的安全保証の規定であるが、三つの核兵器国がこの地域に有する安全保障上の関与の深さを考慮し、条約本体に包含させることとした。また、6か国協議の2005年9月19日共同声明を踏まえて、通常兵器にまで安全保証の範囲を拡大した。その理由となる論理を前文に追加されている。

安全の保証を条約本体に入れることで、北朝鮮や日本の安心感が増加し、条約交渉へのインセンティブが増すというメリットが考えられる一方、米国が条約の成立についてより慎重になるというディメリットがあるであろう。

11. 第3条2項(c)　6か国協議の経過を踏まえて、寄港などの禁止を採択した。

北東アジア非核兵器地帯に接する海域(黄海、東シナ海、日本海(東海)、太平洋)は、すべて公海を通じて不便無く接近可能である。朝鮮海峡(対馬海峡西水道)では、日本、韓国とも領海3海里、対馬海峡東水道、津軽海峡、大隅海峡、宗谷海峡(ラ・ペルーズ海峡)では日本が領海3海里を採用しているため、これらすべての海峡において公海である航路が存在する。

草案4で採用した事前協議方式も代替案として用意しておく。これは、現在、日本政府がとっている方法であり、これをすべての地帯内国家に適用することは可能であると考えられる。日米間に事前協議を義務づけない秘密合意があるとする主張があるが、日本政府は繰り返しこれを公式に否定している。

第3条2項(c)　近隣核兵器国が、核爆発装置を搭載する船舶または航空機を地帯内国家に寄港、着陸、領空通過、または無害通行権または通過通行権に含まれない方法によって地帯内国家の領海を一時通過させる場合には、当該地帯内国家に事前通告し、許可を求めて協議を行う。協議の結果許可するか否かは、当該地帯内国家の主権的権利に基づく判断に委ねられる。

さらに、この条項を第3条2項からはずし、他の非核兵器地帯条約と同じように、第3条1項(e)として、次のように規定する、保守的な案も可能である。

第3条1.　(e)　地帯内国家は、その主権的権利の行使において、外国の船舶あるいは航空機による寄港、着陸、領空通過、あるいは無害通行、通過通行の権利に含まれない方法での領海の一時通過を許可するか否かを自ら決定する自由をもつ。

なお、当然のことながら、この条項が変化すれば、議定書の第3条もそれに従って変えなければならない。

4. 地帯内国家は、それぞれの国家の安定的で持続的なエネルギーの確保について、地帯内国家間の誠意を持った協力を発展させなければならない。

第5条　放射性物質の海洋投棄と空中放出

地帯内国家は、次のことを行わないことを約束する。

(a)北東アジア非核兵器地帯のいかなる場所であれ、放射性物質または放射性廃棄物を、海洋に投棄すること、また空中に放出すること。

(b)北東アジア非核兵器地帯のいかなる場所であれ、他の国家、あるいは国家以外の集団や個人が、放射性物質または放射性廃棄物を、海洋に投棄、または空中に放出することを許可すること。

第6条　核施設への武力攻撃の禁止

締約国は、北東アジア非核兵器地帯内に存在する核施設に対して、いかなる方法であれ、武力攻撃を目的とする行動をとらないこと、そのような行動を支援しないこと、また奨励しないことを約束する。

第7条　北東アジア非核兵器地帯委員会の設立

本条約の履行を確保するために北東アジア非核兵器地帯条約委員会(以下、「委員会」と言う)を設立する。

(a)委員会はすべての締約国によって構成される。各締約国は、外務大臣又はその代理によって代表され、代表代理及び随員を伴う。

(b)委員会の任務は、本条約の履行を監視し、その諸条項の遵守を確保することにある。また、そのことと関係して、必要な場合、本条約の前文に述べられた事項に関して協議を行う。

(c)委員会は、いずれかの締約国の要請によるか、あるいは第8条によって設立される執行委員会の要請により開催される。

(d)委員会は、すべての締約国の出席をもって成立し、コンセンサスによって合意を形成する。コンセンサスが達成できない場合は、1か国を除くすべての締約国の合意によって決定することができる。

(e)委員会は、各会合の冒頭に議長及びその他の必要な役員を選出する。議長は、締約国

メモ

12. 第4条4項　この条項は、1992年の「南北共同宣言」においては、ウラン濃縮施設や再処理施設が禁止されていたにもかかわらず、日本はすでにそれを持っている現状からくる、エネルギー政策上の不平等をどう解決してゆくかという重要な問題に関係している。この問題の具体的解決策を盛り込むことは極めて膨大な作業を必要とし、おそらくこの条約の範囲を超える課題であると考えられる。モデル条約は、この問題に協力して取り組むことを定めた。

13. 第7条、第8条及び第9条　「北東アジア非核兵器地帯委員会」「執行委員会」に関しては、バンコク条約の関係条項を参考にした。

14. 第7条(b)　「北東アジア非核兵器地帯委員会」の任務の中に、前文に記されている地域の平和と安全保障や核兵器の世界的な廃絶への関心を含めて条約の遵守について協議することを唱った。前文には、化学兵器、生物兵器への関心も記されている。

15. 第7条(e)　「北東アジア非核兵器地帯委員会」の議長を締約国の中の地帯内国家から選ぶことによって、地帯内国家が運営の中心を担うべきものであることを示した。

の内、三つの地帯内国家から選出される。彼らの任期は、その次の会議で議長及びその他の役員が新たに選出されるまでとする。

(f)委員会は、本部の所在地、委員会及び下部機関の財政、並びに運営に必要なその他の事項に関する規則及び手続きを決定する。

第8条　執行委員会の設立

1.委員会の下部機関として執行委員会を設立する。

(a)執行委員会はすべての締約国によって構成される。各締約国は、高官一人をもってその代表とし、代表は、代表代理と随員を伴うことができる。

(b)執行委員会は、その任務の効率的な遂行に必要とされるときに開催する。

(c)執行委員会の議長には、構成員の内、委員会の議長を代表する者が就任する。締約国から執行委員会議長に宛てられたすべての提出物または通報は、他の執行委員会構成員に配布される。

(d)執行委員会は、すべての締約国の出席をもって成立し、コンセンサスによって合意を形成する。コンセンサスが成立しない場合は、1か国を除くすべての締約国の合意によって決定することができる。

2. 執行委員会の任務は次の通りとする。

(a)第9条に掲げる本条約遵守を検証する管理制度の適切な運用を確保すること。

(b)第9条2項(b)に掲げる「説明の要請」あるいは「事実調査団に関する要請」があった場合、それについて検討しかつ決定すること。

(c)本条約の「管理制度に関する付属書」にしたがって、事実調査団を設置すること。

(d)事実調査団の調査結果について検討しかつ決定して、委員会に報告すること。

(e)適切かつ必要な場合に、委員会に対して委員会会合の招集を要請すること。

(f)委員会からしかるべく授権を得た後、委員会のために、IAEAその他の国際機関との間で協定を締結すること。

(g)委員会の委任するその他の任務を遂行すること。

第9条　管理制度の確立

1. 本条約に基づく締約国の義務遵守を検証するために管理制度を確立する。

2. 管理制度は、以下のものからなる。

(a)第4条3項に規定するIAEAの保障措置制度

(b)本条約の「管理制度に関する付属書」に規定された諸制度。それには、本条約の履行に影響すると考えられる事態に関する情報の報告と情報交換、本条約の遵守に関する疑念が生じたときにおける説明の要請、本条約の遵守に関する疑念が生じた事態を究明しかつ解決するための事実調査団に関する要請、執行委員会が違反を認定したときの改善措置、その他必要な事項が規定される。

メモ

16. 第8条2項(c)及び第9条2項(b)　「管理制度に関する付属書」の案は、未完である。

17. 第9条2項(b)　第7条(b)において、前文に書かれた内容も委員会の協議の対象となったことに関連して、この条項における「情報の報告と情報交換」には、前文の内容に関わる事項も含まれる。

第10条　署名、批准、寄託及び発効

1. 本条約は、中華人民共和国、アメリカ合衆国、ロシア連邦、日本、大韓民国及び朝鮮民主主義人民共和国による署名のために開放される。
2. 本条約は、署名国の憲法上の手続きにしたがって批准されなければならない。批准書はここに寄託国として指定される●●に寄託される。
3. 本条約は、すべての地帯内国家と少なくとも二つの近隣核兵器国が批准書を寄託した日に発効する。

第11条　留保の禁止

本条約には留保を付してはならない。

第12条　条約の改正

1. すべての締約国は、「管理制度に関する付属書」を含む本条約及びその議定書の改正を提案することができる。改正案は、執行委員会に提出され、執行委員会は改正案を討議するための委員会の会合を招集するよう速やかに委員会に要請するものとする。改正のための委員会はすべての締約国の出席をもって成立し、改正案の採択は、コンセンサスの決定によって行われる。
2. 採択された改正は、寄託国が締約国の5か国以上の受託書を受領した日から30日で発効する。

第13条　再検討会議

本条約の発効後10年に、本条約の運用を検討するため委員会の会合を開催する。委員会を構成する締約国すべてのコンセンサスがあれば、その後同一の目的を持った再検討会議を随時開催することができる。

第14条　紛争の解決

本条約の規定に起因するいかなる紛争も、紛争当事国である締約国の合意する平和的手段によって解決するものとする。紛争当事国が交渉、仲介、審査、調停などの平和的手段によって1か月以内に解決に達することができない場合には、いずれの紛争当事国も、他の紛争当事国の事前の同意を得て、当該紛争を仲裁裁判または国際司法裁判所に付託するものとする。

第15条　有効期間

本条約は無期限に効力を有する。

メモ

18. 第10条3項　発効の要件として、3つの地帯内国家の参加を掲げた。本条約のもっとも重要な義務を負う国だからである。米国だけが批准しないまま条約が発効する場面が想定されるが、そのときでも、すでに米国も署名している状況における規範的効果が期待できることと、国際圧力をかけて米国に批准を促すのにも、条約が発効した状況が有利であると考えられる。

19. 第11条、12条、13条、第14条及び第15条　「留保の禁止」「条約の改正」「再検討会議」「紛争解決」「有効期間」に関しては、バンコク条約を参考にした。脱退規定については今後の課題として、今回の草案には含めなかった。

20. 議定書　議定書に関しては、バンコク条約を参考にし、それを簡略化した。

北東アジア非核兵器地帯条約に対するモデル議定書（案）（草案5）

　本議定書締約国は、

　核兵器の全面的禁止と完全廃棄の達成に向けた努力に貢献し、それによって北東アジアを含む国際の平和と安全を確保することを希望し、●年●月●日に○○において署名された北東アジア非核兵器地帯条約に留意して、

　次のとおり協定した。

第1条　北東アジア非核兵器地帯条約の尊重

　議定書締約国は、北東アジア非核兵器地帯条約（以下「条約」という）を尊重し、条約締約国による条約への違反または議定書締約国による本議定書への違反となるいかなる行為にも寄与しないことを約束する。

第2条　安全の保証

　議定書締約国は、核爆発装置によるか通常兵器によるかを問わず、北東アジア非核兵器地帯に対して武力攻撃を加えない。また、武力攻撃の威嚇を行わないことを約束する。

第3条　寄港と通過

　議定書締約国は、北東アジア非核兵器地帯において、核爆発装置を搭載する船舶または航空機を寄港、着陸、領空通過、または無害通行権または通過通行権に含まれない方法によって地帯内国家の領海を一時通過させない。

第4条　署名、批准、発効

1. 本議定書は、フランス共和国とグレートブリテン・北アイルランド連合王国による署名のために開放される。
2. 本議定書は批准されなければならない。批准書は条約寄託国に寄託される。
3. 本議定書は、各議定書締約国が批准書を寄託した日に発効する。

資料1-17　核兵器・核軍縮年表（1945年～2017年）

1945年	7月16日	米国が世界最初の核実験（アラモゴールド）
	8月6日	広島に原爆投下
	8月9日	長崎に原爆投下
1949年	8月29日	ソ連が最初の核実験
1951年	5月8日	米国が最初のブースト型爆弾
1952年	10月3日	英国が最初の核実験
	10月31日	米国が最初の水爆実験
1953年	8月12日	ソ連が最初のブースト型実験
	12月8日	アイゼンハワー米大統領の国連演説「アトムズ・フォア・ピース」
1954年	1月21日	世界最初の原子力潜水艦ノーチラス号進水
	3月1日	米国のビキニ環礁水爆実験。第五福竜丸被爆
1955年	7月9日	ラッセル・アインシュタイン宣言
	11月22日	ソ連が最初の水爆実験
1957年	7月29日	IAEA（国際原子力機関）憲章発効
	10月4日	ソ連、世界初の人工衛星（スプートニク1号）打ち上げ
1959年	6月9日	米、最初のポラリス弾道ミサイル原潜進水
	12月1日	南極条約署名
1960年	2月13日	フランスが最初の核実験
1961年	6月23日	南極条約発効
1962年	10月	キューバ危機
1963年	8月5日	部分的核実験禁止条約署名
	10月10日	部分的核実験禁止条約発効
1964年	10月16日	中国が最初の核実験
1967年	1月27日	宇宙条約署名
	2月14日	ラテン・アメリカおよびカリブ地域における核兵器禁止条約署名
1968年	7月1日	核不拡散条約（NPT）署名
1969年	4月25日	ラテン・アメリカおよびカリブ地域における核兵器禁止条約発効
1970年	3月5日	核不拡散条約（NPT）発効
1971年	2月11日	海底核兵器禁止条約署名
1972年	4月10日	生物兵器禁止条約（BWC）署名
	5月26日	米ソ、戦略核兵器制限交渉（SALT）Ⅰ諸条約署名
	5月26日	米ソ、対弾道弾ミサイルシステム制限条約（ABM条約）署名
1974年	5月18日	インドが地下実験
	7月3日	米、ABM条約議定書に署名
		米ソ、地下実験制限条約署名
1976年	5月28日	米ソ、平和目的核爆発条約署名
1977年	9月21日	核供給国グループ（NSG）設立
	10月3日	SALTⅠ失効
1978年	5月23日	第1回国連軍縮特別総会
	⌐6月30日	

1979年	3月28日	米、スリーマイル島の原子力発電所事故
	6月18日	米ソ、SALTⅡ条約署名
	12月5日	月協定署名
1980年	3月3日	核物質の防護に関する条約署名
1982年	6月7日	第2回国連軍縮特別総会
	⌐7月10日	
1983年	3月23日	レーガン米大統領、戦略防衛構想（SDI）発表
1985年	8月6日	南太平洋非核地帯条約署名
1986年	4月26日	チェルノブイリ原発事故
	10月11日	米ソ、レイキャビク首脳会議
	⌐12日	
	12月11日	南太平洋非核兵器地帯条約発効
1987年	4月	ミサイル技術管理レジーム（MTCR）発足
	7月31日	米ソ、第1次戦略兵器削減条約（STARTⅠ）署名
	12月8日	米ソ、中距離核戦力（INF）条約署名
1990年	10月24日	ソ連、最後の地下核実験実施
1991年	11月26日	英、最後の地下核実験実施
1992年	1月20日	朝鮮半島非核化共同宣言署名
	5月23日	リスボン議定書署名
	9月23日	米、最後の地下核実験実施
1993年	1月3日	米ロ、STARTⅡ条約署名
	1月13日	化学兵器禁止条約（CWC）署名
	3月24日	南アフリカ政府、保有核兵器の廃棄を公表
1994年	7月25日	第1回ASEAN地域フォーラム（ARF）開催
	10月21日	米朝枠組み合意
	12月5日	STARTⅠ発効
		リスボン議定書発効
	12月15日	最初の国連総会日本決議が採択
1995年	4月11日	非核兵器国の安全保証に関する安保理決議採択
	4月17日	NPT再検討・延長会議開催
	⌐5月12日	
	5月11日	NPT無期限延長を決定
	9月5日	フランス、核実験を再開
	12月15日	東南アジア非核兵器地帯条約署名
1996年	1月17日	フランス、最後の地下核実験実施
	4月11日	アフリカ非核兵器地帯条約署名
	7月8日	核兵器の使用に関する国際司法裁判所（ICJ）勧告的意見
	7月29日	中国、最後の地下核実験実施
	8月14日	キャンベラ委員会、報告書発表
	9月24日	包括的核実験禁止条約（CTBT）署名開始
1997年	3月21日	米ロ、STARTⅢの枠組みに合意

	3月27日	東南アジア非核兵器地帯条約発効
	5月14日	IAEAモデル追加議定書採択
	7月2日	米国が初の未臨界核実験
	9月26日	START II条約議定書署名 ABM関係協定署名
	12月3日	対人地雷禁止条約署名
1998年	4月6日	英仏、核兵器国で初めてCTBT批准
	5月11・13日	インドが地下核実験を実施
	5月28・30日	パキスタンが地下核実験を実施
	6月9日	新アジェンダ声明
1999年	7月25日	東京フォーラム報告書発表
2000年	4月24日 ~5月19日	第6回NPT再検討会議開催
	6月13日	南北朝鮮首脳会談
2001年	9月11日	米同時多発テロ
	10月8日	米英、アフガニスタン空爆開始
	12月13日	米、ABM条約脱退通告
2002年	5月24日	モスクワ条約(SORT)署名
	6月13日	ABM条約失効
	9月17日	日朝平壌宣言
	12月17日	米、ミサイル防衛初期配備決定を発表
2003年	1月10日	北朝鮮、NPTからの脱退を宣言
	3月20日	米、イラク戦争開始
	6月1日	モスクワ条約(SORT)発効
2004年	10月1日	米、MD初期配備
2005年	4月26日 ~28日	初の非核地帯加盟国会議開催
	5月2日 ~27日	第7回NPT再検討会議開催
	9月19日	6か国協議、初の共同声明を発表
2006年	9月8日	中央アジア非核兵器地帯条約署名
	10月9日	北朝鮮が初の地下核実験
2007年	1月4日	米4高官、「核兵器のない世界」投稿
	1月11日	中国が衛星破壊実験を実施
2008年	2月20日	米国が自国の衛星を撃墜
	9月6日	NSG総会、ガイドライン修正案採択
	10月10日	米印、核協力協定に署名
	12月3日 ~4日	クラスター弾に関する条約署名
2009年	3月21日	中央アジア非核兵器地帯条約発効
	4月5日	オバマ大統領、プラハ演説
	5月25日	北朝鮮、2度目の地下核実験
	7月15日	アフリカ非核兵器地帯条約発効
	12月6日	米印核協力協定が発効
	12月15日	核不拡散・核軍縮に関する国際委員会(ICNND)が最終報告発表
2010年	4月6日	米、核態勢見直し(NPR)発表

	4月8日	米ロ、新START条約に署名(プラハ)
	4月12・13日	核保安サミット(ワシントン)
	5月3日 ~28日	第8回NPT再検討会議開催
	8月1日	クラスター弾禁止条約発効
	11月18日	米国、初のZマシン新型核実験
2011年	2月5日	米ロ、新START条約発効
	3月11日	東日本大震災、東京電力福島第1原発事故発生
2012年		
	3月26・27日	第2回核保安サミット(ソウル)
	5月20・21日	NATO首脳会議、「防衛・抑止態勢見直し」策定
	9月17日	モンゴル非核地位に関する共同宣言にP5署名
	12月12日	北朝鮮、人工衛星「光明星3号」2号機の軌道投入成功
2013年	2月12日	北朝鮮、3度目の地下核実験
	3月4・5日	核兵器の人道上の影響に関する国際会議開催(オスロ)
	7月26日	国連軍縮諮問委員会、北東アジア非核兵器地帯設立の検討を勧告
	10月21日	4回目の「核兵器の不使用」共同声明に日本が初めて賛同
2014年		
	2月13・14日	第2回核兵器の人道上の影響に関する国際会議(ナヤリット)
	3月24・25日	第3回核保安サミット(ハーグ)
	12月8・9日	第3回核兵器の人道上の影響に関する国際会議(ウイーン)
2015年		
	4月27日 ～5月22日	第9回NPT再検討会議開催
2016年		
	1月6日	北朝鮮、4度目の地下核実験
	3月31日・4月1日	第4回核保安サミット(ワシントンDC)
	9月9日	北朝鮮、5度目の地下核実験
	12月26日	国連総会、核兵器禁止条約交渉の17年開始を決議
2017年		
	7月7日	**核兵器禁止条約採択**
	9月3日	**DPRK6度目の核実験**

2.新資料

A. 核兵器禁止条約の成立

資料2A-1　核兵器禁止条約(TPNW)(全訳)

A/CONF.229/2017/8
採択　　2017年7月7日
署名開放　2017年9月20日

核兵器の禁止に関する条約

この条約の締約国は、

国際連合憲章の目的及び原則の実現に貢献することを決意し、

核兵器のいかなる使用もがもたらす壊滅的な人道上の帰結を深く憂慮し、その結果として核兵器が完全に廃絶されることが必要であり、このことがいかなる場合にも核兵器が決して再び使用されないことを保証する唯一の方法であり続けていることを認識し、

核兵器が継続的に存在することによりもたらされる危険(事故による、誤算による又は意図的な核兵器の爆発によりもたらされるものを含む。)に留意し、これらの危険はすべての人類の安全に関わり、すべての国が核兵器のあらゆる使用を防止する責任を共有していることを強調し、

核兵器の壊滅的な帰結は、適切に対処できないものであること、国境を越えること、人類の生存、環境、社会経済的な発展、世界経済、食料の安全及び現在と将来の世代の健康に重大な影響を与えること、並びに女性及び少女に不均衡な影響(電離放射線の結果としての影響を含む。)を及ぼすことを認識し、

核軍縮を求める倫理上の要請があること及び核兵器のない世界を達成しかつ維持する緊急性があることを認め、このことが、世界の最上位にある公共善であり、国および集団双方にとっての安全保障上の利益に資することを認め、

核兵器の使用の被害者(ヒバクシャ)及び核兵器の実験により影響を受ける者にもたらされる容認し難い苦しみと害に留意し、

先住民に対する核兵器活動の不均衡な影響を認識し、

すべての国がいかなる時も適用可能な国際法(国際人道法及び国際人権法を含む。)を遵守する必要があることを再確認し、

国際人道法の諸原則及び諸規則、特に武力紛争の当事者が戦闘の方法及び手段を選ぶ権利は無制限ではないという原則、区別の規則、無差別攻撃の禁止、攻撃の際の均衡性及び予防措置の規則、その性質上過度の傷害又は無用の苦痛を与える兵器を用いることは禁止されているという規則並びに自然環境を保護する規則に立脚し、

　核兵器のいかなる使用も武力紛争に適用される国際法の規則、特に国際人道法の原則及び規則に違反するであろうことを考慮し、

　また、核兵器のいかなる使用も人道の諸原則及び公共の良心に反するであろうことを再確認し、

　国は、国際連合憲章に従い、その国際関係において、武力による威嚇又は武力の行使を、いかなる国の領土保全又は政治的独立に対するものも、また、国際連合の目的と両立しない他のいかなる方法によるものも慎まなければならないこと、並びに国際の平和及び安全の確立及び維持は、世界の人的及び経済的資源を軍備のために転用することを最も少なくして促進されるべきことを想起し、

　また、1946年1月24日に採択された国際連合総会の最初の決議及び核兵器の廃絶を求めるその後の決議を想起し、

　核軍縮の進展が緩慢であること、軍事上及び安全保障上の概念、教義及び政策において継続的に核兵器に依存していること、並びに核兵器システムの生産、維持及び近代化の計画のために経済的及び人的資源を浪費していることを憂慮し、

　核兵器の法的拘束力のある禁止は、核兵器の不可逆的で、検証が可能であり、かつ透明性を有する廃絶を含む、核兵器のない世界の達成及び維持に向けた重要な貢献となることを認識し、この目的に向けて行動することを決意し、

　厳重かつ効果的な国際管理の下における全面的かつ完全な軍縮に向けての効果的な前進を達成する目的をもって行動することを決意し、

　厳重かつ効果的な国際管理の下におけるあらゆる点での核軍縮に至る交渉を誠実に追求しかつ完結させる義務が存在することを再確認し、

　また、核兵器の不拡散に関する条約は核軍縮及び不拡散体制の礎石として機能しており、その十分かつ効果的な実施は、国際の平和及び安全の促進において不可欠な役割を果たしていることを再確認し、

　核軍縮及び不拡散体制の中核的要素としての包括的核実験禁止条約及びその検証体制の不可欠な重要性を認識し、

当該地域の諸国間で自由に締結される取極を基礎として、国際的に承認された非核兵器地帯を創設することは、世界及び地域の平和及び安全を強固にし、核不拡散体制を強化し、並びに核軍縮の目標を実現することに対して貢献する、という確信を再確認し、

　この条約のいかなる規定も、無差別に平和的目的のための原子力の研究、生産及び利用を発展させることについてのすべての締約国の奪い得ない権利に影響を及ぼすものと解してはならないことを強調し、

　女性及び男性の双方による平等、十分かつ効果的な参加は、持続可能な平和及び安全を促進し及び達成することにとり不可欠な要素であることを認識し、女性の核軍縮への効果的な参加を支援しかつ強化することを約束し、

　また、あらゆる点での平和及び軍縮教育の重要性並びに核兵器が現在及び将来の世代にもたらす危険及び帰結についての意識を高めることの重要性を認識し、この条約の原則及び規範の周知を図ることを約束し、

　核兵器の全面的な廃絶の要請に示された人道の諸原則の推進における公共の良心の役割を強調し、また、このために国際連合、国際赤十字・赤新月運動、その他の国際機関及び地域的機関、非政府機関、宗教指導者、議員、学術研究者、及びヒバクシャが行っている努力を認識し、

　次のとおり協定した。

第1条（禁止）

　締約国は、いかなる場合にも、次のことを行わないことを約束する。

(a)核兵器その他の核爆発装置を開発し、実験し、生産し、製造し、その他の方法によって取得し、保有し又は貯蔵すること。

(b)核兵器その他の核爆発装置又はその管理をいずれかの者に対して直接又は間接に移譲すること。

(c)核兵器その他の核爆発装置又はその管理を直接又は間接に受領すること。

(d)核兵器その他の核爆発装置を使用すること又は使用するとの威嚇を行うこと。

(e)この条約によって締約国に対して禁止されている活動を行うことにつき、いずれかの者に対して、いかなる様態によるかを問わず、援助し、奨励し又は勧誘すること。

(f)この条約によって締約国に対して禁止されている活動を行うことにつき、いずれかの者から、いかなる様態によるかを問わず、いずれかの援助を求めること又は援助を受けること。

(g)自国の領域又は自国の管轄若しくは管理の下にある場所において、核兵器その他の核爆発装置を配置し、設置し又は配備することを許可すること。

第2条（申告）

1　締約国は、この条約が自国について効力を生じた後30日以内に、国際連合事務総長に

対して申告を行うものとし、当該申告において、

(a)この条約が自国について効力を生じる前に、核兵器その他の核爆発装置を所有していたか否か、占有していたか否か又は管理していたか否か、及び核兵器に関連するすべての施設の除去若しくは転換を含む自国の核兵器計画の除去を行っていたか否かを申告する。

(b)前条(a)にかかわらず、核兵器その他の核爆発装置を所有しているか否か、占有しているか否か又は管理しているか否かを申告する。

(c)前条(g)にかかわらず、自国の領域又は自国の管轄若しくは管理の下にある場所に、他の国が所有し、占有し又は管理する核兵器その他の核爆発装置が存在するか否かを申告する。

2　国際連合事務総長は、前項の規定に基づき受領したすべての申告を全締約国に対して送付する。

第3条（保障措置）

1　次条1又は2が適用されない締約国は、将来において自国が採択する追加の関連する文書に影響を及ぼすことなく、少なくとも、この条約が効力を生じた時点において自国について効力を有する国際原子力機関の保障措置に関する義務を維持する。

2　次条1又は2が適用されない締約国であって、国際原子力機関と包括的な保障措置協定（INFCIRC/153(Corrected)）を締結していないか、又は同協定の効力が生じていない締約国は、同機関と同協定を締結しかつ発効させる。その協定の交渉は、この条約が当該当事国につき効力を生じた時から180日以内に開始しなければならない。その協定は、この条約が当該締約国につき効力を生じた時から18箇月以内に効力を生ずるものとする。締約国は、その後は、将来において自国が採択する追加の関連する文書に影響を及ぼすことなく、この義務を維持する。

第4条（核兵器の全面的な廃絶に向けた措置）

1　2017年7月7日の後に、核兵器その他の核爆発装置を所有し、占有し又は管理しており、かつこの条約が自国につき効力を有する前に、核兵器に関連するすべての施設の除去若しくは不可逆的な転換を含む自国の核兵器計画の除去を行った締約国は、自国の核兵器計画を不可逆的に除去したことを確認することを目的として、この条の6に従って指定された権限のある国際当局と協力する。この当局は、全締約国に対して報告する。当該締約国は、申告された核物質が平和的な核活動から転用されていないこと及び当該締約国全体において申告されていない核物質又は活動が存在しないことにつき信頼できる保証を供与するに十分な保障措置協定を国際原子力機関と締結する。その協定の交渉は、当該締約国につきこの条約が効力を生じた時から180日以内に開始しなければならない。その協定は、この条約が当該締約国につき効力を生じた時から18箇月以内に効力を生ずるものとする。締約国は、その後は、将来において自国が採択する追加の関連する文書に影響を及ぼすことなく、この義務を維持する。

2　第1条(a)にかかわらず、核兵器その他の核爆発装置を所有し、占有し又は管理している締約国は、直ちにその核兵器その他の核爆発装置を運用上の地位から撤去し、可及的速やかにかつ最初の締約国会合により決定される期日までに、当該締約国の核兵器計画についての検証を伴いかつ不可逆的に除去を行うための法的な拘束力を有しかつ期

限を伴う計画(核兵器に関連するすべての施設の除去又は不可逆的な転換を含む。)に従い、その核兵器その他の核爆発装置を廃棄する。当該締約国は、この条約が自国につき効力を生じた後60日以内にこの計画を全締約国又は全締約国が指定する権限のある国際当局に提出する。その後に、この計画はこの権限のある国際当局と交渉され、同当局は、後に最も早く開催される締約国会合又は検討会合のいずれかに対して、これら会合の手続規則に基づく承認のために、この計画を提出する。

3　前項が適用される締約国は、申告された核物質が平和的な核活動から転用されていないこと及び当該締約国全体において申告されていない核物質又は活動が存在しないことにつき信頼できる保証を供与するに十分な保障措置協定を国際原子力機関と締結する。その協定の交渉は、前項に定める計画の実施が完了する期日までに開始しなければならない。その協定は、交渉開始の日の後18箇月以内に効力を生ずるものとする。締約国は、その後は、将来において自国が採択する追加の関連する文書に影響を及ぼすことなく、この保障措置に関する義務を維持する。この項に定める協定の効力が生じた後、締約国は、この条に基づく自国の義務の履行につき国際連合事務総長に対して最終申告を提出する。

4　第1条(b)及び(g)にかかわらず、自国の領域又は自国の管轄若しくは管理の下にある場所に、他の国が所有し、占有し又は管理する核兵器その他の核爆発装置が存在する締約国は、可及的速やかにかつ最初の締約国会合により決定される期日までに、その核兵器その他の核爆発装置の速やかな撤去を確保する。その核兵器その他の核爆発装置の撤去に際して、この条に基づく自国の義務の履行につき国際連合事務総長に対して申告を提出する。

5　この条が適用される締約国は、この条に基づく自国の義務の履行が完了するまで、この義務の実施の進捗状況につき締約国会合及び検討会合に報告する。

6　全締約国は、この条の1、2及び3に従い、核兵器計画の不可逆的な除去(核兵器に関連するすべての施設の除去又は不可逆的な転換を含む。)につき交渉し及びこの除去を確認する権限のある国際当局を指定する。この条の1又は2の規定が適用される締約国につきこの条約の効力が生じる前に、この指定が行われない場合は、国際連合事務総長は、必要な決定を行うために締約国による特別の会合を招集する。

第5条(国内の実施措置)

1　締約国は、この条約に基づく自国の義務を履行するために必要な措置をとる。

2　締約国は、この条約によって締約国に対して禁止されている活動であって、自国の管轄若しくは管理の下にある者による活動又は自国の管轄若しくは管理の下にある領域における活動を防止し、及び抑止するため、立法上、行政上その他の措置(罰則を設けることを含む。)をとる。

第6条(被害者に対する援助及び環境の回復)

1　締約国は、核兵器の使用又は実験により影響を受けた自国の管轄の下にある個人について、適用可能な国際人道法及び国際人権法に従い、年齢及び性別に配慮した援助(医療、リハビリテーション及び心理的な支援を含む。)を適切に提供し、並びにこれらの者が社会的及び経済的に包容されるようにする。

2　締約国は、核兵器その他の核爆発装置の実験又は使用に関係する活動の結果として

汚染された自国の管轄又は管理の下にある地域に関して、汚染された地域の環境上の回復に向けた必要かつ適切な措置をとる。

3　この条の1及び2に基づく義務は、国際法又は二国間の協定に基づく他の国の義務に影響を及ぼさない。

第7条（国際協力および援助）

1　締約国は、この条約の実施を促進するために他の締約国と協力する。

2　締約国は、この条約に基づく義務を履行するに当たり、可能な場合には他の締約国からの援助を求め及び受ける権利を有する。

3　援助を提供することのできる締約国は、この条約の実施を促進するために、核兵器の使用又は実験により影響を受けた締約国に対して技術的、物的及び財政的援助を提供する。

4　援助を提供することのできる締約国は、核兵器その他の核爆発装置の使用又は実験の被害者のための援助を提供する。

5　この条に基づく援助は、特に、国際連合及びその関連機関、国際的な、地域的な若しくは国の機関、非政府機関、赤十字国際委員会、国際赤十字・赤新月社連盟若しくは各国赤十字・赤新月社を通じて又は二国間で提供することができる。

6　締約国が国際法に基づき負う他の義務に影響を与えることなく、核兵器その他の核爆発装置を使用し又は実験した締約国は、被害者の援助及び環境の回復を目的として、影響を受けた締約国に対して適切な援助を提供する責任を有する。

第8条（締約国会合）

1　締約国は、関連する規定に従いこの条約の適用又は実施に関する問題について、並びに核軍縮のための更なる措置について検討するため及び必要な場合には決定を行うために定期的に会合する。これには次の事項を含む。

(a)この条約の実施及び締結状況

(b)核兵器計画の検証及び期限を伴いかつ不可逆的な除去のための措置（この条約に対する追加の議定書を含む。）

(c)この条約の規定に従いかつ適合する他の事項

2　最初の締約国会合については、この条約が効力を生じた後1年以内に国際連合事務総長が招集する。更なる締約国による会合は、締約国による別段の合意がある場合を除き、2 年毎に、同事務総長が招集する。締約国会合は最初の会期において手続規則を採択する。その採択に至るまでの間、核兵器の全面的な廃絶に向けた核兵器を禁止する法的拘束力のある条約を交渉する国際連合会議の手続規則を適用する。

3　締約国の特別の会合は、必要と認められる場合、締約国からの書面による要請に基づき、かつ締約国の少なくとも3分の1がその要請を支持するとき、国際連合事務総長により、招集される。

4　この条約が効力を生じてから5年の期間の後、国際連合事務総長は、この条約の運用及びこの条約の目的の達成についての進展を検討するために会合を招集する。締約国による別段の合意がある場合を除き、国際連合事務総長は、同一の目的で6年毎に更なる検討会合を招集する。

5　締約国会合及び検討会合には、この条約の締約国でない国並びに国際連合その他関連

する国際機関、地域的機関、赤十字国際委員会、国際赤十字・赤新月社連盟及び関連する非政府機関を、オブザーバーとして出席するよう招請する。

第9条（費用）

1　締約国会合、検討会合及び締約国の特別の会合の費用については、適切に調整された国際連合の分担率に従い、締約国及びこれらの会合にオブザーバーとして参加するこの条約の締約国でない国が負担する。

2　この条約の第2条に基づく申告、第4条に基づく報告及び第10条に基づく提案された改正の送付につき国際連合事務総長が要する費用は、適切に調整された国際連合の分担率に従って締約国が負担する。

3　第4条に基づき必要とされる検証措置の実施に関する費用並びに核兵器その他の核爆発装置の廃棄及び核兵器計画の除去（核兵器に関連するすべての施設の除去又は転換を含む。）に関する費用は、これらが適用される締約国が負担する。

第10条（改正）

1　いずれの締約国も、この条約が効力を生じた後いつでもこの条約の改正を提案することができる。提案された改正の条文については、国際連合事務総長に通報するものとし、同事務総長は、当該条文をすべての締約国に送付し、当該提案を検討するべきか否かについての締約国の見解を求める。締約国の過半数が当該提案を更に検討することを支持する旨を当該提案の送付の後90日以内に同事務総長に通報する場合には、当該提案は、次回の締約国会合又は検討会合のいずれか最も早く開催される会合において検討される。

2　締約国会合又は検討会合は、締約国の3分の2の多数による賛成投票により採択される改正につき合意することができる。寄託者は採択された改正をすべての締約国に通報する。

3　改正は、改正の時点における締約国の過半数により改正の批准書又は受諾書が寄託された90日の後、改正の批准書又は受諾書を寄託した締約国について効力を生ずる。その後、この改正は、改正の批准書又は受諾書を寄託した他の締約国につき、その批准書又は受諾書が寄託された90日の後効力を生ずる。

第11条（紛争の解決）

1　この条約の解釈又は適用に関して二以上の締約国間で紛争が生ずる場合には、関係締約国は、交渉によって又は国際連合憲章第33条に従い当該関係締約国が選択するその他の平和的手段によって紛争を解決するために協議する。

2　締約国会合は、この条約及び国際連合憲章の関係規定に従って、あっせんを提供し、関係締約国に対して当該関係締約国が選択する解決のための手続を開始するよう要請し及び合意された手続に従って解決するための期限を勧告することによる貢献を含み、紛争の解決に貢献することができる。

第12条（普遍性）

締約国は、すべての国によるこの条約への普遍的な参加を得ることを目標として、この条約の締約国でない国に対し、この条約を署名し、批准し、受諾し、承認し、又はこれに加入するよう奨励する。

第13条（署名）

この条約は、2017年9月20日からニューヨークにある国際連合本部においてすべての国に署名のために開放しておく。

第14条（批准、受諾、承認又は加入）

この条約は、署名国によって批准され、受諾され又は承認されなければならない。この条約は加入のために開放しておく。

第15条（効力発生）

1 この条約は、50番目の批准書、受諾書、承認書又は加入書が寄託された後90日で効力を生ずる。

2 50番目の批准書、受諾書、承認書又は加入書が寄託された日の後に批准書、受諾書、承認書又は加入書を寄託する国については、この条約は、その批准書、受諾書、承認書又は加入書が寄託された日の後90日で効力を生ずる。

第16条（留保）

この条約の各条の規定については、留保を付することができない。

第17条（有効期間及び脱退）

1 この条約の有効期間は、無期限とする。

2 締約国は、この条約の対象である事項に関連する異常な事態が自国の至高の利益を危うくしていると認める場合には、その主権を行使してこの条約から脱退する権利を有する。当該締約国は、寄託者に対しその脱退を通知する。その通知には、自国の至高の利益を危うくしていると認める異常な事態についても記載しなければならない。

3 脱退は、寄託者が脱退の通告を受領した日の後12箇月で効力を生ずる。ただし、脱退する締約国が当該12箇月の期間の満了の時において、武力紛争の当事者である場合には、当該締約国は、武力紛争の当事者でなくなる時まで、この条約の義務及び追加される議定書の義務に引き続き拘束される。

第18条（他の協定との関係）

この条約の実施は、締約国が当事国である既存の国際協定との関係で当該締約国が負う義務に影響を及ぼすものではない。但し、当該義務がこの条約と両立する場合に限る。

第19条（寄託者）

国際連合事務総長は、ここに、この条約の寄託者として指名される。

第20条（正文）

この条約は、アラビア語、中国語、英語、フランス語、ロシア語及びスペイン語をひとしく正文とする。

2017年7月7日にニューヨークで作成された。

訳注:他の軍縮条約との条文上の異同や関係を明確にするために、既存の公定訳における

訳語をなるべく採用した。但し、核兵器の"elimination"は「廃絶」とした（NPTの公定訳では「除去」）。また、原語を示すことが正確な理解に資すると判断した場合にはその語の初出箇所の後に〔　〕で原語を示した。（編集部注：本誌では省略）

日本反核法律家協会（JALANA）による17年7月20日現在
暫定訳　www.hankaku-j.org/infomation/data/170720.pdf
原文:http://undocs.org/A/CONF.229/2017/8

資料2A-2　核兵器禁止条約に関する高見沢国連大使の演説

2017年3月27日
ニューヨーク国連本部

議長、事務総長、総会議長、各代表の皆さま、

広島と長崎における核兵器の戦時使用の惨害を経験した唯一の国として、日本には、原爆投下の実相とその人道上の結末に対する明確な認識について、国境と世代を超えて注意を喚起する使命があります。この努力を通じて、日本は核軍縮の前進のための国際社会の団結を促し、核兵器のない世界を実現するという共通の目標に向かって、他の国々と協働してきました。

（略）日本は核兵器国と非核兵器国の協力を基礎に、核兵器使用の人道上の側面への認識と国際安全保障の厳しい現実への客観的認識の両方を視野に収めながら、実際的かつ具体的措置を積み上げることが重要であるということを一貫して訴えてきました。このアプローチこそが、核兵器のない世界に到達するためのもっとも効果的な道筋であると信じています。この立場に変わりはありません。

（略）

核軍縮は国家安全保障と密接に関連しています。すなわち、現に存在している安全保障上の懸念を考慮しないで軍縮を実現することはできません。我々は、ますます悪化しつつある国際社会の現在の安全保障状況から目をそらしてはなりません。北朝鮮は、国連安保理の関連決議に違反して、昨年来2回の核実験と20回の弾道ミサイル発射を行い、さらに核保有国を目指す意思を公言しています。これは、北東アジア地域と国際社会全体にとっての現実的で差し迫った安全保障問題です。（略）したがって、核軍縮措置が各国、各地域の現実の安全保障上の懸念への対処にいかに貢献しうるかの現実的展望を考えることは決定的に重要であります。

（略）

日本が一貫して訴えてきたように、核軍縮の前進のためには核兵器国の関与が不可欠です。もっとも重要なことは、核兵器国を含む国々の間に信頼と信用を構築し、そのことをとおした二国間、多国間の努力によって、核兵器を削減するための具体的な措置の合意など、様々な現実的で実際的な措置を積み重ねることです。

地域的な問題を解決することで、国々が核兵器保有の動機となるような諸要素を除去することもまた必要です。このようにして、私たちは核兵器の廃棄を可能とするような安全保障環境を創り出す努力を加速せねばなりません。

（略）

　核兵器国、非核兵器国を含むすべての国の行動をとおして、このような努力を積み重ねた後に、私たちの「漸進的アプローチ」がいう、核兵器の数が極めて少ない「最少化地点」に到達することが期待されます。この地点が手に届くようになって初めて、私たちは、核兵器のない世界に向かう最後のビルディング・ブロックとして、効果的で意味ある法的文書を作成することができるようになるでしょう。

（略）

　このようなアプローチに基づき、核兵器国の関与を得て、日本は、国際社会がNPTなどの協議の場を通して国際社会が合意した核軍縮措置を、着実かつ効果的に履行するために次のような具体的な核軍縮努力を前進させることに力を注ぐ所存です。

　第1に、日本はNPTを核軍縮と不拡散の礎石として強化するNPT再検討プロセスに貢献してきました。例えば、日本は非核兵器国の地域横断的グループであるNPDIにおいて主導的な役割を果たしてきました。NPDIは透明性の向上といったような具体的措置を提案してきました。日本は核兵器のない世界に向かう具体的かつ重要な措置である透明性の向上を特に重視しています。（略）私たちは今年5月に始まる2020年NPT再検討プロセスの成功に向けた国際社会全体の協力を拡大することを引き続き訴えてゆきます。

　第2に、日本は、とりわけ核兵器国が参加して具体的措置を決定する協議の場での具体的かつ実際的な措置の前進を進捗させることに注力します。この努力には以下が含まれます:

　日本は核兵器の全面的廃絶のための結束した行動を求める決議を23年間にわたり国連総会に提案し、圧倒的な支持を得てきました。日本はまた、包括的核実験禁止条約（CTBT）の早期発効のために、20年以上にわたり、忍耐強い堅実な外交努力に加えて技術的、財政的支援を提供することによって積極的に貢献してきました。さらに日本は、核兵器の増産を許さないという国際社会の意志を示すために、FMCT交渉の早期開始に向けて国連に設立されたハイレベル専門家準備グループにおける議論に積極的に参加してゆく所存です。

　実際に核兵器を廃棄してゆくための重要な要素である検証に関して、日本は核軍縮の検証に関する政府専門家グループの国連での設立と、核軍縮検証のための国際パートナーシップ（IPNDV）の活動に積極的に貢献しています。

（略）

　昨年、この会議を開催する決議が国連総会で採択されました。核兵器の惨害を経験した国として日本は、核軍縮が遅々として進まないことへの非核兵器国の苛立ちと、実質的前進の達成への真摯な願望を、理解し共有しています。

　日本は、核兵器国に対して禁止条約が出てきた背景を、正面から誠実に吟味し核軍縮を前進させるための努力を尽くすよう求めてきました。また多くの非核兵器国と、禁止条約のアイデアを含む核軍縮に関して、様々な国際会議で真剣に話し合いました。

　禁止条約は、もしそれが一発の核兵器も実際に削減するものでないのなら、さしたる重要性を持たないでしょう。実際、核兵器国の参加なしにこのような条約を作ろうとする努力は、核兵器国と非核兵器国の間のみならず、非核兵器国間の分裂と分断を深め、ひいては国際社会を分裂させるでしょう。そして核兵器のない世界を達成するという私たちの共通の目標を遠ざけるでしょう。たとえこのような条約が合意されても、北朝鮮の脅威のような安全保障問題が解決に導かれるとは思いません。日本が昨年の国連総会決議

71/258に反対した理由はここにあります。

　これまでの議論と検討から、禁止条約というコンセプトでは核兵器国の理解も参加も得られないことが明らかです。さらにこの交渉は、核兵器国と協力して実際に核兵器の廃棄に導くように組み立てられていません。残念ながら現在の状況では、日本がこの会議に建設的かつ誠意をもって参加することは難しいといわねばなりません。
（略）

　日本は国際社会における建設的対話と協力に高い価値を置いています。核兵器のない世界を達成するための効果的かつ包括的な努力を前進させるために、私たちは、核軍縮に関する様々なアプローチを考えている国々との双方向的な意見交換の場を持つことなどでイニシャチブをとってゆく所存です。（後略）
（訳:ピースデポ）

原文:http://statements.unmeetings.org/media2/14683256/japan.pdf

資料2A-3　核兵器禁止条約に関する米英仏の共同声明

核兵器禁止条約の採択を受けた米国、英国、フランス常駐代表の共同報道発表

ニューヨーク市
2017年7月7日

　フランス、英国、米国は核兵器禁止条約の交渉に参加していない。我々は同条約への署名、批准をするつもりもないし、今後、締約国になるつもりも一切ない。したがって、核兵器に関する我々の国の法的義務に変更は生じない。例えば、我々は、この条約が慣習国際法を反映している、あるいはその発展にいかなる形であれ寄与する、という主張を受け入れることはない。重要なのは、核兵器を保有する他の国々や、核抑止に依存する他のほとんどすべての国々も、交渉に参加していないことである。

　このイニシアティブは、国際安全保障環境の現実をあからさまに無視している。禁止条約への加入は、70年以上にわたり欧州と北アジアの平和維持に不可欠であった核抑止政策と、両立しない。核抑止を必要ならしめ続けている安全保障上の懸念に対応せずに核兵器の禁止なるものを行っても、ただの1つも核兵器を廃棄することにつながらないし、いかなる国の安全も、国際の平和と安全も、高まらない。それどころか、DPRKにより進められている核拡散行動など拡大する脅威を前に世界が結束を保つべきこの時に、分裂を引き起こし、正反対の事態を生むだけである。この条約は、北朝鮮の核計画がもたらす重大な脅威に対し何らの解決策も示さないし、核抑止を必要ならしめているその他の安全保障上の課題にも対応していない。禁止条約はまた、国際の平和と安全の維持に寄与する既存の国際安全保障機構を害する危険性がある。

　この点に関し、我々は、核不拡散条約（NPT）への引き続きの忠誠をいまいちど確認し、その権威、普遍性、実効性を守り推し進める決意を再確認する。核軍縮そして全面完全軍縮という目標に向けた取り組みは、万人のために強化され減じることのない安全の原則に基づき、国際の平和と安全そして戦略的安定を促進するような方法で、なされなければな

らない。

　我々は皆、国際の平和、安定、安全をさらに推し進めるため、集団安全保障システムを擁護し強化するという、共通の責任を有している。

https://usun.state.gov/remarks/7892

資料2A-4　藤森俊希日本被団協事務局次長の演説

「ふたたび被爆者をつくらない」
核兵器を禁止し廃絶する 法的拘束力ある条約を

2017年3月27日
藤森俊希（日本原水爆被害者団体協議会事務局次長）

議長および会議参加の皆さん、発言の機会を与えていただき感謝します。私は、日本被団協事務局次長の藤森俊希と申します。1945年8月6日、米軍が広島に投下した原爆に被爆した1人です。

被爆後11年目にして日本被団協を結成した被爆者は「ふたたび被爆者をつくるな」と国内外に訴え続けてきました。被爆者のこの訴えが条約に盛り込まれ、世界が核兵器廃絶へ力強く前進することを希望します。

被爆した時の私は、生後1年4カ月の幼児でした。当時のわが家は祖父、父母、6人の姉、2人の兄と私の12人の大家族でした。空襲を避けるため広島市から避難した2人の姉、2人の兄以外、広島市に残った8人全員が被爆しました。

13歳で女学校1年だった4番目の姉は、爆心地から400mあたりで建物疎開に動員されていました。ここでは、放射線、熱線、爆風の直撃をうけ、私の姉を含む教師、生徒676人全員が命を落としました。広島市全体では中学1、2年に当たる学徒8400人が建物疎開に動員され、うち6300人が亡くなったとされています。

私は当日体調を崩し、母に背負われ病院に行く途中、爆心地から2.3K地点で母とともに被爆しました。偶然、親子と爆心の間に2階建ての民家があり熱線を直接受けることは避けられましたが、爆風で土手の下まで吹き飛ばされました。母は、私を抱いて近くの牛田山に逃れました。それぞれの出先で被爆した家族が牛田山に逃れてきました。4女が帰ってきません。父、姉、母が、4女の行方を探すため、動員されたであろう爆心地周辺に何日も出かけました。姉はついに見つからず、遺体も分からないままです。その間私は、目と鼻と口だけ出して包帯でぐるぐる巻きにされ、やがて死を迎えると見られていました。その私が奇跡的に生き延び、国連で核兵器廃絶を訴える。被爆者の使命を感じます。

米軍が広島、長崎に投下した原爆によって、その年の末までに21万人が死亡しました。キノコ雲の下で繰り広げられた生き地獄後も今日3月27日までの2万6,166日間、被爆者を苦しめ続けています。

同じ地獄をどの国のだれにも絶対に再現してはなりません。

私の母は、毎年8月6日子どもを集め、涙を流しながら体験を話しました。辛い思いをしてなぜ話すのか母に尋ねたことがあります。母は一言「あんたらを同じ目に合わせとうないからじゃ」と言いました。母の涙は、生き地獄を再現してはならないという母性の叫びだったのだと思います。

ノルウェー、メキシコ、オーストリアで開かれた3回の国際会議、NPT再検討会議準備委員会、国連総会第一委員会での共同声明など、ねばり強い議論、声明が導き出した結論は、「意図的であれ偶発であれ核爆発が起これば、被害は国境を超えて広がり」「どの国、国際機関も救援の術を持たず」「核兵器不使用が人類の利益であり」「核兵器不使用を保証できるのは核兵器廃絶以外にあり得ない」ということでした。

多くの被爆者が、万感の思いをもって受け止めました。

核兵器国と同盟国が核兵器廃絶の条約をつくることに反対しています。世界で唯一の戦争被爆国日本の政府は、この会議の実行を盛り込んだ(71/258)決議に反対しました。被爆者で日本国民である私は心が裂ける思いで本日を迎えています。

しかし、決して落胆していません。会議参加の各国代表、国際機関、市民社会の代表が核兵器を禁止し廃絶する法的拘束力のある条約をつくるため力を注いでいるからです。

被爆者は昨年4月、すべての国が核兵器を禁止し廃絶する条約を結ぶことを求める国際署名を始めました。世界各国に呼び掛け昨年10月、1回目の署名56余を国連総会第1委員会議長に届けました。現在累計で172万余の署名が集まっています。億単位の署名を目標に2020年まで続けます。法的拘束力のある条約を成立させ、発効させるためともに力を尽くしましょう。

ご清聴ありがとうございました。

出典：http://statements.unmeetings.org/media2/14683326/fujimori_en.pdf

資料2A-5　広島・長崎の2017平和宣言

■広島2017平和宣言

皆さん、72年前の今日、8月6日8時15分、広島の空に「絶対悪」が放たれ、立ち昇ったきのこ雲の下で何が起こったかを思い浮かべてみませんか。鋭い閃光がピカーッと走り、凄まじい放射線と熱線。ドーンという地響きと爆風。真っ暗闇の後に現れた景色のそこかしこには、男女の区別もつかないほど黒く焼け焦げて散らばる多数の屍(しかばね)。その間をぬって、髪は縮れ真っ黒い顔をした人々が、焼けただれ裸同然で剝(は)がれた皮膚を垂らし、燃え広がる炎の中を水を求めてさまよう。目の前の川は死体で覆われ、河原は火傷(やけど)した半裸の人で足の踏み場もない。正に地獄です。「絶対悪」である原子爆弾は、きのこ雲の下で罪のない多くの人々に惨(むご)たらしい死をもたらしただけでなく、放射線障害や健康不安など心身に深い傷を残し、社会的な差別や偏見を生じさせ、辛うじて生き延びた人々の人生をも大きく歪めてしまいました。

このような地獄は、決して過去のものではありません。核兵器が存在し、その使用を仄(ほの)めかす為政者がいる限り、いつ何時、遭遇するかもしれないものであり、惨(むご)たらしい目に遭(あ)うのは、あなたかもしれません。

それ故、皆さんには是非とも、被爆者の声を聞いてもらいたいと思います。15歳だった被爆者は、「地獄図の中で亡くなっていった知人、友人のことを偲(しの)ぶと、今でも耐えられない気持ちになります。」と言います。そして、「一人一人が生かされていることの有難さを感じ、慈愛の心、尊敬の念を抱いて周りに接していくことが世界平和実現への一歩ではないでしょうか。」と私たちに問い掛けます。

また、17歳だった被爆者は、「地球が破滅しないよう、核保有国の指導者たちは、核抑止という概念にとらわれず、一刻も早く原水爆を廃絶し、後世の人たちにかけがえのない地球を残すよう誠心誠意努力してほしい。」と語っています。

皆さん、このような被爆者の体験に根差した「良心」への問い掛けと為政者に対する「誠実」な対応への要請を我々のものとし、世界の人々に広げ、そして次の世代に受け渡していこうではありませんか。

為政者の皆さんには、特に、互いに相違点を認め合い、その相違点を克服するための努力を「誠実」に行っていただきたい。また、そのためには、核兵器の非人道性についての認識を深めた上で、自国のことのみに専念して他国を無視することなく、共に生きるための世界をつくる責務があるということを自覚しておくことが重要です。

市民社会は、既に核兵器というものが自国の安全保障にとって何の役にも立たないということを知り尽くし、核を管理することの危うさに気付いてもいます。核兵器の使用は、一発の威力が72年前の数千倍にもなった今、敵対国のみならず自国をも含む全世界の

人々を地獄へと突き落とす行為であり、人類として決して許されない行為です。そのような核兵器を保有することは、人類全体に危険を及ぼすための巨額な費用投入にすぎないと言って差し支えありません。

今や世界中からの訪問者が年間170万人を超える平和記念公園ですが、これからもできるだけ多くの人々が訪れ、被爆の実相を見て、被爆者の証言を聴いていただきたい。そして、きのこ雲の下で何が起こったかを知り、被爆者の核兵器廃絶への願いを受け止めた上で、世界中に「共感」の輪を広げていただきたい。特に、若い人たちには、広島を訪れ、非核大使として友情の輪を広げていただきたい。広島は、世界の人々がそのための交流をし、行動を始める場であり続けます。

その広島が会長都市となって世界の7,400を超える都市で構成する平和首長会議は、市民社会において世界中の為政者が、核兵器廃絶に向け、「良心」に基づき国家の枠を超えた「誠実」な対応を行えるような環境づくりを後押ししていきます。

今年7月、国連では、核保有国や核の傘の下にある国々を除く122か国の賛同を得て、核兵器禁止条約を採択し、核兵器廃絶に向かう明確な決意が示されました。こうした中、各国政府は、「核兵器のない世界」に向けた取組を更に前進させなければなりません。

特に、日本政府には、「日本国民は、国家の名誉にかけ、全力をあげてこの崇高な理想と目的を達成することを誓う。」と明記している日本国憲法が掲げる平和主義を体現するためにも、核兵器禁止条約の締結促進を目指して核保有国と非核保有国との橋渡しに本気で取り組んでいただきたい。また、平均年齢が81歳を超えた被爆者をはじめ、放射線の影響により心身に苦しみを抱える多くの人々に寄り添い、その支援策を一層充実するとともに、「黒い雨降雨地域」を拡大するよう強く求めます。

私たちは、原爆犠牲者の御霊に心からの哀悼の誠を捧げ、世界の人々と共に、「絶対悪」である核兵器の廃絶と世界恒久平和の実現に向けて力を尽くすことを誓います。

平成29年（2017年）8月6日

広島市長　松井　一實

■長崎2017平和宣言

「ノーモア　ヒバクシャ」

　この言葉は、未来に向けて、世界中の誰も、永久に、核兵器による惨禍を体験することがないように、という被爆者の心からの願いを表したものです。その願いが、この夏、世界の多くの国々を動かし、一つの条約を生み出しました。

　核兵器を、使うことはもちろん、持つことも、配備することも禁止した「核兵器禁止条

約」が、国連加盟国の6割を超える122か国の賛成で採択されたのです。それは、被爆者が長年積み重ねてきた努力がようやく形になった瞬間でした。

私たちは「ヒバクシャ」の苦しみや努力にも言及したこの条約を「ヒロシマ・ナガサキ条約」と呼びたいと思います。そして、核兵器禁止条約を推進する国々や国連、NGOなどの、人道に反するものを世界からなくそうとする強い意志と勇気ある行動に深く感謝します。

しかし、これはゴールではありません。今も世界には、15,000発近くの核兵器があります。核兵器を巡る国際情勢は緊張感を増しており、遠くない未来に核兵器が使われるのではないか、という強い不安が広がっています。しかも、核兵器を持つ国々は、この条約に反対しており、私たちが目指す「核兵器のない世界」にたどり着く道筋はまだ見えていません。ようやく生まれたこの条約をいかに活かし、歩みを進めることができるかが、今、人類に問われています。

核兵器を持つ国々と核の傘の下にいる国々に訴えます。

安全保障上、核兵器が必要だと言い続ける限り、核の脅威はなくなりません。核兵器によって国を守ろうとする政策を見直してください。核不拡散条約(NPT)は、すべての加盟国に核軍縮の義務を課しているはずです。その義務を果たしてください。世界が勇気ある決断を待っています。

日本政府に訴えます。

核兵器のない世界を目指してリーダーシップをとり、核兵器を持つ国々と持たない国々の橋渡し役を務めると明言しているにも関わらず、核兵器禁止条約の交渉会議にさえ参加しない姿勢を、被爆地は到底理解できません。唯一の戦争被爆国として、核兵器禁止条約への一日も早い参加を目指し、核の傘に依存する政策の見直しを進めてください。日本の参加を国際社会は待っています。

また、二度と戦争をしてはならないと固く決意した日本国憲法の平和の理念と非核三原則の厳守を世界に発信し、核兵器のない世界に向けて前進する具体的方策の一つとして、今こそ「北東アジア非核兵器地帯」構想の検討を求めます。

私たちは決して忘れません。1945年8月9日午前11時2分、今、私たちがいるこの丘の上空で原子爆弾がさく裂し、15万人もの人々が死傷した事実を。

あの日、原爆の凄まじい熱線と爆風によって、長崎の街は一面の焼野原となりました。皮ふが垂れ下がりながらも、家族を探し、さ迷い歩く人々。黒焦げの子どもの傍らで、茫然と立ちすくむ母親。街のあちこちに地獄のような光景がありました。十分な治療も受けられずに、多くの人々が死んでいきました。そして72年経った今でも、放射線の障害が

被爆者の体をむしばみ続けています。原爆は、いつも側にいた大切な家族や友だちの命を無差別に奪い去っただけでなく、生き残った人たちのその後の人生をも無惨に狂わせたのです。

　世界各国のリーダーの皆さん。被爆地を訪れてください。

　遠い原子雲の上からの視点ではなく、原子雲の下で何が起きたのか、原爆が人間の尊厳をどれほど残酷に踏みにじったのか、あなたの目で見て、耳で聴いて、心で感じてください。もし自分の家族がそこにいたら、と考えてみてください。

　人はあまりにもつらく苦しい体験をしたとき、その記憶を封印し、語ろうとはしません。語るためには思い出さなければならないからです。それでも被爆者が、心と体の痛みに耐えながら体験を語ってくれるのは、人類の一員として、私たちの未来を守るために、懸命に伝えようと決意しているからです。

　世界中のすべての人に呼びかけます。最も怖いのは無関心なこと、そして忘れていくことです。戦争体験者や被爆者からの平和のバトンを途切れさせることなく未来へつないでいきましょう。

　今、長崎では平和首長会議の総会が開かれています。世界の7,400の都市が参加するこのネットワークには、戦争や内戦などつらい記憶を持つまちの代表も大勢参加しています。被爆者が私たちに示してくれたように、小さなまちの平和を願う思いも、力を合わせれば、そしてあきらめなければ、世界を動かす力になることを、ここ長崎から、平和首長会議の仲間たちとともに世界に発信します。そして、被爆者が声をからして訴え続けてきた「長崎を最後の被爆地に」という言葉が、人類共通の願いであり、意志であることを示します。

　被爆者の平均年齢は81歳を超えました。「被爆者がいる時代」の終わりが近づいています。日本政府には、被爆者のさらなる援護の充実と、被爆体験者の救済を求めます。

　福島の原発事故から6年が経ちました。長崎は放射能の脅威を経験したまちとして、福島の被災者に寄り添い、応援します。

　原子爆弾で亡くなられた方々に心から追悼の意を捧げ、私たち長崎市民は、核兵器のない世界を願う世界の人々と連携して、核兵器廃絶と恒久平和の実現に力を尽くし続けることをここに宣言します。

2017年（平成29年）8月9日
長崎市長　　田上　富久

資料2A-6　核禁条約の署名・批准を求める広島市・長崎市議会の意見書

<広島市議会>
核兵器保有国を含む全ての国に対し核兵器禁止条約の
早期発効を求める意見書

　本年7月、核兵器を違法とする初の国際条約である「核兵器禁止条約」が、122か国の賛同を得て採択されました。

　この条約は、その前文で「ヒバクシャ」の苦難に言及し、非人道性を訴え続けた活動に最大の敬意を表するとともに、条文では、加盟国に開発・保有・実験・使用だけでなく核兵器による威嚇行為も禁じる画期的なもので、核兵器保有国にも条約に参加する道をつくっています。

　本市が会長都市となって国内の1,683都市を含む世界162か国・地域の7,400を超える都市で構成する平和首長会議は、本年8月の第9回総会で、人類の悲願である核兵器廃絶への大きな一歩となる核兵器禁止条約の採択を心から歓迎する旨の特別決議を採択しました。

　この核兵器禁止条約の発効に向けて、9月20日に国連本部で開催された核兵器禁止条約の署名式以降、50か国以上が署名し、来年中にも正式に発効する見通しとなっておりますが、一方、条約に否定的な核兵器保有国及び「核の傘」の下にある国々をどのように説得するかが大きな課題となっております。

　唯一の被爆国である我が国は、核兵器廃絶の実現に向け特別の役割と責任を負っています。

よって、国会及び政府におかれては、下記の事項を行動に移すことで、核兵器廃絶のリーダーシップを取り、核兵器保有国と非保有国の橋渡しを積極的に進めていただくよう強く要請します。

記

1　核兵器禁止条約を早期に署名・批准すること。それまでは、オブザーバーとして締約国会合及び検討会合に参加すること。

　2　核兵器保有国を含む核兵器禁止条約に加盟していない国に対し、加盟を要請するなど、全ての国による条約の一日も早い発効に向けて主導的役割を果たすこと。

平成29年9月29日

広島市議会

www.city.hiroshima.lg.jp/www/gikai/contents/1269318597567/index.html#c4-1-3

<長崎市議会>
核兵器禁止条約の署名・批准を求める意見書

　人類史上初めて核兵器の禁止を明文化した核兵器禁止条約が国連会議で2017年7月7日、国連加盟国の6割を超える122カ国・地域の賛成で採択されました。

　核兵器禁止条約は、その前文に「核兵器の使用による被害者(ヒバクシャ)ならびに核兵器の実験によって影響を受けた人々に引き起こされる受け入れがたい苦痛と被害に

留意」することが盛り込まれており、締約国に核兵器の開発、実験、製造、備蓄、移譲、使用だけでなく、核兵器による威嚇も禁じている画期的なもので、核保有国が条約に参加する道もつくられています。

　速やかな核兵器廃絶を願い、核兵器を禁止し廃絶する条約を結ぶことを全ての国に求める「ヒバクシャ国際署名」には、10月10日現在で875の自治体の首長が賛同し、本市の市長及び議長も賛同署名しています。また、本市が副会長を務め、11月1日現在で世界の162カ国・地域の7,469都市が加盟する平和首長会議も、核兵器禁止条約の早期締結を求める取り組みを進めています。8月9日の「長崎平和宣言」にあるとおり、安全保障上、核兵器が必要だと言い続ける限り、核の脅威はなくなりません。

　本年9月20日から核兵器禁止条約への署名が始まり、既に50カ国以上が署名しており、本条約は50カ国が批准してから90日後に発効します。

　我が国には、核兵器のない世界を目指してリーダーシップをとり、核兵器を持つ国々と持たない国々の橋渡し役を務めると、みずから明言したとおりの行動が求められます。

　よって、国におかれては、唯一の戦争被爆国として一日も早く核兵器禁止条約の署名・批准を行い、それまでの間は、オブザーバーとして締約国会議及び検討会議に参加するよう強く要望いたします。

　以上、地方自治法第99条の規定に基づき意見書を提出します。

平成29年12月14日
長崎市議会
www.city.nagasaki.lg.jp/gikai/1050000/1054000/201701/p030540_d/fil/ikensyo.pdf

<モデル意見書>
核兵器への依存をやめ、核兵器禁止条約に署名・批准することを求める意見書

　2017年7月7日、国連本部での交渉会議において国連加盟国の6割をこえる122か国の賛成で核兵器禁止条約が採択された。条約は、前文で広島・長崎の被爆者をはじめとする核兵器使用の被害者(ヒバクシャ)に二度にわたって言及し、締約国に核兵器の開発、実験、製造、備蓄、移譲、使用、及び核兵器による威嚇も禁じるもので、人類史上初の核兵器の禁止を明文化した画期的なものである。

　しかし、米国、ロシアなど核兵器保有国とそれらの同盟国で「核の傘」に依存する国は、安全保障上、核兵器が必要であるとして、条約に反対している。日本も、安全保障環境を理由に「核の傘」が必要であり、条約に参加しない方針であると言う。これは、核兵器の非人道性を最もよく知るはずの唯一の戦争被爆国として、あってはならない姿勢である。

　日本は、北東アジア非核兵器地帯の設立をめざすなどによって、米国の「核の傘」に依存しない安全保障政策を検討すべきである。

　よって、政府及び国会におかれては、下記の事項を実行することで、「核兵器のない世界」へ向け、核兵器国と非核兵器国との橋渡しを積極的に進めていただくよう強く要請する。

記

1.日本として核兵器禁止条約への署名・批准を早期に行うこと。それまでの間、日本政府はオブザーバーとして同条約締約国会議に参加すること。
2.そのために、日本は、北東アジア非核兵器地帯の設立をめざすなどによって、核兵器に依存しなくても国の安全を確保できる道を検討すること。

以上

以上、地方自治法第99条の規定に基づき意見書を提出する。

2018（平成30)年　　月　　日
●●県/市/町/村議会議長　●●●●
（作成：ピースデポ）

資料2A-7　核軍縮枠組み条約骨子案（ピースデポ）

核軍縮枠組み条約」の提案

2017年2月
NPO法人ピースデポ作業チーム

　2016年12月23日に第71回国連総会で採択された決議「多国間核軍縮交渉を前進させる」(A/RES/71/258)に基づく核兵器を禁止するための法的文書（条約）の交渉が、3月27日に開始される。私たちNPO法人ピースデポは、20年間、日本で核軍縮のための調査研究に取り組んできたが、今回の交渉開始を歴史的な一歩と喜び、大きな期待を寄せている。

　私たちの見解では、決議71/258は交渉されるべき条約の内容についてほとんど踏み込んだ内容を示していない。条約のすべての詳細はゼロから交渉の会議に委ねられていると考えられる。

　核兵器の完全廃棄は核保有国やその同盟国を含むすべての国が関与しなければ実現できない。したがって、有志国家による核兵器禁止の早期達成の目的を満たしつつ、核兵器保有国や日本のような拡大核抑止力に依存する国も交渉に参加して大きな枠組みに合流し禁止に段階的に参加することを可能にするような条約を追求することが、可能であり必要だと考えられる。

　そのような考えから、私たちピースデポの作業チームは、まず、交渉されるべき条約（以下たんに「条約」という）にどのような要素がどのような構造をもって含まれることが望ましいかを検討した（Ⅰ）。次に、その結果を踏まえ、「枠組み条約」という形態に着目して「核軍縮枠組み条約」の骨子を考案した（Ⅱ）。以下、それらを示す。

Ⅰ.「条約」が含むべき要素と特徴

　国連総会決議71/258（以下「決議」という）の内容や、その採択までに行われた第71回国連総会第1委員会、2016年の公開作業部会(OEWG)、それに至る核兵器の人道上の影響に関する3度の国際会議などにおける議論の経過を考慮すれば、交渉されるべき条約

は、核兵器による「壊滅的な人道上の結末」への懸念に下支えされた次のような要素ないし特徴を備えるべきである。

1.核兵器を全面的に禁止する

　交渉されるのは、「核兵器を禁止し」、核兵器の「完全廃棄に導く」、「法的拘束力のある」文書である（決議主文8節）。よって第一に条約に含まれるべき要素が核兵器の全面的禁止であることは論をまたない。

2.核兵器の完全廃棄をめざすことを法的に義務付ける

　決議主文8節は「禁止」が核兵器の完全廃棄へと導かれることを要求している。いかなる核兵器禁止条約であっても、それだけで将来の完全廃棄に貢献するという主張もありうる。しかし、主文8節の要求をより明確に達成するには、決議前文9節に列挙されている、核不拡散条約（NPT）に関連して従来から繰り返されてきた政治的な諸誓約を、法的義務にすることが望ましい。

3.現存する核兵器に関する透明性措置やリスク低減措置を追求する

　核兵器の使用や爆発がもたらす「壊滅的な人道上の結末」への憂慮が禁止条約（交渉）の起点にあることを考えれば、核兵器が現に存在していることによる核爆発リスク（偶発的、人為的を問わず）の低減措置についても追求されるべきである（決議前文3節参照）。主文7節はこれら措置の「実施を適宜、検討することを勧告」しており、これら措置についても「禁止」と共に条約交渉の対象にすることは、決議の趣旨に沿う。

4.核被害者への援助、及び被害に関する国民への教育・啓発を国に義務付ける

　決議主文7節は、「公開作業部会の報告書で提起されているような」、さまざまな諸措置について「実施を適宜、検討すること」を勧告している。OEWG報告書（A/71/371）は、核兵器を禁止する法的拘束力のある文書には、「核兵器の使用及び実験の被害者の権利を認め」、彼らへの「援助」と「環境修復」を誓約することが含まれうる（35節）とした。また、報告書は核被害の実態や核兵器の使用による人道上の結末に関する教育・啓発の重要性を強調（59、60節）している。したがって、核兵器の使用、開発、維持などによって被害を受けた人々への援助、環境の修復、被害や環境破壊の実態の国民への教育・啓発について国が負うべき義務（以下「積極的な義務」という）について「禁止」と共に条約交渉の対象にすることは、決議の趣旨に沿う。

5.廃棄と検証は必ずしも含まれなくてもよい

　決議前文17節は「核兵器を禁止する法的拘束力のある文書」、その次の前文18節は「不可逆的で検証可能で透明性のある核兵器の破壊のための追加的措置」について述べている。「禁止」について述べたのとは別の節で「破壊」に言及していることから、「検証」及び「破壊」ないし「廃棄」に関する規定は条約に必ずしも含まれなくてよいことが含意されていると考えられる。

　とはいえ、最終目標が「完全廃棄」であり、「条約」がそこ「に導く」（主文8節）法的文書とされる以上、「条約」は完全廃棄を誓約する内容を含むべきであろう。

6.「禁止」への段階的参加を可能とする

決議はまた、「すべての国連加盟国に対し、（交渉）会議に参加するよう奨励」（主文9節）している。事実、最終的には核保有国が関与することなしに「核兵器のない世界」は実現できない。しかし決議採択に際しての国連総会での討議内容やそれ以前からの核保有国・非保有依存国の見解をみると、それらの国が禁止条約に当初から参加することは期待できない。

多数の有志国によって全面的禁止のみを規定する条約を交渉、締結すれば、核兵器が一層使いにくいものとなり、保有国による核兵器削減を促すという考え方もあろう。他方、核保有国や非保有依存国、とりわけ後者の姿勢に流動化を促して交渉への参画につなげ、支持・加盟を段階的に拡大しうるような条約を探求する意義は極めて大きい。それは「完全廃棄に導く」ための具体的な方策ともなる。

7.NPTとの相互補完的関係を確保する

核軍縮・不拡散分野において過去に築かれてきた核保有国、非保有国、非保有依存国などの間の協力関係を可能な限り良好に継続するために、NPT再検討プロセスと禁止条約交渉のプロセスが、今後、相反することなく補い合うことを確保することが極めて重要である。その意味で、条約は、将来のNPT会議における全会一致の合意文書で認知されるようなものであることが望ましい。決議主文6節も、核兵器のない世界の達成と維持のために締結する必要のある「法的措置」等の追求が、NPTの3本柱を含む核軍縮・不拡散体制を補い強化するものであるべきだとしている。

II.「核軍縮枠組み条約」骨子案

以上の考察から、我々は、全面的禁止を確保し、完全廃棄のための法的義務、透明性・リスク低減措置などの諸要素を包含し、かつ各国の選択的、段階的な参加を可能にするような条約の形態として、「枠組み条約」のモデルを提案したい。

2016年OEWG報告書は、「枠組み条約」について「核軍縮プロセスの様々な側面を漸進的に扱った相互に補強しあう一連の諸条約、あるいは、核兵器のない世界に徐々に進むための『シャポー』合意とそれに続く補足合意や議定書から成る」（38節）ものであると述べている。我々が言う「枠組み条約」は、ここで述べられている後者の場合に該当する。すなわち、大枠を「基本合意」（シャポー）として条約本体で定め、個別の具体的な目標や目標達成手段を、議定書などの附属文書で補ってゆく条約の形態である。

このような例の一つとして「気候変動枠組み条約」がある。条約本体は1992年に採択され、そのもとで、京都議定書（1997年採択）、パリ協定（2016年採択）などの補足合意が作られた。それぞれの補足合意は、条約本体で定められた一般的義務を実施するためのより詳細な措置を規定している。軍縮分野には「特定通常兵器使用禁止制限条約」（1980年採択）と、禁止もしくは制限される兵器種ごとの5つの議定書がある。議定書のうち3つは本体と同時に署名開放され、他の議定書はその後に締結された。同「条約」は締約国が議定書を選択的、段階的に批准してゆく構造になっている。

「核兵器のない世界を実現し維持する」という究極的な目標には総論的合意がある。しかし個別の方法や措置、時間枠などにおいては国家間の立場や見解の隔たりが大きく、それが目標達成への前進を妨げている。この現状を克服するために「枠組み条約」モデルは効果的に機能しうると考えられる。

以下に、我々の考案した、「基本合意」を定める「『枠組み条約』本体」と複数の議定書とからなる「核軍縮枠組み条約」の骨子を示す。

1.「枠組み条約」本体

目的、核兵器の完全廃棄に向けた法的義務、条約本体と議定書の関係、締約国会議や運用に関する「基本合意」を規定する。

(1) 目的規定として「核戦争により全人類および環境の上にもたらされる壊滅的な惨害と核戦争の危険を回避するために、国家の兵器庫から核兵器を廃棄し、核兵器のない世界を実現することを目的とする。」といったものが考えられる。

ここでは、NPT前文と国連総会決議第1号(A/RES/(1))で用いられた表現を援用した。このようにすでに普遍的な合意が形成されている目的を掲げることによって、各国が「条約本体」を受け入れるためのハードルは低くなる。

(2) 締約国は次の法的義務を担う:

i) 核兵器のない世界を実現、維持する上で必要な枠組みを確立すべく、特別な努力を払う1。

ii) 厳格かつ効果的な国際管理の下においてすべての側面での核軍縮に導くための条約の交渉を誠実に行い、かつ完結させる2。

iii) 核兵器のない世界という目的に完全に合致した政策を追求する3。

iv) 核保有国は、保有核兵器の完全廃棄を達成する明確な約束を行う4。

v) あらゆる種類の核兵器の世界的備蓄の相対的削減に速やかに向かうと共に、あらゆる軍事及び安全保障上の概念、ドクトリン、政策における核兵器の役割と重要性をいっそう低減させる5。

これらの義務と同趣旨の事項は、脚注において示す通り、過去に国際司法裁判所(ICJ)から全会一致で勧告され、あるいは核軍縮・不拡散交渉の中ですでに普遍的な合意が形成されている。したがって、核保有国も、その同盟国である非保有依存国も、「条約本体」を受け入れることができるはずである。

1 2010年NPT再検討会議最終文書(10年5月28日、NPT/CONF.2010/50(Vol.1))「結論ならびに今後の行動に向けた勧告」の「B-iii」。

2 国際司法裁判所(ICJ)勧告的意見(96年7月8日)パラグラフ105(2)F項、及びNPT第6条。

3 2010年NPT再検討会議最終文書(10年5月28日、NPT/CONF.2010/50(Vol.1))「結論ならびに今後の行動に向けた勧告」の「行動1」。

4 2000年NPT再検討会議最終文書(00年5月19日、NPT/CONF.2000/28)第I部、P.14、「第6条及び前文第8~12節関係」、第15節6。

5 2010年NPT再検討会議最終文書(10年5月28日、NPT/CONF.2010/50(Vol.1))「結論ならびに今後の行動に向けた勧告」の「行動5」。

(3)「枠組み条約」本体には、議定書と条約本体との関係、締約国会議、運用機関などの実務的条項、及び発効要件なども明記される。発効要件については、締約国の事情により段階的参加が可能とするように柔軟性を持たせることが重要である。

2.議定書

(1)の目的、(2)の法的義務を具現化するための議定書が締約国会議において交渉、締結

される。議定書のいくつかは、「1.」の「枠組み条約」本体と同時に交渉され締結される。条約本体に同意した「締約国」は、以下に例示する議定書に選択的、段階的に加盟することができる。「枠組み条約」本体と議定書には、個別に締約国会議(議定書の場合は加盟国会議と呼ぶ)が設置される。議定書の発効要件は議定書によって異なってもよい。各議定書の内容は「条約」本体に規定する目的や義務に沿う範囲内で、それぞれの議定書の加盟国会議で適宜見直すことができる。

A. 核兵器の全面的禁止に関する議定書

核兵器の保有、開発、製造、実験、入手、備蓄、移動、配備、使用及び使用の威嚇、ならびにこれらへの援助、出資、奨励もしくは勧誘を禁止する。

なお、「使用及び使用の威嚇」に関しては、核爆発による壊滅的な人道上の結末をもたらす行為そのものであり、かつ使用側の意図が歴然と存在することから、使用に至らない「保有」や「備蓄」との間に区別すべき重要な違いが認められる。96年のICJ勧告的意見が主として「核兵器による威嚇またはその使用」の合法性を論じたのもそのような区別が存在するからである。

そこで「使用及び使用の威嚇」を禁止する議定書を独立させることも考えられる。核保有国や依存国は、保有も含むものである全面的禁止条項に参加する用意が整う前に、使用や使用の威嚇への禁止条項に署名する用意が整うことも考えられる。

B. 積極的義務に関する議定書

核兵器の使用、開発、維持などによって被害を受けた人々への援助、破壊された環境の修復、及び被害の実態の国民への教育・啓発について、国が負うべき義務を定める。

C. 核兵器の透明性措置に関する議定書

核兵器の完全廃棄に不可欠な透明性を前進させるための議定書。例えば、核保有国に保有核兵器及び運搬手段の種類、配備・非配備の別、もしくは警戒態勢等に関する情報を標準的な様式で公開することを義務付ける議定書が考えられる。また、議定書には透明性措置を監視・前進させる方策を検討、立案する委員会の設置が規定されてもよい。

D. 核兵器の役割及びリスクの低減措置に関する議定書(先行不使用議定書を含む)

過誤によるものや偶発的使用を含めた核兵器爆発の可能性を低下させるために、あらゆる軍事及び安全保障上の概念、ドクトリン、政策における核兵器の役割と重要性をいっそう低減させることを約束する議定書。低減措置には核兵器使用に関する協議、戦略核兵器の警告即発射体制、高度警戒態勢の解除等の一方的措置や複数の核保有国間の措置、非保有依存国を含む拡大核抑止体制における合意などが含まれるだろう。

さらに、役割及びリスク低減措置の文脈で、先行不使用議定書を独立に設定することも検討に値する。いくつかの核保有国は参加できるはずである。
また、役割及びリスク低減措置を監視・前進させる低減委員会の設置も考えられる。

E. 包括的核兵器禁止条約(CNWC)の準備に関する議定書

「枠組み条約」本体と同時に交渉し締結することが可能であれば、検証を伴う核兵器の全面的廃棄を目的とするCNWCの準備プロセスに関する議定書についても、検討に値する。

一方で、本提案では「枠組み条約」本体とA~Dのいくつかの議定書の早期締結を優先させる必要性を強調したい。

3.各議定書の加盟・発効プロセスを独立に定めることの意義

「枠組み条約」本体の締約国は、上記に例示した議定書のいずれにもいつでも加盟することができ、議定書は一定の条件が達成されれば発効する。

たとえば、核兵器禁止条約の交渉開始を推進してきた有志非保有国は、当初からすべての議定書に加盟するかもしれない。一方、非保有依存国は、当初は「枠組み条約」本体のみの加盟に留まるが、やがて議定書B・C・Dのいずれかに加盟し、さらにそれぞれの国の条件を整えるにしたがって徐々に議定書Aにも加盟する国が現れ増加してゆくことも期待される。核保有国も「枠組み条約」本体に同意できるはずであり、さらには議定書B、C、D（とりわけ「先行不使用議定書」）への加盟へと展開してゆくことができる。

「枠組み条約」本体と「議定書」への加盟・発効プロセスは、1国的、2国間的、多国間的核軍縮交渉、あるいは新たな非核兵器地帯の創設とそのための交渉等といった地域的努力と同時並行的に進められたときに、活性化されるだろう。そのような努力の進捗によって、新しい議定書が必要な状況が生まれれば、締約国会議で交渉し締結できるのも、「枠組み条約」の利点である。

以上

www.peacedepot.org/wp-content/uploads/2016/10/1702_
FrameworkAgreementProposal_jpn.pdf

B. 国連総会日本決議と新アジェンダ決議

資料2B-1　第72回国連総会・新アジェンダ連合（NAC）決議

核兵器のない世界へ―核軍縮に関する誓約の履行を加速する

A/C.1/72/L.19

共同提案国:アンゴラ、オーストリア、ブラジル、エクアドル、エジプト、アイルランド、リヒテンシュタイン、メキシコ、ニュージーランド、南アフリカ、タイ、トリニダード・トバゴ

総会は、

1946年1月24日の決議1（I）、2015年12月7日の決議70/51、2016年12月5日の決議71/54を想起し、

核兵器が人類にもたらしている危険に対する重大な懸念と、その懸念が核軍縮及び核不拡散に関連するあらゆる討議、決定、行動を活性化すべきことを繰り返し強調し、

2010年の核不拡散条約（NPT）再検討会議において、いかなる核兵器の使用も壊滅的

な人道上の結末を引き起こすことに対して表明された深刻な懸念と、同会議による、すべてにとってより安全な世界を追求し、核兵器のない世界の平和と安全を追求するとの決意を想起し、

2010年以来、国際社会において醸成されてきた核兵器に関連する壊滅的な人道上の結末と危険性に対する関心が再び高まっていることと、このような懸念が、核軍縮の必要性と核兵器のない世界を達成し維持することの緊急性を下支えすべきであるという認識が高まっていることに満足をもって留意するとともに、多国間の軍縮フォーラムの場において、核兵器の人道的影響が重視されていることにも満足をもって留意し、

核軍縮の緊急性をさらに強化することになる、核兵器爆発がもたらす壊滅的な結末に対する理解と認識の促進を目的として、2013年3月4、5日にノルウェーで、2014年2月13、14日にメキシコで、同年12月8、9日にオーストリアで開催された、核兵器の人道的影響に関する会議での議論を想起し、

核兵器の人道的影響に関する会議において発表されたものも含む、国境を遥かに越えて広がり、持続可能な開発目標の達成を危険にさらすことになる、核兵器爆発が引き起こし得る壊滅的な結末について述べた説得力のある証拠、つまり国家や国際機関が事故、システムの不具合あるいは人為的ミスによる核兵器爆発の危険性と事後に対処する能力が欠如していることを強調し、

核兵器の人道的影響に関するウィーン会議において発表された、放射線に晒されることで、女性や少女が（男性に比べて）はるかに強い性差のある影響を受けるという研究結果に留意し、

2013年9月26日の核軍縮に関する国連総会ハイレベル会議の開催と、同会議のフォローアップに関する2015年12月7日の決議70/34ならびにそこに含まれる諸決定を想起するとともに、同決議に従って提出された国連事務総長による報告に留意し、

9月26日を核兵器の全面的廃絶のための国際デーとして祝い、普及させることを歓迎し、

2016年12月23日の71/258決議に則って、核兵器の完全廃棄につながるよう核兵器を禁止するための法的拘束力のある文書を交渉するための国連会議において交渉された、2017年7月7日の核兵器禁止条約の採択を歓迎し、

核軍縮および核不拡散に関する教育の重要性を強調し、

透明性、検証可能性、不可逆性が、相互に補強し合うプロセスである核軍縮と核不拡散に適用される基本原則であることを再確認し、

NPTの無期限延長の基礎となった、1995年のNPT再検討・延長会議が採択した諸決定と決議、ならびに2000年と2010年のNPT再検討会議の最終文書、とりわけNPT第6条の下での誓約のもとで、核軍縮につながるよう保有核兵器の完全廃棄を実現するという核兵器国による明確な約束を想起し、

NPT上の義務の履行に関連して、すべてのNPT加盟国が、透明性、検証可能性、不可逆性の原則の適用を誓約していることを再確認し、

包括的核実験禁止条約の発効が、核軍縮および核不拡散という目標を促進するために、引き続き死活的に重要であることを認識し、

核兵器の完全廃棄こそが、核兵器の使用あるいは使用の威嚇を防ぐ唯一の絶対的保証であること、および核兵器の完全廃棄までの間、非核兵器国が、明確で法的拘束力のある

消極的安全保証を核兵器国から得ることへの正統な関心を想起し、

　核兵器の完全廃棄までの間、非核兵器地帯の設置と維持が、グローバルおよび地域レベルでの平和と安全を促進し、核不拡散体制を強化し、核軍縮の目的の実現に貢献するとの確信を再確認するとともに、非核兵器諸地帯および非核モンゴルの設置に関する条約の締約国および調印国の会議を歓迎し、

　国家に対し、中でも、既存の条約や関連する議定書の批准、非核兵器地帯設置のための条約の目標と目的に反するすべての留保や解釈宣言を取り下げること、およびその改定を通じたものも含め、現存するすべての非核兵器地帯の強化に向けて引き続き実質的な進展を図ることを要請し、

　2010年のNPT再検討会議において、地域の関係諸国の自由な意思で合意された取り決めに基づいた、さらなる非核兵器地帯の設置が奨励されたことを想起し、これが、同地帯が未だに存在しない地域、特に中東において、同地帯を設置するための協調した国際的な努力へと続くことへの期待を再確認するとともに、このような文脈において、2010年NPT再検討会議で合意された、1995年の中東に関する決議の完全な履行のための具体的な措置が履行されなかったことを深い失望とともに留意し、また、2015年のNPT再検討会議において、この問題について何の合意も得られなかったことに失望の念を表し、

　過去21年間に渡り、作業計画に合意し実施することができなかったジュネーブ軍縮会議において、これまでと同様に多国間での核軍縮に向けた進展が何もないことに深い失望の念を表すとともに、1999年以来、国連軍縮委員会が核軍縮について実質的な成果を何一つ出していないことに失望の念を表し、

　2015年のNPT再検討会議において、実質的な成果が全くなかったことに遺憾の意を表し、

　2015年のNPT再検討会議が、NPTを強化し、NPTの完全な履行と普遍化に向けた進展を促し、1995、2000、2010年のNPT再検討会議においてなされた誓約と合意された行動の履行状況をチェックする機会を逃したことに失望の念を表すとともに、このことがNPTとその3つの柱の間におけるバランスに与える影響について深く懸念し、

　2017年5月2日から12日までウィーンで開催された、2020年のNPT再検討会議第1回準備委員会で行われた議論を歓迎し、

　ロシア連邦とアメリカ合衆国の間の戦略攻撃兵器の一層の削減及び制限に向けた措置に関する条約の完全な履行に向けての努力を奨励するとともに、2010年のNPT再検討会議が、両国に対して保有核兵器の一層の削減を達成するための後継措置に関する議論の継続を奨励したことを改めて強調し、

　一方的な、あるいは二国間および地域的イニシアティブの有用性、ならびにそうしたイニシアティブでの合意事項が順守されることの重要性を認識する一方で、核軍縮に関する多国間主義の重要性を強調し、

1. NPTの各条項は、いかなる時もいかなる状況においても加盟国を拘束するものであり、すべての加盟国はNPTの下の義務を厳格に遵守することに対して全面的な責任を負わなければならないことを繰り返し強調するとともに、すべての加盟国に対し、1995年、2000年、2010年のNPT再検討会議におけるすべての決定、決議、誓約を完全に順守するよう求める。

2.2010年のNPT再検討会議において、いかなる核兵器の使用も壊滅的な結末を引き起こすことに対して表明された深刻な懸念と、すべての加盟国が、いかなる時も国際人道法を含む適用可能な国際法を遵守する必要性を繰り返し強調する。

3.核兵器の人道的影響に関する会議において発表された証拠を認識するとともに、加盟国に対し、関連する決定や行動を行う上で、核軍縮を下支えしている人道上の要求と核軍縮を達成することの緊急性に対して相応の重要性を与えるよう求める。

4.すべてのNPT加盟国がNPT第6条の下で誓約している核軍縮につながるよう、保有核兵器の完全廃棄を達成するとした核兵器国による明確な約束の具体的な再確認を含め、2000年のNPT再検討会議の最終文書において合意された具体的な措置が引き続き有効であると再確認されたことを想起し、核軍縮につながる措置に関して具体的な進展を加速することを核兵器国が誓約したことを想起し、核兵器国が自らの誓約の履行を加速するためにあらゆる手段を講じることを求める。

5.核兵器国に対し、一方的な、あるいは二国間、地域および多国間による措置を通じたものを含め、配備非配備を問わず、あらゆる種類の核兵器を削減し究極的に廃棄するため一層の努力を行うとの誓約を果たすよう求める。

6.核兵器を保有するすべての国に対し、すべての核兵器の高度警戒態勢を確実に解除することを目標に、検証可能かつ透明性の高い方法で、核兵器システムの作戦準備態勢を減ずるよう要請する。

7.核兵器の完全廃棄までの間、核兵器国が、全ての軍事上および安全保障上の概念、ドクトリンおよび政策において、核兵器の役割と重要性を具体的に低下させることを奨励する。

8.核兵器の完全廃棄までの間、核兵器国をメンバーに含む地域同盟に加盟している全ての国に、集団的安全保障ドクトリンにおける核兵器の果たす役割を低下させることを奨励する。

9.NPT加盟国が、核兵器国が核兵器の開発および質的な改良を制限すること、並びに先進的な新型核兵器の開発を中止することに対する非核兵器国の正統な関心を認識したことを強調するとともに、核兵器国に対して、この点に関して措置を講じるよう求める。

10. これまでの核軍縮に関する義務と誓約に従って、すべての核兵器国が、各国において軍事目的上不要となった全ての核分裂性物質の不可逆的な撤去を確実にするためのさらなる措置を講じることを奨励するとともに、IAEAの文脈内で、すべての加盟国が、適切な核軍縮検証能力と法的拘束力のある検証の取り決めを前進させることを支援し、それによりこうした物質が検証可能な形で恒久的に軍事計画の外に置かれることを確実にするよう求める。

11.すべてのNPT締約国に対し、NPTの無期限延長と密接不可分である1995年のNPT再検討・延長会議で採択された、中東に関する決議の完全な履行に向けて取り組むよう求めるとともに、2015年のNPT再検討会議において、完全に履行されるまで有効である、1995年の中東に関する決議の中の中東非核兵器・非大量破壊兵器地帯設置のためのプロセスに関するものを含め、実質的な成果が何もなかったことに対して失望と深い懸念の意を表す。

12.1995年の中東に関する決議の共同提案国に対して、1995年の中東に関する決議にあるように、中東非核兵器・非大量破壊兵器地帯の早期設置を確実なものにすることを目指し、提案を行うとともに最大限の努力をするよう要請する。

13.核軍縮と核不拡散を実現する上でのNPTの基盤的な役割を強調するとともに、2018年4月23日から5月4日までジュネーブで開催される予定の2020年NPT再検討会議第2回準備委員会に期待する。

14.すべての加盟国に対して、NPTの普遍化のためのあらゆる努力を惜しまないよう求めるとともに、これに関連して、インド、パキスタンとイスラエルに対し、即時かつ無条件に非核兵器国としてNPTに加盟し、自国のすべての核関連施設をIAEAの保証措置の下に置くことを要請する。

15.朝鮮民主主義共和国に対して、平和的な方法で朝鮮半島の非核化を達成することを目指し、2005年9月の共同声明の中の誓約を含む、6か国協議においてなされた、すべての核兵器と現存する核開発計画を放棄し、早急にNPTに復帰し、IAEAの保障措置協定を遵守するという誓約を履行するよう要請するとともに、平和的手段による朝鮮半島の非核化を達成するいう展望を抱きつつ、6か国協議に対する確固たる支持を再確認する。

16.すべての加盟国に対して、多国間の文脈の中で核軍縮という大義を前進させる努力を妨げている国際的な軍縮機関の内部にある障害を乗り越えるために協働するよう要請するとともに、ジュネーブ軍縮会議に対して、とりわけ多国間交渉を通じて、今一度、核軍縮の課題を前進させるための実質的な作業を遅滞なく再開することを要請する。

17.すべてのNPT加盟国に対し、NPTの、および1995年、2000年、2010年のNPT再検討会議において合意された、同条約の下での義務と誓約を遅滞なく完全に履行するよう要請する。

18.核兵器国に対し、標準化された詳細な報告様式によるものを含め、締約国が進捗状況を定期的に監視できるような形で、核軍縮の義務と誓約を質的にも量的にも履行するよう要請する。これにより、核兵器国間のみでなく核兵器国と非核兵器国間の信用と信頼を強化し、核軍縮に貢献することとなる。

19.また、核兵器国に対し、2020年NPT再検討会議の一連のサイクルを通して提出される予定の報告書の中に、核軍縮に関する義務と誓約の履行に関する具体的で詳細な情報を含めることを要請する。

20.NPT締約国に対し、進捗状況に対する客観的な評価を確実かつ容易にするために、一連のベンチマークやそれに類似した規準といった、核軍縮に関する義務及び誓約の履行状況に対する測定可能性を改善するための手段を含む選択肢について議論することを奨励する。

21.加盟国に対し、国連総会決議1（I）とNPT第6条の精神と目的に従って、核兵器のない世界の達成と維持のための効果的な措置に関する多国間交渉を、遅滞なく誠実に追求することを要請する。

22.加盟国に対し、核軍縮のためのより効果的な法的拘束力のある措置を特定し、熟議し、交渉し、履行するための努力を引き続き支援することを求めるとともに、これに関連して、2017年7月7日の核兵器禁止条約の採択を歓迎する。

23.加盟国に対し、あらゆる核兵器爆発がもたらす危険性と壊滅的な影響に対する市民社会の意識を高めるための、軍縮教育を含めた措置をとることを勧告する。

24.第73回国連総会の暫定議題の項目「全面的かつ完全な軍縮」の下に、「核兵器のない世界へ：核軍縮に関する制約の履行を加速する」と題する小項目を含めること、並びに、同総会において、現存する決議の履行状況を調査することを決定する。

http://www.un.org/ga/search/view_doc.
asp?symbol=A/C.1/72/L.19

資料2B-2　第72回国連総会・日本決議

核兵器の完全廃棄へ向けた、新たな決意のもとでの団結した行動（抜粋訳）

A/C.1/72/L.35

共同提案国

アフガニスタン、アルバニア、アンゴラ、オーストラリア、ベニ
ン、ボスニア・ヘルツェゴビナ、ブルガリア、カボベルデ、チャ
ド、クロアチア、チェコ、ドミニカ共和国、
エルサルバドル、エストニア、フィンランド、グルジア、ドイツ、
ギリシャ、ハンガリー、アイスランド、イタリア、日本、ケニア、
ラトビア、リトアニア、ルクセンブルク、マラウイ、モーリタニ
ア、モンテネグロ、ニカラグア、パプアニューギニア、パラグア
イ、ポーランド、ポルトガル、モルドバ共和国、ルーマニア、サモ
ア、シエラレオネ、スロバキア、スペイン、トルコ、アラブ首長国
連邦、英国、米国、ウルグアイ、バヌアツ

総会は、

（前略）

　1995年の核不拡散条約（NPT）※締約国再検討・延長会議と、2000年及び2010年のNPT
締約国再検討会議の最終文書を想起し、

（略）

　核兵器の使用が人道上の壊滅的な結末をもたらすということに対して深い懸念を表
明し、そして全ての国が、自らに適用される国際人道法を含む国際法を常に遵守する
ことの必要性を再確認し、これには、一方において、核兵器の使用を避けるためにあら
ゆる努力が払われるべきことを確信し、

　核兵器の使用が人道上の壊滅的な結末をもたらすということが、全ての国々に十分に
理解されるべきであることを認識し、そしてこの観点から、そのような理解を高める
努力がなされるべきであることに留意し、

（略）

1. 核兵器不拡散の基本理念を強化することを通じて軍縮を促進するためにNPTの前文
   で展望されているように、全ての国が、国際間の緊張を緩和し、国同士の信頼を強化す
   ることを通じて、核兵器の完全廃棄へ向けた団結した行動をとることに関しての決意
   を新たにする。
2. これに関連し、核兵器保有国は、全ての人にとってより安全であり、かつ平和で核兵器
   のない世界の達成に向けて、NPTを完全に履行するという明確な約束を再確認する。
3. 全てのNPT締約国に対して、条約の全条文を遵守する義務を履行するよう求める。

252

4. 2017年5月にウィーンで開催された「再検討会議準備委員会」の第1回会合が成功裏に開催されたことを歓迎し、全ての国が、NPT締約国による2020年再検討会議の成功に向けて、最大限の努力を払うように奨励する。

5. NPTの非締約国すべてが、核兵器の非保有国として即時に条約に加盟することを、そして無条件にその普遍性を達成すること、条約に未加盟の状態にあってもその文言を遵守し、条約を支持する実践的な措置をとることを求める。

6. 全ての国が、すべての人にとって減じられず強化される安全保障の原則に基づいて、核兵器の廃絶に向けてさらなる実際的な措置や効率的な措置をとることを求める。

7. 全ての国が、核軍縮と不拡散にとって実際的、具体的で効果的な手段を促進する意義ある対話にさらに関与するよう奨励する。

8. 核兵器の使用がもたらす人道上の結末に対する深い懸念が、全ての国による核兵器のない世界に向けた努力の基礎となる重要な要素であり続けることを強調する。

9. ロシア及び米国が、核兵器備蓄の大幅削減を達成し、可能な限り早い時期での交渉妥結を視野に、交渉開始の条件を作り出すための措置をとることを奨励する。

10. 全ての国が、国際間の緊張を緩和し、国同士の信頼を強化し、そして核兵器のさらなる削減につながる条件を作り出すことを求める。そして、全ての核保有国が、配備済みと未配備に関わらず、また一方的、二国間、地域的、そして多国間の措置を含み、あらゆる種類の核兵器を削減し究極的には廃絶するためのさらなる努力をすることを求める。

11. すべての加盟国が、核軍縮及び核不拡散プロセスに関連して、不可逆性、検証可能性及び透明性の原則を適用することを求める。

12. 核兵器国が、さらなる核軍縮を実行し、またそのために必要な環境を創出する観点をもって、定例会合の招集を継続すること、そして透明性を高め相互信頼を増すための努力を構築・拡大することを奨励する。これには、NPT加盟国による2020年再検討会議に向けて、条約の評価を行う過程を通じ、特に解体され削減された核兵器とその運搬システムに関して頻度の高いかつ詳細な報告を行うことが含まれる。

13. 全ての国が、国際間の緊張を緩和し、国同士の信頼を強化し、そして軍事・安全保障上の概念、ドクトリン、政策についてより深い考察を行うことを可能とするうえで必要な条件を創出することを求める。また、関係国が、そうした軍事・安全保障上の概念、ドクトリン、政策につき、安全保障環境を考慮しつつ、核兵器の役割と意義をさらに削減する視点をもって見直すことを求める。

14. NPT締約国で核不拡散義務を順守する非核兵器国が、核不拡散体制を強化し得る、明確で法的な拘束力をもった安全の保証を核兵器保有国から受けることに対する正当な関心を認識する。

15. 核兵器保有国から一方的な宣言が出されたことに留意し、1995年4月11日付の国連安保理決議984を想起する。また、全ての核保有国が安全の保証に関して行った誓約を全面的に尊重することを求める。

16. 適切な場合には非核地帯をさらに創設することを奨励する。これは、地域に関わりをもつ国家の自由意思による取り決めを基本にしたもので、1999年の軍縮委員会によるガイドラインと整合したものである。そして核兵器国が消極的安全保証を含む関連議定書に署名及び批准を行うことにより、そのような地帯の地位に関して、また条約の締約国に対して核兵器の使用や使用の威嚇を行わないという、法的拘束力をもった個別

の誓約を行うものであると認識する。

17. 全ての核兵器保有国が、意図しない核爆発のリスクに包括的に対処するため、あらゆる努力を払い続けることを要請する。

18. 1995年の中東決議に沿って、その地域内諸国の自由意思による取り決めを基本として、また中東地域における非核及び非大量破壊兵器及び非運搬システム地帯の創設に向けてさらなる努力を行うこと、またその完了のため関係国間で協議を再開することを奨励する。

19. 北朝鮮が、付属文書2に示された国家であり、同国が実験を続けている中では包括的核実験禁止条約の発効が不可能であるということを認識しつつ、北朝鮮が核実験を実施したことにかんがみ、核兵器の爆発実験やその他のあらゆる核爆発に対して、世界がその一時停止に向けて全世界が結束することが極めて重要であり緊急性をもつことを強調する。そして、北朝鮮がこれ以上の遅滞なく、また他国の署名・批准を待つことなく、この条約に署名し批准を行うことを要請する。

20. 核兵器あるいは他の核爆発装置向けの核分裂性物質の生産を禁止する条約に関する交渉が開始され、早期に妥結するまでの間、それらの生産モラトリアムを宣言し維持していない全ての国が、それらを宣言し維持することの死活的な重要性及び緊急性を強調する。(略)

21. 包括的核実験禁止条約の早期発効と、核兵器用あるいは他の核爆発装置用の核分裂性物質の生産を禁止する条約交渉を速やかに開始することに対する広範な要求を認識する。

22. 全ての国が、核兵器のない世界の達成を支持する軍縮と不拡散教育に関する国連事務総長の報告書に含まれている勧告を実行することを奨励する。

23. 核兵器の使用がもたらす現実の認識を高めるため、あらゆる努力を払うことを奨励する。これは、政治指導者や若者を始めとする人々が被爆地を訪れ、自らの経験を将来の世代に伝える原爆を生き延びた、いわゆる「ヒバクシャ」を含む人々やコミュニティとの交流を含んだ取り組みを通じてなされるものである。

24. 北朝鮮による全ての核実験と弾道ミサイル技術を用いた(飛翔体の)発射を、最も強い言葉をもって非難する。これは、NPTと整合した核兵器国の地位をもち得るものではなく、北朝鮮に対して、さらなる核実験を自制し、現在実施されている全ての核活動を、完全で、検証可能で、不可逆的な形をもって即時に放棄することを強く要請する。そして、同国に対して、2017年6月2日付の決議2375 (2017)、2017年8月5日付の決議2371 (2017)、そして最近では、第71回国連総会以降に採択された2017年9付11日付の決議2375 (2017)を特に強調しつつ、全ての関連安保理決議に完全に従い、2005年9月19日付の6カ国協議における共同声明を履行し、早期に国際原子力機関の保障措置を含む同条約に完全に適合する状態に回帰することを求める。

25. 全ての国が、北朝鮮による核及びミサイル計画による前例のない深刻で差し迫った脅威に対処するため、最大限の努力を払うことを求める。これは、安保理決議2375 (2017)を含め、関連する安保理決議全てが完全に実行されることを通じて行われるものである。

26. また、全ての国が、核及びその運搬手段の拡散を防止また制限するための努力を倍加させ、そして核兵器を否認するとの誓約に基づくあらゆる義務を尊重しまた遵守することを求める。

27. さらに、全ての国が、核拡散を防ぐために効果的な国内規制を強化することを求める。そして、核不拡散に向けた努力の中で、国際連携と能力開発の強化のため、国家間での協力と技術的支援を行うことを奨励する。

28. 国際原子力機関の保障措置がもつ不可欠な役割と包括的な保障措置に関する協定の普遍化の重要性を強調する。そして追加議定書を締結することが、あらゆる国における主権に基づく決定であることに留意する一方で、保障措置の適用のための国と国際原子力機関間の協定へのモデル追加議定書に基づく追加議定書締結と発効をしていない全ての国に対して、可能な限り速やかに、締結・発効することを強く奨励する。このモデル議定書は、1997年5月15日のIAEA理事会により承認を受けたものである。

（後略）

> 訳注 ※印には原文では参照すべき文書の名称などが注記されているが、省略した。

> http://www.un.org/ga/search/view_doc.asp?symbol=A/C.1/72/L.35

資料2B-3　国連総会日本決議へのピースデポの要請書

2017年11月22日

外務大臣 河野太郎様
第72回国連総会における日本決議に関わる要請書

NPO 法人ピースデポ

　10月27日、第72回国連総会第1委員会で日本がリードする核軍縮決議案L.35「核兵器の全面的廃絶に向けた新たな決意のもとでの結束した行動」（以下、日本決議案）が採択されました。ピースデポは発足以来ずっと毎年の日本決議に関心をもって参りました。とりわけ、今年の決議案には特別の関心を払って参りました。人道イニシャチブによる核兵器禁止条約（TPNW）が7月7日に採択され、9月20日に署名開放された後に提出される初めての決議案という重要な節目の決議案となるからです。

　その観点から、日本決議に関して2つの側面から日本政府に要請を致します。（1）TPNW成立後の「橋を架ける役割」について、（2）NPT再検討過程を通じた核軍縮の促進について、の2つの側面です。

（I）核兵器禁止条約（TPNW）成立後の「橋を架ける役割」

　TPNWに関する交渉が始まろうとしていた時期、ピースデポは、交渉の開始を支持し推進する立場に立つと同時に、その交渉において核兵器保有国や日本のような拡大核抑止力依存国が関与し続けることの重要性を考え、知恵を絞りました。そして包括的な枠組みの中において選択的にTPNWを発効させる方法について私たちの案を提案しました。その趣旨で、2016年9月30日、そして2017年2月20日に岸田外務大臣あての要請を行っ

てきたところです。

　その意味では、TPNWが、それを推進する国と反対する国との間に存在する意見の
ギャップを深める可能性について、日本政府の危惧を私たちも共有し、その危惧を克服す
るための方策を事前に提案したのです。

　結果的には、実現したTPNWはシンプルな禁止条約となりました。それでも、禁止条約
は「核兵器のない世界」を実現する一つの画期となる達成であると私たちは考えます。

　いま日本政府に必要なことは、合意されたTPNWの成立を既成事実として受け入れ、そ
の現実の上に日本の核軍縮政策を組み立てることではないでしょうか。

日本政府は核兵器廃絶へのアプローチがTPNWを推進するアプローチとは異なると主張
し、TPNWは有害であると述べてきたことを私たちも知っています。しかし同時に、日本
政府は唯一の戦争被爆国として、アプローチの異なる国々の間に「橋を架ける役割」を果
たすという方針を持ち続けています。私たちも日本政府がこの役割を果たし続けるべき
であると考えます。

　そのためには、日本政府はTPNWへの批判を堅持するとしても、これに賛同し推進する
国々の立場にも理解を示すべきです。

　米国の拡大核抑止力を求め、依存する政策を転換しない限り、日本はTPNWに参加する
ことはできません。TPNWは、保有や使用などの禁止行為を他者に「仕向ける」(induce)
ことも禁止している(第1条(e)項)からです。したがって日本政府は現状では参加できな
いことを正面から説明し、核兵器廃絶への日本自身の努力を説明しつつ、条約に賛同する
国々の立場をも尊重すべきです。

　相手を否定しながら「橋を架ける」ことはできません。

　残念ながら、今回の日本決議は、TPNWに一言も言及せずに無視する構成になっていま
す。無視することによってTPNWを表だって否定する文言はありませんが、歴史に背を
向けた異様な印象を与えます。日本政府がこのままいつまでもTPNWを無視する姿勢を
取り続けることは不可能ではないでしょうか。

　ここにおいて、私たちは次のことを要請します。

(1)TPNWが現在の日本の政策と相容れなくても、日本決議は少なくともその大局的な価
　値を理解する姿勢に立つことを要請します。そのうえで日本政府のいう安全保障の観点
　を含む核軍縮の道を具体的に提案すべきです。

(2)条件が整えば日本がTPNWへの参加の用意があるとの意思表示を、日本決議に関連す
　る弁論の中で行うことを要請します。日本決議の背景にある日本自身の核兵器廃絶への
　強い決意を示すためです。これによって日本が担おうとする「橋を架ける役割」に重みが
　加わります。

　私たちは、TPNW参加の条件を整える具体的な努力として、日本は北東アジア非核兵
器地帯の設立を目指し、米国の拡大核抑止力に依存しない安全保障政策を検討すべきで
あると考えますが、今はこのことに深入りは致しません。

(Ⅱ)NPT再検討過程を通じた核軍縮の促進

　日本政府は、NPT再検討過程を中心にした「核兵器のない世界」達成への道筋を主張し
てきました。1995年のNPTの無期限延長の決定と、それに付随する諸決定が合意されて
以来、核兵器国を含む多くの国が、同様な道筋を描いてきました。

TPNWの推進国も、TPNWの成立がそのような道筋における一里塚と位置付けていることは注目すべきことです。

その意味で、日本決議案もまた、NPT再検討過程において達成された成果を基礎に、今後の核軍縮過程を構想するのは当然のことと考えます。

ところが、今回の日本決議案は、全会一致で採択されたNPT合意事項を、異なる文脈に置いたり、条件づけたりして、恣意的に歪めている点が際立っています。私たちはこの傾向に強い危惧を抱いています。以下に4つの具体例を指摘します。

1）核兵器使用の「いかなる」問題

すでに諸報道でも指摘されていますが、今年の日本決議案は、前文第19節や主文第8節において
「核兵器の使用による人道上の結末」を指摘する際に、「いかなる核兵器の使用による人道上の結末にも深い懸念を表する」というNPT合意の文言（2010年行動勧告文書）から「いかなる」を削除しました。昨年の日本決議には同文脈で「いかなる」と表現されていました。「いかなる」を削除することによって「人道上の問題を起こさない核兵器の使用がありうる」という主張が含意されます。これは決して無視できない後退です。

2）核兵器国の「核兵器廃絶への明確な約束」の問題

2000年合意で勝ち取られた「核兵器国は保有核兵器の完全廃棄を達成するという明確な約束を行う」という文言は、国際世論を背景に新アジェンダ連合がリードして核兵器国も巻き込んで採択され、それ以後定着したNPT過程における重要な到達点です。にもかかわらず、今回の日本決議案は「核兵器国による明確な約束」という文言を＜なぞり＞つつ、約束の内容を「NPTの完全実施」という薄められた内容に変えています。核兵器国に対して核兵器廃絶の約束の達成を求める立場を大きく後退させました。米国トランプ政権に気を遣った結果と言われかねない変化です。

3）CTBT発効への要求の後退

CTBTの発効促進は日本政府が積極的に取り組んできたテーマです。にもかかわらず、今年の日本決議案では主文第19節と第21節において、CTBT問題においてすら内容が後退しました。

NPT合意の2010年行動勧告においては、核兵器国が率先して批准することが発効に効果的であると述べるなど、発効に必要な国の中でも核兵器国に特別の責任があることを強調しています（行動10）。NPT加盟国である米国と中国に暗に批准を要求しているのです。そして、昨年の日本決議では、主文第19節で発効に必要なCTBT第2議定書にリストアップされた8か国全てにCTBT加盟を促しました。ところが、今年の決議では、そのうち北朝鮮に対してのみ名指しの要求をして、それ以外の7か国にCTBT加盟を促すことを止めてしまいました。今年の決議案が北朝鮮に特別の強調点を置くのは理解できますが、同じように他の7か国、とりわけ核兵器国への要求も変わらずに必要です。

この後退が、核戦力強化を追求するトランプ政権との関係で生じているのではないかと私たちは懸念します。かつて、ブッシュ大統領がCTBTを悪法と公然と否定したときには、日本政府はCTBT促進の日本決議の内容を変更せず、米国が8年間日本決議に反対票を投じ続けたことがあります。それだけに、トランプ政権と強く結びついた日本の後退

が懸念されます。

4） NPT合意の行動勧告を条件付きの課題に薄める

　今年の日本決議案においては、NPT合意文書の行動勧告の内容を、同じ文言を使いながら新しい条件を付すような文脈に置くという、紛らわしい＜操作＞が行われています。このやり方は、日本の意図について疑念を生むものであり慎むべき手法であると、私たちは考えます。

　決議案の主文第10節は、2010年合意の行動勧告「行動3」が核兵器国に対して「一方的、二国間、地域的、また多国間の措置を通じ、配備・非配備を含むあらゆる種類の核兵器を削減し、究極的に廃棄するため、いっそうの努力を行うよう」要求した文言をそのまま踏襲しています。また、主文第13節は、同行動勧告の「行動5c」が、「軍事及び安全保障上の概念、ドクトリンにおける核兵器の役割と重要性をいっそう低減する」よう求めていた同じ文言を、核兵器国のみならず全ての国に求めたものです。

　ところが、主文第10節も主文第13節も、その前提として「これらが実行可能になるように、すべての国が国際的緊張を緩和し、国家間の信頼を強化し、条件（環境）を作り出す」ことを要求しています。これでは、一見正論を述べながら、NPT加盟国が核軍縮を進めるための具体的要求として困難の末に合意した行動勧告を、漠然とした国際環境の改善という核兵器国にとって好都合な条件の下における要求に薄めてしまう結果になっています。

　枚挙致しませんが、同様な換骨奪胎によって合意が歪められてしまう懸念がほかにも指摘できます。これでは日本の姿勢そのものへの不信が生まれることを懸念せざるを得ません。

　今回の日本決議に対する国連総会第1委員会における投票結果は、賛成144、反対4、棄権27でした。率直に言って、私たちは賛成国の数が、予想よりも多いのに驚いているところです。しかし、賛成票を投じたスイスとスウェーデンの投票理由の説明演説は、私たちが指摘したのと同じ懸念をこれらの国々が抱いていることを示しています。日本決議案への賛成投票は、強い核兵器廃絶への願いをもつ日本の世論が、日本政府に軌道修正を求めることへの期待が込められていると解釈すべきではないでしょうか。

この現状を踏まえて、私たちは次の点を要請します。

(3)これまでのNPT再検討会議で合意した文言は、合意された文脈で使われるべきです。NPT再検討過程において、「核兵器国が保有核兵器の完全廃棄を達成すると明確に約束した」事実を、改めて明確に表現できるように決議案の文言を修正するよう要請します。NPT加盟国すべてがすでに同意した文言であり、最終投票までに修正は可能であると考えます。この修正努力は、被爆国日本の信頼を保つために大きな意味を持ちます。

(4)現在の日本決議案にはTPNWに当面は参加しなくても、それとは独立に実質的な核軍縮の前進を勝ち取ると主張する、日本の意気込みを示すような内容が盛り込まれていません。2020年再検討会議に向かう来年の第2回準備委員会、あるいは別の総会決議案（L.45）によって2018年5月に開催される「核軍縮に関する国連ハイレベル国際会議」に対する「核軍縮分野における達成目標」を具体的に記述するように要請します。

(5)そのような具体策の一つとして、新START以後の米ロの戦略兵器削減条約の交渉が
　　始まることが極めて重要です。今回の日本決議案にも主文第9節において、そのことが
　　一般的に述べられています。私たちは、これをさらに具体化して、米ロ間の意見調整を
　　図るハイレベルの有識者による国際調整委員会の設置など国連レベルでの努力を提案
　　することを求めます。

　以上5項目の要請項目は、今回の日本決議案の文言そのものに反映できなくても、総会
決議の最終的な投票に至る過程における日本政府の発言の機会を活かして、将来につな
ぐことができるはずです。戦争被爆国の世論を代表する日本政府が、私たちの提案を真
剣に検討し、「核兵器のない世界」の一日も早い実現のために、真の意味で「橋を架ける役
割」を果たされんことを重ねて要請いたします。

以上

http://www.peacedepot.org/wp-content/uploads/2017/11/6becf08
7d6d81389d1a264ed031a93d3.pdf

資料2B-4　「賢人会議」の設立

核軍縮の実質的な進展のための賢人会議 設立

　国際的安保環境の悪化、及び核軍縮の進め方をめぐる核兵器国及び非核兵器国間,さら
には非核兵器国間での意見の対立が顕在化している現状を踏まえて,本年5月,岸田外務大
臣(当時)が2020年核兵器不拡散条約(NPT)運用検討会議第1回準備委員会(於:ウィーン)
での大臣ステートメントにおいて賢人会議の設立を表明。核軍縮の進展に向けて様々な
アプローチを有する国々の信頼関係を再構築し,各国の協力と協調の下で取り組むべき
「核兵器のない世界」に向けた現実的かつ実践的な道筋の進展に資する提言を得て,来年
春のNPT運用検討会議第2回準備委員会に提出する。本件会議は,日本人座長及び委員6名
の他,核兵器国,中道国,核禁推進国の有識者10名,合計16名から構成。

2020年NPT再検討会議第1回準備委員会における
岸田外務大臣のステートメント(抜粋)

2017年5月2日、ウィーン

(略)

　私は,核兵器のない世界の実現を訴えてきた被爆者の方々や被爆地の努力に対し心よ
り敬意を表します。また,核兵器の非人道性の議論を推進している世界中の市民社会の努
力も称えたいと思います。非人道性への認識は,核兵器のない世界に向けての全てのアプ
ローチを下支えするものです。

　他方で,北朝鮮は昨年以来2回の核実験及び30発以上の弾道ミサイル発射を強行し,その
開発は今や新たな段階を迎えており,地域を超えて国際社会に対する現実の脅威となっ
ています。それは,NPTを中心とする国際的な軍縮・不拡散体制に対する挑戦であり,強く
非難されなければなりません。核兵器のない世界に向けての努力は,北朝鮮情勢をはじめ,

厳しさを増している安全保障環境を考慮しつつ,現実的に進めていく必要があります。私は,このような核兵器使用の非人道性に対する正確な認識と厳しい安全保障環境に対する冷静な認識という2つの認識を踏まえた上で,核兵器国と非核兵器国双方を巻き込んでいくことこそが,核兵器のない世界につながるものと確信しています。
(略)

　このように核兵器国・非核兵器国の間の信頼関係を再構築しつつ,CTBTの早期発効や核兵器用核分裂性物質生産禁止条約(FMCT)の早期交渉開始を実現し,核兵器の質的・量的向上の制限をかけ,国際的に信頼できる検証体制の構築に向け努力を傾注しつつ,核兵器の数を着実に減らしていく。こうして,極めて低い数まで削減された「最小限ポイント」に達した段階で,核兵器のない世界の達成及び維持のための法的枠組みを導入することにより,核兵器のない世界という目標にたどり着く,これが日本の考える核兵器のない世界への道筋です。核兵器禁止条約を現下の状況で持ち出して,核兵器国と非核兵器国の対立を一層深刻化させるのではなく,このアプローチこそが現実的で実践的な核兵器のない世界への近道だと確信します。核兵器を廃絶する法的枠組を持ち出すタイミングを間違えてはなりません。

　NPTは,こうしたアプローチの基礎となる我々の共通項であり,核軍縮を推進する重要な手段であるといえます。故に,日本は引き続きその普遍化を求めていきます。
(略)

　この委員会において,NPDIとして,透明性,北朝鮮の核・ミサイル問題を始めとする6つもの作業文書を提出したことをお伝えします。そして,日本は,様々なアプローチを有する国々が実践的な核軍縮措置を建設的に議論していくよう引き続き尽力していきます。その手始めとして,具体的に以下の3つの取組を行います。
■年内に核軍縮に知見を有する核兵器国と非核兵器国双方の有識者を日本に招いて賢人会議を設立し,核軍縮の実質的な進展に資する提案を得て,次回の準備委員会に報告します。
■CTBTの発効促進に貢献すべく,本年中にCTBTのアジア・太平洋・極東地域会合を開催します。
■被爆の実相の認識を世代と国境を越えて広げるため,ユース非核特使の国際的なネットワークとCTBTユースグループの連携をはかります。また,広島・長崎への1000名招へい計画を具体化していきます。

賢人会議委員(計16名)

座長
白石　隆　日本貿易振興機構(JETRO)アジア経済研究所長

委員
青木　節子　慶應義塾大学大学院法務研究科教授
浅田　正彦　京都大学法科大学院教授
リントン・ブルックス　米戦略問題国際研究所(CSIS)上級顧問
ティム・コーリー　国連軍縮研究所(UNIDIR)常駐シニア・フェロー
沈　丁立(ちん・ていりつ)　復旦大学教授
トレボー・フィンドレイ　メルボルン大学社会政治学院シニアリサーチフェロー

アンゲラ・ケイン　元国連軍縮担当上級代表
マフムード・カーレム　元駐日エジプト大使
アントン・フロプコフ　ロシア・エネルギー安全保障研究センター長
小溝　泰義　広島平和文化センター理事長
ジョージ・パーコビッチ　カーネギー財団副会長
タリク・ラウフ　元国際原子力機関(IAEA)検証安全保障政策課長
ブルーノ・テルトレ　フランス戦略研究所副所長
朝長　万左男　日赤長崎原爆病院名誉院長
山口　昇　国際大学副学長,笹川平和財団参与
(アルファベット順)

https://www.mofa.go.jp/mofaj/dns/ac_d/page25_001269.html

C. 米政権の核兵器及び軍事政策

資料2C-1　核安全保障に関するバイデン米副大統領の演説(抜粋訳)

ワシントンDC
2017年1月11日(水)

(前略)
　核抑止力は、第二次大戦以来、米国の防衛の基礎です。他国が米国に対して使用しうる核兵器を所有している以上、米国と米国の同盟国に対する攻撃を抑止するために、米国もまた、安全、確実で効果的な核兵器の保有を維持する必要があります。
　そのためにこそ、オバマ政権の初期において、より少ない兵器数でも、また、核実験を行わなくても、米国の保有核兵器が安全で信頼できるものであり続けるよう、保有核兵器を維持し、核関連施設を近代化するための財源を増加したのです。

　このような投資を行うことは、米国の核不拡散という目的に沿ったものであっただけでなく、核不拡散を達成する上で不可欠でした。米国の備蓄兵器の能力を確実なものにすることにより、安全を犠牲にすることなく、核兵器の削減を追求できたのです。
　そして、米国の計画における、「攻撃下発射手順(敵の核ミサイル発射を確認後、着弾を待たず報復用ミサイルを発射すること)」への依存を減らすようにというオバマ大統領による指示への対応の一環として、国防省は、大統領が様々な核のシナリオへの対応の方法をより柔軟に決定できるよう、計画と手順を変更しました。

　2010年の「核態勢見直し(NPR)」の中で、私たちは、他国の核攻撃を抑止することが、核兵器保有の唯一の目的となるような条件を作り出すことを約束しました。この約束に従って、オバマ政権の期間中、私たちは、第二次大戦以来、米国の国家安全保障政策の中

で核兵器が持っていた優先度を着実に減らしてきました。その一方で、核兵器に頼ることなく、いかなる敵の攻撃も抑止し打ち負かし、同盟国を安心させるための米国の能力も向上させてきました。

　米国の核兵器以外の戦力と、今日の脅威の性質とを考えると、米国が核兵器を先行使用する必要がある、あるいは先行使用が意味をなす、現実性のあるシナリオを思い浮かべることは困難です。オバマ大統領と私は、我が国は、核兵器以外の脅威は核兵器以外の方法で抑止して米国自身と同盟国を守ることができると確信しています。

　次の政権は独自の政策を提案するでしょう。しかし、NPRの指示から7年経った今、大統領と私は、我が国の核態勢は十分な進展を成し遂げました。したがって核攻撃を抑止すること、そして必要であれば報復することを、米国の核保有の唯一の目的とすべきであると強く信じています。

　核兵器のない世界を実現したいのならば、米国は実現のために先導的な役割を果たさなければなりません。さらに、オバマ大統領が、広島訪問中に切に強調したように、核兵器を使用したことがある唯一の国として、米国には、そのような世界の実現の先頭に立つべき大きな道義的責任があります。

　だから私たちはロシアとの間で、過去20年で最も野心的な兵器削減条約である新START（戦略兵器削減条約）の交渉を行ったのです。1970年代以来、全ての重要な軍縮合意のためにそうしてきたように、私は同条約のために懸命に闘いました。なぜなら、同条約が米国の国民をより安全にするからです。同条約で重要なのは、信頼や善意ではありません。重要なのは、世界で最大の核兵器保有国である米国とロシアの間の戦略的安定とさらなる透明性であり、それは、米国とロシアとの関係が徐々に緊張する中で、より死活的に重要になってきました。

　新STARTは、核兵器削減のための厳格な検証と監視のメカニズムを備えています。そして来年、同条約の中心的な制限が達成されたら、両国の戦略核兵器の保有数は過去60年間で最低のレベルまで削減されます。これは、大きな進歩です。しかし、正直に申し上げて、これは私たちの政権が望んでいた進展の度合いには足りません。

　過去3年間、ロシアは配備・非配備の保有核兵器のさらなる削減に関する交渉を拒んできました。しかし、この問題で米国が指導力を発揮するのに、ロシアを待つ必要はありません。2009年以来、米国は2,226発の核弾頭を廃棄してきました。そして、この場でいくつかのニュースを皆さんに発表できることを誇らしく思います。昨年、安全を維持しつつ備蓄核兵器をさらに削減できるとの決定を下したのち、オバマ大統領は、昨年中に退役が予定されていた核弾頭に加えて、さらに約500発の核弾頭を廃棄することを決めました。これにより、米国の活性状態の核兵器備蓄数は、現役の弾頭が4,018発になり、約2,800発が破壊される予定です。さらに、私たちは、次期政権に対し、さらなる削減に取り組めるか否かを決定するために包括的な核態勢の見直しを行うよう助言しました。

　私が長い間言ってきたように、米国は、自らの力を見せつけるだけでなく、手本の力を示すことによって、もっとも強い指導力を発揮します。私たちの努力により、未来にのし

262

かかる核兵器の脅威が軽減されたのみならず、私たちの後継者が、最終的かつ永遠にこの苦しみの種を世界から取り除くことができる日に向けて前進し続ける方向性を明らかにしました。しかし、私は、私たちの成功を賛美するためだけにここに立っているわけではありません。私たちは、望んだすべてのことを達成できたわけではありませんでした。

　私たちは、米国が包括的核実験禁止条約を批准するよう、懸命に働きかけてきました。米国は、20年以上にわたって、核実験を行っていません。米国の核兵器研究所の所長たちは、核実験が盛んに行われていた頃よりも現在のほうが、備蓄核兵器の維持管理を通して、米国の保有核兵器とその信頼性について、より多くのことを知っていると言います。もし米国が同条約を批准すれば、核実験禁止というすでに存在する世界的規範を強化する上で、非常に大きな助けとなることでしょう。同条約批准の試みは毎回上院で否決されてきましたが。

　私は、レーガン大統領や2人のブッシュ大統領が行った決定を常に支持したわけではありません。しかし、私の上院議員としての36年間に、共和党出身の大統領が実現しようとした軍備管理措置を改善し、議会を通過させるのを何度も助けたのはただ一つの単純な理由によるものです。なぜなら、核安全保障は、党派間の駆け引きに使うには、米国と世界にとってあまりに重要すぎる問題だからです。

　私たちは、もはや毎日核対決におびえながら暮らしているわけではありませんが、今日私たちが直面している危険もまた、その対処には超党派の精神を必要としています。おぼろげに見え始めている諸課題は、次期大統領と次期副大統領の指導力のみでなく、議会の指導力をも必要としています。

　国際社会の大多数が、核兵器を用いる国や人が増えれば世界がより危険になることを理解している一方で、いまだに兵器の保有数を増やし、新しいタイプの核兵器を開発しようとする人々がいます。北朝鮮だけでなく、ロシア、パキスタンやその他の国々も、ヨーロッパ、南アジア、あるいは東アジアの地域紛争で核兵器が使用されうるリスクを増やすだけの、安全保障とは反対の動きをしています。議会との協力のもと、次期政権はこれらの危険に対処していかなければならないでしょう。そして、核兵器の役割を低減するという世界的なコンセンサス形成を先導し続けていくことを願いたいと思います。

　とりわけ、次期政権は、ここ数年間損なわれてきたロシアとの戦略的安定を改善するための最善の方法を決定しなければならないでしょう。米国が核兵器に頼らない安全保障ドクトリンにシフトしてきた一方で、ロシアは核兵器への依存をより強める方向に動いています。このロシアの動きは、米軍の技術的進歩とロシア軍より優れた通常戦力に対するロシアの懸念といくらか関連があります。

　しかし、世界における核の危機を高めるのは、戦略の変化なのです。さらに、ロシアは現在、発効後30年近くが経つ中距離核戦力全廃条約に違反しています。今までのところ、ロシアは、同条約を再び遵守することについて、あるいは戦略的安定と将来の軍縮につ

いての議論を始めるために、米国と建設的に関わることを拒否しています。次期政権は、これらの難しい安全保障上の課題に対処していく中で、予算上の制約を考慮した上で、妥協を必要とするような、米国の安全保障のための決定を行わなければならないでしょう。もし、将来の予算が私たちの行った選択を覆し、冷戦時代に立ち返るような核兵器増強のためにさらなる財源をつぎ込むとしたら、それは米国と同盟国の日々の安全保障を強化する上で何の役にも立たないでしょう。

　そうすることは、サイバーセキュリティ、宇宙、米国の通常戦力の健全性と近代化といった、21世紀の安全保障上の必要を満たすのに欠かせない分野に振り向けることのできる資源が減少することを意味するでしょう。また、二度と使われないよう神に願っている兵器である核兵器の理論上の力を、米国の軍隊が毎日使用している通常兵器より優先するというリスクを冒すことになります。判断ミスによる核戦争のリスクを高め、数十年に渡り米国民を守ってきた信頼醸成措置と安全保障上の合意を損なうというリスクを冒すことになります。
　さらに、世界における米国の道義的な指導力と同盟国の中での米国の地位を低下させ、国際社会とともにその他の米国の目標を達成する能力を損なうというリスクを冒すことになります。私たちがこの議論を進めるにつれて、現実主義という名のもとに、核軍備競争を推奨する人々が出てくるでしょう。私にはわかります。これまでも常にそういう人々がいましたから。しかし、そうした人々の主張は、今日、さらに説得力を失いつつあります。今日の世界では、最も深刻な核の脅威は先端技術を持つ外国の政府によるものではなく、冷戦時代の遺品をスーツケースに携えて、世界中のあらゆる大都市にむかうテロリストによるものなのですから。

　8年前のプラハにおける最初の演説で、オバマ大統領は、こう言ってこの問題の本質を捉えました。「私たちはより多くの国家や人々が究極の破壊手段を所有する世界に生きることを宿命づけられているのだから、核兵器の拡散を止められないし、抑えられないという人もいる。このような宿命論は私たちを死に至らしめる敵である。なぜなら、核兵器の拡散が避けられないと考えることは、ある意味では、核兵器の使用は避けられないと認めることになるからである。」
　過去8年間に渡り、私たちはこの宿命論を打ち負かそうとしてきました。私たちは、避けられないとあきらめませんでした。私は、国民全体で、米国は核兵器のない世界の平和と安全を追い求め続けなければならないと信じています。なぜなら、それが悪夢のシナリオが現実になることを阻むため私たちが持っている唯一の保証だからです。
（後略）

http://carnegieendowment.org/2017/01/11/u.s.-vice-president-
joe-biden-on-nuclear-security-event-5476

資料2C-2　トランプ大統領の軍再建覚書

合衆国軍の再建に関わる大統領覚書
2017年1月27日
宛先:国家安全保障に関する国防長官及び行政予算管理局長
主題:合衆国軍の再建

　合衆国憲法及び法律により大統領である本職に付与された合衆国軍最高司令官としてのものを含む職権により、以下のことを命令する:

第1章　方針
力による平和を追求するため、合衆国は合衆国軍の再建を方針としなければならない。

第2章　即応性
(a) 国防長官(以下「長官」)は30日間で「即応性見直し」を実施すること。同見直しには以下のことが含まれねばならない:
(i) 訓練、装備の維持管理、弾薬、近代化及びインフラストラクチャーを含む即応状態を評価すること、及び
(ii) 現会計年度内に実施可能で、かつ即応状態の改善のために必要な行動を特定する報告書を大統領に提出すること。
(b) 即応性見直しと並行して、長官は、行政予算管理局(OMB)局長とともに、予算再配分を含む2017会計年度向け軍即応性予算修正案を作成すること。
(c) 国防長官はOMB局長とともに、即応状態を改善し国家安全保障リスクに対処するための、2018会計年度予算要求の水準を設定すること。
(d) 本命令から60日以内に、国防長官は、国防長官の即応性見直しで特定された2019年までの即応性の水準を達成するための行動計画を大統領に提出すること。同行動計画は維持管理の不十分性、部品調達の遅滞、訓練場へのアクセス、戦闘司令部の作戦上の要求、消耗品に必要な経費(例:燃料、弾薬)、人員の不足、貯蔵所の維持管理能力、及び即応・訓練活動の計画、調整、実施に必要な時間を含む改善分野を記載したものでなければならない。

第3章　合衆国軍の再建
(a) 新しい国家安全保障戦略が議会に提出されたならば、国防長官は国家防衛戦略(NDS)を作成しなければならない。NDSの目標は大統領と国防長官に最大限の戦略的柔軟性を付与し、必要性に応じた戦力構成を決定するものでなければならない。
(b) 国防長官は新しい核態勢見直しに着手し、合衆国の核抑止力が、近代化され、強固で、柔軟で、回復力があり、即応性が高く、21世紀の脅威を抑止し同盟国に安心を与えるよう適切に調整されたものであることを確実にしなければならない。
(c) 国防長官は新しい弾道ミサイル防衛見直しに着手し、ミサイル防衛能力を強化し、本土防衛と戦域防衛の優先度のバランスを再調整し、優先的な予算投入分野を強調するための方策を明らかにしなければならない。

265

第4章　一般規定

(a) この覚書のいかなる条項も、以下の事項を損ない、または影響を与えるものと解釈されてはならない:

　　(i) 法律によって行政省庁、もしくはそれらの長に与えられた権限、または

　　(ii) 予算、管理もしくは立法の提案に関わるOMB局長の職務。

(b) 本覚書は適用可能な法律にしたがい、歳出予算の充当可能性の範囲内で履行されねばならない。

(c) 本覚書にしたがって取られるすべての行動は、情報収集活動や警察活動の情報源や手法を保護するための要件を満たすと共に先例に則って行われねばならない。本命令のいかなる条項も、情報収集活動及び警察活動を直接支援する特定の諸活動および諸組織の安全及び完全性を守る法律のもとに確立された諸措置に優先するものと解釈されてはならない。

(d) 本覚書は、合衆国、合衆国政府の省庁や機関、各種職員・被雇用者その他の者に対してコモンロー上または衡平法上強制しうる、実体上および手続き上のいかなる権利または利益をも生じさせることを意図せず、また生じさせるものではない。

(e) 国防長官は本覚書を官報で公示する権限を与えられ、公示することを命じられる。

ドナルド・J・トランプ

www.whitehouse.gov/the-press-office/2017/01/27/
presidential-memorandum-rebuilding-us-armed-forces

資料2C-3　国防費増額を求めるトランプ大統領の議会演説

トランプ大統領の両院合同議会演説（抜粋訳）
2017年2月28日
米国連邦議会議事堂、ワシントンD.C.

ホワイトハウス大統領報道官室
即時リリース

（略）

　こんにち我々が目にしているのはアメリカの精神の復活です。我々の同盟国は米国が再び先頭に立つ準備ができていることを知るでしょう。世界中すべての国が―友人であれ敵であれ―米国が強力で、誇り高く、自由であることを知るでしょう。
（略）

　約束した通り、私は国防長官に「イスラム国」―イスラム教徒、キリスト教徒、そしてあらゆる信仰や信心を持つ男女や子どもを虐殺してきた無法で野蛮な者たちのネットワーク―を粉砕し、破壊する計画を立てるよう命じました。我々はイスラム世界を含む友好国や同盟国と協力して、この卑劣な敵を地球から抹殺します。

　また、私はイランの弾道ミサイルプログラムを支援する組織や個人に新たな制裁を課

し、イスラエルとの揺るぎない同盟を再確認しました。
（略）
　米国を安全な状態に保つために、我々は合衆国軍の兵士たちに対し、戦争を防止するのに必要な手段を提供しなければなりません。—もし戦わねばならないなら—彼らは戦って、そして勝利するのみです。
　私は議会に、軍を再建し、国防費の自動（強制）一律削減を廃止し、そして米国史上最大の国防費増額を要求する予算案を送ります。私の予算案は退役軍人のための資金も増やします。退役軍人たちはこの国に尽くしてくれました。今度は我々が彼らに尽くさねばなりません。
（略）
　米国がどのような友人になるか思案している同盟国の皆さん、制服を着た我らの英雄たちを見なさい。我々の外交政策は、世界との直接的で力強く有意義な関与を要求しています。重大な安全保障上の利益を基盤とした米国のリーダーシップこそ、我々が世界中の同盟国と共有するものです。
　我々はNATOを強く支持します。この同盟は、ファシズムを追放した2つの世界大戦と冷戦における結束を通じて鍛えられ、共産主義を打倒しました。
　しかし我々のパートナーは財政的な義務を果たさねばなりません。そしていま、我々の強力で率直な議論をふまえて、彼らはちょうどそれを始めたところです。実際、資金は入ってきています。大変よいことです。我々はパートナーが—NATO域内であろうが中東であろうが太平洋であろうが—戦略運用、軍事作戦の両方で直接的で意義のある役割を果たし、コストの公平な負担分を支払うことを期待します。彼らはそうしなければなりません。
　我々は歴史ある慣例を尊重し、あらゆる国家の外交上の権利を尊重します。そして彼らもまた国家としての我々の権利を尊重しなければなりません。自由主義国こそが人々の意思を表現する最高の手段であり、米国はあらゆる国家が自身の進路を計画する権利を尊重します。私の仕事は世界を代表することではありません。アメリカ合衆国を代表することです。
　しかし我々は、争いが多いのではなく少ないほど米国が栄えることを知っています。我々は過去の過ちから学ばねばなりません。これまで世界中で—世界のいたるところで、荒れ狂い、猛威をふるう戦争と破壊がありました。こうした人道上の災害の唯一の長期的な解決策は、多くの場合、避難民たちが安全に故郷に戻り、長い長い再建のプロセスを開始する条件を整えることです。
　米国は利益が共有され合致するところでは新しい友人を見つけ、新しいパートナーシップを作り上げる意思があります。我々は戦争や争いではなく、調和と安定を求めます。平和を見つけ出せるところでは平和を求めます。
　こんにち米国は、以前の敵とも友好を結んでいます。最も親密な同盟国の中には、数十年前に怖ろしい戦争を敵味方に分かれて戦った国もあります。こうした歴史を見れば、我々は皆、よりよい世界は可能だと信じられるはずです。米国建国250周年には、世界がより平和で、より公正で、より自由であることを願います。
（後略）

https://www.whitehouse.gov/the-press-office/2017/02/28/
remarks-president-trump-joint-address-congress

資料2C-4　米国家安全保障戦略2017

国家安全保障戦略（抜粋訳）　　　　　　　　　　　　　　　　　　　**2017年12月**

柱Ⅲ:力により平和を維持する能力を更新する

◆核戦力

　核兵器は過去70年間、米国の国家安全保障戦略の中で極めて重要な目的のために服務してきた。核兵器は、米国と同盟国そしてパートナーに対する攻撃を抑止することによって、平和と安定を維持するための戦略の基盤になる。核抑止戦略がすべての紛争を防ぐことはできない一方、核攻撃、非核戦略攻撃、そして大規模な通常兵器による攻撃を防ぐために不可欠である。しかも、30か国以上の同盟国とパートナーへの米国の核抑止の拡大はそれらの国々の安全保障を担保し、それらの国々が自ら核戦力を保有する必要性を減らしている。

　冷戦後、米国は核産業への投資と戦略の中での核兵器の役割を減らした。爆撃機、海上発射ミサイル、陸上発射ミサイルからなる、米国の戦略核三本柱の中には30齢以上のものもあり、核インフラの多くは第二次世界大戦の時代にさかのぼる。しかし同時に、核武装した敵対者たちは核保有量を増やし、その射程距離を伸ばしている。我々の核三本柱と海外に配備された戦術核能力によって、米国は信頼し得る抑止と保証の能力を維持しなければならない。これから何十年と国家安全保障の脅威に対抗できる米国の核兵器保有量と核インフラを維持するための大きな投資が必要である。

優先行動

　米国の核兵器を維持する: 今現在の必要性を満たし、予期しないリスクに対処するために米国は核戦力態勢を維持する。米国は他国の核保有量に対抗する必要はない。しかし、敵を抑止し、同盟国とパートナーを安心させ、抑止が失敗した時に米国の目的を達成できるだけの核の備蓄は維持しなければならない。

　米国の核戦力とインフラストラクチャーの近代化: 我々の効果的で、安全な核三本柱を維持するため、そして将来の国家安全保障上の脅威に対抗するために必要な科学、工学技術、そして製造能力を確保するために核産業を近代化する。近代化と維持は年代物の指揮・統制システムへの投資と、核兵器を開発、製造、配置するために必要とされる高度に熟練した労働力を維持し、育成することを必要とする。

安定した抑止力を維持する:計算違いを避けるために、米国は他の国々と予測可能な関係性を構築し、核リスクを減らすための議論をする。我々はもし戦略的安定性に貢献し、検証可能ならば、新しい武器管理の計画を検討する。我々は敵対者が核のエスカレーションを利用し、その他の無責任な核行動を取ることで米国、同盟国、パートナーを脅すことを許さない。エスカレーションの恐怖によって米国がその重要な利益と同盟国とパートナーのそれを守ることを止めることはない。

◆宇宙

　米国は宇宙でのリーダーシップと行動の自由を維持しなければならない。通信と金融ネットワーク、軍事と諜報体制、気象観測、航行と、他にも宇宙の領域に構成要素が置かれている。米国の宇宙への依存が増えるにつれ、他のアクターたちも宇宙に基盤をおく

システムと情報へアクセスするようになった。政府と民間セクターはより低いコストで
人工衛星を宇宙に打ち上げる能力を持っている。画像、通信、そして位置情報サービスは
動機づけられたアクターたちに、以前は入手不可能だった情報にアクセスすることを可
能にする。この「宇宙の民主化」は軍事作戦と紛争において米国が勝利する能力に影響す
る。

　多くの国々は自国の戦略的軍事活動を支えるために人工衛星を購入している。他の
国々は宇宙の資産を攻撃できる能力は非対称な利益をもたらすと信じ、その結果、一連
の対衛星兵器を追求している。米国は宇宙への無制限のアクセスと宇宙での行動の自由
を極めて重要な利益だと考えている。米国の重要な利益に直接影響を与える、我々の宇
宙計画の不可欠な構成要素に対するいかなる有害な干渉や攻撃も、我々の選ぶ時間、場
所、方法、領域で思慮の上の対応を受けることになる。

優先行動

　優先的な領域として宇宙を開発する: 副大統領が議長を務める新しく再構築された米
国国家宇宙委員会が米国の長期の宇宙に関する目標を見直し、技術革新と米国の宇宙に
おけるリーダーシップを支えるためにすべての宇宙セクターを統合する戦略をたてる。

　宇宙産業を促進する:米国は競争力を強化するために宇宙での商業活動のための規制
を簡素化し、更新する。我々の宇宙計画の弾力性を向上させるために、米国政府は宇宙開
発能力のある米国企業とパートナー関係を作るに従って、国家安全保障の保護をそれら
の民間セクターのパートナーたちにも必要に応じて拡大することを考慮する。(略)

地域的文脈における戦略

◆インド・太平洋地域

　世界秩序に関する自由なビジョンと抑圧的なビジョンの間の地政学的な競争がイン
ド太平洋地域で展開されている。この地域、インドの西岸から米国の西岸までは、世界で
最も人口が多く、経済的に活発である。自由で開かれたインド太平洋地域に米国の利益
があるのはわが国の建国期にまで遡る。

　米国は中国と協力し続けているが、中国は経済的な誘因と懲罰、影響操作、暗黙の軍事
的脅威を用いて政治的、安全保障の議題に留意するよう他国を説得している。中国のイ
ンフラ投資と貿易戦略は中国の地政学的の願望を強めている。南シナ海に拠点を建設
し、軍事化する努力は貿易の自由な流れを危機にさらし、他国の主権を脅し、地域の安定
を弱めている。中国は地域への米国のアクセスを制限し、中国がよりフリーハンドを得
るように設計された、急速な軍事力の近代化キャンペーンを実施している。中国はその
野心を互恵的なものとしているが、中国の支配はインド太平洋地域の多くの国々の主権
をあえて縮小している。この地域の国々は主権と独立を尊重する地域秩序を支持する共
同対応の中で持続的な米国のリーダーシップを求めている。

　北東アジアの中で、北朝鮮の政権はサイバー、核、そして弾道ミサイルの計画を急速に
進めている。北朝鮮のこれらの兵器の追求が地球規模の対応を必要とする地球規模の脅
威を引き起こしている。北朝鮮の継続的な挑発行為が近隣諸国と米国の安全保障の絆を
さらに強くし、自国を守るために追加の措置をとることを促進する。そして、核武装した
北朝鮮は世界で最も破壊的な武器の拡散をインド太平洋地域とその他の地域で先導し
得る。

米国の同盟国は北朝鮮のような共通の脅威に対応するため、そしてインド太平洋地域の共通の利益を守るために絶対不可欠である。歴史の審判で鍛えられた我々の韓国との同盟と友情はかつてなく強くなっている。我々は重要な同盟国である日本の強いリーダーシップを歓迎し、支持する。オーストラリアは第一次世界大戦以来すべての重要な紛争で米国とともに戦ってきたし、我々と共有の利益を維持し、この地域の民主的価値観を守る経済と安全保障の枠組みを強化し続ける。ニュージーランドはこの地域の平和と安全に寄与する米国のキーパートナーだ。我々は主導的なグローバルパワーとして、そしてますます強くなる戦略的で防衛のパートナーとして、インドの台頭を歓迎する。我々は日本、オーストラリア、そしてインドと、4か国間の協力を増やしていく。

　東南アジアでは、フィリピンとタイが米国にとって重要な同盟国と市場であり続ける。ベトナム、インドネシア、マレーシア、そしてシンガポールは米国との安全保障と経済のパートナーとしての存在感を高めている。東南アジア諸国連合（ASEAN）とアジア太平洋経済協力（APEC）は自由を土台にした秩序を促進するためのインド太平洋の地域機構そしてプラットフォームであり続ける。

優先行動

（中略）

軍事と安全保障:我々はいかなる敵対者を抑止し、もし必要ならば打ち倒すことのできる前方配備の軍事的プレゼンスを維持する。我々は長年の軍事的関係を強め、同盟国とパートナーとの強い防衛ネットワークを発展させることを奨励する。例えば、地域防衛能力を高めるために我々はミサイル防衛で日本と韓国と協力する。圧倒的な力で北朝鮮の攻撃に対応する用意をし続け、半島の非核のための選択肢をより良いものにしていく。増大するテロの脅威に対抗するために法執行、防衛、諜報協力を東南アジアのパートナーたちと進める。台湾の正当な防衛の必要を満たし、脅威を抑止するための台湾関係法における我々の責務を含め、「一つの中国」政策に沿って台湾との強い絆を維持する。米国の主要な防衛パートナーであるインドと防衛と安全保障協力を進め、インドの地域の中での協力関係を支援する。我々は海洋における協力的なパートナーになってもらうため、フィリピンとタイとの同盟関係を再活性化し、シンガポール、ベトナム、インドネシア、マレーシアとそのほかの国々とのパートナーシップを強める。

（略）

www.whitehouse.gov/wp-content/uploads/2017/12/NSS-
Final-12-18-2017-0905-2.pdf

D. 朝鮮半島情勢

資料2D-1　第72回国連総会一般演説：ドナルド・トランプ米大統領

2017年9月19日

（略）

北朝鮮の腐敗したレジームより他国を軽蔑し、自国民の幸福を蔑視する政権は存在しません。このレジームは飢饉による数百万人の北朝鮮住民の死と投獄や拷問や殺害など数多くの抑圧を加えたことに対する責任を負わなければなりません。

我々は皆、罪のないアメリカ人の大学生オット・ワムビアーさんがアメリカに戻ってから数日後死亡したことを見た時、このレジームの凄まじい虐待を目撃しました。我々はこの独裁者のお兄さんが、ある国際空港で禁止された神経剤によって暗殺される事件も目にしました。そして我々は、可愛い13歳の日本人の少女が自国の海辺で拉致され北朝鮮のスパイたちのための日本語教師として奴隷にされたこともよく知っています。

これだけでも十分におかしなことですが、それに加えていま、北朝鮮は核兵器と弾道ミサイルの開発を無謀に追求しながら、想像を超えた数の人命を奪うと人類を威嚇しています。

一部の国々が、核戦争で世界を危険に陥れているこのようなレジームと貿易するだけではなく、武装させ、物資を供給したり金融支援をしたりするのは腹立たしいことです。地球上のいかなる国もこのような犯罪集団が核兵器とミサイルで武装するのを見たくありません。

アメリカは偉大な力と忍耐を持っています。しかし、アメリカとアメリカの同盟国を守らなければならないときは、北朝鮮を完全に破壊する選択しかないでしょう。ロケットマンは彼自身と自分のレジームを自殺に追いやっています。アメリカは準備ができています。意志もあります。そして能力も持っています。しかし、その必要がないことを願います。それこそ国連がするべき仕事であり国連が存在する理由です。　北朝鮮がどうするのか見ましょう。

今や北朝鮮は非核化だけが唯一に受け入れられる将来だということを自覚するべきです。国連安保理は最近全会一致の15対0で強力な対北朝鮮決議を2回も可決しました。制裁を加える投票に参加してくれた中国とロシア、また安保理の他の理事国に感謝します。

ところが、私たちにはまだまだしなければならないことが残っています。今は全ての国が力を合わせて、金レジームが敵対的な行動を辞めるまで孤立させる時です。（略）

（訳：金マリア）

www.whitehouse.gov/the-press-office/2017/09/19/remarks-president-trump-72nd-session-united-nations-general-assembly

資料2D-2　第72回国連総会一般演説：安倍晋三首相

2017年9月20日

（略）

9月3日、北朝鮮は核実験を強行した。それが、水爆の爆発だったかはともかく、規模は、前例をはるかに上回った。

前後し、8月29日、次いで北朝鮮を制裁するため安保理が通した決議2375のインクも乾かぬうち9月15日に、北朝鮮はミサイルを発射した。いずれも日本上空を通過させ、航続距離を見せつけるものだった。脅威はかつてなく重大です。眼前に、差し迫ったものです。

（略）

冷戦が終わって二十有余年、我々は、この間、どこの独裁者に、ここまで放恣（ほうし）させたでしょう。北朝鮮にだけは、我々は、結果として、許してしまった。

それは我々の、目の前の現実です。

かつ、これをもたらしたのは、対話の不足では、断じてありません。

（略）

議長、同僚の皆様、国際社会は北朝鮮に対し、1994年からの十有余年、最初は枠組み合意、次には六者会合によりながら、辛抱強く、対話の努力を続けたのであります。

しかし我々が思い知ったのは、対話が続いた間、北朝鮮は、核、ミサイルの開発を、諦めるつもりなど、まるで、持ち合わせていなかったということであります。

対話とは、北朝鮮にとって、我々を欺き、時間を稼ぐため、むしろ最良の手段だった。

何よりそれを、次の事実が証明します。すなわち1994年、北朝鮮に核兵器はなく、弾道ミサイルの技術も、成熟に程遠かった。それが今、水爆と、ICBMを手に入れようとしているのです。

対話による問題解決の試みは、一再ならず、無に帰した。

何の成算あって、我々は三度、同じ過ちを繰り返そうというのでしょう。

北朝鮮に、全ての核、弾道ミサイル計画を、完全な、検証可能な、かつ、不可逆的な方法で、放棄させなくてはなりません。

そのため必要なのは、対話ではない。圧力なのです。

議長、同僚の皆様、横田めぐみという、13歳の少女が、北朝鮮に拉致されて、本年11月15日、ついに40年を迎えます。

めぐみさん始め、多くの日本人が、いまだに北朝鮮に、拉致されたままです。

彼らが、一日も早く祖国の土を踏み、父や母、家族と抱き合うことができる日が来るよう、全力を尽くしてまいります。

北朝鮮の核、ミサイルの脅威に対し、日本は日米同盟によって、また、日米韓3国の結束によって、立ち向かいます。

全ての選択肢はテーブルの上にあるとする米国の立場を、一貫して支持します。

その上で私は、北朝鮮に対し厳しい制裁を課す安保理決議第2375号が、9月11日、安保理の全会一致で採択されたのを、多とするものです。

それは、北朝鮮に対する圧力を一層強めることによって、北朝鮮に対し、路線の根本変更を迫る我々の意思を、明確にしたものでした。

しかし、あえて訴えます。

北朝鮮は既に、ミサイルを発射して、決議を無視してみせました。

決議はあくまで、始まりにすぎません。

核、ミサイルの開発に必要な、モノ、カネ、ヒト、技術が、北朝鮮に向かうのを阻む。

北朝鮮に、累次の決議を、完全に、履行させる。

全ての加盟国による、一連の安保理決議の、厳格かつ全面的な履行を確保する。

必要なのは、行動です。北朝鮮による挑発を止めることができるかどうかは、国際社会の連帯にかかっている。

残された時間は、多くありません。

(略)

www.kantei.go.jp/jp/97_abe/statement/2017/0920enzetsu.ht

資料2D-3　第72回国連総会一般演説：韓国の文在寅（ムンジェイン）大統領

2017年9月21日

(略)

　大韓民国の新政府はロウソク革命によって生まれた政府です。民主的な選挙という意味を超えて、国民の主権意識また参与と熱望が打ち出した政府という意味です。私は今まさにその政府を代表してここに立っています。

(略)

　私は朝鮮戦争中に避難地で生まれました。内戦でありながら国際戦でもあったその戦争は数多くの人々の命を奪いました。300万以上の人命がなくなり、命を取りとめた人であってもまともな生活はできませんでした。私の父もその中の一人でした。父はしばらくの避難と思っていましたが、結局故郷に帰れないまま世を去りました。私自身、戦争によって人権を奪われた犠牲者である離散家族出身なのです。

　その戦争は未だに終結していません。世界的な冷戦構造の産物であったその戦争は、冷戦が解体された後も、また停戦協定が締結されてから64年も過ぎた現在も、不安定な停戦体制と北東アジアの最後の冷戦秩序として残っています。

(略)

　戦争を経験した世界唯一の分断国家の大統領の私にとって平和は人生の使命であり歴史的な責務です。私はロウソク革命を通して戦争と紛争の絶えない世の中に平和のメッセージを送った我が国民を代表しています。そして私には人類普遍の価値としてまともな日常が保証される平和を享受する国民の権利を守る義務があります。
まさにこういう訳で、私は北朝鮮が自ら平和の路を選択することを願います。平和は自ら選択したときに健全で持続可能なものになると信じるからです。

(略)

　最近北朝鮮は、国際社会の一致した要求と警告にも関わらず、6回目の核実験とミサイル挑発を敢行し、それによって我々に言いようのない失望と怒りを与えました。北朝鮮の

核実験の後、北朝鮮の挑発を中断させて対話のテーブルに誘導するためにはより強力な制裁と圧力が必要だと、わが政府は周辺諸国と国際社会に積極的に主張してきました。

私は国連安保理が前例のない速さで、そして何よりも満場一致で、以前の決議より強力な内容をもった対北朝鮮制裁を決議したことを高く評価します。北朝鮮の核と朝鮮半島の問題の当事者として、我が政府の立場に対する国際社会の共感と支持に再び感謝いたします。北朝鮮の核問題と朝鮮半島の問題について国際社会が一緒に怒りながら声を一つにして対応していることをはっきり見せました。

北朝鮮が国連憲章の下における義務と約束に正面から違反しているにも関わらず、我が政府と国際社会は北朝鮮問題を平和的な方法で解決するために可能な限り尽力しています。北朝鮮の核問題の平和的、外交的、そして政治的な解決という原則を明記した国連安保理の北朝鮮制裁決議もその一環です。

世界の平和と人類の共栄に向けた実践を約束するここ国連総会の場で、私は再び、北朝鮮と国際社会に対して次のことを闡明に致します。

私たちは北朝鮮の崩壊を望みません。いかなる形の吸収統一や人為的な統一も求めません。北朝鮮が今でも歴史の正しい側に立つ決断をするなら、私たちは国際社会と共に北朝鮮を助ける準備ができています。

(略)

特に私は安保理理事国を含む国連の指導者たちに期待し要請いたします。北朝鮮の核問題を根本的に解決するためには、国連憲章が示している安保共同体の基本精神が朝鮮半島と北東アジアでも実現されなければなりません。北東アジアの安全保障の基本柱と多国間主義が賢明に結合されるべきです。

多国主義に基づいた対話を通じて世界平和を実現しようとする国連の精神が最も切実に求められている場所がすなわち朝鮮半島です。平和の実現は国連の出発であり過程であり目標でもあります。挑発と制裁がますますひどくなる悪循環を止める根本的な方策を生み出すことこそ、今日国連に求められる一番重要な役割です。

私は何度も「朝鮮半島の新経済地図」と「新北方経済ビジョン」を紹介してきました。一方で北東アジアの経済共同体の基礎を築きながら他方で多国間安全保障における協力を具現化すれば、北東アジアに真の平和と繁栄が始まると信じます。

(略)

皆さん、想像してみてください。たった100kmを走れば朝鮮半島の分断と対立の象徴の休戦ラインにある都市平昌(ピョンチャン)に平和とスポーツを愛する世界の人々が集まります。世界各国の首脳たちは友情と和合の挨拶を分かち合うでしょう。その中で開会式に入場する北朝鮮代表団、熱烈に歓迎する南北共同応援団、そして全世界から来た人々の明るい顔を想像すると私の心が熱くなります。決して不可能な想像ではありません。この想像を現実にするために北朝鮮の平昌冬季オリンピックへの参加を心から歓迎し国際オリンピック委員会とともに最後まで頑張るつもりです。(略)

(朝鮮語テキストより訳:金マリア)

www1.president.go.kr/articles/1107

資料2D-4　第72回国連総会一般演説:北朝鮮の李容浩外相（リ　ヨンホ）

2017年9月23日

（略）

　トランプは、常識と情緒がまともではないので、わが国の最高尊厳をロケットと結びつけて冒涜しようとしましたが、むしろそれによって米国全土をわれわれのロケットの訪問からいっそう避けられなくするという、挽回できない間違いを犯しました。

（略）

　トランプとしては、自分で何を言っているのか分からないのかも知れませんが、私たちは必ず、トランプに彼が言い放ったこと以上の結果、彼が到底責任を取れないほどの結果がもたらされるようにします。

（略）

　国際的正義が最も激しく蹂躙されているところがまさに朝鮮半島です。

　被害者が加害者に反抗するからといって、被害者に制裁を課すという前例のない不正義が、次々と国連の名で行われています。

　朝鮮半島事態の本質は、私たちを敵対視し核で威嚇をしている米国と、それに対抗して国と民族の尊厳と自主権を守ろうとしている共和国との対決です。

　米国は、この世界で初めて核兵器を作った国であり、この世界で唯一、核兵器を実戦で使用し、数十万の無垢の人民を大量殺戮した国です。

　1950年代の朝鮮戦争期、原爆を使用すると共和国を公然と威嚇した国であり、戦後には朝鮮半島に初めて核兵器を持ち込んだ国です。

　冷戦期に始められた共和国に反対する大規模合同軍事演習を冷戦後にはさらに規模を拡大し、さらに攻撃的な性格で、さらに多くの核戦略兵器を動員して、1年に何度も毎年行っている国です。

　世界最大の核保有国の最高当局者が、私たちに「炎と怒り」を被らせる、「完全破壊」すると暴言を吐いている以上の核による威嚇がどこにあるでしょうか。DPRKは、徹頭徹尾、米国のせいで核保有せざるを得なくなったのであり、米国のせいで核武力を今日のレベルまで強化、発展せざるを得ませんでした。

（略）

　我が国核戦力の唯一の意図と目的は、米国の核の脅威を終わらせ軍事的侵略を阻止するための戦争抑止力である。従って、我々の究極的な目的は、米国と力のバランスを確立することである。

（略）

　朝鮮半島と地域の平和と安全を守れる戦争抑止力が強化され、米国と追従勢力は、わが共和国に軍事的挑発を加える前に深思熟考しなければならなくなりました。「炎と怒り」、「完全破壊」を云々しても、その都度、「そういうことが起こらないことを願っている」、「それが優先的な選択ではない」などと苦しい条件を付けざるを得なくなりました。それほど、北東アジアとアジア地域全般の平和と安全も強固になったと私たちは確信しています。

（略）

私はこの演壇から、安保理がでっち上げた反DPRK「決議」の不当性と不公正さについて、

もう一度確認しようと思います。

第1に、国連安保理事会は、宇宙空間の平和的利用を各国の自主的権利として明示した国際法に違反し、そして衛星打ち上げを行う他国に対しては問題視することなく、唯一、朝鮮民主主義人民共和国に対してだけ、衛星打ち上げを禁止するという不法で二重基準的な「決議」をでっち上げました。

第2に、核実験禁止に関する国際法が未だに発効していないので、この問題は、徹底して各国の自主権に属する問題であるにもかかわらず、ましてや核実験を遙かに多く行った他国については全く問題視することなく、唯一、DPRKに対してだけ勝手に核実験を禁止するという不法で、二重基準的な「決議」をでっち上げました。

第3に、各国の自衛権を認めた国連憲章第51条に反し、そして、各種新型核兵器を次々と開発している他国については問題視することなく、唯一、朝鮮民主主義人民共和国に対してだけ核兵器開発を「国際平和と安全に対する脅威」だと罵倒し、それを根拠に制裁を課すという不法で二重基準的な「決議」をでっち上げました。

（略）

朝鮮民主主義人民共和国は、責任ある核保有国です。

米国と追従勢力が、DPRKの指導部に対する「斬首」や共和国に対する攻撃の気配を示すときは、容赦ない先制行動で予防措置を取りますが、米国の反共和国軍事行動に加担しない国々に対しては、絶対に核兵器を使用したり、核兵器で威嚇する意思がありません。

私たちの核保有を「世界的な脅威」と罵倒しているのは、他の国連加盟国に反DPRK「制裁決議」を履行するよう強迫することを目的とした術数です。

（略）

議長、米国は、共和国に対し創建当初から制裁を課しており、70年にわたる共和国の歴史は、世界で最も残酷な制裁を受けながらも、自立の道をひるまずに歩んできた長い闘いの歴史でもあります。

このような長い闘いを経て、国家核武力完成の終着点を目前にしているわが国が、敵対勢力の制裁がさらに悪辣になったからといって、揺るいだり、態度を変えたりすると考えるのは、とんでもない妄想に過ぎません。

これから遠からず、共和国に科された反人倫的で野蛮な制裁によって、国の平和的な経済発展と人民生活向上で被った被害、無辜の女性や子ども、老人も含むすべての人民が被った被害を計算する日が、必ず来ることでしょう。

（略）

　　　　　　　（原文は国連公文書として英文。在日朝鮮人総聯合会の日本
　　　　　　　語訳を参考にピースデポが訳出した）

　　　　　　　（原文）http://statements.unmeetings.org/GA72/KP_EN.pdf

資料2D-5 　DPRKへ9回目の安保理決議

国連安保理決議2375（抜粋訳）

2017年9月11日
第8042回会合にて採択

安全保障理事会は、

(略)朝鮮民主主義人民共和国 (以下、DPRK) が、2017年9月2日に決議1718（2006年）、1874（2009年）、2087（2013年）、2094(2013年)、2270 (2016年)、2321 (2016年)、2356 (2017年)及び2371 (2017年)に違反して実施した核実験、核不拡散条約（NPT）と核不拡散の国際レジームを強化しようとする国際的な努力への挑戦、そして地域内ならびに地域を超えて平和と安全に対してDPRKが示す脅威に深刻な懸念を表明し、

DPRKが、国際社会の安全保障と人道上の懸念に応えることの重要性を再び強調し、DPRKが欲求が満たされていないDPRK国民から乏しい資源を核兵器と弾道ミサイル開発に振り向け続けていることに深刻な懸念を表明し、

DPRKの進行中の核兵器と弾道ミサイルに関連する活動が地域内ならびに地域を超えて不安定を作っていることに深刻な懸念を表明し、国際の平和と安全に対する明確な脅威が引き続き存在していると決し、

朝鮮半島での弾道ミサイル開発、核開発が危険で、地域の安全保障に悪影響を持ちうるとして重大な懸念を強調し、

国連憲章に従って、全ての国の主権、領土保全、そして政治的独立への責任を強調し、国連憲章の目的と原則を想起し、

事態の平和的、外交的解決への望みを再び表明し、安保理国ならびに他の加盟国の対話を通した平和的、包括的な解決を促進する努力を歓迎することを繰り返し表明し、

国際の平和と安全を維持し、北東アジア全体の永続的な安定を維持すること、平和的、外交的、そして政治的手段を通した事態の解決の必要性を強調し、

国際連合憲章第Ⅶ章の下で行動し、第41条の下で措置をとり、以下を決議する。

1. 安保理決議への違反と目に余る軽視である2017年9月2日のDPRKの核実験を最も強い言葉で非難する。
2. DPRKがこれ以上弾道ミサイル技術を用いた発射、核実験、もしくはその他のいかなる挑発も行わないこと、弾道ミサイル計画に関連するあらゆる活動を即座に停止すること、そしてこの文脈において、全てのミサイル発射を再停止すること、即座に全ての核兵器と現存する核計画を完全で検証可能、かつ不可逆的な方法で廃棄すること、そして全ての関連する活動を即座に止めること、全てのその他の進行する大量破壊兵器と弾道ミサイル計画を完全で検証可能、かつ不可逆的な方法で廃棄するとの決定を再確認する。
3. 決議1718 (2006) 第8節(d)に明示された諸措置は、本決議付属文書 Ⅰ及びⅡに列挙された個人及び組織、それら個人もしくは組織に代わって、またはそれら個人もしくは組織の指示のもとに活動する個人もしくは組織、並びに、それら個人もしくは組織が不正な方法を含めて所有もしくは管理する組織にも適用されることを決定する。

277

更に決議1718（2006年）第8節(e)に明示された諸措置は、本決議付属文書Ⅰに列挙された個人、及び個人に代わって、またはその指示のもとに活動する個人にも適用されることを決定する。

4. 追加の大量破壊兵器関連の両用の物品、材料、装置、物資、そして技術の指定によって、決議1718 (2006) 第8節によって課せられる措置を適用することを決定する。この趣旨でこの任務に着手することを委員会に指示し、この決議が採択されてから15日以内に安保理に報告することを指示する。さらに、委員会が行動しない場合、安保理がこの報告を受けてから7日以内に措置を適用するための行動を完遂することを決定する。そして12ヶ月ごとに本リストを定期的に更新するよう指示する。

5. 関連する追加の通常兵器の物品、材料、装置、物資、そして技術の指定を通して決議1718 (2006)第8節 (a),同(b),同(c)によって課せられた措置を適用することを決める。この趣旨でこの任務に着手すること、この決議が採択されてから15日以内に安保理に報告することを指示する。さらに委員会が行動しない場合、安保理がこの報告を受けてから7日以内に措置を適用するための行動を完了することを決める。そして12ヶ月ごとに本リストを定期的に更新することを指示する。

6. DPRKから禁止された品目を輸送する船舶に関する決議2371 (2016)第6節によって課せられた措置を適用することを決定する。これらの船舶を指定することを委員会に指示する。そして本決議が採択されてから15日以内に安保理に報告することを指示する。(後略)。

7. 全ての加盟国に対し、貨物の中に、決議1718（2006）、1874（2009）、2087（2013）、2094（2013）、2270（2016）、2321（2016）、2356（2017）、2371（2017）及び本決議により禁止されている品目の供給、販売、譲渡又は輸出を含むと信ずる合理的な根拠を示す情報を有している場合は、これらの規定の厳格な実施を確保するために、旗国の同意を得て船舶を公海で検査するよう要請する。

8 ～ 12. (略)

13. 全ての加盟国が、自国領から、自国国民によって、または自国に籍を置く船舶もしくは航空機を用いて、そして原産地が自国であるか否かを問わず、全てのコンデンセート(非精製超硬質油)、液化天然ガスをDPRKに直接的、間接的に供給、販売もしくは移転することを禁止することを決し、そしてDPRKがそれらの材料を調達しないことを決定する。

14. 全ての加盟国が、自国領から、自国国民によって、または自国に籍を置く船舶もしくは航空機を用いて、そして原産地が自国であるか否かを問わず全ての石油精製品をDPRKに直接的、間接的に供給、販売もしくは移転することを禁止することを決し、DPRKがそれらの材料を調達しないことを決定する、ただし本条項は、DPRKもしくはDPRKへの直接的、間接的な供給、販売、もしくは移送による、自国領から、自国国民によって、または自国に籍を置く船舶もしくは航空機を用いて、そして原産地が自国であるか否かを問わず2017年10月1日から2017年12月31日までの最初の三ヶ月間の総計で50万バレルまでの精製された石油製品、2018年1月1日からそのあと毎年、一年につき総計200万バレルまでの石油精製品の調達に関しては適用されないことを決定する。なお本条項は下記の場合は適用されない。(a) 加盟国が、委員会に13日おきに取引に関わる全ての関係者についての全ての情報に加え、DPRKへのこれらの石油精製品の供給、販売、もしくは移転の総量を知らせるなら。(b)石油精製品の供給、販売、もしくは移転が、指定され

た個人と組織、それら個人もしくは組織に代わって、またはそれら個人もしくは組織の指示のもと活動する個人もしくは組織、ならびに、それら個人もしくは組織が不正な方法を含めて所有もしくは管理する組織が、直積的、間接的に制裁逃れを助けている個人や組織も含む決議1718(2006年)、1874（2009年）、2087 (2013年)、2094 (2013年)、2270 (2016年)、2321 (2016年)、2356 (2017年)、2371 (2017年)もしくは本決議によって禁止されるDPRKの核もしくは弾道ミサイル計画もしくは、他の活動と関わりを持たない個人や組織と関わるならば。 (c) 供給、販売、もしくは石油精製品がDPRKの国民の生活目的のためで、DPRKの核と弾道ミサイル計画と決議第1718 (2006年)、1874（2009年）、2087 (2013年)、2094 (2013年)、2270 (2016年)、2321 (2016年)、2356 (2017年)、2371 (2017年)もしくは本決議によって禁止されたその他の活動のために収入を得る場合。(後略)。

15. 全ての加盟国は、委員会が事前に例外的事案として、原油の輸送がDPRKの国民の生活目的で、DPRKの核と弾道ミサイル計画もしくは決議1718 (2006年)、1874（2009年）、2087 (2013年)、2094 (2013年)、2270 (2016年)、2321 (2016年)、2356 (2017年)及び2371 (2017)によって禁止されている活動と関連がないものとして検証し、承認しない限り、DPRKに決議が採択される前の12ヶ月間に供給、販売、もしくは移送した量を超える量の原油を本決議の採択された日から12ヶ月間供給、販売、もしくは移送しないことを決定する。

16. 委員会が事前に例外的事案として検証し、承認しない限り、DPRKが直接的、間接的に自国の領土からもしくは加盟国国民もしくは加盟国の船舶ないし航空機によって、繊維製品 (織物、一部、もしくは完成したアパレル製品も限定されないが含まれる) の供給、販売、もしくは移送をしないことと、全ての国は原産地がDPRKであるか否かを問わず、DPRK国民によって作られた、もしくはDPRKの船舶ないし航空機が使われたDPRKのこのような物品調達を禁止することを決定する。そしてさらにこの決議の採択前に契約されたこのような繊維製品 (織物、一部、もしくは完成したアパレル製品も限定されないが含まれる)の販売、供給に関して、これらの輸入品についての詳細を含む、本決議が採択された日から135日までに委員会に提供される通知とともに、本決議が採択された日から90日間まで全ての国は自国の領土に輸入されるための発送を許可できることを決定する。

17. 委員会が事前に例外的事案として、加盟国の管轄権でのDPRK国民の雇用が人道支援、非核化、もしくはその他の決議1718 (2006年)、1874（2009年）、2087 (2013年)、2094 (2013年)、2270 (2016年)、2321 (2016年)、2356 (2017年)、2371 (2017年)と本決議と矛盾しない目的の実施のために必要と判断しない限り、全ての加盟国は自国領に受け入れることと関連して、自国の管轄権で働く許可をDPRK国民に与えないことを決定する、ただし本規定は本決議の採択前に契約された労働許可には適用されない;

18 ～ 23.（略）。

24. DPRKの人々が直面している大きな苦痛に深い懸念を繰り返し表明し、DPRKが、DPRKの国民の欲求が満たされない中、福祉よりも核兵器と弾道ミサイルを追求し続けることを非難する。そしてDPRKが福祉とその国民の本来備わった尊厳を尊重し、確保することの必要性を強調する。

25. DPRKがその乏しい資源を核開発とたくさんの高価な弾道ミサイル計画に大きく振り向けていることを残念に思う。国連事務局の、非常にたくさんの妊娠している、乳幼児を抱える女性、栄養失調の危険のある5歳以下の子供、4分1の慢性的に栄養失調に苦

しむ国民を含む、優にDPRKの半分以上の国民が食料品と医薬品の大きな不足に苦しんでいるという結論を述べる。そしてこの文脈において、DPRKの人々が直面している苦難に深い懸念を表明する。

26. 決議1718（2006年）、1874（2009年）、2087（2013年）、2094（2013年）、2270（2016年）、2321（2016年）、2356（2017年）、そして2371（2017年）そして本決議によって課される措置がDPRKの国民に人道的に逆効果の結果をもたらすことと、決議1718（2006）、1874（2009年）、2087（2013年）、2094(2013年)、2270（2016年）、2321（2016年）、2356（2017年）、2371（2017年）、そして本決議によって禁止されていない経済活動と協力、食糧援助、人道援助、そして国際的なNGOが行なっているDPRK国民のための人道援助と救援活動を含む活動に否定的な影響を与える、もしくは制限することを意図しないことを再確認する。(後略)。

27. 外交関係に関するウィーン条約に従って、DPRKの中での外交使節団の活動に偏見を持つことなく、全ての加盟国が決議1718（2006）の第8節 (a) (iii) と同(d) の条項を遵守すべきである。

28. 6か国協議への支持を再確認し、その再開を求め、2005年9月19日に中国、DPRK、日本、韓国、ロシア連邦、及び米国によって発出された共同声明に記された、6か国協議の目的は平和的な方法による朝鮮半島の検証可能な非核化であること、米国とDPRKが相互の主権を尊重し、平和的に共存すると約束したこと、そして6か国協議が経済協力の促進を約束したこと、及び他の関連する誓約を含む、諸誓約への支持を繰り返し表明する。

29. 朝鮮半島と北東アジア全体で平和と安定を維持することの重要性を繰り返し表明し、平和的、外交的そして政治的に事態を解決することを約束する。委員会メンバー並びに他の国々の対話による平和的、包括的な解決に向けた努力を歓迎する。そして朝鮮半島とそれを越えた地域の緊張を減らすための取り組みの重要性を強調する。

30. 包括的な解決のための見通しを高めるため、緊張を減らすさらなる取り組みを主張する。

31. 完全で、検証可能で、平和的方法による朝鮮半島の不可逆的な非核化の目的達成の要請を強調する。

32. DPRKの行動を継続的に見直すことを保持しつつ、DPRKの遵守の観点から措置を強化、修正、一時停止、あるいは解除する準備をすることを確認する。そしてこの観点から、DPRKがさらなる核実験やミサイル発射をした場合、さらなる重大な措置を取る決意を表明する。

33.（略）

付属文書I　渡航禁止・資産凍結(個人)　（略）

付属文書II　資産凍結(組織)　（略）

https://www.un.org/press/en/2017/sc12983.doc.htm

資料2D-6　DPRKへ10回目の安保理決議

国連安保理決議2397（抜粋訳）

2017年12月22日、
第8151回会合において採択

（前略）

4.全ての加盟国が、原油の輸送の目的が専ら北朝鮮国民の生計のためであり、北朝鮮の核及び弾道ミサイル計画、または決議第1718号(2006年)、第1874号(2009年)、第2087号(2013年)、第2094号(2013年)、第2270号(2016年)、第2321号 (2016年)、第2356号(2017年)、第2371号(2017年)、第 2375号 (2017年)及び本決議により禁止されているその他の活動とは無関係であると委員会が事前に個別の案件に応じて承認する場合を除き、自国の領域を通じて、または自国民により、若しくは自国の旗を掲げる船舶若しくは航空機、パイプライン、鉄道、または車両を用いて、自国の領域を原産地とするものであるか否かに関わらず、いかなる原油も北朝鮮へ直接または間接に供給、販売または移転することを禁止することを決定し、さらに、本決議の採択の日から12か月間及びその後毎12か月間、12か月間ごとの総計が400万バレルまたは525,000トンを超過しない原油に関しては、本規定が適用されないことを決定するとともに、原油を供給する全ての加盟国が、本決議の採択の日から90日ごとに、北朝鮮への原油の供給量についての報告書を委員会に提出することを決定する。

5.全ての加盟国が、自国の領域を通じて、または自国民により若しくは自国の旗を掲げる船舶若しくは航空機、パイプライン、鉄道、または車両を用いて、自国の領域を原産地とするものであるか否かを問わず、いかなる石油精製品も北朝鮮に直接または間接に供給、販売または移転することを禁止するとともに、北朝鮮がこれらの製品を調達しないことを決定し、さらに、この規定は、(a) 加盟国が30日ごとに、北朝鮮への石油精製品のそのような供給、販売または移転の量を、全ての取引関係者の情報と併せ、委員会に報告し、(b) (中略)　北朝鮮の核及び弾道ミサイル計画または(中略)本決議により禁止されているその他の活動と関連のあるいかなる個人または団体も、当該石油精製品の供給、販売または移転に関与しておらず、かつ(c)当該石油精製品の供給、販売または移転が専ら北朝鮮国民の生計のためであり、また、北朝鮮の核及び弾道ミサイル計画または(中略)本決議により禁止されているその他の活動のための財源を生み出すことに無関係である場合、自国の領域を原産地とするものであるか否かに関わらず、2018年1月1日から12か月間及びその後の12か月間ごとの総計が50万バレルまでの、ディーゼル及びケロシンを含む石油精製品の、自国の領域を通じての、または自国民による若しくは自国の旗を掲げる船舶若しくは航空機、パイプライン、鉄道、または車両を用いての北朝鮮による調達または北朝鮮への直接または間接の供給、販売または移転については、適用されないことを決定する。

6.北朝鮮が、その領域から、またはその国民により、またはその旗を掲げる船舶若しくは航空機を用いて、食料品及び農産物(HSコード12、08、07)、機械(HSコード84)、電気設備(HSコード85)、マグネサイトとマグネシアを含む土石類(HSコード25)、木材(HSコード44)及び船舶(HSコード89)の直接または間接の供給、販売または移転を行わな

いこと、並びに、全ての加盟国が、自国民により、または自国の旗を掲げる船舶若しくは航空機を用いて、北朝鮮の領域を原産地とするものであるか否かに関わらず、上述の商品及び製品を調達することを禁止することを決定するとともに、決議第2371号(2017年)9の規定による全部門に渡る海産物取引の禁止により、北朝鮮が、漁業権を直接または間接に販売または移転することを禁止することを明確にし、(後略)。

7. (略)

8. 決議第2375号17の規定にも関わらず、北朝鮮国民が、禁止されている核及び弾道ミサイル計画を支援するために北朝鮮が使用する対外輸出収入を生み出す目的で、引き続き他国で働いていることに対して懸念を表明するとともに、加盟国が北朝鮮国民を当該加盟国の国民であると決定した場合、または北朝鮮国民が、国際難民法及び国際人権法、並びに国連本部協定及び国連の特権と免除に関する条約を含む適用可能な国内及び国際法の対象であり、その送還が禁止されていると決定した場合を除き、加盟国が、自国の管轄権内で収入を得ている全ての北朝鮮国民、及び海外で北朝鮮労働者を監視している全ての北朝鮮国家保衛省の要員を、本決議案の採択から24か月以内に直ちに北朝鮮に送還するものと決定し、さらに全ての加盟国は、本決議の採択の日から起算して12か月の間に送還された、自国の管轄権内で収入を得ていた全ての北朝鮮国民に関する中間報告書を、該当する場合は、12か月間が終わるまでにこうした北朝鮮国民の半数以下しか送還されなかった理由の説明を含め、本決議の採択の日から15か月までに提出し、また全ての加盟国は、本決議の採択の日から27か月までに、最終報告書を提出するものと決定する。

9. 北朝鮮が、海上での偽装行為により、石炭及びその他の禁止された品目を不法に輸出していること、並びに船舶間の移し替えにより違法に石油を入手していることに対し、深刻な懸念をもって留意するとともに、加盟国が、船舶が(中略)本決議により禁止されている活動または品目の輸送に携わっていたと信じる合理的な根拠を有する場合には、自国の港において全ての当該船舶を拿捕、臨検、及び凍結(押収)するものとし、自国の領海において自国の管轄権に服する全ての当該船舶を拿捕、臨検、及び凍結(押収)することができると決定するとともに、加盟国に対し、船舶を拿捕、臨検、及び凍結(押収)した場合、当該船舶について船舶の旗国と協議することを奨励し、さらに、当該船舶が凍結(押収)された日から6か月の間に、委員会が、個別の案件ごとに旗国の要請に基づいて、今後船舶が決議違反を引き起こすことを防止するための十分な措置が取られていると決定した場合、この規定が適用されないことを決定する。(後略)

付属文書I　渡航禁止・資産凍結(個人)(略)
付属文書II　資産凍結(組織)(略)

unscr.com/en/resolutions/doc/2397

資料2D-7　チョ・ヨンサム氏の遺書と哀悼声明

チョ・ヨンサム氏の遺書

我が国の未来は文在寅(ムンジェイン)政府の成功にかかっています

文在寅大統領閣下[1]、

　私は昔ドイツに亡命していた時からあなたを支持し尊敬してきた者です。単刀直入に申し上げます。サードはいけません。大統領様もサードは平和ではなく緊張と戦争の危険を重ねるだけだということをよくご存知でしょう。

　大統領閣下はもしかしたら「一歩後退、二歩前進」の観点を持っているかも知れません。しかし、その考え方はやはりよくないと思います。超大国アメリカとの駆け引きは簡単ではないでしょうが、最初からこんなに押されると後始末をどうするつもりですか。

　私は文在寅政府の成功を心の底から願う者です。文在寅政府が成功して南北経済協力や平和統一や北東アジアのバランサー役などを果たさない限り、次世代の未来は期待できないからです。

　サードという兵器は決して戦争を防止したり平和を守ったりできません。「銃丸で銃丸を打ち抜く」可能性の薄いサード・ミサイルそのものよりももっと問題なのは、サード配置に必然的に付随するエックスバンド・レーダの監視網の下に置かれる北朝鮮と中国が、サードの稼動時点から、彼らの一番の攻撃目標をサード配備地域に定めるはずだということです。

　周知のように北朝鮮のICBMは朝鮮半島向けではなく大陸をまたぐ長距離用です。もっと正確に言うと、アメリカ向けです。大統領閣下もこんな常識はよくご存知でしょうが、それにも関わらず「臨時」とは言いながらサードの配置を前倒ししたのは、甘くない現実の国際政治の壁を超えられない限界を感じたからだと思います。もちろん第一義的な責任は、大統領閣下の対話提案も無視して核実験を敢行するなど、間違った行動を取っている北朝鮮当局にあるでしょう。

　意図があったか偶然に利害が合ったのかは分りませんが、実際に「米朝間敵対的な共生関係」の落とし子であるサードの配備によって、我が民族の未来に黒雲が押し寄せています。「目には目、歯には歯」というチキンゲームの結果は南北共没をもたらす恐れがあります。そして「鷹の目をつり上げている」[2]日本も見落としてはいけません。

　北朝鮮の責任のある当局者にお願いします。

　私はひととき普遍的正義と人道主義の観点から、朝鮮人民軍従軍記者出身の李仁模(リインモ)先生の手足になって一緒に生活した者です。(当時、李先生は民族分断の悲劇から来る後遺症によって、一人ではたった一歩も歩けませんでした。)

　ぜひお願いします。あなた達は好んで「我が民族同士で」という表現を使いますが、口だけで「民族、民族」と言わないで全てを民族のために捧げて下さい。

　民族の運命は我が民族同士で心を合わせて背負っていくという志を持って、アメリカと駆け引きをする前に南北対話の場に出てほしいです。「我が民族同士で」と言いながら、いわゆる「コリア・パッシング」[3]はいけません。現在の韓国政権はイミョンバクネ[4]政権ではないのです。世界政治史の一線を引いただけではなく永遠に残るべきローソク

革命政権ですから。成功しなければなりません。必ず・・・

「紙一枚でも力を合わせて持った方が軽い」という我らのことわざがありますよね。もしかしたら、アメリカをぺちゃんこにさせる妙手が南北対話中に出てくるかも知れませんよ。

あなた達が「信念の化身」として高く評価している李仁模先生とのご縁で、世界の周辺をさまよう中、私は人生の行路と路程が何度も変わった人間です。そんな人間だからあなた達にこのようなお願いをする資格が少しはあると思います。

文在寅大統領閣下、

私はあなたを人間的に尊敬し、愛しました。この世の旅路を終えた後も変わらないと信じて疑いません。私の散華がサード撤回のためのアメリカとの交渉で一滴なりとも誘い水になれたら永遠に家門の大きな栄光になろうと信じます。網に掛からない風のように自由に生きたかったある無名の平和主義者が最後の葉を落とし、この地の平和を祈願した国、韓国を貶めるなと・・・彼は百万ローソク革命の一人であったと。また我が韓国政府はローソク革命で生まれた政府だと堂々とアメリカに言ってください。

大統領閣下、ローソクの民心を強靭な支えとして揺るがず初心を貫き通してください。そして、成功した政権として世界史に永遠に残るよう、繰り返しお願いいたします。お元気にお過ごしください。

ローソク革命の一員なら誰でもなれる資格の
ある第19代大統領候補文在寅の南北協力政策
特別補佐官
一本の野草(ドゥルプルハナ)⁵チョ・ヨンサム拝

追伸:
私の行動に対してとかくの噂があるでしょうが気にしません。
「網に掛からない風のような自由の身」として生きたかったが失敗した人生なのに、これ以外何が言えるでしょうか。まだこの世の旅路を終えていない方々に、恐れ入りますが、うちの妻と若い息子をよろしくお願いいたします。

訳注
1　韓国では「閣下」は盧武鉉政権以来使わず「様」であるが、日本語訳なので「閣下」とした。
2　利益を求めてすきを狙う意味。
3　韓国抜きにことを進めること。
4　李明博大統領と朴槿恵大統領を繋げて呼ぶ俗語。
5　チョさんの筆名。
(原文:朝鮮語。訳:金マリア)

サード撤回の誘い水になりたかった一人の平和主義者、
チョ・ヨンサムさんの冥福を祈って

サードの配備に関するすべての行為を即時中断するようアメリカと文在寅(ムンジェイン)政府に厳重に求めます。

「無名の平和主義者」チョ・ヨンサムさんが、サード反対を叫んで焼身し絶命した事件に当たって、私たちは悲痛な思いでいっぱいです。真心から民族の未来を心配して孤独な決断をし、誠意を込めた遺言を書き綴ったチョ・ヨンサムさんの苦悩を思うと涙が止まりません。

何よりも私たちは、チョ・ヨンサムさんの冥福を祈りながらも、故人の焼身と死去に茫然自失しているご家族に哀悼の言葉を申し上げます。

文在寅大統領を本当に尊敬し愛した、また彼の成功を切実に願ったチョ・ヨンサムさんが、なぜこのようないばらの決断を下したのでしょうか。文在寅さんの支持者であったチョさんの目には、アメリカの圧力にどうしようもなく耐えられぬ文政府の様子が目に映り、見るに見兼ねて結局自分の命を捧げたのではないでしょうか。

それ故に、この事態の責任は、無用の物であり百害あって一利ない、また法的な根拠もないサードの配備を強行した文在寅政府、それからローソク革命を通して当選した文在寅大統領を侮辱するように裏でサード配備を強いたアメリカにあることをはっきりとさせておきたいと思います。

したがって、私たちはサードの配備に関するすべての行為を即時中断し、サードを撤回するようアメリカと文在寅政府に厳重に求めます。こうすることによって、自分の命を捧げてサード配備の撤回を求めたチョ・ヨンサムさんの意を無にしないことができるのです。

特に文在寅大統領は、チョ・ヨンサムさんが自分の身をも燃やして「サード撤回のためのアメリカとの交渉で一滴なりとも誘い水」になることを願いつつ「ローソクの民心を強靭な支えとして揺るがず初心を貫き通し、成功した政権」として残るよう祈った意思を深く心に刻んで、サード撤回の道に向き直るよう求めます。

国民の皆さんに訴えます。「サードはいけません」と叫んだ故人の最後の切々たる訴えに耳を傾けてください。サード配備を撤回させる活動に参加し、故人の意志である「サードのない平和な韓半島」を実現するよう力を合わせてください。

2017年9月20日
サード韓国配備阻止全国行動、韶成里(ソソンリ)サード撤回星州(ソンジュ)住民対策委員会、サード配備反対金泉(キムチョン)市民対策委員会、円仏教星州聖地守護非常対策委員会、サード配備反対大邱(テグ)慶北(キョンブク)対策委員会、サード配備阻止釜蔚慶(プウルキョン)対策委員会(仮)、サード配備撤回星州闘争委員会、円仏教市民社会ネットワーク

(原文:朝鮮語。訳:金マリア)

E. その他

資料2E-1　軍学共同研究に関する日本学術会議の声明

平成29年（2017年）3月24日
第243回幹事会

軍事的安全保障研究に関する声明

日本学術会議

　日本学術会議が1949年に創設され、1950年に「戦争を目的とする科学の研究は絶対に
これを行わない」旨の声明を、また1967年には同じ文言を含む「軍事目的のための科学研
究を行わない声明」を発した背景には、科学者コミュニティの戦争協力への反省と、再び
同様の事態が生じることへの懸念があった。近年、再び学術と軍事が接近しつつある中、
われわれは、大学等の研究機関における軍事的安全保障研究、すなわち、軍事的な手段に
よる国家の安全保障にかかわる研究が、学問の自由及び学術の健全な発展と緊張関係に
あることをここに確認し、上記2つの声明を継承する。

　科学者コミュニティが追求すべきは、何よりも学術の健全な発展であり、それを通じ
て社会からの負託に応えることである。学術研究がとりわけ政治権力によって制約され
たり動員されたりすることがあるという歴史的な経験をふまえて、研究の自主性・自律
性、そして特に研究成果の公開性が担保されなければならない。しかるに、軍事的安全保
障研究では、研究の期間内及び期間後に、研究の方向性や秘密性の保持をめぐって、政府
による研究者の活動への介入が強まる懸念がある。

　防衛装備庁の「安全保障技術研究推進制度」（2015年度発足）では、将来の装備開発につ
なげるという明確な目的に沿って公募・審査が行われ、外部の専門家でなく同庁内部の
職員が研究中の進捗管理を行うなど、政府による研究への介入が著しく、問題が多い。学
術の健全な発展という見地から、むしろ必要なのは、科学者の研究の自主性・自律性、研
究成果の公開性が尊重される民生分野の研究資金の一層の充実である。

　研究成果は、時に科学者の意図を離れて軍事目的に転用され、攻撃的な目的のために
も使用されうるため、まずは研究の入り口で研究資金の出所等に関する慎重な判断が求
められる。大学等の各研究機関は、施設・情報・知的財産等の管理責任を有し、国内外に開
かれた自由な研究・教育環境を維持する責任を負うことから、軍事的安全保障研究と見
なされる可能性のある研究について、その適切性を目的、方法、応用の妥当性の観点から
技術的・倫理的に審査する制度を設けるべきである。学協会等において、それぞれの学術
分野の性格に応じて、ガイドライン等を設定することも求められる。

　研究の適切性をめぐっては、学術的な蓄積にもとづいて、科学者コミュニティにおい

て一定の共通認識が形成される必要があり、個々の科学者はもとより、各研究機関、各分野の学協会、そして科学者コミュニティが社会と共に真摯な議論を続けて行かなければならない。科学者を代表する機関としての日本学術会議は、そうした議論に資する視点と知見を提供すべく、今後も率先して検討を進めて行く。

www.scj.go.jp/ja/info/kohyo/pdf/kohyo-23-s243.pdf

2E-2 沖縄県「慰霊の日」全戦没者追悼式・2017平和宣言

沖縄「慰霊の日」全戦没者追悼式　2017平和宣言

2017年6月23日

　72年前、ここ沖縄では、住民を巻き込んだ激しい地上戦が繰り広げられました。昼夜を問わない凄(すさ)まじい空襲や艦砲射撃により、自然豊かな島の風景、貴重な文化遺産、そして何より尊い20数万人余りの命が失われました。

　戦争の不条理と残酷さを体験した沖縄県民は、何をおいても命こそが大切であるという「命(ぬち)どぅ宝」の思いを胸に、戦争のない、平和な世の中を希求する「沖縄のこころ」を強く持ち続けています。

　戦後、沖縄は27年に及ぶ米軍統治を経て、念願の本土復帰を果たしました。沖縄県民、そして多くの関係者の尽力により、現在、沖縄は国内外からの多くの観光客でにぎわうなど、大きな発展を遂げつつあります。

　その一方で、戦後72年を経た今日においても、この沖縄には依然として広大な米軍基地が存在し、国土面積の約0.6%にすぎない島に、米軍専用施設面積の約70.4%が集中しています。

　復帰すれば基地負担も本土並みになるという45年前の期待とは裏腹に、いまだに私たちは、米軍基地から派生する事件・事故、騒音・環境問題などに苦しみ、悩まされ続けています。

　沖縄県は、日米安全保障体制の必要性、重要性については理解をする立場であります。その上で、「日本の安全保障の問題は日本国民全体で負担をしてもらいたい」と訴え、日米地位協定の抜本的な見直しや米軍基地の整理縮小などによる、沖縄の過重な基地負担の軽減を強く求め続けています。

　しかし、昨年起こった痛ましい事件の発生、オスプレイの墜落をはじめとする航空機関連事故の度重なる発生、嘉手納飛行場における米軍のパラシュート降下訓練や相次ぐ外

来機の飛来、移転合意されたはずの旧海軍駐機場の継続使用の問題などを目の当たりにすると、基地負担の軽減とは逆行していると言わざるをえません。

特に、普天間飛行場の辺野古移設について、沖縄の民意を顧みず工事を強行している現状は容認できるものではありません。

私は辺野古に新たな基地を造らせないため、今後も県民と一体となって不退転の決意で取り組むとともに、引き続き、海兵隊の削減を含む米軍基地の整理縮小など、沖縄の過重な基地負担の軽減を求めてまいります。

国民の皆様には、沖縄の基地の現状、そして日米安全保障体制の在り方について一人一人が自ら当事者であるとの認識を深め、議論し、真摯（しんし）に考えて頂きたいと切に願っています。

一方、世界では、依然として地域紛争や、人権侵害、難民、飢餓、貧困、テロなどが人々の生活を脅かしており、また、国際情勢はめまぐるしく変化し、予断を許さない状況にあります。

今こそ世界中の人々が民族や宗教の違いを乗り越え、協力して取り組んでいくことが求められています。

今年は、日本国憲法が施行されて70周年、沖縄県に憲法が適用されて45周年になりますが、この節目に、憲法の平和主義の理念を再確認し、私たち一人一人が世界の恒久平和を強く願い求め、その実現に向け努力を続けなければなりません。

先日お亡くなりになった大田昌秀元沖縄県知事は、沖縄が平和の創造と共生の「いしずえ」となり、再び戦争の惨禍を繰り返さないことの誓いとして、敵味方の区別なく沖縄戦で命を落とされたすべての方々を追悼する「平和の礎（いしじ）」を建立されました。

私たちは、沖縄に暮らす者として、この「平和の礎」に込められた平和の尊さを大切にする想（おも）いを次世代へ継承するとともに、未来を担う子や孫のため、安全・安心に暮らせるやさしい社会、いつまでも子ども達（たち）の笑顔が絶えない豊かな沖縄の実現に向けて、絶え間ない努力を続けてまいります。

慰霊の日に当たり、戦争の犠牲になった多くの御霊（みたま）に心から哀悼の誠を捧（ささ）げるとともに、平和を希求する沖縄のこころを世界へ発信し、恒久平和の実現に向け取り組んでいくことをここに宣言します。

平成29年6月23日
沖縄県知事　翁長雄志

索引

<凡例>
- ・「特」＝特別記事
- ・「T」＝トピックス
- ・「デ」＝データシート。
- ・「自」＝第3部（市民と自治体に出きること）。
- ・「資」＝資料。
- ・太字は主に扱われているもの。

[ア行]
安倍政権(首相)　特1、T3
イギリス（英国）　デ1、デ2、デ4、デ 6 、デ7、資2A-3
イスラエル　T2、デ1、デ2、デ4、デ6、資1-7、資2B-1、資2C-3
イラク　特1、デ1、デ6
イラン　特1、T2、デ1、デ2、デ6、資1-9、資2C-3
岩国　デ8、デ17、デ18、デ21、デ23
インド　T2、デ1、デ2、デ3、デ4、デ6、資2B-1、資2C-4
インドネシア　デ1、デ2、デ3、デ6、資2C-4
ウラン濃縮　特1、資1-14、資1-16
オーストラリア（豪）　T2、T5、デ1、デ2、デ3、デ4、デ6、デ24、資2B-2
オーストリア　T1、T2、デ1、デ2、デ6、資2A-4、資2B-1、資2B-2
沖縄　T5、デ8、デ9、デ13、デ15、デ16、デ20、デ21、デ23、資2E-2
オスプレイ　T5、デ8、デ15、資2E-2
オバマ大統領（政権）　特2、T3、デ4、資1-8、資1-9、資2C-1
思いやり予算　デ19

[カ行]
海兵隊　T3、T5、デ8、デ15、資2E-2
化学兵器　デ6、資1-7、資1-16
核態勢の見直し　⇒NPR
拡大抑止　デ4、資1-9
核弾頭　特1、特2、デ4、資1-9、資2C-1
核燃料サイクル　資1-7
核の傘　特1、T2、デ3、デ4、デ23、デ24、資1-9、資1-16、資2A-5、資2A-6、自
核不拡散条約　⇒NPT
核軍縮・不拡散議員連盟　⇒PNND
核兵器禁止条約（TPNW）　特1、T1、T2、デ1、デ3、デ6、デ22、資1-7、**資2A-1**、資2A-2、資2A-3、資2A-5、資2A-6、資2A-7、資2B-1、資2B-4、自
核兵器国　特1、T1、T2、デ3、デ4、デ6、デ22、デ23、資1-1、資1-4、資1-5、資1-6、資1-7、資1-8、資1-9、資1-16、資2A-2、資2A-4、資2B-1、資2B-2、資2B-4
核抑止(力)　特1、T1、T3、デ4、デ6、資1-9、資1-12、資1-16、資2A-3、資2A-5、資2A-7、資2B-3、資2C-1、資2C-2、資2C-4、自
カザフスタン　T1、デ1、デ3、デ6
韓国（または大韓民国）　特1、特2、T2、デ1、デ2、デ3、デ4、デ6、デ9、デ19、デ23、**資1-14、資1-15、資1-16**、資2C-4、資2D-5、資2D-7、**資2D-3**、自

北朝鮮（または朝鮮民主主義人民共和国）　特1、特2、T1、T2、デ2、デ3、デ4、デ6、デ7、デ9、デ23、**資1-13、資1-14、資1-15**、資1-16、資2A-2、資2B-2、資2B-3、資2B-4、資2C-1、資2C-4、資2D-1、資2D-2、資2D-3、**資2D-4**、資2D-6、資2D-7、自
宜野湾市　デ15、デ21、デ23
グアム　デ4、デ7、デ9
不拡散・軍縮イニシャチブ　⇒NPDI
原子力艦　デ10、デ13、デ15
国際人道法　資1-7、資2A-1、資2B-1、資2B-2
国連安保理（決議）　特1、デ7、資1-6、資1-7、資2D-1、資2D-2、資2D-3、資2D-4、**資2D-5**、資2D-6
国連公開作業部会　⇒OEWG
国連事務総長　デ3、デ24、資1-7、資2B-1、自
コスタリカ　デ1、デ1、資2B-2
国家安全保障戦略　T3、資1-8、資1-9、資2C-2、**資2C-4**
国家核安全保障管理局（NNSA）　資1-9、デ5

[サ行]
再処理（工場）　デ22、資1-14、資1-16
在日米軍　特1、デ8、デ11、デ19
佐世保　T5、デ11、**デ12**、デ13
Ｚマシン核実験　デ5
宗教者　デ24、自
ジュネーブ軍縮会議（CD）　T2、資1-6、資2B-1、自
巡航ミサイル　デ4、資1-9
消極的安全保証（NSA）　デ3、デ6、資1-6、資1-7、資1-9、資2B-1 、資2B-2
シリア　デ1、デ6
新START（条約）　デ4、資1-9、資2B-3、資2C-1
新アジェンダ連合　⇒NAC
スイス　T2、デ1、デ2、デ6、資2B-2、資2B-3
赤十字　T1、資2A-1、自
尖閣諸島　デ9
先行不使用　資2A-7
潜水艦発射弾道ミサイル　⇒SLBM
騒音　デ18

[タ行]
大量破壊兵器（WMD）　特1、特2、デ3、デ6、資1-4、資1-5、資1-9、資2D-5
対人地雷　デ6、資1-17
大陸間弾道ミサイル　⇒ICBM
地位協定　デ19、資2E-2
地球市民集会ナガサキ　自
中国　特1、特2、**T2**、デ1、デ2、デ3、デ4、デ5、デ6、デ8、デ9、デ23、資1-9、資2B-3、資2C-4、資2D-1、資2D-6、資2D-7、自

290

中東　デ2、デ3、デ6、資1-4、資1-5、資1-7、資1-9、資2B-1

中東決議　デ3、資1-4、資1-7、資2B-2

通常兵器　デ4、デ5、デ6、資1-9、資1-12、資1-15、資1-16、資2C-1、資2C-4、資2D-5

低空飛行訓練　デ8

ドイツ　T2、デ1、デ2、デ4、デ6、デ19、資2B-2、資2D-7

トライデント　デ4、デ7

トランプ大統領　特1、特2、T3 資2C-2、資2C-3、資2D-1

トルコ　デ1、デ2、デ4、T3

[ナ行]

長崎　特1、T1、デ3、デ16、デ20、デ21、デ22、デ23、資2A-2、資2A-4、**資2A-5**、資2A-6、資2B-4、自

日本決議　T2、デ6、資2B-2、資2B-3

日本非核宣言自治体協議会　デ20、デ21、デ23、自

日本被団協（日本原水爆被害者団体協議会）T1、資2A-4

濃縮ウラン　資1-7

ノルウェー　デ1、デ2、デ6、資2A-4、資2B-1、資2B-2

[ハ行]

パキスタン　T2、デ2、デ4、デ6、資2B-1、資2C-1、デ1

爆音訴訟　デ18

非核三原則　デ22、デ23、資1-12、資1-16、自

非核自治体　デ20、デ22、自

非核兵器地帯　特1、デ3、デ6、デ22、デ23、デ24、資1-4、資1-5、資1-7、**資1-16**、資2B-1、自

非核兵器国　特1、T1、デ4、デ6、資1-1、資1-5、資1-6、資1-7、資1-9、資2A-2、資2A-6、資2B-1

非人道性　T1、資2A-5

備蓄核兵器　デ5、資1-9 資2C-1

被爆者　T1、デ22、資1-16、資2A-2，資2A-4、資2A-5、資2A-6、資2B-4、自

広島　特1、T1、デ3、デ16、デ20、デ21、デ22、デ23、資2A-2、資2A-4、**資2A-5**、資2A-6、資2B-4、資2C-1、自

普天間（飛行場）　T5、デ8、デ15、デ18、資2E-2

フランス（仏）　デ1、デ2、デ3、デ4、デ6、資1-16、資2A-3

プルトニウム　特1、デ4、デ5、デ22

兵器用核分裂性物質生産禁止条約（カットオフ条約）⇒FMCT

平和首長会議　デ21、**デ22**、デ23、資2A-5、資2A-6、自

防衛計画の大綱（または防衛大綱）　デ4、デ11

包括的核実験禁止条約　⇒CTBT

法的拘束力　特1、T1、資1-4、資1-5、資1-6、資1-7、資1-8、資2A-1、資2A-4、資2A-5、資2A-7、資2B-1、資2B-2

北東アジア非核兵器地帯　特1、デ3、デ22、デ23、デ24、**資1-16**、資2A-6、自

保障措置（協定）　特1、資1-1、資1-4、資1-5、資1-7、資1-15、資1-16、資2A-1、資2B-1、資２B-2

[マ行]

マーシャル諸島　T1、デ1、デ3、資2B-2

マレーシア（決議）　T2、デ6、資2C-4

ミサイル防衛　T3、デ4、デ10、デ11、資1-9、資2C-2、資2C-4

三沢　デ8、デ15、デ21

未臨界核実験　デ5、デ22、自

民主党（日本）　デ3、デ19、自

メキシコ　T1、T2、デ1、デ2、デ3、デ6、資2B-1、資2A-4

[ヤ行]

唯一の目的　資1-9、資2C-1

横須賀　デ10、デ13、デ15、デ21

[ラ行]

ロシア　特1、T1、T3、デ1、デ2、デ4、デ6、デ23、資1-6、資1-7、資2A-1、資2A-6、資2B-1、資2B-2、資2C-1、資2D-1、資2D-5

6か国協議　特1、デ23、資1-7、資1-15、資2B-1、資2B-2、資2D-5

[アルファベット]

ATT　デ6

B61　4

CTBT　特1、T1、T2、デ2、デ6、デ22、資1-6、資1-7、資1-8、資1-9、資2A-2、資2B-3、資2B-4

FMCT　デ6、資2A-2、資2B-4

ICAN　特1、T1、デ1

ICBM　特1、デ4、資1-9、資2D-2、資2D-7

ICJ　T2、デ6、資1-3、資1-5、資1-6、資1-7、資2A-7

IAEA　資1-4、資1-5、資1-7、資1-9、資1-15、資1-16、資2B-1、資2B-4

NAC　T2、デ6、**資2B-1**

NATO　T1、T2、T3、デ4、デ6、資1-9、資2C-1、資2C-3

NPDI　デ6、資2A-2、資2B-4

NPR　特1、**T3**、デ4、**資1-9**、資2C-1

NPT　特1、T2、デ3、デ4、デ6、デ22、資1-1、資1-4、資1-5、資1-6、資1-7、資1-8、資1-9、資2A-2、資2A-3、資2A-5、資2A-7、資2B-1、資2B-2、資2B-4、資2D-5、自

OEWG　資2A-7

PAC3　デ11

PNND　デ3、自

TPNW　T1、T2、デ6、デ22、**資2A-1**、資2B-3

執筆者(五十音順)

梅林宏道　　ピースデポ特別顧問
平井夏苗　　ピースデポ研究員
福本道夫　　第9次横田基地公害訴訟原告団長、全国基地爆音訴訟原告団連絡会議事務局長
モートン・H・ハルペリン　　オープン・ソサエティ財団上級顧問
森山拓也　　ピースデポ研究員
山口大輔　　元ピースデポ研究員
山中悦子　　ピースデポ共同代表
湯浅一郎　　ピースデポ共同代表

ピースデポ・イアブック刊行委員会

梅林宏道/平井夏苗/森山拓也/山口大輔/山中悦子/湯浅一郎(委員長)

監修

梅林宏道

編集・製作

平井夏苗/森山拓也/山口大輔/山中悦子/湯浅一郎(編集長)

製作協力

田巻一彦

JPCA 日本出版著作権協会
http://www.e-jpca.jp.net/

＊本書は日本出版著作権協会（JPCA）が委託管理する著作物です。
　本書の無断複写などは著作権法上での例外を除き禁じられています。複写（コピー）・
複製、その他著作物の利用については事前に日本出版著作権協会（電話 03-3812-9424,
e-mail:info@e-jpca.jp.net）の許諾を得てください。

イアブック「核軍縮・平和2018」
──市民と自治体のために

2018年12月25日　初版第1刷発行　　　　　定価1900円＋税

編著者　特定非営利活動法人ピースデポ©
監修者　梅林宏道
発行者　髙須次郎
発行所　緑風出版
〒113-0033　東京都文京区本郷2-17-5　ツイン壱岐坂
[電話] 03-3812-9420　　[FAX] 03-3812-7262　　[郵便振替] 00100-9-30776
[E-mail] info@ryokufu.com　　[URL] http://www.ryokufu.com/

カバーデザイン　斎藤あかね　　　印　刷　中央精版印刷・巣鴨美術印刷
製　本　中央精版印刷　　　　　　用　紙　大宝紙業・中央精版印刷　　E1500

＜検印廃止＞乱丁・落丁は送料小社負担でお取り替えします。
本書の無断複写（コピー）は著作権法上の例外を除き禁じられています。なお、
複写などの著作物の利用などのお問い合わせは日本出版著作権協会（03-3812-
9424）までお願いいたします。

Peace Depot©　Printed in Japan　　　　　ISBN978-4-8461-1818-1　C0036

ピースデポ出版物のご案内

★ピースデポ出版物を購入ご希望の方は、事務所までご注文ください。(送料別)
TEL 045-563-5101
FAX 045-563-9907
E-mail office@peacedepot.org

【イアブック・バックナンバー】 本書は1998年から発刊しています。一般メディアでは入手できない情報が満載です。1998～2002年版(各1500円)、2004～2012年版(各1,800円)、2013～14年版(各2,000円)もぜひお手元に！

● 「核軍縮・平和2015-17」
監修：梅林宏道
編集長：湯浅一郎
A5判 360ページ
2000円＋税
発売元：高文研

★特集：核兵器禁止条約の交渉へ
★特別記事：「暗い時代を超える知と力を求めて(遠藤誠治)／核なき未来へ前進する道(ダグラス・ロウチ)／北東アジア非核兵器地帯へ包括的アプローチを(田巻一彦)／
★41のキーワード、54点の一次資料

● 「核軍縮・平和2014」
監修：梅林宏道
編集長：湯浅一郎
A5判 356ページ
2000円＋税
発売元：高文研

★特集：核兵器：非人道性から禁止の法的枠組みへ
★特別記事：「安保政策の大転換」にどう向き合うか(吉田遼)／民主主義の主体と情報(梅林宏道)／NPT準備委における新アジェンダ連合の訴え(パトリシア・オブライエン)
★49のキーワード、48点の一次資料

【情報誌】
『核兵器・核実験モニター』
主筆：梅林宏道
編集長：湯浅一郎
★核軍縮、地域安全保障、国際的なNGO活動などのホットな情報、一次資料を満載。

毎月2回(1日、15日)発行。
年間購読料12,000円(学生割引あり)

●「ピースデポ20年のあゆみ」
　―ピースデポの取り組みがこの１冊に！

2018年8月刊
A4版、36ページ。カラー写真多数。
価格：300円＋送料82円

★年ごとの年表とハイライト
★要約年表
★主な取組み
★受賞
★出版物リスト
★歴代役員　★協力者 など

ピースデポ関連書籍

● 『非核兵器地帯
　―核なき世界への道筋』

梅林宏道　著
四六判200ページ
1800円＋税
岩波書店　2011年

★どうすれば私たちは核兵器の呪縛から自由になれるのか。その人類的な課題への現実的な解答の一つが、非核兵器地帯にほかならない。すでに地球の南半分で「核なき世界」が実現され、北半球への拡大が始まっている。日本は北東アジアで非核兵器地帯を築けるのか。ライフワークとして取り組んできた著者の初の概説書。

● 『在日米軍
　変貌する日米安保体制』

梅林宏道　著
新書判276ページ
880円＋税
岩波書店　2017年

★「専守防衛」と言いながら在日米軍の攻撃力に依存し、「唯一の被爆国」と言いながら米国の核兵器で日本を守る――「戦後の平和主義」を直視せよ。「緊密で良好な日米関係」という位の意味合いで受けとめられる「日米同盟」の内実は？ 前著から15年。世界展開する現在の在日米軍の全貌を直視し、軍事力によらない安全保障を模索する。

● 『8月6日の蒼い月
　爆心地一・六kmの被爆少女が世界に伝えたいこと』

橋爪文　著
1500円＋税
コールサック社
2017年

★閃光は、七色の光線の束が百も千も集まった鮮烈な放射光で、目が眩む美しさでもあった―。被爆体験、ヒロシマやそこに生きた人びと、７０歳前後からの海外ひとり行脚、２０１１年３月のフクシマ、そして現在を随筆風に綴る。

● 『核廃絶へのメッセージ
　―被爆地の一角から』

土山秀夫　著
1000円＋税
日本ブックエース
2011年

★核兵器を廃絶するためには何が必要か。被爆地から全世界に向けて元長崎大学長が訴えつづける。ピースデポ「核兵器・核実験モニター」の連載エッセー「被爆地の一角から」の書籍化。

● 『亡国の武器輸出
　防衛装備移転三原則は何をもたらすか』

池内了、青井美帆、杉原浩司編
1650円＋税
合同出版
2017年

★戦後70年「戦争をしない国」を築き上げてきた日本。政府も「武器輸出禁止三原則」を「平和国家であること」の基本原則と宣言してきた。ところが『防衛装備移転三原則』により軍需産業強化の政策が進められ、軍産学複合体が動き出している。「武器輸出大国」への進行を食い止めるため、いま、何をなすべきか！

＊このページの書籍はピースデポでもお取り扱いしています。

◎緑風出版の本

フクシマの荒廃
フランス人特派員が見た原発棄民たち
アルノー・ヴォレラン著／神尾賢二訳

四六判上製
二一二頁
2200円

フランスの日刊紙『リベラシオン』の特派員が、福島第一原発事故の除染・廃炉作業に携わる労働者などフクシマの棄民たちから原子力村の面々までを独自の取材とインタビューでまとめた迫真のルポルタージュである。朝日・地方紙で書評！

放射能は人類を滅ぼす
落合栄一郎著

A5判上製
一九六頁
2800円

放射能の本質を議論し、現在喧伝されている「放射能安全神話」の誤りと、体制側がいかに真実の隠蔽を図っているかを検証。真実は「放射能は命と相容れない」。原発は地球上にあってはならない」。核産業は、その真実を隠さざるをえない。

原発再稼働と海
湯浅一郎著

A5判上製
二三二頁
2800円

安倍政権による原発再稼働が始まった。本書は日本列島に存在する一七サイトの原発、六ヶ所再処理施設、米原子力空母が大事故を起こした場合、いかなる事態になるのか、とりわけ海への影響という観点から個別にシミュレーションする。

海・川・湖の放射能汚染
湯浅一郎著

A5判上製
二三六頁
2800円

3・11以後、福島原発事故による海・川・湖の放射能汚染は止まることを知らない。山間部を汚染した放射性物質は河川や湖沼に集まる。海への汚染水の流出も続き、世界三大漁場を殺しつつある。データを解析し、何が起きているかを立証。

海の放射能汚染
湯浅一郎著

A5判上製
一九二頁
2600円

福島原発事故による海の放射能汚染を最新のデータで解析、また放射能汚染がいかに生態系と人類を脅かすかを惑星海流と海洋生物の生活史から総括し、明らかにする。海洋環境学の第一人者が自ら調べ上げたデータを基に平易に説く。

■全国のどの書店でもご購入いただけます。
■店頭にない場合は、なるべく書店を通じてご注文ください。
■表示価格には消費税が加算されます。

世界が見た福島原発災害 6
いのち・女たち・連帯
大沼安史著

四六判上製
三〇四頁
2000円

事故から6年、海外メディアが伝えるフクシマの核の地獄! ライブカメラが捉える建屋上空のミステリアスな「閃光」、漂う霧は何か? 次々と避難解除する政府は、人々を死の危険に曝す非人道的な犯罪であると、海外メディアは告発する。

世界が見た福島原発災害 5
フクシマ・フォーエバー
大沼安史著

四六判並製
二百九二頁
2000円

福島第一原発事故から五年。東京は放射性セシウムの「超微粒ガラス球プルーム」に襲われ、人体影響が必至。汚染水は海へ垂れ流し。六〇〇トンもの溶融核燃料が地下に潜り再臨界し暴走する恐れ——など、憂慮すべき真実が報道されない!

世界が見た福島原発災害 4
アウト・オブ・コントロール
大沼安史著

四六判並製
三六四頁
2000円

安倍政権は福島原発事故が「アンダー・コントロール」されていると宣言し、東京オリンピックの誘致に成功した。しかし、海洋投棄の被害の拡大や汚染土など何も解決していない。日本ではいまだ知られざる新事実を集成。隠蔽できない真実。

世界が見た福島原発災害 3
いのち・女たち・連帯
大沼安史著

四六判並製
三二〇頁
1800円

政府の「冷温停止状態」収束宣言は、「見え透いた嘘」と世界の物笑いになっている。「国の責任において子どもたちを避難・疎開させよ! 原発を直ちに止めてください!」——フクシマの女たちが子どもと未来を守るために立ち上がる……。

世界が見た福島原発災害 2
死の灰の下で
大沼安史著

四六判並製
三九六頁
1800円

「自国の一般公衆に降りかかる放射能による健康上の危害をこれほどまで率先して受容した国は、残念ながらここ数十年間、世界中どこにもありません。」ノーベル平和賞を受賞した「核戦争防止国際医師会議」は菅首相に抗議した。

世界が見た福島原発災害
海外メディアが報じる真実
大沼安史著

四六判並製
二七六頁
1700円

福島原発災害は、東電、原子力安全・保安院など政府機関、テレビ、新聞による大本営発表、御用学者の楽観論で、真実をかくされ、事実上の報道管制がひかれている。本書は、海外メディアを追い、事故と被曝の全貌と真実に迫る。

チェルノブイリの犯罪

核の収容所　【上・下】

ヴラディーミル・チェルトコフ著／中尾和美、新居朋子監訳

四六判上製
上巻六〇八頁
下巻五七二頁
各3700円

本書は、チェルノブイリ惨事の膨大な影響を克明に明らかにする。それだけではなく、国際原子力ロビーの専門家や各国政府のまやかしを追及し、事故の影響を明らかにする人や被害者を助けようとする人々をいかに迫害しているかを告発。

原発に抗う

『プロメテウスの罠』で問うたこと

本田雅和著

四六判上製
232頁
2000円

「津波犠牲者」と呼ばれる死者たちは、今も福島の土の中に埋もれている。原発的なるものが、いかに故郷を奪い、人間を奪っていったか……。しかし、五年を経て、何も解決していない現実。フクシマに生きる記者が見た現場からの報告。

放射能を喰らって生きる

浜岡原発で働くことになって

川上武志著

四六判並製
二五二頁
2000円

「放射能を喰らって生きている原発労働者なんて、虫けら以下の存在だ!」仲間の一人は、血走った目つきで声を震わせて叫び、我々を睨みつけるようにして去っていった。実際に原発労働者として働いていた著者の被曝要員としての歴史。

原発は終わった

筒井哲郎著

四六判並製
二六八頁
2400円

東芝の原発事業撤退は、世界的な市場からの敗退と発電産業の世代交代を意味する。プラント技術者の視点から、原発産業を技術的・社会的側面から分析、電力供給の一手段の為に、甚大なリスクを冒す政策に固執する愚かさを明らかにする。

放射能に負けないレシピと健康法

大和田幸嗣著

A5判並製
八八頁
1000円

広島・長崎、チェルノブイリの経験に加え、最新の健康科学や放射能防護研究の成果等を参考に、放射能に負けない体を作るための食物やレシピ、デトックス(解毒)の方法等を提案。これらを実践して、賢い向き合い方を身につけてほしい。

放射能汚染の拡散と隠蔽

小川進・有賀訓・桐島瞬著

四六判並製
292頁
1900円

福島第一原発は未だアンダーコントロールになっていない。放射能汚染は今も拡散中である。週刊プレイボーイ編集部が携帯放射能測定器を持ち続けている現地測定と東京の定点観測は汚染の深刻さを証明している。福島から逃げる勇気を!